U0111968

大展好書　好書大展
品嘗好書　冠群可期

大展好書　好書大展
品嘗好書　冠群可期

體育教材：5

排球運動教程

虞重乾 主編

中國全國體育院校教材委員會

審　定

大展出版社有限公司

編 寫 説 明

　　本教材以 1999 年出版的體育學院通用教材《排球運動》為基礎，根據近年來排球運動的最新發展情況，將原教材的 3 篇 12 章改為 4 篇 12 章，其中對六人制排球的立體進攻戰術、排球運動員的體能訓練、排球運動員的心理訓練、排球教學與訓練、競賽及裁判工作、排球運動科學研究方法、沙灘排球等章節作了大幅度的修改；刪去了「排球教練員」一章，將其基本內容融入到新一章「排球比賽指導、青少年排球運動員選材與教學訓練」，新增了「青少年排球教學訓練」一節，並介紹了國外青少年排球教學訓練的理念和方法，使教材內容更加豐富，更加貼近當前排球運動飛速發展的實際；刪除了複雜繁紛的戰術示意圖，因此更為簡明扼要。總之，力圖使讀者由閱讀和學習，對排球運動有較全面的深刻瞭解。

　　本教材的主要讀者為體育院校學生，也可供其他體育工作者及喜愛排球運動的一般讀者閱讀。體育院校「專修」排球的學生可用全書，書中**灰底文字**部分可供「普修」教學時採用。

　　本教材的內容結構為總論、六人制排球、沙灘排球和其他形式的排球運動共 4 篇；六人制排球中又以技術，戰術，體能訓練，心理訓練，排球教學與訓練，比賽指導、青少年排球運動員選材與教學訓練，競賽及裁判工作，科學研究方法等章節排列，但在實際教學中，應根據學生學

習的需要，靈活選取有關教材內容。

　　本教材的編寫工作由上海體育學院主持，全國體育院校教材委員會排球教材小組聘請了有造詣的專家學者進行撰編。主編為虞重乾，撰寫人員（以姓氏筆劃為序）為曲正中（天津體院）、呂品（瀋陽體院）、張頌崎（武漢體院）、葛春林（北京體育大學）、虞重乾（上海體院）、顧為農（廣州體院）。技術插圖由呂品和盧玲（上海體院）攝製，戰術插圖由郭修金（上海體院）繪製，裁判員手勢和司線員旗示由國家級裁判金贇（上海體院）示範。

　　全書由虞重乾串編定稿。經全國體育院校教材委員會審定，作為全國體育院校通用教材使用。

全國體育院校教材委員會

排球教材小組

圖　例

○　隊員

①、❷ 1 號位隊員、2 號位隊員

T　攔網

——→　球運行路線

------→　隊員跑動路線

∿∿→　隊員在空中位移

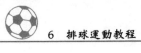

目 錄

第一篇 總 論

第二篇 六人制排球

第三篇　沙灘排球

第四篇　其他形式的排球運動

第一篇　總　論

> 　　排球自19世紀末由美國人發明以來，已有百餘年的歷史。最初的排球運動僅僅是一個把球在空中隔網拍打的簡單活動，迄今已發展成為在奧運會中有六人制排球和沙灘排球兩個競賽項目；並衍生了眾多形式的排球活動，供人們競賽和休閒；坐式排球也成為殘疾人奧運會的競賽項目。各種各樣的排球運動已成為一個排球「家族」，是世界上參與人數最多、最為喜見樂聞的運動之一。因此，從總體上瞭解排球的起源、發展及趨勢等，是非常必要的。

第一章　排球運動簡介

第一節　排球運動的比賽方法和比賽特點

一、比賽方法

　　排球運動是由兩支人數相等的球隊，在被球網隔開的兩個均等的場區內，根據規則，以身體任何部位將球從網上擊入對方場區，而不使其在本方場區內落地的、集體的、攻防對抗的體育項目。

排球比賽的形式是多種多樣的，其基本方法是由一名隊員在發球區內用一隻手將球直接擊過球網開始的。每方最多擊球3次使球過網，不得持球。一名隊員不能連續擊球兩次。比賽不間斷地進行，直至球落地、出界或某隊犯規。

　　發球隊勝一球後，該隊同一名隊員繼續發球。接發球隊勝一球後，按預先登記的發球順序，換由下一名隊員發球。在每球得分的比賽中，如六人制排球，發球隊勝一球得一分，接發球隊勝一球得發球權同時得一分。在發球權得分制的比賽中，發球隊勝一球得一分，接發球隊勝一球只得發球權不得分。

　　比賽有五局三勝制、三局兩勝制和一局勝負制。每局的勝負為限分制，即首先達到規定分數的隊為勝隊。

二、排球運動的特點

(一) 形式的多樣性和廣泛的群眾性

　　排球運動的場地設備比較簡單，可設在室內亦可設在室外。地板上、沙地上、草地上、雪地上，甚至水中都可以進行排球活動，其形式多種多樣，比賽規則容易掌握且可以變通。參加人數可多可少，運動負荷能大能小，適合不同年齡、性別、體質和訓練程度的人在不同環境條件下進行活動。因此有廣泛的群眾性。

(二) 技術的全面性和高度的技巧性

　　排球比賽中，任何位置的隊員都要參與防守和進攻；

而且在大多數形式的比賽中，規則還要求隊員輪轉位置。因此每個隊員都必須全面地掌握攻、防技術。

由於排球比賽具有球不能落地、必須將球擊出不能持住、同一名隊員不得連續擊球兩次、每隊擊球次數又有規定等特點，決定了排球技術的高度技巧性。

㈢ 激烈的對抗性和嚴密的集體性

排球比賽中雙方的攻防轉換始終是在激烈的對抗中進行的，其對抗的焦點主要集中在網上的扣與攔之間。每一分的爭奪往往要經過好幾個回合，水準越高的比賽，對抗性越激烈。

比賽雙方都在利用規則允許的3次擊球機會，由精心設計的巧妙配合，在瞬間完成激烈的攻防轉換和完美的戰術組合，體現了嚴密的集體性。

㈣ 輕鬆的娛樂性和高雅的休閒性

排球運動不拘泥形式，可支網相鬥，亦可圍圈嬉戲。只要有一塊空地、沙灘或草地，盡可享受擊技的樂趣。排球比賽隔網進行，沒有身體接觸，雙方鬥智、鬥勇、鬥技，安全儒雅，是人們娛樂、休閒的理想方式。

三、排球運動的世界大賽簡介

㈠ 世界錦標賽

世界錦標賽是開展最早、規模最大的世界性比賽。1989年國際排聯將世界青年錦標賽、世界少年錦標賽與之

統一規劃，統一領導，稱之為世界錦標賽系列。

1.世界錦標賽

首屆世界男子錦標賽於1949年在布拉格舉行。1952年在莫斯科舉行了第一屆世界女子錦標賽和第二屆男子錦標賽。此後每隔4年舉行一屆，至2006年為止男子已舉行了17屆、女子舉行了16屆。

世界錦標賽是世界排球比賽中參賽隊數最多的大型比賽。各國球隊自由報名參加分佈在各洲的錦標賽資格賽以獲得決賽資格，根據各洲排球發展水準的不同，名額配給也不同。2006年的決賽有男女各24支球隊，是由174個國家和地區在53個賽區角逐產生的，其中只有東道主隊和前一屆錦標賽的冠軍隊有資格直接進入決賽。

2.世界青年錦標賽

首屆世界青年錦標賽於1977年在巴西里約熱內盧舉行，每兩年舉行一次。

世界青年錦標賽規定參賽隊員男子年齡不得超過20歲，女子不得超過19歲。

參賽隊的資格一般是東道國代表隊和各洲青年錦標賽的前2～3名。各洲名額比例，由國際排聯根據參賽隊總數指定。

3.世界少年錦標賽

世界少年錦標賽始於1989年。首屆比賽男子隊在阿聯酋舉行，女子隊在巴西舉行。世界少年錦標賽每兩年舉行一次。

世界少年錦標賽參賽隊員的年齡，男子不得超過18歲，女子不得超過17歲。

參賽隊的資格一般為東道國代表隊和各洲少年錦標賽的前3～4名。各洲名額比例，由國際排聯根據參賽隊總數指定。

(二) 世界盃賽

世界盃賽的前身是「三大洲」男子排球賽，由歐、亞、美三大洲的球隊參加。1964年國際排聯將其擴大為世界大賽，稱為「世界盃賽」。1965年在華沙舉行了首屆男子世界盃賽。女子世界盃賽始於1973年的烏拉圭。世界盃賽每4年舉行一次，從1977年起舉辦地點固定在日本。至2007年男子共舉行了10屆，女子共舉辦了9屆。

世界盃賽的參賽隊最多不超過12支。參賽隊一般是東道國代表隊、上屆冠軍和各洲錦標賽的前兩名。2007年的世界盃因為是2008年奧運會的資格賽，因此略有變化。

(三) 奧運會排球賽

從1964年起，排球比賽被列為奧運會比賽項目，至2008年第29屆奧運會共舉行了12次。奧運會排球賽的參賽隊一般為男子12～16支隊，女子8支隊。2008年北京奧運會為男女各12支隊。

參賽資格一般為：直接參賽的是東道國隊、上一屆奧運會冠軍、世界盃賽冠軍隊、世錦賽冠軍隊和五大洲資格賽的第一名。另3支球隊是國際排聯組辦的資格賽的獲勝隊。近年來競賽規程有所改變，增加了資格賽和落選賽的名額，提高了競賽的激烈程度和獲得資格的機遇。

2008年北京奧運會排球賽的參賽隊是東道國隊、2007

年世界盃前3名、五大洲資格賽的第一名和國際排聯組織
的落選賽的3支獲勝隊。

㈣ 世界男排聯賽和世界女排大獎賽

世界男排聯賽和世界女排大獎賽，是帶有商業性質的
世界大賽，2007年世界男排聯賽獎金總額為2,028,100,000
美元，女排大獎賽獎金總額為140,000,000美元。

1.世界男排聯賽每年一次，參賽隊為16支隊，按世界
排名的情況各洲名額比例不同。2007年的名額分配是：歐
洲7名，亞洲3名，南美洲3名，北美洲2名，非洲1名。

比賽預賽分4個小組打主客場制，取6支隊進入決賽。

2.世界女排大獎賽每年一次，參賽隊為12支隊，2007
年的名額分配情況是歐、亞、美洲各4支隊。

2007年大獎賽的預賽分為九站在歐、亞洲不同城市進
行，每站有4支隊比賽。總決賽由東道國球隊和預賽排名
最好的其他5支球隊角逐。

㈤ 世界沙灘排球大賽

世界沙灘排球大賽主要有：世界沙灘排球巡迴賽和世
界沙灘排球大滿貫賽。

世界沙灘排球巡迴賽一般設有8～12站（視參賽選手
多少而定），各站敞開報名，其中按國際排聯沙灘排球總
排名榜順序列前的24支球隊直接進入正選賽，其餘球隊
經預選賽取前八名進入正選賽，正選賽共32支球隊採取
雙敗淘汰制排出名次，並將積分記入總排名榜。

㈥ 殘疾人奧運會排球賽

參加殘奧會坐式排球比賽的選手是由截肢、腦癱、脊髓損傷以及其他肢體殘疾的運動員組成。坐式排球最早於1956年在荷蘭出現。1980年，坐式排球第一次作為正式比賽項目進入殘奧會。2008年北京殘疾人奧運會有男女各8支隊伍進行了比賽。

第二節　排球運動的起源、傳播與繁衍

一、排球運動的起源

排球運動始於1895年，創始人是美國人麻塞諸塞州的霍利沃克城基督教會青年幹事威廉・莫根。

他在輔導人們進行各種體育鍛鍊的實踐中，感到不同的對象應採用不同的鍛鍊方法。當時已流行起來的籃球運動固然很好，但較適合年輕人，對年紀大些的人來說則過於激烈，因而他想要選擇一種較為和緩、活動量適當的運動方法來滿足他們的需要。

為此，他在青年會的體育館中進行了試驗：把球網架在了6英尺6英寸（1.98米）的高度上，讓人們用籃球膽隔著網來回拍打；籃球膽太輕，改用籃球又太重；最後製作了與現代排球相近的、外表是皮製的、內裝橡皮球膽的球，圓周為25～27英寸（63.5～68.6公分），重量為9～12盎司（255～340克）。

1896年美國開始有了排球比賽。第一部規則也發表在

1896年7月美國出版的《體育》雜誌上。最初排球比賽沒有人數規定，賽前由雙方臨時商定，只要雙方人數相等即可。它在美國很快受到國內各教會、學校和社會的廣泛重視，同時也被列為軍事體育項目。

二、排球運動的傳播

排球運動在美國問世後，由美國的傳教士和駐外國的軍官、士兵帶到了世界各地。由於排球運動傳入的時間及採用的規則不同，世界各地排球運動形式也不同。

美國是排球的故鄉，因此六人制排球運動傳入美洲的時間比較早。1900年首先傳入加拿大，1905年傳入古巴，1912年傳入烏拉圭，1914年傳入墨西哥。

排球運動傳入亞洲的時間也比較早，約在1900年左右先後傳入印度、日本和菲律賓等國。傳入中國的時間，據一些資料證明，至遲在1905年。傳入亞洲後採用的規則與美國的規則有很多不同之處，經歷了十六人制——十二人制——九人制——六人制的演變過程。

歐洲的排球運動是第一次世界大戰時由美國士兵帶去的。1917年首先出現在法國，之後才傳到蘇聯、捷克斯洛伐克、波蘭等東歐諸國。排球運動傳入歐洲雖晚，但傳入的是六人制，且其競技性已漸成熟，所以發展較快。

美國雖然是排球運動的故鄉，但長期沒有把它作為一種競技項目來發展，主要用於休閒和娛樂，所以技術水準發展較晚。

三、排球運動的繁衍

由於排球運動易於接受,且深受各階層人們的喜愛,所以在其發展的過程中又不斷分化、繁衍,形成了多種多樣的形式。

(一) 沙灘排球(Beach VB)

排球運動傳入歐洲雖晚,但很受歐洲人喜歡,推廣發展很快。20世紀20年代在法國南部地中海沿岸的度假勝地,興起了在沙灘上玩排球的娛樂活動。以後又逐漸發展到大西洋和波羅的海沿岸。

由於從事這項活動的人越來越多,水準也越來越高,且受到商界的重視,逐漸地由娛樂活動演變成了一項新興的競技體育活動。

1940年在美國加利福尼亞海濱舉行了第一次正式的沙灘排球比賽。1987年2月在巴西里約熱內盧舉行了第1屆世界男子沙灘排球錦標賽。1996年沙灘排球作為排球運動的一個正式比賽項目列入了亞特蘭大奧運會。沙灘排球較大型的比賽還有世界巡迴賽、挑戰賽和大滿貫賽。

(二) 九人制排球(9 Men System VB)

排球運動傳入亞洲時,首先採用的是十六人制。受遠東運動會的影響。1919年改為十二人制,1927年改為九人制,1951年改為六人制。由於九人制排球沒有位置輪轉,且規則比較寬鬆,技術要求不高,所以深受一般排球愛好者的青睞,至今仍然在東南亞和中國南方盛行。

㈢ 小排球（Mini VB）

20世紀60年代初期，民主德國的教練員在開展少年兒童排球活動中，創造了「小排球」，並取得了極好的效果。此後在地中海沿岸國家迅速流傳，並發展成為排球運動的一個分支。國際排聯在1971年統一了比賽規則。

小排球是一種用小於成年人比賽場地和比賽用球進行的運動，適合少年兒童的生理特點，其比賽方法和技戰術簡單，容易在兒童中開展，且可培養他們對排球運動的興趣，使他們既掌握排球基本技術，又促進身體的發育和成長。

㈣ 軟式排球（Soft VB）

軟式排球運動是20世紀80年代在日本首先開展起來的。由於它使用重量輕、質地軟、氣壓小、反彈力低的球進行活動，所以球速慢、難度小，增加了這項運動的趣味性，適合在青少年和中、老年人群中開展。

軟式排球運動的用球有充氣式和免充氣式兩種，它集娛樂性與競技性於一體，是一種極有發展前景的群眾性體育項目。目前尚無統一的國際比賽規則。

㈤ 殘疾人排球

隨著殘疾人體育運動的蓬勃發展，殘疾人排球運動也方興未艾。為了適應不同殘疾人的生理特點，殘疾人排球運動也有著不同的比賽形式。目前國際比賽中通常採用的是立式排球比賽和坐式排球比賽。

立式排球比賽為單下肢殘疾人（一個假下肢）所採用，規則與常人相似。坐式排球比賽為雙下肢殘疾人所採用，規則中有一些特殊的規定，對運動員的殘傷等級和參賽資格也有明確規定。

　　在盲人排球比賽中，球上設有小鈴。

　　排球運動的形式還有很多，如雪地排球、水中排球、羽毛排球、牆排球等等。此處不一一列舉。排球運動可根據參與的對象、活動的場地和使用的球大體分類如下：

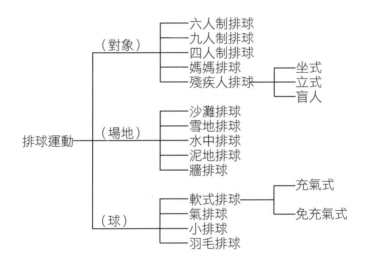

第二章 排球運動發展概況

第一節 世界排球運動的發展

一、排球運動發展的三個階段

百年來世界排球運動發展的歷程大致可分為娛樂排球、競技排球和現代排球三個階段。

(一) 娛樂排球

排球運動誕生之初，是作為一種娛樂性較強的遊戲被人們所接受的。人們隔網拍打，追擊嬉戲，以不使球在本方落地為樂趣。

起初排球技術簡單而粗糙，僅僅是以手拍擊球而已。打法也只是爭取一次擊球過網，如果一次擊不過去，才有同伴的再擊。

人們在實踐中逐漸體會到，一次擊球過網不是最佳方式，有時從前場近網處跳起擊球過網反而能創造更好的獲勝機會，於是出現了多次擊球的打法，以尋找最佳時機或為技術更好的同伴創造得分機會，集體配合戰術萌發。但是一方無休止地擊球的打法遭到公眾的反對，因此，出現了必須3次擊球過網的規定。這一規定促進了傳球和扣球技術的分化。富於攻擊性的扣球技術的出現，使排球運動產生了質的飛躍，更吸引了年輕人的參加，同時攔網技術

也相應而生。此時的發球技術也從僅僅是比賽開始的一種形式，發展成為力求攻擊性的技術手段。側面上手發球的出現，大大地提高了發球的力量。排球的競技性、對抗性逐漸顯露。

1921－1938年間，為了適應技術的飛快發展，規則進行了一系列的修改和完善。技術動作被明確地規定為發球、傳球、扣球和攔網。在運用各項技術的同時，出現了有意識、有目的、有組織的戰術配合，於是場上隊員出現了位置分工。到了20世紀30年代末，排球技、戰術得到了進一步發展。集體攔網的出現給扣球造成了很大的障礙，大力扣球和吊球相結合的打法相繼產生，與之相適應的攔網保護戰術體系形成。

這一階段排球運動的特點是從開始的娛樂遊戲性質，逐漸地向競技對抗方向發展。國際間的比賽沒有統一的組織、統一的競賽制度和統一的競賽規則。

隨著排球運動的發展和競技化的趨勢，以及一些國家排球協會的相繼成立，開展國際間排球比賽和交流的願望與日俱增。經過醞釀，在1936年的第6屆柏林奧林匹克運動會期間，成立了第一個國際排球組織——排球技術委員會。波蘭體聯主席拉維奇・馬斯洛夫斯基任主席。由於第二次世界大戰的爆發，委員會尚未開展工作就解體了。

(二) 競技排球

第二次世界大戰後的1946年8月26日，法蘭西、捷克斯洛伐克、波蘭三國的排球代表在布拉格召開會議，倡議成立國際排球聯合會。1947年4月間，國際排聯在巴黎

正式召開成立大會。會議制定了國際排聯憲章；選舉了法國的保爾・黎伯為第一任主席；指定巴黎為總部所在地，英語和法語為聯合會工作語言；成立了技術委員會、競賽委員會和裁判委員會，並正式出版通用國際排球競賽規則。同時會議決定了1948年在羅馬舉行歐洲男子排球錦標賽，1949年在布拉格舉行世界男子排球錦標賽。

國際排聯的成立，標誌著排球運動從娛樂遊戲時代進入了競技時代。其後，國際排聯出色地領導和組織了一系列的世界大賽：

1948年第1屆歐洲男子排球錦標賽。

1949年第1屆世界男子排球錦標賽。

1949年第1屆歐洲女子排球錦標賽。

1952年第1屆世界女子排球錦標賽。

1957年被國際奧會批准為奧運會正式比賽項目。

1964年男、女排進入第18屆奧運會。

1965年第1屆世界盃男子排球賽。

1973年第1屆世界盃女子排球賽。

1977年第1屆世界青年男、女排球錦標賽。

這些比賽已經形成傳統，每隔2年或4年舉行一次，延續至今。此外，國際排聯下屬的各洲聯合會也定期組辦洲錦標賽、洲運動會排球賽、洲青年錦標賽等。

在眾多大型比賽和廣泛的國際交往促進下，排球運動的技戰術得到了蓬勃的發展。20世紀50年代初，東歐的一些國家排球技術水準較高，他們的技術風格和戰術打法基本相似，技術上多採用上手發球、上手傳球和高扣球。戰術較為簡單，大都採用「四二」配備、「中一二」進攻

陣形和「心跟進」防守陣形。

當時蘇聯男女隊以隊員身高體壯、扣球力量大的優勢勝出一籌，多次蟬聯世界冠軍，被稱為「力量派」。男排居次的捷克斯洛伐克隊動作細膩，以扣球的線路變化和落點控制為特色，打吊結合，曾在1956年巴黎世錦賽上擊敗蘇聯隊被譽為「技巧派」。雖然有技巧派和力量派的抗衡，但是蘇聯隊連續6次居首，足見那時是一個以扣球論長短、以力量論英雄的時代。

60年代初期，大松博文教練率日本女排，創造了「前臂墊球」「滾翻防守」和「勾手飄球」技術，並以出色的防守、飄忽不定的發球和亞洲的快攻，打破了蘇聯稱霸女子排壇的局面，一舉奪魁。她們突破了劃一的技、戰術模式，為排球技、戰術的發展注入了新的血液。

從60年代中期到70年代末期，世界排壇出現了百花競開、群雄分爭的局面。這一時期女子排球有日本的「防守加配合」打法與蘇聯的「進攻加力量」打法相對峙，在8屆大賽中各分四金。而在男子排球的9次大賽中，榮登榜首的有捷克斯洛伐克、蘇聯、日本、波蘭、東德5支球隊，他們代表了當時技、戰術發展中的不同流派。

捷克斯洛伐克隊仍以「技巧」見長；蘇聯隊在「力量」的基礎上加了「兩次球」及其轉移戰術和「邊跟進」防守；東德隊則以突出高大隊員的「超手扣球」和「高成功率」聞名於世，被稱為「高度派」。

日本隊在學習了中國「近體快」和「平拉開」等系列快攻基礎上，創造了「短平快」「時間差」「位置差」等戰術打法，以「速度派」在世界上嶄露頭角。日本隊不僅有

快速配合的特色，而且吸收了日本女排防守成功的經驗，攻防兼備。無獨有偶，波蘭隊也是因為攻防全面，而且注意戰術變化而出人頭地。

至此，不同風格、不同流派輪執牛耳，各領風騷，排球技、戰術發展出現欣欣向榮的局面。由單一模式到不同流派產生；由重攻輕守到攻防兼備；由追求高度和力量到講究技術和戰術；由注重個人技巧到講究集體配合，競技排球技、戰術產生了質的飛躍。

(三) 現代排球

排球運動自20世紀80年代進入了現代排球階段。現代排球的概念是廣義的，它包括全攻全守排球，排球的社會化、商業化、職業化和「大排球」3個內涵。

1. 全攻全守排球

隨著各種流派的相互借鑒與交流，排球技、戰術不斷創新又迅速普及，各隊取長補短，球技猛進，以一技之長便可統一天下的時代一去不復返。20世紀80年代中國女排和美國男排的崛起標誌了排球技、戰術及其指導思想的革命。中國女排的五連冠和美國男排的四連霸是歷史的必然，它標誌著一個新時代的到來。

中國女排在組隊之初就確立了「建立一支具有高度、攻防兼備的全面型隊伍」的訓練思想。在其後長達9年的競賽訓練中，創造性地實踐了「在技術全面的基礎上，向全攻全守型發展。堅持快速，發展高度，力爭網上優勢……」的中國排球運動技、戰術指導思想。形成了攻守全面、戰術多變，以高制亞洲、以快制歐洲的全方位技、

戰術打法。

美國男排大膽運用跳發球技術、後攻技術；從沙灘排球中移植了兩人接發球戰術；創造了擴大防守；設計了立體進攻戰術；提出了高度、速度和全面的等邊三角形均衡發展學說。他們的共同特點是全攻全守的整體排球思想。這一思想指導他們獲得輝煌，其後被世界排壇所接受，20世紀90年代得到蓬勃的發展，在世界強隊的廣泛運用和充實下，已形成完整的戰術體系，成為現代排球的主流。

全攻全守的整體排球是技、戰術打法，更是指導思想。現代排球的技、戰術發展，要求運動隊和運動員必須全面發展，它不只是攻防技術的全面、戰術打法的全面，還包括運動員的體能、心智等各種素質的全面。在高強度、高技術水準的激烈對抗中，任何一個缺陷、一個薄弱環節，都可能是致命的隙裂。

全攻是以攻為主導，以攻貫穿全部比賽過程的總體進攻觀念。發球是進攻的開始，攔網是進攻的超前，防守是進攻戰術的首要環節。

從時間上看，進攻不再是第三次擊球的專利，它是排球比賽的整個始末。從空間上看，進攻也不僅僅局限在網上和網前，它已縱深發展並充滿了立體的三維空間。從內涵上來講，進攻已經不是拔地而起的一錘定音了，它是兩個集團全方位的較量，是整體實力的碰撞。

在技、戰術打法上形成了高快結合、前後結合的全面型進攻局面。主要特點是：

第一，主、副攻的職能有所發展變化，主攻加快了進攻節奏，常常打戰術快球，並且成為主要防守和接發球隊

員。副攻的攔網和快球牽制作用更趨明顯,自由人的出現弱化了副攻的防守和接發球功能。

第二,接應二傳作用大大提高,成為前後排機動進攻和強攻突破的主要得分手段。

第三,組織進攻戰術的二傳核心位置,向網上沿的高快和場地縱深的寬闊展開,豐富了戰術的層次,提高了戰術的攻擊性和組成率。

第四,前排快攻體系與後排進攻體系融為一體,形成交叉掩護、複式組合的多層次、多節奏的立體進攻。

第五,替補隊員與主力隊員的差距明顯縮小,不同組合的不同特點增強了全隊整體進攻實力。

沒有防守就沒有進攻,二者是不可分割的。現代排球技、戰術的飛躍正是得力於全面提高的防守水準。「排球場上沒有防不起的球」這種指導思想,使現代排球比賽有了質的飛躍,變得更精彩、更好看,讓總體進攻的思想得以發揮和施展,全攻全守是不可分割的整體。

全面防守的技、戰術特點主要表現為:

第一,全方位的防守技術動作,即用手、腳、身體的各種動作參與防守,提高防守品質。

第二,提倡有預判的「出擊防守」,替代固定位置的「等待防守」。

第三,加強前排攔網與後排防守的戰術配合,發揮整體效率。

第四,針對對方進攻特點,採用不同防守陣形。

第五,防守陣形及隊員位置安排兼顧防守效果和防守後的反擊進攻。

第六，自由人的使用大大提高了整體防守水準，同時也豐富了防守戰術和提高了防後立體進攻的組成。雙自由人的使用也在積極的運籌之中。

2.排球的社會化、商業化和職業化

在1984年國際排聯代表大會的換屆選舉中，墨西哥人阿科斯塔擔任了國際排聯主席。他決心把排球運動發展成為世界上最受歡迎的運動項目之一。在他的領導下，國際排聯的有識之士對國際排聯機構本身和排球運動進行了一系列的改革和調整。

要想使排球運動成為世界上最受歡迎的運動項目，首先要把它推向社會，為社會所接受。在以市場經濟為主要形式的世界經濟體系中，沒有市場就沒有競技體育的社會生存環境。只有進入市場並佔有市場，競技體育才能發展。

現代化的傳播媒介，給予了發展、推廣體育運動和促進提高競賽水準絕好的機會。沒有傳媒介入，特別是沒有電視轉播的體育運動就不是世界性的體育運動，更不可能成為世界上最受歡迎的體育運動。而傳媒的商業性，也必然要影響到體育的商業化。

順應潮流的國際排聯以明智的改革，將排球運動推向了市場。世界男排聯賽、女排大獎賽就是改革賽制、修訂規則，著意包裝、成功走向市場的範例。它將排球比賽在世界舞臺上導演得轟轟烈烈、有聲有色，取得了前所未有的社會效益和經濟效益。

特別是1996年亞特蘭大奧運會後，國際排聯更加積極主動地與媒體合作，與媒體捆綁共同發展，使得近年來

世界排球大賽獲得空前的成功。

　　雅典奧運會排球比賽的電視轉播在28個項目中收視時居第一（3,577,905,476小時）；在收視時、覆蓋面、觀眾最高紀錄、黃金時段的覆蓋面和收視時等資料方面是唯一都居前三名的運動項目。最高收視時（192,449,000小時）超過田徑（63,500,000小時）和足球（64,500,000小時）3倍或近3倍。售票為391,692張（10%）也領先於足球、籃球、體操、水上等項目。

　　走在排球職業化道路前列的是義大利。義大利排協在20世紀80年代末大刀闊斧地推行排球職業化和俱樂部制度。職業俱樂部的實施使義大利排球水準突飛猛進，尤其男排更為突出。1988年以前歷次世界大賽中，義大利男排只有4次進入前八名，而1988年以後每次都打入大賽的前八名，並多次榮登冠軍寶座，當今世界頂級的排球名將，幾乎都在義大利聯賽中閃亮登場過。

　　除義大利外，法國、德國、比利時、荷蘭等西歐國家的職業排球也開展得十分紅火。日本、韓國、俄羅斯、美國及拉美國家等也在排球職業化的道路上躍躍欲試。

　　現代排球運動技、戰術的高水準發展為排球運動走向社會化、商業化、職業化奠定了基礎。國際排聯的系列體制改革也為此創造了良好的條件。而排球運動的社會化、商業化和職業化必將更大地促進排球運動的發展。

3.「大排球」觀念的形成

　　推向市場的排球運動確實在國際體壇產生了轟動效應。國際排聯的隊伍空前壯大，至2007年會員協會已發展到218個，註冊運動員3500萬，是世界上最大的單項運

動協會。排球比賽在世人中也是聞名遐邇，一場排球比賽的直接觀眾和電視觀眾則以億萬數計。

高水準的排球比賽越來越多地受到人們的喜愛，也越來越廣泛地進入千家萬戶。但一項只由少數精英們表演的「觀賞運動」畢竟不能稱為人們最喜愛的體育運動項目。因此如何普及推廣排球運動是國際排聯改革的另一課題。

與足球、籃球不同，排球運動的不能持球和球不落地是初學者技能上的難點，而這又恰恰是排球運動內在美的重要組成部分。排球運動為適應不同群體和環境條件的需要，繁衍成為多種多樣的運動形式。國際排聯不僅有計劃、有目的地普及和推廣室內六人排球，而且還大力提倡開展各種形式的排球運動，開發排球人口。

20世紀20年代出現、40年代流行起來、70年代就走向職業化的沙灘排球，有很好的群眾基礎和商業市場，是人們喜愛的運動項目。

20世紀90年代國際排聯成立了沙灘排球委員會，開始將其列入了整體發展規劃。先後規範了世界沙灘排球錦標賽和世界沙灘排球巡迴賽，並於1993年出版了第一部正式的沙灘排球競賽規則，還成功地將沙灘排球列入了1996年亞特蘭大奧運會正式比賽項目，在雅典奧運會上更是獲得空前的成功，被譽為奧運會上的璀璨明珠。不僅如此，國際排聯還計畫將沙灘排球從海濱城市推向內陸，從沙灘推向沙地、公園、河邊、綠地，吸引更廣泛的群眾參與。沙灘排球的發展勢頭如火如荼，它在社會上的反響不亞於室內六人排球。

為在青少年中開展排球運動，國際排聯大力推廣和開

展「學校排球」和「迷你排球」（「小排球」）活動，每兩年都要舉行一次世界少年排球錦標賽。學校排球中近年來興起的軟式排球運動也是不可忽視的一個體育項目。在殘疾人的體育運動中，排球項目也是很活躍的。其他形式如氣排球、牆排球、雪地排球、水中排球也應運而生。總之，排球運動一切形式的發展都將受到重視。「陽春白雪」與「下里巴人」並舉；競技排球與娛樂排球共存，「大排球」的觀念已經形成。

2008年中國的魏紀中先生榮任第三屆國際排聯主席，他的思想更民主、更活躍。他立志於把排球運動搞得更好看、更精彩，讓更多的人喜愛排球，參與排球。使排球運動更加輝煌、燦爛。

二、排球技、戰術發展的主要規律和特點

排球比賽是一方千方百計地使球在對方場區落地或造成對方失誤；而另一方極力防起各種來球，再轉守為攻去爭取主動和勝利。這種隔網相對一攻一防的矛盾對抗，構成了排球比賽的基本內容和形式。進攻和防守技、戰術相互對抗、相互制約，同時又相互聯繫、相互促進，是排球運動技、戰術發展的主要動力。

20世紀二三十年代扣球技術的產生，促進了攔網的出現；而攔網技術的成熟，又促進了扣球技巧的提高。變線扣球、打手出界、打吊結合的進攻戰術，誘發了攔網保護的防守戰術。

60年代勾手飄球的出現，刺激了前臂墊球技術的發展，大幅度地提高了接發球的到位率，為快速多變的接發

球進攻戰術提供了條件；而網前跑動換位、交叉掩護等快攻技術，又造就了重疊、換位、二次跳等攔網戰術；攔網能力的加強，又推動了後排進攻戰術的運用。

這種進攻技、戰術帶動防守技、戰術，而防守技、戰術又反過來刺激進攻技、戰術發展的往復過程，形成了排球技、戰術發展螺旋式遞進的特徵。

一般來說，攻防處於相對平衡時，比賽往往相持較久，爭奪激烈，精彩耐看。如果防守居優，進攻乏術，比賽往往表現為久攻不下，疲軟黏滯。此時必然要激發進攻技、戰術的革命。而進攻如果大大超前於防守，則比賽會表現為無驚無險，單調乏味。此時會釀就防守技、戰術的革命。

縱觀百年來排球技、戰術發展的歷程，其演變的特點如下：

㈠ 新技術出現的三個途徑是改進、移植和創新

1.改進原有技術。如前臂墊球技術是對翹腕墊球技術的改進和發展。

2.移植其他技術。如前伸式攔網技術移植自籃球的「蓋帽」技術。

3.創造新技術。如發飄球技術等。

㈡ 創新技術是一個偶然出現─普遍運用─規範動作 ─自由運用過程

如「快板球」是20世紀30年代中國流行九人制排球時，前排隊員應急跳起「壓球」而偶然使用的。因為具有

突然進攻的威力，逐漸被提煉成為規範的「快板球」，後來又被世界所擁有，並不斷發展創造出「短平快球」「平拉開快球」「高快球」「錯位快球」「遠網快球」等形形色色的系列快球。

㈢ 新技術的出現帶動新戰術的出現

兩次球進攻技術帶動了兩次球及其轉移進攻戰術。「快板球」技術引出了一系列的快球及其掩護下的快攻戰術。因為跳發球和遠網扣球技術的提高，才出現後排進攻和立體戰術。

魚躍和前撲技術使擴大防守戰術成為可能。上手擋球的普遍運用造就了壓縮防守陣形的形成。

㈣ 進攻技、戰術的發展領先於防守技、戰術的發展，防守技、戰術的發展又促進進攻技、戰術的再發展

如扣球技術領先於攔網技術，飄球技術帶動前臂墊球技術，而前伸式攔網則促進了遠網扣球技術。

進攻的個人戰術變化和集體戰術配合帶動了集體攔網戰術的不斷豐富，而攔網戰術的豐富與完善促進了立體進攻戰術的出現等。

㈤ 男子技、戰術發展領先於女子，女子技、戰術效仿男子

20世紀80年代後，由於世界排球運動的蓬勃發展，歐美女子排球水準迅速提高，女運動員的身體素質也有明顯的增強，因此效仿男子技、戰術成為時尚，如中國女排

的快速多變戰術、巴西女排的立體進攻等。

　　許多過去只有男子運用的技術，現在女子也能運用，如跳發球、後排進攻、三人接發球陣形等等。女隊技、戰術打法乃至訓練模式上都在套用或效仿男隊。

㈥ 戰術的發展由簡單到複雜，由單一到複合

　　如進攻戰術從20世紀50年代的「點」（一點攻、兩點攻等進攻點）、60年代的「線」（直線、斜線、高弧線、低弧線等球的飛行路線）、70年代的「面」（集中與拉開、高點與低點、交叉與錯位、時間差與位置差等整個球網垂直平面），發展成為80年代走向縱深的立體進攻。

　　再如由過去的速度型、力量型、高度型、技巧型等獨特風格，發展到全攻全守的複合型。過去的心跟進、邊跟進、擴大型、壓縮型等防守陣形，發展到針對型、變換型乃至動態型、無型的複合運用的防守陣形。

㈦ 技、戰術的高水準發展要求運動員具備高水準的綜合素質

　　現代排球比賽的激烈對抗和技、戰術發展的高難度、高技巧性，要求運動員的身體、心理、技能、智慧、知識及修養等綜合素質都具備較高的水準。

三、排球競賽規則對技能、戰術發展的影響

㈠ 競賽規則與技、戰術發展的辯證關係

　　競賽規則是比賽中必須遵循的規定和法則。排球運動

的競技發展產生了規則，並決定了規則的內容。規則的存在限定了比賽的性質和形式，保證了比賽在公平和相對穩定的條件下順利進行。而規則又必須不斷地修改，以適應排球運動發展的需要。同時掌握好規則對排球運動發展的反作用，能動地把握規則的修改，可以影響排球運動向著更理想、更美滿的目標發展。

(二) 規則的修改對技、戰術發展的影響

早期對規則的修改和增定，僅限於適應技、戰術的發展和維護排球運動的特色。20世紀初規則中取消了允許球在網前落地1次的規定，以維護「空中擊球」「球不落地」的特點。隨著技術分化的出現，規則寫進了發、傳、扣球的技術概念。1921年設置中線是為了適應扣球攔網技術的發展。

由於進攻技術的相對超前，人們想利用規則來加以控制。於是規則中有了鼓勵防守的變化，如1938年允許雙人攔網、1941年規定了胸部以上身體各部位都可以擊球等。可是20世紀六七十年代進攻戰術發展迅猛，如東德的超手扣球，亞洲快攻戰術、平拉開球等，使攔網、防守難以招架。於是又有了限制進攻的變化，如1965年允許過網攔網，1968年設標誌杆，1976年標誌杆內移和允許攔網後再擊球3次等。

及至80年代，人們對規則的修改原則進行了反省和重新認識。對於排球運動的特點是什麼、如何保持其特點、如何促進排球技戰術的發展，以及如何改進比賽形式和控制比賽時間等多方面進行了討論，並採取了積極審慎

的態度對待規則的修改。

例如，在攻防平衡的控制方面主張積極鼓勵防守技術的發展，而不是消極地限制進攻技術。

1984年放寬了對第一次擊球時連擊的判罰，1992年允許膝關節以上任何部位觸球，1994年規定身體任何部位包括腳都可以觸球，1994年還減小了球內氣壓以適當降低球速利於防守。1999年六人制排球比賽採用每球得分制，以利比賽更為精彩。

排球運動要走向社會、走向市場就不能離開媒體的傳播，尤其是電視的傳播。競賽規則在1992年規定了每局兩次的1分鐘技術暫停，就是適應轉播贊助商對播放廣告的需要。在一些商業性的大賽中，還有特殊規則，如比賽成死球後，若電視臺導演認為剛才的一球精彩刺激，值得回味，就指示裁判員推遲發球，借此時間重播這一鏡頭。這樣，一場比賽就已經不僅僅是達到公平競技、分出輸贏的目的了，而且又是一場被編排得有聲有色、觀賞性極強的高品質的演出，以取悅電視觀眾。

㈢ 規則修改的原則和趨勢

近年來規則修改比較頻繁，修改的原則是要保持排球運動的特色，適應和推動排球運動的發展。當前排球規則修改的趨勢是：

1.保持規則的簡潔。規則要簡單、清晰，手勢要少而明，人們容易理解。

2.保持攻防矛盾的相對平衡。攻防平衡是比賽精彩的重要因素。目前攻防矛盾中，進攻依然超前，因此鼓勵防

守仍然是規則修改的趨勢。

3.維護比賽的連續性。比賽是否精彩與比賽進行時間和中斷時間之比有關。據統計，排球比賽進行時間與中斷時間之比為1：4，中斷時間過長。因此改進比賽形式，減少中斷時間，如壓縮暫停、換人及成死球的時間，減少人為的比賽中斷，仍是研究的方向。

4. 爭取比賽時間的可控性。排球比賽，以前採用的局、分勝負制，時間難以控制。據1998年前採用發球權得分制的六人制排球大型國際比賽的統計，時間最短的一場球為35分鐘，最長的一場為3小時35分鐘，時間相差懸殊。這樣既不利於運動員技術水準的正常發揮，又不悅於現場觀眾，更不便於電視轉播，因此現改為每球得分制。

5.有利於電視轉播。規則的修改要利於電視轉播，這是為了透過電視媒介促進排球運動發展，為了向電視觀眾提供高品質的排球節目，也為了使排球運動成功地推向社會，推向市場。

第二節　排球運動發展態勢

一、排球技、戰術發展態勢

(一)技　術

1.攻防技術界限趨於模糊

現代排球比賽攻防轉換的節奏加快，攻防的概念也發

生了變化。發球不只是比賽開始的技術手段，而是極強的
進攻技術，發出的球速可以達到120公里／時以上，超過
了扣球速度。攔網不僅是第一線的防守技術，也是最前沿
的進攻技術。防守擊球的本身也是進攻的開始，是進攻戰
術發起的首要環節。

2.技術動作模式趨向實用

現代排球的高水準比賽中，由於球速的增快和戰術變
化的莫測，防守動作由原先準備姿勢——判斷——移動取
位——擊球的模式，發展到邊判斷邊取位——反應動作
——控制球的模式。判斷與取位同時進行，反應動作則以
身體的適當部位，如肩、臂、手、腳等去攔截球。而這些
部位與球接觸的瞬間，控制球的反彈方向和力量便是現代
防守的動作要領。

正面雙手墊球的動作在防守中已罕見，取而代之的是
聳、翹、抬、擋、搪、拍等多樣化的擊球動作。

扣球動作也是如此，身體後仰雙腳制動的起跳模式早
已不是經典了。沖跳、單腳起跳使戰術空間更為廣闊。

3.跳發球技術多樣化和組合運用

跳起大力發球的球速很快，但只依靠單純大力跳發已
經是形單影隻了。跳發平飄、輕飄，跳發側旋、下旋，輕
發落點或發組合性能球等技、戰術已漸流行。

4.高防守技術和腳踢球技術

由於移動速度跟不上球速，且上手擊球動作的廣泛運
用，低重心取位靠後的防守動作被取位靠前重心升高、以
身體面積封堵扣球角度的防守技術替代。

腳踢球技術已由無意識的偶然向有意識運用發展，多

在攔網後保護、防守補位和追救高遠球時使用。

5.高點二傳和墊擊二傳技術

一傳沖向網上，二傳跳起高手傳球，加快進攻速度和攻擊性已普遍運用。

遠網沖跳扣球增大了可扣球空間和適應能力，對二傳球的落點要求寬鬆了，此墊擊二傳球有抬頭趨勢，甚至出現了墊傳戰術球的技術。

6.近網和快節奏的後排扣球

後快球由原先的距網兩米左右向近網一米左右處推進，成為後近體快球。此外，單腳沖跳扣球也縮短了後排扣球與球網的距離。

在快球掩護下的後排第二點進攻以及強攻球的弧度均有降低的趨勢，加快了進攻的節奏。

7.深入腹地的單手攔網技術

有意識地使用單手屈腕攔網，增加攔擊高度和伸過球網的距離，提高攻擊性。

(二) 戰　術

1.多中心的快攻戰術

由於後近體快球的運用，使前後排交錯掩護的立體進攻戰術體系得以豐富和發展。以快球和快球掩護為中心的快攻技術，由原先的近體快、短平快兩個中心，發展成為近體快、短平快、後近體快三個中心，極大地豐富了戰術的變化和組合。

2.雙向掩護的快攻戰術

快攻戰術由中間掩護兩側拉開進攻，發展為兩側平拉

開掩護中間突破的雙向掩護進攻戰術。

3. 發展與變化的防守戰術

(1)壓縮防守戰術

與位置拖後的擴大防守相反，防守隊員在預判時向前場壓縮，以小角度封堵扣球路線。防守中上手擊球的大量運用，使封堵落點靠後的長線球成為可能。

(2)密集防守戰術

這是根據對方扣球技術的特點，進行主動防守的戰術形式。由2～3人集體攔網，封堵對方的主要扣球路線或區域，放開另一條線，由後排集中兵力（2或3人）蹲堵，只留一人在攔網的堵攔區內機動保護。

(3)三角防守陣形

對方進攻速度快、快攻點變化多時，多形成一對一攔網，不攔網的前排隊員也來不及撤下。此時後排採用三角形防守陣形，而且根據對方特點可採用三角或倒三角站位，也可以有淺三角和深三角的站位變化。

(4)自由人核心防守戰術

以自由人為核心構建機動靈活的防守陣形。

(5)防守陣形中的進攻因素

由於後排進攻在防守反擊中的普遍運用，在防守陣形的位置安排中，不僅僅考慮到防守能力的側重，而且考慮到後攻力量的發揮。在防守中後排隊員還根據預設的後攻戰術來變換防守位置。

㈢ 12人排球思想和換人戰術

全攻全守的打法發揮了比賽場上6個人的最大潛力，

而排球技術的專門化和個性化，構成了12個人排球的基礎。利用每一個隊員的特長，形成圍繞每一個隊員的特色戰術系統。使每一個隊員上場後，都會有一套獨特的戰術打法。這樣利用換人戰術，充分調動12個人的潛力，形成12個人排球的整體優勢的思想正在形成。

二、教學訓練發展態勢

(一) 教 學

現代社會和科學技術的發展以及由此引起的教育思想轉變，推動著教學理論和方法的革新。近年來排球運動教學改革研究的主要動向是：

1.教學目標由原先的單純追求「三基」向「全面培養學生能力」的「素質教育」轉化。

2.教學模式由原先單一的以教師傳授為主導的系統教學模式，向「程式教學」「範例教學」「掌握教學」「發現教學」等多種模式發展。教學方法出現了「圖示法」「討論法」「條件控制法」「組集誘導法」「目標引導法」等。

3.過去教學研究多是放在以教師為中心的「教法」研究上。現在開始注意到以學生為中心的「學法」研究，摸索「教」「學」兩個方面的教學規律。

4.培養排球專項能力的教學與以健身為目的開展排球活動的教學分化。

(二) 訓 練

這裏主要介紹當今歐美較為流行的一些訓練思想與訓

練方法。

1.提倡逆向思維定式

「總結、繼承與發揚」是我們習慣的思維定式，而「批判與否定自己」是鮮見的。歐、美教練員提倡打破自己原有的思維定式框架，他們認為一成不變地看問題會出現錯誤，應該經常地交換立場，變換角度地看問題。審慎、批判地對待自己的思維方式和訓練手段，有助於打破常規和尋找新的突破。

2.發揮教練員的主導作用

將教練員作為隊員的對立面來進行訓練，是20世紀60年代大松博文的典型訓練思想之一。而歐、美教練員的主導作用的體現是設計訓練方法，以調動隊員的積極性和建立隊員之間的對抗。

3.重視教練員與隊員之間的關係

歐、美教練員極為重視他們與隊員的關係，相互尊重與信任，民眾友好的關係。他們尊重和肯於調動隊員的積極性，啟發隊員的主動精神，反對家長命令和處罰式的教學關係，盡可能地讓隊員參加訓練和管理工作。在訓練過程中強調進行積極評價和回饋，回饋以表揚鼓勵為主，儘量不當眾批評。

4.以科學研究指導訓練，以先進設備指揮比賽

球隊中聘請心理學、生物學、生理學、運動醫學以及電腦專家參與訓練決策。引用現代科技手段和科研成果指導訓練。

運用可攜式電腦、錄影機和無線電話設施指揮比賽。

5.講求訓練實效

訓練中不追求延長訓練時間，不浪費一分一秒，注重訓練品質。練習盡可能接近實戰，少做分解練習，少做單純的技術訓練，多做對抗練習，以對抗提高訓練強度和密度，在對抗中解決技、戰術問題。

6.注重反攻訓練和防守訓練

反攻是主要得分環節之一，因此要注重反攻訓練。

防守是反攻的基礎，教練員在訓練防守時，不僅要求運動員提高防守能力，更重要的是要學會怎樣預判。

7.訓練中貫穿「以人為本」的指導思想

「運動員第一，勝利第二」。勝利是重要的，但追求勝利不能以損害運動員的健康、身心發展、樂趣為代價。

在從事訓練時，特別是青少年訓練時，以培養興趣為核心，以遊戲和比賽帶動技、戰術訓練，刺激掌握技、戰術的慾望，純化動機，把握主動學習的人本思想。

教練員執教的目標順序是：

⑴使運動員獲得樂趣。

⑵發展運動員身心健康和社會適應能力。

⑶取得勝利的愉悅。

三、排球運動心理訓練發展態勢

現代排球的高運動水準和競技對抗逐漸逼近了人體生理和心理能力的極限，教練員和運動員沒有良好的心理品質是不能勝任高水準比賽的。心理訓練已越來越被人們所重視和運用。當前心理訓練發展趨勢主要表現為如下幾個方面：

㈠重視教練員心理學知識的學習和心理素質的提高。

㈡聘請心理學專家擔任顧問或參與訓練。

㈢以運動員心理的健康為最高目標進行心理訓練。

㈣將心理訓練融入整個訓練過程之中。

四、排球運動體能訓練發展態勢

現代排球的高運動水準和競技對抗，對運動員體能提出了更高的要求，世界各國教練員極重視運動員的體能訓練。當前世界排球強隊在體能訓練上多採用如下辦法：

㈠聘請體能訓練專家進行訓練。

㈡訓練指標及訓練過程由電腦管理。

㈢多採用非田徑運動式的體能訓練方法。

㈣多在排球場地上進行體能訓練。

五、排球運動科學研究態勢

現代科學技術的飛躍發展，必然要深入社會的各個領域，排球運動科學研究的發展，也必然會借助現代科學技術的新成果、新概念。其研究的深度、廣度以及與其他學科的緊密結合，必然也會引起科研成果的豐收。目前排球界科學研究的主要動向是：

㈠電子電腦技術的應用研究，如落點統計，技、戰術的人工模擬，訓練的控制管理，人才庫，數據庫等。

㈡排球技術動作的生物力學研究，如跳發球技術、沖跳技術以及對球運行軌跡的研究等。

㈢系統理論的應用研究，如訓練的程式化、模式化、系統管理、優化訓練、優化教學等。

㈣測量與評價，如選材、身體素質的測試與綜合評價、訓練手段的優化組合、競技能力的綜合分析與評價等。

㈤排球運動員生理特點研究，如供能特點、最大吸氧量、肌纖維類型等。

㈥排球運動員個性心理特徵研究，如量化分析、心理訓練等。

㈦青少年運動員的選材與培養研究。

㈧營養與恢復的研究。

㈨規則與裁判法的研究。

㈩場地器材的研究。

(十一)有關職業化的研究。

(十二)娛樂排球的多種形式研究。

第二篇　六人制排球

第三章　排球技術

第一節　排球技術的概念、特點和分類

一、排球技術的概念

排球技術是指運動員在比賽規則允許的條件下採用的各種合理擊球動作和配合動作的總稱。它是排球運動的基礎和重要組成部分。

排球技術有兩種：一種是有球技術，包括傳球、墊球、扣球、發球和攔網；另一種是無球技術，包括準備姿勢、移動、起跳及各種掩護動作等。

排球技術主要由步法和手法組成，同時與視野、軀幹活動和意識活動融合為一體。

二、排球技術的特點

第一，完成各種技術動作的時間短促。

第二，各種技術動作都是球在空中飛行時完成。

第三，大多技術具有攻防兩重性，如攔網、傳球、墊球。

第四，身體各部位都能觸球。

三、排球技術的分類

　　每項排球技術都是由擊球前動作、擊球動作和擊球後動作組成。從廣義上講，除了身體某一部分擊球時的動作外，都稱為配合動作；但從狹義上講，只把準備姿勢、移動等稱做配合動作，而把擊球動作前後較連續的動作稱為有球技術，如扣球技術中的助跑、起跳等。

　　本書對排球技術的分類為狹義上的分類，因此，發球、墊球、傳球、扣球、攔網為有球技術；準備姿勢和移動稱為無球技術，或稱配合動作。

第二節　排球技術的幾個力學問題

　　為了加強對排球技術動作的理解，本書對影響人體運動的起動、制動、起跳和揮臂等動作的力學原理以及影響球體飛行的一些因素進行分析，以加強對技術的研究和提高、掌握與運用技術的能力。

一、起動與制動

㈠ 起　動

　　人體從靜止到運動的過程叫起動。起動的目的是為了快速移動。

　　現代排球運動朝著快速的方向發展，因此，也對起動速度提出了更高的要求。影響起動快慢的力學因素主要有三個：

第一，在起動方向上穩定角的大小

穩定角即支撐面兩邊緣上相應兩點與物體重心連線所形成的夾角，表示物體的穩定性。在支撐面一定的情況下，如果物體的重心位置較高，重心在支撐面上的投影點到支撐面邊界某個方向的距離較短，在這個方向上的穩定角就小。因此，在支撐面一定的情況下，物體在某一方向上的穩定性取決於其重心的高度和重心在支撐面上的投影點距支撐面相應邊界的距離。起動方向上的穩定角越大，起動越慢；穩定角越小，起動越快。

第二，支撐反作用力的大小

作用在物體上的力越大，物體改變原來運動狀態就越快。支撐反作用力是在蹬地時地面施與人體的作用力，其大小與人體蹬地的力量大小相等，方向相反。支撐反作用力越大，起動越快。

第三，蹬地角的大小

蹬地角是指在蹬地時支撐反作用力的作用線與水平方向的夾角，其大小決定著支撐反作用力在水平方向上分力的大小。蹬地角越小，水平方向獲得的分力越大，起動就越快。

(二) 制　動

人體從運動到靜止的過程叫制動。制動與起動是完全相反的過程。制動時，最後跨出一大步，跨出腳蹬地，從而獲得一個地面對人體的支撐反作用力。它與重力形成合力的方向與人體運動的方向相反，從而使身體移動速度減慢，直到停止。影響制動快慢的因素有：

第一，支撐反作用力的大小

支撐反作用力越大，制動越快。

第二，支撐反作用力與地面夾角的大小，夾角越小制動越快

排球運動中往往可以通過重心下降、上體後仰等來減小其夾角。

二、起　跳

現代排球運動不斷向高快結合的方向發展，網上爭奪越來越激烈，扣球和攔網成為最主要的得分手段，而彈跳是影響扣球和攔網效果的重要因素之一，因此要求彈跳不僅要有高度，而且要有速度。

排球運動中的跳躍動作種類很多，按起跳腳分類，可分單腳起跳和雙腳起跳；按跳躍方向分類，可分為豎直向上跳和向前的沖跳；按助跑方式分類，可分為原地起跳和助跑起跳等。

下肢猛烈的蹬伸動作及上體和上肢向上做加速運動而產生的向下的慣性力，由雙腳作用於地面，同時地面給人體一個支撐反作用力，支撐反作用力與重力的合力，使人體產生向上的加速度，推動人體離開地面。

影響跳起高度的主要因素有：

第一，起跳過程中下肢各關節肌群爆發力的大小。

第二，起跳過程中上肢及上體向上運動的加速度的大小。

第三，蹬地角度。要獲得盡可能高的跳起高度，就應豎直起跳，以獲得最大的豎直方向分力。如果要在獲得一

定高度的同時還要獲得一定的遠度，就要適當改變蹬地角
度，從而獲得一定的水平方向的分力，達到沖跳的目的。

三、旋轉球與飄球

球體的自身運動狀態是影響球飛行路線的一個重要因
素，球體的自身運動狀態有兩種，即旋轉與飄晃。

㈠ 旋轉的原因

造成球體旋轉的原因是擊球作用力不通過球體重心，
從而產生轉動力矩。球在空中旋轉，主要有前旋、後旋、
左側旋和右側旋。當球向前飛行時，球的上下左右各表面
都有空氣向後流動，流速是相等的。如果球體旋轉，則對
四周氣體的流速造成一定的影響。

以球前旋為例，球體上部向前運動，也帶動球體附近
的空氣向前流動，這樣就與向後流動的空氣的運動方向相
反，因此球體上方的氣體流速減慢。

上旋球球體下部向後運動，帶動氣體也向後運動，與
球體下方向後流動空氣的流向相同，球體下方的氣體流速
增快。流體流速較小的地方壓強較大，流體流速較快的地
方壓強較小。

所以，前旋球球體上方的壓力大於下方，球在飛行過
程中要偏離原來的預定的拋物線軌跡而向下飛行，旋轉越
快，影響越大。

同理，後旋球的運動軌跡偏離預定軌跡向上，左側旋
向左、右側旋向右偏離（圖3-1）。

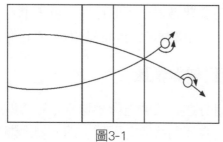

圖3-1

㈡ 飄晃的原因

飄球產生的原因目前主要有以下幾種說法：

1.當作用力通過球體重心，球將不旋轉地向前飛行。而沒有旋轉軸的物體的飛行軌跡是不穩定的，因此球會搖搖晃晃地前進。

2.球的振動可以使球體變形。球體不斷地振動變形，凸起和凹陷兩側空氣流速不斷發生變化，壓強差也隨之不斷發生變化，結果球的飛行路線隨著不同壓強差而改變，從而產生飄晃。

3.不旋轉的球，因受空氣阻力影響，速度逐漸減慢。到每秒飛行5～10米時，球就會遇到近兩倍的強大壓力。因此，球會突然失速，改變飛行路線。

4.當不旋轉的球飛行時，球體後面的空氣稀薄，壓力迅速降低。因此，在球的後面形成許多旋渦。旋渦越大，對球產生的阻力就越大。旋渦能阻止和干擾球的飛行，造成球體在空中飛行時出現搖晃現象。

5.球體表面黏合線與空氣的流動方向順橫不一，引起空氣對流速度的變化而造成阻力差，改變了球的飛行軌跡。

6.在確保球在飛行過程中不轉動的情況下，擊球的同一部位，施以同樣的力，向同一方向發出，若球嘴向上，球則偏離預定軌跡向上；若球嘴向下，球則偏離預定軌跡向下。

四、入射角與反射角

入射角等於反射角是光學鏡面反射原理。墊球動作很大程度上可以用鏡面反射原理加以說明。不旋轉的來球觸擊手臂後，基本上以相同的角度反彈出去；旋轉的來球觸擊手臂時，旋轉會使球和手臂之間產生摩擦力，同時手臂也給球體一個大小相等、方向相反的反作用力，墊擊力與反作用力的合力方向基本上就是球體彈出的方向。

墊球時，墊出球的弧度和手臂墊擊平面與地面形成的夾角有關，手臂與地面夾角大，出球弧度平；反之，墊出球的弧度就較大。

五、揮臂速度

手臂揮動擊球時，以上臂帶動前臂、前臂帶動手腕的擊球動作，稱為鞭打動作。一個鏈狀物體，在其質量大的一端先做加速運動，在制動過程中，其動量向游離端傳遞，使其末梢部分產生極大的運動速度，這就是鞭打動作的力學原理。

上肢鞭打動作的特點是大關節帶動小關節，即軀幹帶動肩，肩帶動上臂，上臂帶動前臂，前臂帶動手，大小關節依次活動，每一個環節的最大活動速度都在前一環節達到最大速度之後獲得。因此，鞭打動作是快速有力的。在

做鞭打動作前,各環節肌肉應放鬆,只有放鬆,才能加速揮動,才能獲得較快的揮臂速度。

第三節 準備姿勢與移動

準備姿勢與移動是排球基本技術之一,屬於無球技術,是完成發球、墊球、傳球、扣球和攔網等各項有球技術的前提和基礎,並對各項有球技術的運用起串連和紐帶作用。準備姿勢和移動是相輔相成的,準備姿勢主要是為了移動,而要快速移動,又必須先做好準備姿勢。

一、準備姿勢

為了便於完成各種技術動作而採取合理的身體姿勢稱為準備姿勢。合理的準備姿勢是指既要使身體重心處於相對穩定的狀態,又要便於移動和完成各種擊球動作,為迅速起動、快速移動及擊球創造最好的條件。為完成某項有球技術之前的準備姿勢,稱為專項技術準備姿勢,例如攔網、發球、傳球等都採用不同的準備姿勢。

一般講,按照身體重心的高低,準備姿勢可分半蹲、稍蹲和低蹲三種準備姿勢。

(一) 半蹲準備姿勢

1.動作方法

兩腳左右開立稍比肩寬,一腳稍前,兩腳尖內收,腳跟稍提起。膝關節保持一定的彎曲,其投影在腳尖前面。上體前傾,重心靠前。兩臂放鬆,自然彎曲,雙手置於腹

前。全身肌肉適當放鬆，兩眼注視來球，兩腳始終保持微動（圖3-2）。

圖3-2　　　　　　　　　　圖3-3

2.技術分析

(1)腳跟稍提起，膝關節保持一定彎曲，便於及時向各個方向蹬地起動，預先拉長伸膝肌群和增大移動時的後蹬力量，也便於及時起跳、下蹲和倒地。

(2)上體前傾，有利於向前或向側前移動；兩臂置於胸腹之間，有利於移動時的擺臂和隨時伸臂做各種擊球動作。

(3)肌肉保持適度放鬆比肌肉完全放鬆和過度緊張更有利於起動。兩腳保持微動，使神經系統處於適當的興奮狀態，有助於肌肉的快速收縮和克服靜止的慣性。

3.技術要點

屈膝提踵，含胸收腹，微動。

㈡稍蹲準備姿勢

稍蹲準備姿勢比半蹲準備姿勢的重心稍高，動作方法相同（圖3-3）。

㈢低蹲準備姿勢

低蹲準備姿勢比半蹲準備姿勢的身體重心更低、更靠前，兩腳左右、前後的距離更寬一些，膝部彎曲程度更大一些；肩部

圖3-4

投影過膝，膝部投影過腳尖，手置於胸腹之間（圖3-4）。

二、移　動

從起動到制動的過程為移動。移動的目的主要是及時接近球，保持好人與球的位置關係，以便擊球。迅速的移動可佔據場上的有利位置，爭取時間和空間。能否及時移動到位，直接影響著技、戰術的品質。移動是由起動、移動步法和制動三個環節所組成。

㈠起　動

起動是移動的開始，它是在準備姿勢的基礎上，變換身體重心的位置，破壞準備姿勢的平衡，使身體向目標方向移動。

1.動作方法

根據場上的情況，採取不同的準備姿勢，有利於隨時改變移動方向和迅速移動。以向前起動為例，在正確準備姿勢的基礎上，迅速向前抬腿收腹，使上體向前探出，同時後腿迅速用力蹬地，使整個身體急速向前起動。

2.技術分析

(1)起動的力學原理是破壞平衡。人體向前抬腿，身體失去平衡而前傾，開始了起動。收腹和上體前傾，有利於身體重心的前移和降低，從而使蹬地角減小，增大了後蹬的水準分力，達到了快速起動的目的。

(2)起動時的主要動力來源於蹬地腿肌肉的爆發式收縮，蹬地腿預先拉長肌肉的爆發力越大，起動就越快。

3.技術要點

抬腿蹬地，破壞平衡。

(二) 移動步法

排球運動中的移動步法有多種。起動後應根據臨場技、戰術的需要，靈活地採用各種移動步法進行移動。

1.動作方法

(1)並步與滑步：如向左移動，則右腳蹬地，左腳向左跨出一步，右腳迅速跟上做好擊球準備（圖3-5）。連續並步就是滑步。

(2)跨步與跨跳步：如向前移動，則後腿用力蹬地，前腳向來球方向跨出一大步，膝部彎曲，上體前傾，身體重心移至前腿上（圖3-6）。跨步可以向前跨步，也可以側向跨步。跨步過程中有跳躍騰空即為跨跳步。

圖3-5

圖3-6

(3)交叉步：交叉步一般指側向移動時兩腳交叉移動。以向左交叉步為例，上體稍向左轉，右腳從左腳前面向左交叉邁出一步，然後左腳再向左跨出一大步，同時身體轉向來球方向，保持擊球前的姿勢（圖3-7）。也可一腳先後撤一步，然後另一腳進行交叉步移動（圖3-8）。

(4)跑步：跑步時兩臂要配合擺動。如球在側方或後方時應邊轉身邊跑。

(5)綜合步：以上各種步法的綜合運用。

2.技術分析

(1)並步移動時後腿迅速跟進，較易保持身體平衡，

圖3-7

圖3-8

便於做各種擊球動作。

　　(2)跨步移動時的步幅較大,身體重心較低,便於接1～2米處低球。交叉步採用兩步移動,所以移動距離比跨步移動更遠。

3.技術要點

抬腿彎腰移重心，第一步要快。

㈢ 制　動

在快速移動之後，為了保持穩定的擊球姿勢和克服身體慣性的衝力，必須運用制動技術。

1.動作方法

(1)一步制動法：一步制動時，最後跨出一大步，同時降低重心，膝和腳尖適當內轉，全腳掌橫向蹬地，抵住身體重心繼續移動的趨勢，並用腰腹力量控制上體，使身體重心的投影落在兩腳所構成的支撐面內。

(2)兩步制動法：兩步制動時，以倒數第二步做第一次制動，緊接著跨出最後一步做第二次制動，同時身體後仰，重心下降，雙腳用力蹬地，使身體處於有利於做下一個動作的姿勢。

2.技術分析

(1)制動的本質是恢復平衡。在最後跨出一大步跨出腳蹬地的同時，地面給人體一個支撐反作用力，其水平分力與身體的移動方向相反，從而使身體重心移動速度減慢。

(2)最後跨出一大步時，上體後仰，降低身體重心，使蹬地角減小，穩定角增大，有利於制動。

3.技術要點

跨大步，降重心。

三、準備姿勢與移動的運用

㈠稍蹲準備姿勢一般用於扣球助跑之前，對方正在組織進攻不需要快速反應起動的時候。半蹲準備姿勢多用於接發球、攔網和各種傳球。低蹲準備姿勢主要用於防守和各種保護動作時，由於重心低，便於倒地和插入球下防守低遠球。

㈡隊員根據所防守位置的不同，準備姿勢中兩腳站立的方法也有所不同。為了對準來球，便於及時地移動，在左半場區時應左腳站在前面，身體稍右轉；在右半場區時應使右腳站在前面，身體稍左轉。

㈢並步的特點是容易保持平衡，便於做各種擊球動作，主要用於傳、墊球和攔網；跨步適用於來球較低、離身體1～2米墊擊時；當來球距體側3米左右時，可採用交叉步，其特點是步子大、動作快、制動強，主要用於二傳、攔網和防守；當來球距身體更遠時，可採用跑步。移動要快，關鍵是在不同的情況下採用不同的步法，以適應來球。為了更好地擊球，並達到良好的擊球效果，應力求在移動結束後能正面擊球，或能保持良好的擊球面。

㈣一步制動法多在短距離移動之後，前衝力不大時採用；兩步制動法多在快速移動之後，衝力較大時使用。制動有多種方法，關鍵是最後都要跨出一大步。一般說，移動速度越快，制動時最後跨出的步子越大，重心也越低。

四、準備姿勢與移動的教學與練習方法

㈠ 教學順序

首先學習最基本的半蹲準備姿勢，然後學習稍蹲和低蹲準備姿勢。按照並步、跨步和交叉步的順序學習移動，同時介紹滑步、跑步和綜合步法。準備姿勢和移動的教學應同步進行。

㈡ 教學步驟

1.準備姿勢的教學步驟

⑴講解：準備姿勢的目的與作用；準備姿勢的分類；半蹲準備姿勢的動作方法；稍蹲準備姿勢、半蹲準備姿勢和低蹲準備姿勢的異同點。

⑵示範：邊講解邊示範。示範時，既要正面做也要側面做。

⑶組織練習：由原地做過渡到移動中做。

⑷糾正錯誤動作。

2.移動的教學步驟

⑴講解：移動的目的與作用；移動與準備姿勢的關係；移動步法的種類及在比賽中的應用時機；各種移動步法的動作方法。

⑵示範：邊講解邊示範。示範時既要正面做，也要側面做。

⑶組織練習：徒手練習、結合球練習、結合其他基本技術練習。

(4)糾正錯誤動作。

㈢練習方法

1.準備姿勢的練習方法

(1)成兩列橫隊，在教師指導下做各種準備姿勢。

(2)兩人一組，一人做準備姿勢，另一人糾正其錯誤動作。兩人交換進行。

(3)原地跑步，在跑的過程中根據教師的手勢、口令、哨音或其他信號做不同的準備姿勢。

2.移動的練習方法

(1)徒手練習

‧ 成半蹲準備姿勢，根據教師口令和手勢做各種步法和方向的移動。

‧ 兩人一組相對站立，一人跟隨另一人做同方向的移動。

‧ 以滑步和交叉步進行3米往返移動，手觸及兩側線。

‧ 從端線起，以教師規定的步法進6米，退3米，如此連續往返行進到場地的另一端。

(2)結合球的練習

‧ 兩人一組，相距6米，各持一球，兩人同時把球滾向對方體側3米左右處，移動接住球後再滾給對方，如此反覆進行。

‧ 兩人一組，一人持球向不同方向空中拋出2～3米，另一人移動對準球，用雙手在額前接住球。

‧ 成縱隊立於網前，依次接教師拋向場地不同方向及不同弧度的球。

　　⑶結合其他技術的練習：結合準備姿勢練習；結合傳、墊、扣等技術的練習。

㈣準備姿勢與移動的易犯錯誤及其糾正方法

　　易犯錯誤及其糾正方法如表3-1所示。

表3-1　易犯錯誤及其糾正方法

	易犯錯誤	糾正方法
準備姿勢	有意提腳跟	強調腳跟提起是腰、膝、踝彎曲所引起的自然動作的道理
	全腳掌著地	提示提腳跟，使其兩腳前後略分大些
	直腿彎腰	多做低姿勢移動輔助練習
	臀部後坐	講清重心靠前的道理，使雙膝投影超過腳尖
移動	起動慢	做起動輔助練習，如各種姿勢下的起跑
	移動時身體起伏大，身體重心過高	講清道理，多做穿過網下的往返移動
	制動不好，制動後不能保持準備姿勢	腳和膝內扣，最後一步稍大

第四節　發　球

　　發球是排球的基本技術之一，也是排球比賽中一項重要的進攻技術；是1號位隊員在發球區內自己拋球後，用一隻手將球直接擊入對方場區的一種擊球方法。發球是排

球技術中唯一不受他人制約的技術。

在20世紀50年代，各隊在比賽中主要採用勾手大力發球和正面上手發球技術，發出球的特點主要是力量大、速度快。60年代，各隊廣泛採用發飄球技術，由於發出的球飛行時飄晃，給接發球造成很大困難。70年代，發球技術沒有很大進展，但在發球技術運用上有很大提高，如採用相似的發球動作發出不同性能的球、找人或找區域發球等。進入80年代以後，各隊廣泛採用跳發球技術，給接發球帶來較大威脅。現在的發球區位於整個9米長的端線外，發球隊員可在9米寬的發球區內的任意地方發球，從而使發球有了更大的威脅。

發球是比賽的開始，也是進攻的開始。排球比賽中真正意義上的第一次進攻是發球。準確而有攻擊性的發球可以直接得分或破壞對方的戰術組成，減輕本方防守壓力，為反擊創造有利的條件，同時能振奮精神，鼓舞全隊士氣，在心理上給對方造成很大壓力。反之，如果發球威力不大，不但失去直接得分和破壞對方戰術的機會，還會給本方的防守造成很大的困難，形成被動局面。發球失誤，將直接失分和失權。因此，發球在比賽中的重要性越來越得到體現，發球也越來越受到重視。

一、發球技術動作的方法

發球按照發出球的性能主要可分為發飄球和發旋轉球。發飄球主要有正面上手發飄球、勾手發飄球和跳發飄球，發旋轉球主要有正面上手發球、勾手大力發球、跳發球、正面下手發球、側面下手發球、側旋球和高吊球。

㈠正面上手發球

　　正面上手發球要正面對球網站立，以便於觀察。這種發球的準確性較高，並能充分利用蹬地、轉體，收腹帶動手臂加速揮動，以及運用手指手腕的推壓動作，因此可以加大發球的力量和速度，同時使球呈前旋飛行，不易出界。

1.動作方法

　　隊員面對球網，兩腳前後自然開立，左腳在前（以右手發球為例。下同），左手持球於身前，抬臂用手掌平托著球向上送，將球平穩地垂直拋於右肩前上方，高度適中。在左手拋球的同時，右臂抬起，屈肘後引，肘與肩平，上體稍向右轉。擊球時，利用蹬地、轉體和收腹帶動手臂揮動，在右肩前上方伸直手臂的最高點，以全手掌擊球的中下部。擊球時，手指自然張開吻合球，手腕迅速主動做推壓動作，使擊出的球呈前旋飛行（圖3-9）。

　　當然，也可以用右手拋球（圖3-10），或者用雙手拋球（圖3-11）。為了加強發球的力量和攻擊性，許多運動員還向前走一步、兩步或多步做正面上手發球。

2.技術分析

　　⑴準備姿勢時，左腳在前，便於右臂後引和身體自然後轉，同時也便於向左轉體揮臂擊球。

　　⑵拋球平穩、準確、高度適中，是為了提高擊球的準確性。拋球過前時，易造成推球，不易過網，不能充分發揮轉體和收腹力量；拋球過高時，不易掌握擊球時機；拋球過低，則來不及充分揮臂用力。

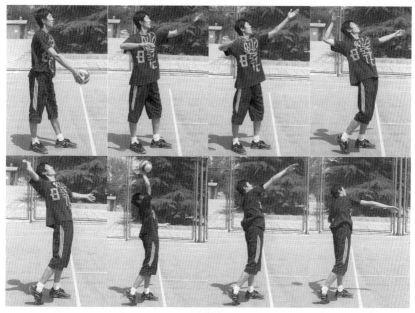

圖3-9

圖3-10

圖3-11

　　(3)揮臂前肘關節後引，可拉長胸腹和手臂的部分肌肉，並積累一定的彈性勢能，同時延長揮臂，有利於加快轉體和揮臂速度，從而加大揮臂力量。

　　(4)擊球時轉體並收腹發力，腰帶動肩，肩帶動上臂，上臂帶動前臂，前臂帶動手腕，最後傳遞到手上，能夠使手獲得最大的速度。

　　(5)擊球時兩腳蹬地，使上體加速做向前的運動，加快了手臂揮動的速度，有利於加大擊球力量。

　　(6)以全手掌擊球的中下部，能夠增大擊球面積，延長手作用在球上的時間，易控制球。手腕的推壓動作能夠使球呈前旋飛行，不易出界。

　　3.技術要點

拋球，弧線揮臂，包擊推壓。

㈡ 正面上手發飄球

正面上手發飄球是採用正面上手的形式，使發出球不旋轉、不規則地飄晃飛行的一種發球方法。正面上手發飄球有重飄、輕飄、遠飄、下沉等。由於面對球網，便於觀察對方接發球情況。

1.動作方法

準備姿勢同正面上手發球，但拋球較低較靠前。拋球的同時，右臂屈肘後引，上體稍後仰。擊球前，手臂自後向前做直線揮動。擊球時，五指併攏，手腕稍後仰，用掌根平面擊球的中下部，作用力通過球體重心。擊球瞬間手指、手腕緊張，不做推壓動作，手臂揮動有突停動作。擊球發力突然、快速而短促（圖3-12）。

圖3-12

2.技術分析

(1)拋球比正面上手發球稍前稍低，便於揮臂擊球時向前用力。

(2)擊球前手臂的揮動軌跡呈直線，便於作用力通過球體重心，使球不旋轉地向前飛行。

(3)用掌根或手部其他堅硬部位擊球，擊球面積小，力量集中、短促，易造成飄晃。

(4)擊球時手指、手腕緊張以及擊球手臂的突停動作，可使球體迅速脫離擊球手，縮短手對球的作用時間，從而使球產生較大變形，更易產生飄晃。

3.技術要點

拋球，直線揮臂，短促擊球，作用力通過球體重心。

(三) 勾手發飄球

勾手發飄球簡稱勾手飄球，也簡稱勾飄。勾手，指手臂做側向大回轉揮動。勾手發飄球是側對球網站立，利用勾手的形式，使發出的球不旋轉、不規則地飄晃飛行的一種發球方法。由於這種發球方法能較多地借助下肢和腰部力量，所以不僅可用於近距離發球，也非常適合於遠距離發球。

1.動作方法

身體側面對網，兩腳自然開立，左手持球於胸前，將球平穩地拋在左肩前上方約一臂之高處。擊球時，右腳蹬地，上體向左轉動發力，帶動手臂揮動。揮動時手臂伸直，用掌根在右肩的左上方擊球的中下部。在擊球前，突然加速揮臂，手的揮動軌跡保持一段直線運動，擊球瞬

間，五指併攏，手腕後仰並保持緊張，手臂揮動有突停動作（圖3-13）。

圖3-13

2.技術分析

(1)利用蹬地和上體轉動，帶動手臂的加速揮動，使肩關節負擔較小，可發長距離飄球。

(2)用掌根擊球中下部，擊球面積小，力量集中、短促，易造成飄晃。也可用半握拳或拇指根部擊球。

(3)擊球點不在伸直手臂的最高點，便於手臂在擊球前保持一段直線揮動，從而使作用力通過球體重心，使球不產生旋轉。

(4)擊球時手指、手腕緊張及擊球時手臂揮動突停動

作的原因與上手發飄球相同，是為保證球的飄晃。

3.技術要點

拋球，轉體發力，直線揮臂，短促擊球，作用力通過球體重心。

㈣ 跳發球

跳發球是為了加強攻擊性，以助跑起跳的方式，在空中將球直接擊入對方場區的發球方法。跳發球也可做跳發飄球，但主要是跳發上旋球，這種發球由於是跳起在空中擊球，擊球點較高，身體能充分伸展，有利於充分發力，故而力量大、旋轉強、速度快。

1.動作方法

面對球網，站在距端線2～4米處，利用單手或雙手將球拋在前上方，離地面高4～5米，甚至6～7米，隨著拋球離手向前助跑跳起。起跳時，兩臂要協調擺動，擺幅要大。擊球時利用收腹和轉體動作帶動手臂揮動。擊球點保持在右肩前上方，手臂伸直，利用全手掌擊球的中下部，並加推壓動作，使球呈前旋飛行。擊球後，雙腳落地，雙膝緩衝，迅速入場（圖3-14）。

2.技術分析

⑴助跑起跳，不但使身體獲得了一定的水平方向初速度，增強了擊球力量，而且也提高了擊球點，降低了球體飛行軌跡的弧度，使球更具有威脅性。

⑵擊球的中部，是因為跳發球的擊球點高，在保證過網的前提下，壓低球的飛行弧度，加大威力。

圖3-14

3.技術要點

拋球，助跑起跳，腰腹發力，包擊推壓。

㈤ 正面下手發球

正面下手發球是身體正面對網，手臂由後下方向前擺動，在腹前將球擊入對方場區的一種發球方法。正面下手發球由於動作簡單，因此最適合初學者學習和運用。

動作方法：

面對球網，兩腳前後開立，左腳在前，兩膝微屈。上體稍前傾，重心偏後腳。左手持球於腹前，將球輕輕拋起在體前右側，離手高約20公分，在拋球同時右臂伸直以肩為軸向後擺動，借右腿蹬地力量，身體重心隨著右手向前

擺動擊球而移至前腳。在腹前以全手掌、掌根或虎口擊球中下方（圖3-15）。

圖3-15

㈥ 側面下手發球

側面下手發球是身體側對球網站立的一種下手發球方法。由於動作簡單，因此也適合初學者學習和運用。

動作方法：

左肩對網，兩腳左右開立，約與肩同寬，兩膝微屈，上體稍前傾，重心落在兩腳間。左手將球平穩拋送至體前，距身體約一臂之遠，離手高20～30公分。在拋球的同時，右臂擺至體側後下方，利用右腳蹬地向左轉體的力

量，帶動右臂向前上方擺動，在腹前用全手掌、掌根或虎口擊球的中下方（圖3-16）。

圖3-16

㈦勾手大力發球

勾手大力發球是指採用勾手的形式，充分運用全身的爆發力，發出力量大、速度快、弧度低、旋轉強的球。

動作方法：

身體側向對網，兩腳自然開立，左手或雙手持球於胸前；將球拋在左肩前上方約一臂高度。拋球的同時，兩腿彎曲，上體順勢向右傾斜，並稍向右轉，右臂隨之向右側後方擺動，身體重心移向右腳。擊球時，利用右腳蹬地、

轉體動作發力，帶動右臂做直臂弧形揮動，同時身體重心由右腳移至左腳。手臂在伸直的最高點，在右肩的前上方以全手掌擊球的中下部。擊球時手指自然張開吻合球，手指手腕主動做推壓動作，使球產生強烈前旋飛行（圖3-17）。

圖3-17

為了加強勾手大力發球的攻擊性，還可採用助跑勾手大力發球。

㈧ 側旋球

按照發出的球在飛行時旋轉的方向，側旋球可分為左側旋球和右側旋球。

動作方法：

準備姿勢、拋球和手臂的揮動動作與正面上手發球相同。擊球時，以全手掌擊球的右（左）部，從右（左）向左（右）帶腕，做旋內（外）的動作，使球向左（右）側旋飛行。

㈨ 高吊球

這種發球，高度高，且旋轉，可利用球體下落的速度和弧線造成接發球困難。由於它的高度高，易受光線和風力的影響，故較適合在室外運用。

動作方法：

右肩對網站立，兩腳自然開立，右腳在前，身體重心落在右腳。兩膝稍屈，上體微前傾。左手將球拋在臉前，使球在身前一臂之遠的地方下落。在拋球的同時，右臂向後擺動。然後借助蹬地展腹以右臂猛烈向上揮動。擊球前屈肘，以加大前臂揮動速度，在腹前以虎口擊球的下部偏左處，使球在旋轉中高高上升。

二、發球的注意事項

發球的方法很多，不管採用哪種發球方法，必須注意以下幾點：

第一，拋球穩。拋球是否穩是影響發球準確性的主要因素。每次拋的高度和距離都應基本穩定，忽高、忽低、忽近、忽遠都會影響發球的準確性。

第二，擊球準。以正確的手型擊準球的相應部位，才能使發出球的性能與預期一致。

　　第三,手法正確。擊球的手法不同,發出球的性能也不同。只有採用正確的手法擊球才能發出相應性能的球。

　　第四,用力適當。用力大小與發球站位的遠近、擊球弧度的高低、發出球的性能、落點密切相關。

三、發球技術的運用

　　發球時,應根據比賽中的具體情況,或需穩定,或需兇狠,或需找人、找區,或控制發球落點,應靈活地運用各種發球技術,力爭用相應動作發出不同性能的球。

四、發球技術的教學與練習方法

㈠ 教學順序

　　發球技術的種類很多,動作難易程度差別也很大,教學時應根據教學對象的不同水準和性別來選擇教學內容以及確定教學的先後順序。同時,應將發旋轉球和發飄球技術的教學穿插進行,以便加深對發旋轉球和發飄球技術動作的理解。

㈡ 教學步驟

1.講　解

　　發球在比賽中的地位與作用;發球的動作方法;拋球、擊球、手法三要素。

2.示　範

　　先做完整的發球動作示範,然後邊講解邊做分解動作的示範,再做完整動作的示範。

3.組織練習

徒手練習，結合球練習，結合球網練習，結合戰術練習。

4.糾正錯誤動作

(三)　練習方法

1.徒手練習

(1)徒手拋球練習。

(2)徒手模仿發球，包括拋球、引臂、揮臂、擊球等完整的連續動作。

(3)對固定目標做揮臂擊球練習。

2.結合球練習

(1)自拋練習，拋球高度和位置應符合發球動作的要求。

(2)結合拋球進行引臂和揮臂練習，解決拋球引臂與揮臂擊球動作的配合。

(3)近距離的對牆發球練習，將拋球、揮臂、擊球、用力等環節有機地銜接起來。

(4)兩人一組相距九米左右發球。

3.結合球網練習

(1)近距離的隔網發球練習。

(2)站在端線向對區發球。

(3)站在端線左、中、右三個不同的位置向對區發球。

(4)站在端線遠、中、近不同距離發球。

4.結合戰術練習

(1)把場地分成若干個區，向指定區域內發球。

(2)向接發球站位的空檔發球。

(3)向場地邊、角處發球。

五、發球易犯錯誤及其糾正方法

發球時易犯的錯誤及其糾正方法如表3-2所示。

表3-2 發球易犯錯誤及其糾正方法

	易犯錯誤	糾正方法
正面上手發球	擊球點偏前或偏後	找一個高度位置合適的懸掛物，反覆練習向上拋球；或設一圓圈，使垂直上拋的球進入圈內
	轉體過大	擊固定球，徒手練習揮臂動作
	沒有推壓帶腕	對牆近距離發球，要求手包住球，使球前旋
	全身協調用力不好	上手拋羽毛球或實心球
勾手發飄球	拋球不準，偏高	一人立於高台上，一隻手置於適當高度；另一人在下邊拋球，拋球高度不得碰高台上人的手
	弧線揮臂	講明擊球前手臂運動軌跡，擊固定球
	擊球點偏側或偏下	徒手練習揮臂。面對牆或網，利用牆或網的平面做揮臂練習
上手發飄球	擊線不準或揮臂動作不固定	距牆5～6米，用掌根輕擊球，進行徒手練習揮臂
	身體重心偏後，身體不協調	擊線前，教師輕推發球者，使其體會向前跟進重心。做徒手揮臂向前跟進重心練習
跳發球	拋球偏前或偏後	練習拋球，使拋出的球適合自己的助跑起跳特點
	拋球與起跳配合不好	在後場區向對區自拋自扣

第五節　墊　球

　　通過手臂或身體其他部位的迎擊動作，使來球從墊擊面上反彈出去的擊球動作，稱為墊球。墊球是排球基本技術之一。隨著排球運動的不斷發展，墊球技術也在不斷地發展和創新。

　　20世紀50年代先後出現了虎口墊球、抱拳墊球和翹腕墊球技術；60年代初期，由於飄球的盛行，出現了前臂墊球技術。隨著技術的不斷發展與提高，墊球動作和擊球手法越來越多樣化、合理化。

　　墊球在排球比賽中佔有重要的地位，主要用於接發球、接扣球和接攔回球，是防守也是組織進攻的基礎。接發球好，有利於打好接發球進攻，否則，就會陷入被動或失分；接扣球好，有利於防守反擊的組織；接攔回球好，能使被動轉為主動。因此，墊球是比賽中多得分、少失分，由被動轉為主動的重要技術，是穩定隊伍情緒、鼓舞隊員士氣的重要手段。墊球還可在無法運用傳球技術進行二傳時用來組織進攻或處理球。

一、墊球技術的動作方法

　　墊球的動作方法主要有正面雙手墊球、體側墊球、背墊、擋球、跨步墊球、跪墊、讓墊、滾翻墊球、前撲墊球、單手墊球、側臥墊球、魚躍墊球、鏟球、腳墊球等。按用途可分為接發球、接扣球、接攔回球和接其他球。

㈠ 正面雙手墊球

正面雙手墊球是雙手在腹前墊擊來球的一種墊球方法，是各種墊球技術的基礎，是最基本的墊球方法，適合於接各種發球、扣球和攔回球，在困難時也可以用來組織進攻。

1.動作方法

正面雙手墊球的基本手型有抱拳式、疊掌式和互靠式（圖3-18），無論採用哪種手型都應注意手腕下壓，兩臂外翻。正面雙手墊球按來球力量大小可分為墊輕球、墊中等力量來球和墊重球。

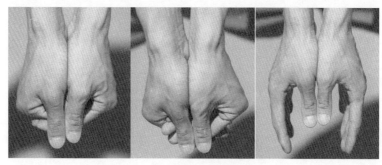

圖3-18

(1)墊輕球：採用半蹲準備姿勢，當球飛來時，雙手成墊球手型，手腕下壓，兩臂外翻形成一個平面。當球飛到腹前一臂距離時，兩臂夾緊前伸，插到球下，向前上方蹬地抬臂，迎擊來球，利用腕關節以上10公分左右處的橈骨內側平面擊球的中下部，身體重心隨擊球動作前移，擊球點保持在腹前（圖3-19）。

圖3-19

(2)墊中等力量來球：動作方法與墊輕球相同。由於來球有一定力量，因此擊球動作要小，速度要慢，手臂適當放鬆。

(3)墊重球：要根據來球的高低和角度，採用半蹲或低蹲準備姿勢。擊球時含胸、收腹，幫助手臂隨球屈肘後撤，並適當放鬆，以緩衝來球力量。在撤臂緩衝的同時，用前臂和手腕微小的動作控制墊球方向和角度。

2.技術分析

(1)準備姿勢的高低應根據來球的高低、角度以及腿部力量的大小來決定，在不影響快速起動的前提下，重心應適當降低，以利於雙手插到球下，同時也便於低墊高擋。

(2)觸球部位在腕關節以上10公分左右的橈骨內側平面，因為該處面積大而平，肌肉富有彈性，可適度緩衝來球力量，起球比較穩、準。

(3)擊球點保持在腹前，以便控制用力大小、調整手臂擊球角度和控制球的落點及方向。

(4)擊球的用力方法和大小因來球力量、弧度的不同

而變化：

　　墊輕球時，主要靠手臂上抬力量，以增加反彈力，如果需要把球墊得較高、較遠，那麼在適當加大抬臂動作的同時，還要靠蹬地跟腰和提肩動作的協調配合；墊中等力量來球時，由於來球有一定的力量，因此迎擊球的動作要小，速度要慢，主要靠來球本身的反彈力，以免彈力過大；墊重球時，由於來球速度快、力量大，因此不但不能主動用力擊球，而且手臂要隨球後撤，達到緩衝的目的。一般說，墊球用力的大小應與來球力量成反比，同墊出球的距離和弧度成正比。

　　來球弧度不同，墊球用力方法也不同：如果來球過高，墊球時可利用伸膝、蹬腿來提高身體重心，必要時還可稍稍跳起墊球，以保持正確的擊球點；如果來球較低，可採用低蹲墊球。

　　(5)手臂的角度因來球的弧度、旋轉及墊球的目標和位置而變化：

　　第一，來球弧度高，墊球時手臂應當抬得平些；來球弧度低平，墊球時手臂與地面夾角應大些。這樣才能使球以適當的弧度反彈飛向目標。

　　第二，墊球的目標在側前方時，手臂的墊擊面一定要適當地轉向側前方的墊球目標。

　　第三，來球帶有較強旋轉時，應調節手臂形成的平面，以抵消由旋轉引起的摩擦。

3.技術要點

　　手型，觸球部位，擊球點，協調用力。

(二) 體側墊球

體側墊球簡稱側墊，是在身體側面墊球的一種方法。其特點是控制面寬，但較難把握墊擊的方向、弧度和落點。

1.動作方法

以左側墊球為例。右腳前腳掌內側蹬地，左腳向左跨出一步，身體重心隨即移至左腳，並保持左膝彎曲，兩臂夾緊向左側伸出，左臂高於右臂，右臂向下傾斜，擊球時以向右轉腰和收腹力量，配合兩臂在體側截擊球的中下部（圖3-20）。墊球時不應隨球擺臂。

圖3-20

2.技術分析

(1)左腳向左側跨出一步，是為了擴大控制面積，更接近球，採用近於正面墊球的方法墊擊球，以便更好地控制球。

(2)左臂高於右臂，右肩向下傾斜，是為了使雙臂組成的平面與水平面形成合適的角度，以便截擊來球。

(3)墊球不隨球擺臂，是為了保證側墊動作穩定。

3.技術要點

墊擊面，轉腰收腹。

㈢ 背　墊

背對出球方向的墊球稱為背墊。背墊大多用於接應同伴墊飛的球或將球處理過網，其特點是墊擊點較高。背墊時由於背對墊球方向，因此不便於觀察目標和控制擊球的方向、落點。

1.動作方法

背墊時，首先判斷來球的落點、方向和離網的距離，迅速移動到球的落點處，背對出球方向，兩臂夾緊伸直、插到球下。擊球時，蹬地、抬頭、挺胸、展腹，直臂向後上方抬送擊球（圖3-21）。在墊低球時，也可利用屈肘、翹腕動作，以虎口觸球將球向後上方墊起。

圖3-21

2.技術分析

(1)背對出球方向，則使背墊的方向準確。

(2)兩臂夾緊伸直插到球下及蹬地、抬頭、挺胸、展腹等，更便於用向後的力擊球。

(3)墊低球時的屈肘和翹腕也是便於用向後的力擊球。

3.技術要點

擊球點，抬頭挺胸展腹，發力。

(四) 擋　球

來球較高，不便於用手臂墊擊時，用雙手或單手在胸部以上擋擊來球的擊球動作，稱之為擋球。雙手擋球多用於擋擊胸部以上力量大、速度快的來球；單手擋球多用於來球較高、力量較小、在頭部上方或側上方的來球。運用擋球可擴大控制範圍，善於擋球的隊員防守時可前壓，提高前區的防守效果。擋球可分為雙手擋球和單手擋球兩種。

1.動作方法

(1)雙手擋球：手型有抱拳式和並掌式兩種，抱拳式是兩肘彎曲，一手半握拳，另一手外包（圖3-22）；並掌式是兩肘彎曲，兩虎口交叉，兩臂外側朝前，兩掌合併成勺形，擋球時手臂屈肘上舉，肘部向前，手腕後仰，用雙手手掌外側和手掌掌根所組成的平面擋擊球的中下部。擊球瞬間手腕要緊張，用力要適度（圖3-23）。

(2)單手擋球：擋球時，手臂屈肘上舉，肘部向前，手腕後仰，用手掌掌根或拳心平面擊球的中下部，擊球瞬間手腕要緊張。如球較高，還可跳起擋球（圖3-24）。

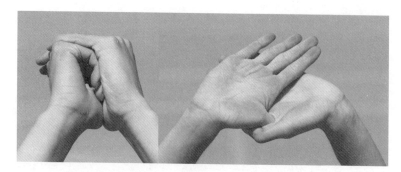

圖3-22

圖3-23

圖3-24

2.技術分析

⑴屈肘和手腕後仰是為了在擊球時能夠根據來球的具體情況，加大或緩衝來球的力量，以便更好地控制球。

⑵用雙手掌外側、手掌掌根或拳心面擊球，是為了擴大與球的接觸面，這樣起球比較穩和準。

⑶擋擊球的中下部，是為使擋起的球有一定的高度。

3.技術要點

手型，手腕緊張，擊球部位。

㈤跨步墊球

向前或向側跨出一步進行墊球的方法稱為跨步墊球。跨步墊球適合於來球距身體一米左右，來球較低或速度較快來不及移動對正來球時採用。

動作方法：

判斷來球的落點，及時向前或向側跨出一大步，屈膝制動，重心落在跨出腿上，上體前傾，臀部下降，兩臂插入球下，墊擊球的中下部（圖3-25）。

㈥跪　墊

跪墊適用於來球低而遠時。

動作方法：

在低蹲準備姿勢的基礎上，向來球方向跨出一步，跨出腿的膝關節外展，後腳內側和膝關節內側著地，猶如半跪，取得穩定的支撐，上體儘量前傾，塌腰、塌肩、屈肘，使兩臂貼近地面插入球下，用翹腕動作以及雙手虎口部位將球墊起（圖3-26）。

圖3-25

圖3-26

㈦　讓　墊

讓墊在來球弧度平、速度快、前衝追胸時使用。

動作方法：

迅速向一側跨出一步，跨出腿稍屈，上體向跨出腿讓出，身體重心移至跨出腿上，讓開身體的同時，用體側墊球的方法，截住來球進行墊擊。或者向側後跨出一步，讓開身體，使球飛向體側，用體側墊球的方法墊擊來球（圖3-27）。

圖3-27

㈧　滾翻墊球

當來球距身體遠而低，用跨步墊球不能觸及到來球時，可採用滾翻墊球。滾翻墊球的特點是能夠充分發揮移動的速度接近球，且控制範圍較大，能夠保護身體不受傷，並可迅速起立轉入下一個動作。

動作方法：

迅速向來球方向移動，跨出一大步，重心下降，上體前傾，使胸部貼近大腿，重心完全落在跨出腿上。雙臂或單臂伸向來球，同時兩腳用力向後蹬地，使身體向來球方向伸展，用前臂、虎口或手腕部位擊球的下部。擊球後，在身體失去平衡的情況下，順勢轉體，依次用大腿外側、臀部外側、背部、肩部著地，同時低頭含胸收腹團身做後滾翻動作，並順勢迅速起立（圖3-28）。

圖3-28

㈨ 前撲墊球

來不及向前跨步、移動去接近球時，可採用前撲墊球。前撲墊球主要用於防前方低而遠的球。

動作方法：

準備姿勢要低，上體前傾，重心偏前，下肢用力蹬地，身體向前撲出，同時雙臂或單臂插入球下，用前臂、虎口或手背將球墊起。擊球後，兩手迅速撐地，兩肘順勢彎曲緩衝，膝關節伸直以免觸地，胸腹部著地（圖3-29）。

為擴大防守範圍，墊擊離身體更遠的低球時，可用單手向前儘量伸展擊球，用另一隻手臂屈肘撐地緩衝，胸腹著地後繼續向前滑動（圖3-30）。

圖3-29

圖3-30

㈩ 單手墊球

　　當來球較遠、速度快、來不及或不便用雙手墊球時，可採用單手墊球。單手墊球的特點是動作快，墊擊範圍大，但觸球面積小，不易控制。

　　動作方法：

　　單手墊球可採用各種步法接近球，並可用虎口、半握拳、掌根、手背或前臂內側擊球（圖3-31）。

圖3-31

(±) 側臥墊球

接側向低而遠球時，可用側臥墊球。

動作方法：

擊球前先向側面跨出一大步，成深弓箭步，同時重心下降移至跨出腿上，並運用跨出腿的用力蹬地，使上體向側面伸展、騰出，擊球手臂前伸，用雙手或單手將球墊起，以體側著地成側臥側向滑動。

(±) 魚躍墊球

若來球低而遠，也可採用防守中難度較大的魚躍墊球技術，其特點是躍得遠，控制範圍大，但動作難度也大。

動作方法：

採用半蹲準備姿勢，上體前傾，重心前移，向前做一兩步助跑或原地用力蹬地，使身體向來球方向騰空躍出，手臂向前伸展，插到球下，用雙手或單手擊球的下部（圖3-32、圖3-33）。擊球後，雙手在體前身體重心運動的方向線上著地支撐，兩肘緩慢彎曲，同時抬頭、挺胸、展腹，兩腿自然彎曲，使身體成反弓形，以胸、腹、大腿依次著地。如前衝大時，可在兩手著地支撐後，立即向後做推撐動作，使胸、腹著地後，貼著地面順勢向前滑行。

原地魚躍，還可向兩側躍出。側向魚躍時，一般採用單手擊球。

魚躍空中擊球後，雙手的著地支撐應在身體重心運動的方向線上。支撐點太後，易造成前翻折腰；支撐點太前，易造成身體平落。

圖3-32

圖3-33

㈢鏟　球

　　當來球低而突然來不及使用雙手墊球或其他形式的單手墊球時，可採用鏟球。

鏟球用單手手背墊球。動作時，手掌貼地猶如一把鏟子向前運動使球擊在手背反彈而起。

㈤ 腳墊球

當來球用手無法觸及時，可採用腳墊球。腳墊球技術還處於探索階斷，尚未形成完整的技術動作。一般用腳面較為平整的部位，以適當的力量和角度觸及球，使球彈起一定的高度。

二、墊球技術的運用

墊球技術在比賽中主要用於接發球、接扣（吊）球、接攔回球，以及在二傳傳球困難時作為二傳技術組織進攻。

由於來球的速度、弧度和線路不同，以及墊球目的的不同，因此在運用墊球技術時，應根據來球的性能和墊球的目的，選擇不同的墊球技術。正面雙手墊球是所有墊球技術中最常用的、最基本的墊球，應該盡可能地使用該項技術。即便是使用正面雙手墊球，也應注意墊球的細微變化。如接擊球點過低的大力發球時，可採用翹腕。當無法正確使用正面雙手墊球時，可根據不同的來球選擇墊球技術，比如接快速下降的攔回球時，可採用前撲、半跪或側倒等姿勢；在接較高的攔回球時，可採用雙手或單手擋球；來不及用手墊或擋的球，可用上臂、肘部外側或腳把球墊起。

不論墊球技術運用於接發球、接扣球、接攔回球，或者組織進攻，都要求正確判斷、取位合適、選擇動作得

當。

(一) 接發球

接發球是比賽的重要環節，是組織戰術進攻的基礎，品質如何直接影響著進攻效果、心理變化和比賽結果。

接發球主要採用正面雙手墊球，由於各種發球的性能不同，接發球的方法也有所不同。但不管採用何種方法，都應該全神貫注，注意力集中，全身要保持放鬆狀態；根據發球人站位和動作特點，做好判斷和準備；要判斷準確，移動快速，對正來球，協調用力；在腹前用前臂擊球，保持好手臂與地面的適度夾角。

1. 接一般飄球：

一般飄球的特點是球速慢，輕度飄晃。接發球時，要判斷好落點，迅速移動取位，並降低重心，待球開始下落時，將手臂插入球下墊起。

2. 接下沉飄球：

下沉飄球的特點是球剛過網即突然減速下沉。接發球時，判斷好來球落點，迅速移動取位，採用低姿墊球的方法將球墊起。

3. 接平沖飄球：

平沖飄球的特點是速度快，弧度平，飄晃平沖追胸。接發球時，身體要對正來球，升高身體重心，膝關節伸直，有時還可以輕微跳起，以保持擊球點在腹前。如果來球較高，不適於高位墊球，還可採用讓墊。

4. 接大力發球：

大力發球的特點是速度快，力量大，球旋轉力強。接

發球時，可採用半蹲或低蹲的準備姿勢，對準來球後手臂不動，讓球自己彈起。如來球低時，可採用翹腕墊球。

5. 接跳發球：

跳發球的特點是比大力發球的速度更快，力量更大，球的旋轉力更強。接發球時，可採用半蹲準備姿勢，對準來球，在擊球的一瞬間收胸、收腹、後撤手臂，以緩衝來球力量。

6. 接側旋球：

側旋球會向左或向右旋轉飛行，接球時（如接左側旋轉）對正來球後，身體要靠向右側，右臂抬高，以免球反彈後向側偏斜。

7. 接高吊球：

這種發球的特點是飛行的弧度高，下降的速度快，有一定力量。接球時兩臂要向前平伸，手臂肌肉要適當放鬆，等球落到胸腹間再墊擊，擊球點不宜過低，不必多加抬臂動作，讓球向前上方自然反彈出去。

㈡ 接扣（吊）球

接扣球防守是反攻爭取得分得權的基礎，是從被動到主動的轉捩點，還具有鼓舞士氣、激發鬥志的作用。

接扣球要運用各種墊球技術，一般採用上擋下墊。在墊擊低球時，還可用屈臂翹腕或鏟球等動作進行墊擊。接扣球時要及早判斷，迅速移動卡好位，做好正確的準備姿勢，根據不同的來球，採用不同的接球手法。

1. 接輕扣球和吊球：

輕扣球和吊球速度不快，力量較小，但較突然。因

此，如能預料到對方要輕扣或吊球，應及時跟進，將球墊起；如未能及時判斷或來不及跟進時，可採用前撲或魚躍墊球的方法。

2. 接快球：

快球的特點是速度快、力量大、線路短、落點較為靠前。防守的關鍵是預先判斷其進攻路線。一般要適當向前取位，重心要低，身體不要過於前傾，手臂也不宜太低，做好上擋下墊的準備，靈活運用單、雙手。

3. 接強攻重扣球：

對方強攻時，在有前排隊員攔網的情況下，防守取位應適當靠近後場，身體不宜過早深蹲，以免影響移動步伐。

4. 接攔網觸手的球：

由於攔網觸手的球往往會改變原來扣球的方向、線路和落點。因此接網邊球時，要注意制動，不要觸網或過中線犯規；接飛向後場的觸手高球時，可用擋球或跳起單手擋球。

(三) 接攔回球

攔回球是指本方隊員進攻被攔回的球，由於攔網水準的不斷提高，攔回球的比例比以前有所增加。攔回球一般速度快、路線短，落點大多在扣球隊員身後、兩側或進攻線附近，因此，取位重點應在前場，宜採用半蹲、低蹲準備姿勢，上體基本保持正直，兩手不宜太低，應置於胸前，以增加控制範圍。

接快速下降的攔回球可採用前撲、半跪、側倒等姿

勢，擊球手法要多樣，盡可能用雙手墊球。無論採用雙手或單手，手臂都要伸到球的底部，貼近地面，從下向上擊球。在身體附近且較高的攔回球，可用雙手或單手將球擋起，來不及用手墊的球，可用上臂、肘部外側或腳將球墊起。在擊球動作上，要有明顯的屈肘、抬臂或翹腕動作，儘量將球墊向2號位和3號位之間。

㈣ 接其他球

1. 墊二傳：

當一傳來球低而遠，來不及移動到球下做上手傳球時，可進行墊擊二傳。墊二傳一般採用正面雙手墊球。擊球前要降低重心，面向墊球方向，兩臂平直插入球下。擊球時，用下肢和身體的協調用力向上抬臂，擊球的下部。這種墊球也叫抬墊。

2. 墊入網球：

比賽中常有球失控飛入網內，因來球速度、入網部位不同，反彈的方向、角度、速度、落點也不相同。一般落入網上半部的球，順網下落的多；落入網中間的球，反彈也不遠；只有落在網下半部的網繩附近的球，可以反彈起來。

墊入網球時，要判斷入網的方向和落點，然後迅速移動到落點上。側身對網，降低重心，手臂插到球下，由低向上向外墊起。墊擊時，應加大屈肘翹腕，增加起球高度。若是第三次擊球，墊球時應有「兜球」動作，使球前旋，以利過網。

三、墊球技術的教學與練習方法

㈠ 教學順序

正面墊球是一切墊球的基礎。首先學習正面墊球，然後學習變方向墊球和移動墊球，側墊和背墊可靠後安排。由於接發球和接扣球防守對墊球基本技術依賴性較強，只有在基本墊球方法掌握之後，再進行接發球和接扣球教學。

㈡ 教學步驟

1.正面墊球的教學步驟

(1)講解：墊球在比賽中的應用範圍與作用；正面雙手墊球的動作方法及要領。

(2)示範：先做完整的墊球示範，建立正確的技術概念；然後做徒手或分解示範，邊示範邊講解，再做正面和側面的完整示範。

(3)組織練習：徒手練習，結合球練習，結合其他技術的練習。

(4)糾正錯誤動作。

2.接發球的教學步驟

(1)講解：接發球在比賽中的地位與作用；接不同性能發球時的取位與動作要求；接發球站位陣形，各位置分工與配合及輪換方法；接發球站位的有關規則。

(2)示範：接發球教學常用掛板和真實場地演示，或者把兩種方法結合起來演示5人接發球的位置與陣形。

(3)組織練習：一般性技術練習；專位練習；串聯練習。

3.接扣球的教學步驟

(1)講解：接扣球在比賽中的重要性；接扣球的判斷、準備姿勢、移動及接不同扣球的動作方法；如何控制球的力量。

(2)示範：採用側面示範的方法，使學生重點看擊球前準備姿勢、擊球時的手臂及身體動作。

(3)組織練習：一般性練習，專位練習，串聯練習。

(三) 練習方法

1.正面墊球練習方法

(1)徒手模仿練習

・原地徒手模仿完整的墊球動作。

・隨教師信號做多種移動步法後的徒手模仿墊球。

(2)墊擊固定球的練習

・一人持球固定在小腹前高度，另一人從準備姿勢開始，做墊擊模仿動作。

・將球置於墊球者手臂墊擊處並輕輕地扶住，墊球者做墊球模仿練習。

(3)墊擊拋來的球

・兩人一組，相距4～5米，一拋一墊；或一人向另一人兩側1.5米處拋球，使其移動墊球。

・三人一組，兩人拋球，一人墊球，拋墊相距4～5米；拋球兩人側向相距三米左右，徑直向前拋球，另一人左右移動將球墊回。

(4)對墊

・ 兩人一組，相距4～5米連續對墊。

・兩人一組，一人固定，一人移動。固定者把球墊向另一個人兩側1.5米左右的地方，另一人移動將球墊回。

(5)各種墊球混合練習

2.接發球練習方法

(1)不隔網的接發球練習

・ 兩人一組，相距9米以上，一人發球，另一人將球墊向指定位置。

・ 2～4人一組，一人發球，其餘人排隊輪流接發球。

(2)隔網的接發球練習

・ 兩人一組，一發一墊將球墊到2、3號位之間。

・ 排球場縱向一分為二。三人一組，半場接發球練習，一人發、二人墊，將球墊到2、3號位之間。

(3)結合場上位置的接發球練習

・ 在場上指定位置或小區域進行接發球。

・ 加強配合，全場接發球。

・ 加強發球攻擊性和性能變化，提高接發球難度。

3.接扣球的練習方法

(1)一般性練習

・ 兩人一組，一扣一防，要求扣球隊員將球準確地扣到防守隊員身前，防守隊員體會接扣球的技術動作。

・ 三人一組做扣球－防守－調整傳球練習，或做兩扣一防練習。

・ 接教師從對區高臺上扣來的球。

(2)結合位置練習

・ 三人一組，分別站在1、5、6號位置，接對方2、4號位的扣球。要求把球墊到2、3號位之間。

・ 三人一組打墊調。一人在2、3號位之間，負責平網傳球；一人在4或2號位，負責扣球；一人在後場負責防守墊球，要求防守墊向2、3號位之間，以便傳球。

・ 四人一組打墊調。一人在2、3號位之間，負責向2或4號位平網傳球；兩人分別在4和2號位，負責扣球；一人在後場，負責墊球，要求墊向2、3號位之間，以便傳球。

・ 五人一組打墊調。一人在2、3號位之間，負責向2或4號位平網傳球；兩人分別在4和2號位，負責扣球；兩人在後場5、6號位、1、6號位或1、5號位，負責墊球，要求墊向2、3號位之間，以便傳球。

・ 2～4人在教師指定的某個位置，輪流防守墊接教師扣來的球。

・ 接扣球單兵防守。一人在後場連續防守教師的扣球或吊球。

四、墊球易犯錯誤及其糾正方法

墊球易犯的錯誤及其糾正方法如表3-3所示。

表3-3　易犯錯誤及其糾正方法

	易犯錯誤	糾正方法
墊球	擊球時手臂併不攏、伸不直	兩手手指交叉輕握，摯拋球、固定球或多做徒手模仿練習
	臀部後坐，全身用力不協調，主要用抬臂力量墊球	兩手併攏用手絹綁住，臂與胸之間夾一球，然後墊拋球、防扣球、墊固定球
	擊球不抬臂，身體向上頂或向前衝	坐在凳子上墊拋來的球，教師用手置於墊球者頭後頂上，給他高度信號
	擊球時上體後仰或聳肩	穿過網下墊球，講清墊球時手要向下插的道理。擊求後接著用手觸地面

第六節　傳　球

　　傳球是排球的基本技術之一，是利用手指手腕的彈力和全身的協調力量將球傳至一定目標的擊球動作。由於手指手腕靈活，感覺靈敏，雙手控球面積較大，因而傳球的準確性較高。傳球的擊球點較高，在傳球瞬間可用手腕的動作來改變傳球的方向、路線和落點，變化比較靈活。

　　傳球可以用雙手，也可以用單手，但主要是用雙手，單手傳球往往在球過於近網或在網口附近時運用，以避免球直接飛向對區。

　　傳球技術主要用於二傳，以銜接防守和進攻，為進攻創造條件，起著組織進攻的作用，是進攻的橋樑。傳球也是各種技術串連的紐帶，起著穿針引線的作用。傳球技術也經常用來接發球，接對方的處理球、吊球和攔回的高球，從這一角度看，傳球也是一項防守技術。傳球還可用

來吊球和處理球。

一、傳球技術的動作方法

按照傳球的方向，可把傳球動作分為正面傳球、背傳、側傳、跳傳。

(一) 正面傳球

面對出球方向的傳球動作，稱為正面傳球。正面傳球是最基本的傳球方法，是其他一切傳球的基礎。

1.動作方法

正面傳球一般採用稍蹲準備姿勢，抬頭看球，雙手自然抬起，放鬆置於臉前。當來球接近額時，開始蹬地、伸膝、伸臂、兩手微張經臉前向前上方迎球。擊球點在額前上方約一球距離處。當手觸球時，兩手自然張開成半球形，手腕稍後仰，兩拇指相對成「一」字或「八字」形（圖3-34），兩手間有一定距離，用拇指、食指全部，中指的二、三指節觸球的中下部，無名指和小指在球兩側輔助控制傳球方向。兩肘適當分開，兩前臂之間約成90°角，傳球時手指、手腕要適度緊張運用彈力，以及蹬地伸臂等身體協調力量將球傳出（圖3-35）。

2.技術分析

(1)由於傳球的擊球點較高，採用稍蹲準備姿勢，有利於快速移動。

(2)擊球點一般在額前上

圖3-34

圖3-35

方一球距離處，以便觀察來球和傳球目標，有利於控制傳
球的準確性，同時有利於伸臂擊球。擊球點過高，傳球時
肘部已經伸直會影響手臂的傳球推送；擊球點過低，將影
響傳球手臂的伸展用力，難以控制傳球的準確性。

(3)拇指相對成「一」字形或「八」字形傳球，使手
型與球體較吻合，觸球面積比較大，容易控制球，增加傳
球的準確性。同時，由於觸球面積大，有利於緩衝來球力
量。

(4)傳球所需要的力量是由多種力量合成的，如伸腿蹬
地的力量，伸臂的力量，手指、手腕的力量等，要根據來

球的具體情況及傳球的要求，採用不同的動作方法，運用不同的力量擊球。

3.技術要點

手型，擊球點，協調用力。

㈡背　傳

背對傳球目標的傳球動作稱為背傳。在比賽中採用背傳可以變化傳球方向和路線，迷惑對方，組成多變的進攻配合。

1.動作方法

身體背面對正傳球目標，上體保持正直或稍後仰，身體重心在兩腳之間，雙手自然抬起，放鬆置於臉前。迎球時，抬上臂、挺胸、後仰上體。擊球點保持在額上方，比正面傳球稍高稍後。觸球時，手腕後仰並適當放鬆，掌心向上，擊球的下部，手型與正面傳球相同。背傳用力要靠蹬地、展腹、抬臂、伸肘和手指、手腕的彈力，把球向後上方傳出（圖3-36）。

圖3-36

2.技術分析

(1)傳球前上體保持正直或稍後仰,以利於蹬地、抬臂等動作向後用力,使球向後傳出。

(2)擊球點保持在額上方,比正面傳球稍高稍後,以利於向後用力。

3.技術要點

準備姿勢,擊球點,用力。

㈢ 側　傳

身體側對傳球目標,將球向體側方向傳出的傳球動作為側傳。二傳隊員背對球網時往往運用側傳,由於對方看不清二傳側傳的出球路線,難於判斷二傳的方向,所以側傳有較大的隱蔽性。

1.動作方法

準備姿勢、迎球動作、手型與正面傳球相同,擊球點應偏向傳球目標一側,上體和手臂向傳球方向伸展,傳球方向異側手臂的動作幅度、用力距離和動作速度要大於同側手臂(圖3-37)。

圖3-37

2.技術分析

(1)擊球點偏向傳球方向一側，有利於向該方向的側向傳球。

(2)上體和手臂向傳球方向伸展，傳球方向異側手臂的動作幅度、用力距離和動作速度要大於同側手臂，有利於向側向發力，並保持良好的手型向側向傳球。

3.技術要點

擊球點，用力方向。

(四) 跳　傳

跳起在空中進行單、雙手傳球叫跳傳。跳傳的擊球點較高，能有效地縮短傳球與扣球之間的時間間隔，使快攻更快。同時，跳傳往往能與二傳手的二次進攻聯繫在一起，因此使二傳具有較大的迷惑性。當前，跳傳在高水準的排球比賽中已被大量運用，有些優秀運動員已把跳傳作為二傳的主要方式。跳傳可以正傳、背傳和側傳。

1.動作方法

跳傳的起跳動作，無論是原地起跳，還是助跑起跳，最好都向上垂直起跳，保持好身體的平衡，當身體上升到最高點時，靠迅速伸臂以及指、腕的彈力將球傳出（圖3-38）。跳傳的正傳、背傳和側傳，其傳球手型、擊球點分別與原地的正傳、背傳、側傳的手型和擊球點基本相同。

2.技術分析

(1)跳傳的起跳應垂直向上，以便保持身體的平衡，減少對傳球準確性的影響。

圖3-38

　　⑵在身體上升到最高點觸球，才能有充足的時間來完成迎球、擊球、送球的動作，否則將會導致擊球乏力或動作失調。

　　⑶跳傳應加大伸臂動作的幅度和速度，因為跳傳時身體沒有支撐點，無法借助蹬地的力量。

　　3.技術要點

　　最高點觸球，擊球點，加大指腕力量。

二、傳球技術的運用

　　傳球技術在比賽中主要用於組織進攻，即用作二傳。二傳是從防守轉入進攻的橋樑和紐帶，二傳品質的好壞，直接影響著進攻的品質和戰術的發揮。

　　二傳品質好，可以彌補一傳和防守的不足，還可以用假動作迷惑對方，達到助攻的目的。有時二傳可直接吊球，以出其不意，攻其不備。二傳品質不好，不能充分發揮扣球隊員的作用和威力，不能保證戰術配合的品質，不

能組成最有效的進攻，往往造成被動挨打。傳球還可以用來接發球、吊球以及第三次傳球即處理球。

㈠ 組織進攻

1.順網正面二傳

順網正面二傳是二傳中最簡單、最常用的技術。傳球動作與正面傳球相似，其區別在於順網正面二傳傳球時身體不宜面對來球，要適當地轉向傳球方向，盡可能保持正面傳球，使球順網飛行。

如果來球角度較大，可偏對傳球方向，將擊球點適當地移向傳球方向，邊傳邊轉體邊控制球，把球傳向目標。當來球較高而且近網時，可採用跳傳，在不能採用跳傳的情況下，兩膝伸直，兩臂上伸，以提高傳球點；如果來球較低，通常採用下蹲傳球，由於身體姿勢較低，難以運用下肢蹬地和身體協調伸展的力量，主要依靠手臂、手指、手腕動作來傳球和控制球。

正面傳一般拉開球時應充分利用下肢蹬地和全身的協調力量，並結合上肢的伴送動作。正面傳集中球時，下肢伸展動作不宜過大，主要依靠伸肘動作和手指、手腕力量擊球。

2.調整二傳

將一傳不到位且離網較遠的球傳至便於進攻隊員進攻的位置及高度，稱為調整二傳。

調整二傳應根據傳球和扣球人的位置來確定傳球的方向、弧度和距離，傳球時應充分利用蹬地、伸臂及手指、手腕的協調力量。傳球路線與網的夾角越小越易扣球。傳

球目標越遠，傳球的弧度應越高。調整傳球不宜太拉開，以便於扣球隊員觀察和上步扣球。

3.背向二傳

背向二傳可以利用球網全長，增加進攻機會和進攻點，並具有一定的隱蔽性和突然性。傳球前要先移動到球下，背對傳球方向，利用球網等參照物確定自己位置和傳球方向，並利用「手感」控制傳球的角度、速度和落點。

一般背傳拉開高球，要充分利用挺胸、展腹和向後上方提肩伸臂動作。如果來球較高，擊球點比正傳應稍向後一些；如來球較平，擊球點可適當前移；如來球較低，應迅速移動至球下，盡力保證準確的擊球點。

4.側向二傳

二傳隊員背對球網向兩側傳球稱側向二傳。這種傳球適用於來球近網或平沖網的球，可以增加進攻的隱蔽性和突然性，也可用於二傳吊球。由於是側向傳球，所以難度較大，不易控制球。

5.跳二傳

跳起在空中給進攻隊員的傳球稱為跳二傳。這種傳球過去主要用於傳球網上沿的高球和搶傳即將飛過網的球。目前，許多強隊為了加快進攻節奏，縮短進攻時間，或運用兩次球進攻戰術，大量地運用跳二傳。

⑴跳起雙手二傳：跳起雙手二傳要掌握好起跳時間，在身體上升到最高點時傳球，這樣既可傳高球，又可加快傳球節奏，並有利於兩次進攻。

⑵跳起單手二傳：在一傳高而沖網，跳起後又無法運用雙手二傳時，可用單手二傳。當來球接近網上沿時，

二傳隊員側身對網起跳，在空中最高點時，靠近網手臂的肘部彎曲上舉，手腕後仰，掌心向上，五指適當收攏，構成一個小的半球形手型，用伸肘動作及手指、手腕力量將球向上傳起（圖3-39）。

圖3-39

　　跳起單手二傳適於傳高球。一般是在被動的情況下用來組織簡單快攻戰術。當來球過高時，單手傳球只需要輕輕一「點」即可；如需要傳高球時，上臂要適當下降，以增加上抬和伸臂的距離，手指、手腕的緊張程度也應大一些。

　　(3)晃傳：跳起做扣球動作，突然改為二傳把球傳給同伴進攻，這種二傳稱晃傳。晃傳的助跑起跳要掌握時機，既要能扣，又要能傳。起跳後，佯做扣球動作，展腹屈小腿，提右臂等，然後再改為做傳球。

　　晃傳有兩種：一種是在空中做假動作後，面對球網用側傳方法轉移給同伴進攻。另一種是在空中先做扣球假動

作，接著再轉身使肩對網，將球正面跳傳給同伴進攻。無論採用哪種晃傳，傳出的球均不宜過高，否則就失去晃傳的掩護作用。

6.倒地二傳

倒地二傳是在來球很低的情況下採用。倒地二傳有後倒和側倒兩種。倒地二傳不能勉強，如來球過低，運用倒地二傳無法保證傳球的準確性時，可採用墊二傳。

⑴後倒傳球：以全蹲姿勢鑽入球下，上體順勢後仰，身體重心移至後腳上，在身體瞬時平衡時將球傳起。傳球後順勢倒地，團身收腿後滾，並迅速站立。

⑵側倒傳球：向來球方向跨出一大步，降低重心，身體重心落在跨出腿上，人鑽入球下。當向前傳球時，擊球點保持在臉前；向側後方傳球時，擊球點在額側前上方。在身體瞬間平衡時將球傳出。傳球後，身體順勢倒地，再快速收腿起立（圖3-40）。

圖3-40

7.傳快球

傳出高度低、節奏快的二傳球稱傳快球。傳快球的難度較大，是一項較複雜的技術。二傳隊員應根據一傳來球的弧度、速度、落點和扣球隊員的助跑路線、上步速度、起跳時間、起跳點和手臂揮動的快慢以及彈跳高度等來決定相應的傳球速度、高度和出手時間。傳快球的關鍵是主動與扣球隊員配合，具體方法有兩種：

一種是二傳隊員可以利用升高或降低擊球點的方法來調整傳球時間，如扣球隊員上步起跳較遲，可有意降低擊球點來推遲傳球的時間；反之，可以升高擊球點來加快節奏，使傳球的速度與扣球隊員的起跳在時間上相匹配。

另一種是二傳隊員可利用手指、手腕動作來控制傳球的時間與速度，如扣球隊員上步起跳稍遲時，手指、手腕可以有意放鬆，從而加長球在手上的緩衝時間，減慢傳球速度；反之，則手指、手腕要適當緊張並加快傳球出手的速度，以達到與扣球隊員準確配合的目的。

傳快球按其特點可分為三類，即傳低快球、傳平快球和傳半高球。

(1)傳低快球：傳低快球主要包括傳近體快球、背快球、調整快球、後排快球等，主要靠加大指腕的彈力和適當的伸肘動作來控制傳球的力量，並適當提高擊球點，以提高快攻節奏。由於球向上傳，所以擊球點不宜靠前。

傳近體快球：當扣球隊員做起跳動作時，二傳隊員開始手觸球。傳球時擊球點稍高，肘關節微屈，手腕後仰，指腕放鬆。當扣球隊員跳起在空中最高點時，球也傳到最高點。如來球較高而近網，則可採用雙手跳傳快球；如來

球高而沖網，也可採用單手跳傳快球。

傳背快球：傳背快球既有背傳的特點，又有傳近體快球的要求。由於背向傳球不容易配合，故傳球的弧度、高度應儘量固定，以便扣球隊員主動適應。傳球前，側身對網站立，擊球點保持在頭上，手腕後仰，用手指、手腕動作，將球傳向頭後。如球稍低時，也可採用「翻」腕動作將球傳出；如來球高而且又近網，也可用跳傳背快球。

傳調整快球：在一傳不到位且距網稍遠時，可傳調整快球。傳球前，迅速移動到球的落點上，上體稍向右轉，擊球點在右肩前上方，將球向網上沿傳出，傳到扣球隊員的前上方合理的高度和位置。

傳後排快球：二傳隊員可直接將球傳給在進攻線以後起跳扣遠網快球的隊員，這種傳球高度比近體快球稍高，距離要視後排隊員的沖跳能力而定，一般距網1～2米，傳球時可用任何一種雙手傳球方法。

⑵傳平快球：傳平快球一般指傳短平快、平拉開、背平快和背飛等。向前傳各種平快球時，要適當降低擊球點，注意伸肘和指腕的推壓動作，以加快球的飛行速度和進攻的節奏。向後傳球時，要略有翻腕動作。

傳短平快：擊球點保持在臉前，以便伸肘平推，使球快速向前平飛。為了加長球在網沿上空平飛的距離，加寬擊球區，可採用跳傳短平快。二傳與扣球的配合，主要靠傳球的速度來控制。

傳平拉開球：二傳隊員在2、3號位之間向4號位標誌杆處平傳拉開快球，即為傳平拉開球。這種傳球速度快，弧度平，距離長，擊球點多，攻擊區域寬。傳平拉開球的

技術與傳短平快球基本相同，但需要加速伸臂和指腕推壓充分送球。當來球較低時，可利用後腿向後蹬地、伸膝和收腹動作來加快伸臂速度；當來球較高時，可用跳傳。擊球時，靠伸肘和主動加大手指、手腕力量把傳球路線壓平。

傳背平快球：二傳隊員背向2號位，以網為參照物，憑方向感覺控制傳球方向，憑手感控制傳球弧度、速度和距離。傳球時，要迎擊來球的下部，利用抬臂、翻腕、展腹和挺胸動作，把球向後平傳到2號位標誌杆附近，傳球速度和弧度要儘量固定，以便扣球隊員主動適應。

傳背飛球：動作與傳背平快基本相同。傳球的速度和距離要根據扣球隊員的起跳時間和沖跳能力加以調節控制。傳球前，做傳近體快球的準備動作。傳球時，突然抬肘、翻腕、挺胸、展體向後傳出。如傳單腳起跳背飛，則傳球的速度和節奏都要加快。

(3)傳半高球：傳半高球主要包括各種交叉、梯次、「夾塞」等的半高球，以及傳「時間差」「位置差」「空間差」等。

傳交叉半高球：在前快和背快的基礎上，將球向前或向後稍拉開並稍微傳高，即可組成各種交叉進攻戰術。傳球時，擊球點不變，稍加大指腕力量即可。

傳梯次球：傳梯次球的技術動作與傳交叉球相仿，但傳出的球應離網稍遠，以便扣梯次球的隊員進攻。

傳「夾塞球」：在一名隊員扣短平快上步起跳的同時，二傳隊員伴做傳短平快球，但突然翻腕向上傳半高球，把球傳至扣短平快隊員和二傳隊員之間。傳球時擊球

點可適當降低至臉部前。

傳「時間差球」：在傳近體快球的基礎上，不改變任何動作，僅適當加大指、腕力量，將傳快球變為傳半高球，以便佯做扣快球的隊員晃過對方攔網後，再做原地起跳扣半高球。

傳「位置差球」：傳球弧度稍高為半高球，傳球距離在佯跳地點旁約一步之遠。

傳「空間差球」：傳前飛時，二傳隊員佯做傳短平快，但突然向上翻腕，將球傳在身前近體快的位置上，高度略高於近體快球。傳背飛時動作同傳背快球，但突然向後翻腕，將球傳在身後背平快的位置上，高度略高於背平快。距離可根據扣球人起跳位置遠近和扣沖跳能力而定。如果傳單腳起跳的背飛球，傳球的弧度可適當降低，距離可適當延長。

8.二傳假動作

二傳隊員利用身體動作和傳球的技巧，製造假象，迷惑對方攔網，稱二傳假動作。這些動作要求做得逼真、隱蔽、快速。主要方法如下：

(1)改變常規擊球點傳球：如向前移動似要正傳，但突然翻腕向後做背傳球；向後移動似要背傳，但突然壓腕又向前傳球等。

(2)用手臂假動作傳球：二傳隊員利用兩手在臉前向上伸臂的虛晃動作，佯做向前傳球，但突然改為向後背傳。

(3)利用頭部假動作傳球：如面向左側，眼看左側，示意從左側進攻，但傳球時，突然向右側傳球；或傳球前

先看右側扣球隊員和對方攔網情況，但在傳球時，突然改為向左側傳球。

(4)利用上體傾、仰假動作傳球：傳球前，利用上體的後仰，抬頭挺胸，似做背傳，但突然收腹，使身體前傾，改為向前傳球；或上體前傾，兩手前舉，似向前傳球，但突然挺胸展腹，上體後仰，做背傳。

(5)利用轉體假動作傳球：如二傳原面向2號位，傳1號位來球，主動轉體180°，成面向4號位，似向4號位傳球，但實際卻把球仍背傳給2號位。

(二) 傳球技術的其他運用

1.一　傳

對來球過高的發球來不及移動時，也可採用正面上手傳球來接發球；對對方處理過來的高球或本方攔起的高球，為保證一傳準確到位，也可採用正面上手傳球。傳球時根據來球力量適當控制指、腕的緊張程度，主動用力將球傳給二傳。有時還可直接組織二次球進攻，或直接將球傳入對方空檔。

2.二傳吊球

二傳吊球是二傳隊員進攻的一種手段。在對方沒有防備的情況下，二傳突然吊球，往往奏效。吊球時，可採用雙手或單手。雙手吊球時，以側傳吊球較好，動作隱蔽，比較突然。單手吊球時，手指併攏，輕撥球，使球落入對方空檔。由於二傳隊員一般站位在2、3號位間，所以單手吊球以左手吊球為佳。

3. 第三傳

當防守欠佳，無法組織進攻時，可用傳球方式把球擊入對區空檔。傳球時，手指、手腕緊張，要有蹬地伸膝、伸臂和壓腕動作，將球快速地傳入對方場地。

三、傳球技術的教學與練習方法

㈠ 教學順序

首先安排正面傳球教學，包括正確地掌握最基本的正面傳球技術，再學習各種移動及改變來球方向的正面雙手傳球。在正面傳球的教學中配合安排背傳、側傳、跳傳。調整傳球要在掌握遠距離傳球的基礎上進行。順網二傳是所有二傳的基礎，要有足夠的練習時間，儘早安排，以便與其他技術串連。

㈡ 教學步驟

1. 傳球教學步驟

⑴講解：傳球在比賽中的地位與作用；正面傳球的動作方法和要領；其他傳球的特點；各種傳球方法的運用時機以及動作方法和要領。

⑵示範：先做完整動作的示範，建立正確的動作概念；然後做分解動作的示範，手型和用力要分開講解與示範；再做完整動作示範。

⑶組織練習：徒手練習；結合球練習。

⑷糾正錯誤動作。

2. 順網二傳教學步驟

⑴講解：順網二傳在比賽中的重要性；順網二傳的

判斷、步法和動作方法，對不同球的處理。

(2)示範：順網二傳主要採用側面示範，使學生看清楚二傳的移動、傳球動作、球飛行的方向、弧度及落點。

(3)組織練習：一般性二傳練習，與接發球串聯練習，與防守串聯練習。

(三)練習方法

1.正面傳球的練習方法

(1)徒手模仿練習

• 成兩列橫隊，隨教師口令做徒手傳球。

• 自然站立，做傳球正確手型，反覆做傳球時手指、手腕的模仿動作。

• 兩人一組，一人做徒手傳球練習，另一人糾正錯誤動作。

(2)結合球的練習

• 每人一球，向自己頭頂上方拋球然後用傳球手型接住,自我檢查手型。

• 連續自傳，傳球高度不低於50公分，傳球時力爭少移動。

• 距牆50公分，對牆連續傳球，以建立正確的手型，體會手指、手腕的發力。

• 兩人一組，相距3～4米，傳對方拋到額前的球。

• 兩人一組，相距3～4米，對傳。

• 三人三角傳球。

• 移動傳球。

2.順網二傳的練習方法

(1)一般二傳練習

‧ 教師在6或5號位向3號位拋球，學生在3號位向4或2號位傳不同高度和弧度的球。

‧ 在3號位自拋球，做向2或4號位的一般二傳。

‧ 教師在6號位拋球，學生從1號位插上，向2、3、4號位傳不同弧度和高度的球。

(2)與一傳串連練習

‧ 6號位隊員將對區拋來的球墊到3號位，3號位隊員向前排各個位置傳球。

‧ 隊員從後排插上，將6號位墊到2、3號位之間的球傳向前排各個位置。

‧ 5人接發球，將球墊到2、3號位之間，二傳將球傳向前排各個位置。

‧ 同上方法，做插上二傳，組織各種進攻。

(3)與防守串連練習

‧ 3號位隊員向5號位扣球，5號位隊員再把球墊回3號位，3號位隊員向各個位置傳球組織進攻。

‧ 2號位隊員攔對區4號位扣球，5號位隊員防守；攔網後立即轉身做二傳，傳防起的或教練拋來的球。

‧ 3號位隊員將後排拋球傳向4號位，4號位扣球，3號位立即保護。

‧ 1號位隊員插上向4號位傳球後，立即後撤1號位進行防守，接本區4號位扣來的球。

四、傳球易犯錯誤及其糾正方法

傳球易犯的錯誤及其糾正方法如表3-4所示。

表3-4　易犯錯誤及其糾正方法

	易犯錯誤	糾正方法
正面傳球	手型不正確，形不成半球狀	一拋一接輕實心球或自拋自接，接住後自我檢查手型。距牆40公分左右連續傳球，並不斷檢查和糾正手型
	擊球點過前或過高	擊球點過前時多做自傳，擊球點過後時多做平傳或平傳轉自傳
	傳球時臀部後坐，用不上蹬地力量	講解協調用力的重要性；一人手壓球，傳球隊員做傳球模仿練習
	傳球時上體後仰	兩人對傳，一傳出球，立即用雙手觸及地面
	傳球時有推壓或拍打動作	多做原地自傳或對牆傳球，增加指腕力量，體會觸球感覺
背傳	背傳翻腕太大，身體過多後仰	自傳中穿插背傳。距牆3米，自拋自做背傳，近距離背傳過網
側傳	側傳時身體側倒太大	3人三角傳球，有意練側傳
跳傳	起跳過早或過晚	跳起接拋球，体會空中時間

第七節　扣　球

　　扣球是排球基本技術之一，是跳起在空中將高於球網上沿的球有力地擊入對區的一種擊球方法。

　　隨著排球運動的發展，扣球技術也在不斷提高和創新。20世紀50年代，一般採用正面扣球、屈體扣球和勾手扣球，在快球中採用近體快球和半快球；60年代，我國創造了平拉開扣球技術；70年代出現了短平快、背平快、時

間差、位置差等扣球技術，以後我國又創造了空間差扣球技術，如前飛、背飛、拉三、拉四等，以及單腳起跳扣快球和快抹技術。

70年代以前，大多採用前排扣球，70年代後期，出現了後排扣球技術，並在80年代得到了很大的發展。現代排球進攻充分利用了網長與縱深，組成了前排與後排、拉開與集中、強攻與快攻、單人與多人的立體進攻。

扣球在比賽中佔有重要的地位，是得分的主要手段，是進攻中最積極有效的武器，是擺脫被動、爭取主動的途徑，是攻擊力強弱的表現。扣球的成敗，體現著隊伍的戰術品質和效果，是奪取勝利的關鍵。扣球效果好，可以鼓舞全隊士氣，振奮精神，從而挫傷對方的銳氣，給對方造成強大的心理壓力。

一、扣球技術的動作方法

扣球技術主要有正面扣球、單腳起跳扣球和雙腳沖跳扣球等幾種。按照扣球的節奏可分為強攻和快攻，按照扣球起跳的區域可分為前排扣球和後排扣球。

㈠ 正面扣球

正面扣球是最基本的扣球技術，其他扣球技術都是在此基礎上發展和派生出來的。由於面對球網，便於觀察來球和對方的防守佈局因此擊球準確性較高；由於揮臂動作靈活，能根據對方攔網和防守情況，隨時改變扣球路線和力量，能控制擊球落點，因而進攻效果好。現以扣一般高球為例介紹如下：

1.動作方法

　　扣球助跑前採用稍蹲準備姿勢，兩臂自然下垂，站在離球網三米左右處，觀察判斷，做好向各個方向助跑起跳的準備。助跑時（以右手扣球兩步助跑為例），左腳先向前邁出一小步，接著右腳迅速跨出一大步，左腳及時併上，踏在右腳之前，兩腳尖稍向內轉，準備起跳。在助跑跨出最後一步的同時，兩臂繞體側向後引，在左腳踏地制動的過程中，兩臂自後向前積極擺動。隨著雙腿蹬地向上起跳，兩臂快速上擺，配合起跳。兩腿從彎曲制動的最低點，猛力蹬地向上起跳。跳起後，挺胸展腹，上體稍向右轉，右臂向後上方抬起，身體成反弓形。

　　揮臂時，以迅速轉體、收腹動作發力，依次帶動肩、肘、腕各部位以鞭打動作向前上方揮動（圖3-41）。擊球

圖3-41

時，五指微張呈勺形，並保持緊張，全手掌包滿球，以掌心為擊球中心，擊球的中部。同時主動用力屈腕向前推壓，使扣出的球加速前旋。落地時，前腳掌先著地，同時順勢屈膝、收腹，以緩衝下落力量（圖3-42）。

在總體掌握了動作方法後，還應注意以下幾點：

助跑的時機取決於二傳傳球的高度、速度以及扣球隊員的個人動作特點。二傳球低時，助跑起動要早些，球高則要晚些；動作慢的隊員可早些起動，動作快的隊員則可晚些起動。助跑步法有一步、二步、多步、原地墊步等。

一步法適合於扣球隊員距球較近時採用，以右手扣球為例，助跑前，兩腳前後開立，左腳在前；助跑時，右腳向前跨出一步，左腳迅速並上，立即起跳。兩步助跑時，第一步要小，便於尋找和對正上步的方向，使靜止的身體獲得向前的速度；第二步要大，便於接近來球，同時使身體後仰，便於制動。第二步腳跟先著地，以利於制動。凡採用兩步以上的助跑，即多步助跑，最後一步應大些。助跑節奏應先慢後快。一傳墊起後，就可開始緩慢地移動，然後根據二傳的情況逐步加快步伐以尋找起跳時機和地點。有時也可加快助跑的節奏，以爭取時間和空間。助跑的路線應根據傳球的落點來決定。

以4號位扣球為例，扣集中球時，應採用斜線助跑；扣一般球時，採用直線助跑；扣拉開球時，則採用外繞助跑（圖3-43）。助跑過程中身體重心應平穩下降，減小起伏，以提高助跑的速度和減少能量的損耗。

助跑制動方法有三種：第一種由腳跟著地過渡到全腳掌蹬地起跳，這種方法動作幅度大，制動力強，有利

圖3-42

於增加起跳高度；第二種由前腳掌著地迅速蹬地起跳，這種方法動作迅速，有利於加快起跳速度，擅長快攻的隊員運用較多；第三種由全腳掌著地蹬地起跳，這種方法站立平穩，但使用較少。

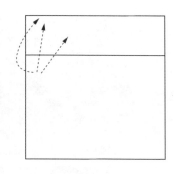

圖3-43

起跳點應距球一臂距離。起跳時機一般選擇在二傳出手後，球高時，起跳要稍晚些，反之則起跳可稍早些。起跳方法有並步法和跨步法。

並步法即一腳跨出後，另一腳迅速向前並步，落於該腳之前，隨即蹬地起跳。這種起跳方法，適應性強，能調整起跳時間，現在大多數運動員都採用這種起跳方法。

跨步法即一腳跨出的同時，另一腳也跨出去，兩腳幾乎同時著地和蹬地。這種起跳方法可利用人體下落時的重力加速度，增大下蹲時腿部肌肉的張力，增加彈跳高度，但不便加快助跑速度，影響起跳節奏。跳起的高度與起跳前膝、踝和髖關節的彎曲程度有關，在一定範圍內，彎曲程度越大，越有利於提高跳起高度。但下肢各關節的彎曲程度與個人的腿部力量和腰腹力量有關，腿部和腰部力量大的運動員，下蹲可深些，腿部和腰部力量小的運動員，下蹲可淺些。

跳起的高度與擺臂的速度也有很大關係，擺臂速度越快，越有利於提高跳起高度。擺臂的方法有兩種：一種是劃弧擺，即兩臂經體側向身體的側下方，隨之又向前上方擺動，這種擺動有利於調整起跳時間。另一種是前後擺，

方法是兩臂由體前向後擺動，再由後向前上方擺動，這種方法擺臂距離長、幅度大、速度快，有利於提高跳起高度，但不便於急速起跳。

2.技術分析

(1)助跑的目的是為了接近球，選擇適宜的起跳地點，同時也起到增加彈跳高度的作用。

(2)起跳的目的不僅是為獲得高度，而且是為了選擇適當的扣球時機和擊球位置。

(3)跳起後，身體成反弓形，便於擊球時與上肢做相向運動，加大揮臂距離和揮臂速度，使扣出的球更有力量。

(4)擊球時，由腰腹發力，上肢各關節做鞭打動作，以利全身用力並集中於手上，加大擊球力量。

(5)揮臂初期屈臂，可以縮短以肩為軸的轉動半徑，提高轉動的角速度，隨之伸肘，以加大揮臂時擊球手的線速度，加大扣球力量。

(6)擊球點在跳起的最高點和手臂伸直最高點前上方，能夠充分利用水平和垂直空間，擴大進攻範圍，增加扣球路線和角度變化的可能性。

3.技術要點

助跑起跳時機，人與球的位置，上肢鞭打，全掌包擊，屈腕。

(二) 單腳起跳扣球

單腳起跳扣球是指助跑時一隻腳落地後，另一隻腳不再向前踏地而直接向上擺動幫助起跳的一種扣球方法。由於單腳起跳下蹲較淺，無明顯的制動過程，故比雙腳起跳

速度更快，且因制動較差，故而衝力較大，能在空中移動，網上控制面積更大，具有很大的突然性。有時在來不及用雙腳起跳扣球時也採用單腳起跳的方法。

1.動作方法

採用與球網成小夾角或順網的一步、兩步或多步的助跑。助跑後，左腳跨出一大步，上體後傾，在右腿向前上方擺動的同時，左腿迅速蹬地起跳，兩臂配合擺動，幫助起跳，跳起後扣球動作與正面扣球動作相同（圖3-44）。

2.技術分析

(1)助跑路線與網成小夾角或平行於網，以免前衝力過大，造成觸網或過中線犯規。

(2)起跳時右腿的擺動的作用與擺臂作用相同，能夠增大左腳蹬地的力量，從而有助於提高彈跳高度。

3.技術要點

助跑路線，擺動腿。

㈢雙腳沖跳扣球

沖跳扣球是指隊員助跑後，向前上方起跳，而且在空中有一段位移，擊球動作在空中移動過程中完成。在後排進攻和空間差進攻中運用較多。

1.動作方法

採用兩步助跑的方法，第二步的步幅要小於一般正面扣球的第二步步幅。踏跳過程中，雙腳向後下方蹬地，使身體向前上方騰起，在空中抬頭、挺胸、展腹，形成背弓，擊球時快速收腹、揮臂，並以手腕推壓擊球的後中部。

圖3-44

2.技術分析

(1)助跑第二步稍小，避免身體後仰，減小制動力，便於雙腳向後下方蹬地。

(2)雙腳向後下方蹬地，是為了使身體獲得一個向前上方的速度，以便既能跳起一定高度，又能向前飛行一段位移。

3.技術要點

助跑步幅，蹬地方向，收腹發力，手腕推壓。

二、扣球技術的運用

㈠ 扣近網球

距球網50公分左右的扣球稱為扣近網球。扣近網球時，要向上垂直起跳，以免前衝力過大，造成觸網或過中線犯規。跳起後，主要利用收胸動作發力，以肩為軸，向前上方揮臂，以全手掌擊球的中上部。擊球後，手臂要順勢收回，以防止手觸網。扣近網球時擊球點高、路線變化多、威力大，但易被攔網。近年來，在高水準比賽中，扣近網球已越來越少。

㈡ 扣遠網球

距球網兩米以外的扣球通常稱為扣遠網球。扣遠網球時，跳起後擊球點要保持在右肩前上方的最高點，用全手掌擊球的中部，擊球瞬間手腕要有明顯的推壓動作，使球呈前旋飛出。

這種扣球力量大，角度較平，對方不易攔網，在高水準比賽中，扣遠網球已成為進攻的主要手段。

㈢ 扣調整球

扣由後場調整至網前的球為扣調整球。扣調整球難度較大，要求扣球隊員能適應來自後場不同方向、角度、弧度、速度和落點的球，以靈活的步法和空中動作，及時調

整好人、球、網的關係，運用不同手法，控制扣球力量、方向、路線和落點。在助跑時，可邊助跑邊看球。對小角度二傳來球，要後撤斜向助跑；對大角度二傳來球，可採用外繞助跑。

㈣ 扣快球

是指扣球隊員在二傳隊員傳球前或傳球的同時起跳，把球扣入對方場區的一種扣球方法。這種扣球速度快，時間短，突然性強，牽制性大，能在時間上和空間上爭取主動。快球可分為近體快球、背快、短平快、背短平快、背平快、平拉開、半快球、調整快、遠網快、後排快和單腳快等。不管扣哪種快球，都應注意：

第一，助跑的步法要輕鬆、快速、靈活、有節奏；起跳時下蹲要淺，起跳快，起跳時間準確。

第二，擊球時，上體動作和揮臂動作的幅度要小，主要利用前臂和手腕加速甩動擊球。揮臂的時間要略早，使球到時正好扣擊。

第三，要主動加強與二傳的配合。

1.扣近體快球

在二傳隊員體前或體側50公分左右扣出的快球，統稱為近體快球。由於近體快球的傳球距離短，所以球速度快，節奏快，通過與隊友配合也有很強的掩護作用。扣近體快球時，應隨一傳助跑到網前，當二傳傳球時，扣球隊員在其體前或體側近網處迅速起跳，起跳後要快速揮臂，將剛剛傳出網帶的球扣入對方場區。

擊球時，利用收胸動作，帶動前臂和手腕迅速鞭打甩

動，以全手掌擊球的中上部（圖3-45）。

圖3-45

2.扣背快球

在二傳背後約50公分處扣的快球，稱為背快球。這種扣球與近體快球的打法相同，所不同的是二傳隊員看不見扣球隊員動作，這需要扣球隊員主動配合，去適應二傳。

3.扣短平快

在二傳隊員體前兩米左右處，扣二傳隊員傳過來的高速平快球，稱短平快球。這種扣球由於傳球速度快，因而進攻的節奏快；二傳弧度平，進攻區域寬，有利於避開攔網。扣短平快球，一般採用外繞或小於45°角助跑，在二

傳傳球的同時起跳並揮臂截擊平飛過來的球，扣球手法與近體快球相同，還可根據對方攔網的位置提前或錯後擊球（圖3-46）。

圖3-46

4.扣背短平快

在二傳隊員背後約1.5米處扣背傳過來的高速平快球，稱為扣背短平快。打法與短平快一樣。由於二傳隊員看不見扣球隊員動作，所以扣球隊員應主動適應二傳隊員傳來的球。

5.扣背平快球

扣球隊員在二傳隊員背後兩米左右處，扣背傳過來的快速平快球，為背平快球，也稱背溜。背平快的打法與背短平快一樣。

6.扣平拉開球

在4號位標誌杆附近扣二傳從約五六米遠處傳來的快速平快球，稱為平拉開快球。其特點是能有效地利用網長及進攻區域寬度，爭取有利的時間和空間，擺脫對方攔網。在二傳隊員傳球前，4號位隊員就要開始進行外繞助跑，待二傳出手後，扣球隊員在標誌杆附近起跳，截擊來球。扣球動作與短平快相同，但不應提前揮臂，要看準來球後再揮臂擊球。

7.扣半快球

在二傳隊員附近起跳，扣超出網上緣兩個半球高度的球，稱為半快球，也稱半高球或「二點五快球」。但優秀運動員由於其身高、彈跳高的緣由，半快球比兩個半球高度要高。半快球擊球點較高，有利於看清攔網隊員的手和對方的防守佈局，易運用各種避開攔網的扣球手法。半快球在二傳出手後再起跳，擊球動作與近網扣球動作相同。

8.扣調整快球

一傳不到位，二傳隊員把球調整到網口進行快球進

攻，稱為調整快球。這種扣球可以擴大進攻範圍，增加進攻的突然性，但傳扣的難度較大，對起跳時間和地點的配合要求較高。扣調整快球要根據二傳的位置和傳球方向，選擇好助跑的角度、路線和起跳時間，在助跑中邊觀察邊判斷，助跑路線宜與網成小角度，並力爭保持在與二傳球飛行路線形成交叉點處起跳。

起跳時，左肩斜對網，右臂隨來球順勢向前揮動追擊球，在球飛至網口時，手腕迅速推壓將球擊入對區。

9.扣遠網快球

扣二傳傳出的距網一米左右縱深上空的快速低弧度球為遠網快球。這種扣球可以擴大進攻範圍，改變進攻節奏，增加進攻的突然性。

扣遠網快球的助跑最後一步不宜過大，以便利用向前沖跳，使身體有一個略向前的飛行。遠網扣球的起跳位置一般距網2米以外。扣球時，利用收胸、收腹動作帶動手臂和手腕向前甩動，在頭的前上方以全手掌擊球的中上部，使球呈前旋過網。

10.扣後排快球

在進攻線後起跳扣的快球為後排快球，一般由後排隊員進行扣殺。扣球隊員大都在進攻線後沖跳，扣距網兩米左右的低快球。擊球時，以全掌擊球的中部，手腕要有推壓動作，使球呈前旋過網。

11.單腳快球

助跑起跳方法與單腳起跳扣高球相同，但助跑起跳的速度和擊球動作的節奏都比單腳扣高球快，故不能提前起跳。由於單腳起跳的助跑速度快，起跳容易前衝，因此起

跳點要離二傳隊員稍遠，助跑的路線與網的夾角要小，注意落地動作，防止與二傳隊員相撞或過中線犯規。

單腳起跳快球可以打單腳前快，即近體快球；可以從3號位向二傳背後助跑打單腳背快；也可以從4號位與網成小角度助跑至3號位和4號位之間打單腳短平快。

㈤ 自我掩護扣球

用佯扣各種快球的假動作來掩護自己實扣的半高球進攻，都叫自我掩護扣球。可分為時間差、位置差和空間差三大類。

1.時間差扣球

利用起跳時間的差異迷惑對方攔網的扣球，為時間差。這種扣球可用於近體快、背快、短平快等扣球中。扣球時，以快球的助跑、擺臂節奏佯做起跳，以誘使對方起跳攔網。待對方攔網隊員跳起下落時，扣球隊員立即原地起跳扣半高球。

2.位置差扣球

利用與對方攔網隊員在起跳位置上的差異擺脫攔網的扣球為位置差扣球。扣球隊員在助跑後佯做起跳，待對方隊員跳起攔網時，扣球隊員突然向體側跨出一步，錯開攔網人的位置，用雙腳或單腳起跳扣球。

位置差扣球的變化很多，如短平快向3號位錯位、近體快向2號位錯位扣背傳半高球，近體快向3號位錯位扣慢速的短平快等等。

不管採用哪種錯位扣球，都應注意以下兩點：第一，按原來各種快球的時間助跑、踏跳下蹲、制動和擺臂，佯

扣動作要逼真。第二，變向跨步起跳時，動作應連貫，擺臂幅度應小、速度應快。

3.空間差扣球

利用順網向前沖跳技術，使身體在空中有段移位過程，將起跳點和擊球點錯開的扣球為空間差扣球，又稱空中移位扣球。這是我國運動員創造的一種自我掩護快攻技術。這種扣球不僅速度快，而且掩護作用強。目前常用的空間差扣球有前飛、背飛、拉三、拉四等。

(1)前飛：佯扣短平快，突然向前沖跳，「飛」到二傳隊員身前扣半高球。前飛的助跑路線與網夾角很小（有時可順網助跑），擊球時，利用向左轉體和收胸動作帶動手臂揮動擊球。

單腳起跳進行前飛扣球時，助跑的最後一步跨出左腿，步幅不宜過大，左腳蹬地的同時，右腿和雙臂配合向前上方擺動，使身體向前上方沖跳。

擊球時，上體左轉帶動手臂揮動擊球。擊球後，雙腳同時落地，以緩衝下落力量。

(2)背飛：佯扣近體快球，突然向前沖跳，「飛」到二傳手背後1～1.5米距離處扣背傳的平球為背飛。背飛的動作方法同前飛，但起跳點在二傳手的體側，擊球時人在空中追球（人與球同向飛行）。背飛擊球區域較寬，不受二傳站位限制，可選擇有利的突破口。由於背飛是扣球隊員由3號位飛到2號位標誌杆附近擊球，故做轉體扣球較多。

(3)拉三：按扣近體快球助跑，而二傳隊員將球向3號位傳得稍拉開，扣球隊員側身向左起跳追扣快球，為拉三扣球。

⑷拉四：在扣短平快的位置上起跳，而二傳隊員傳比短平快稍拉開的球，扣球隊員側身向左跳起追扣。動作方法與拉三基本相同。

三、扣球技術的變化

扣球隊員無論採用正面扣球、單腳起跳扣球還是沖跳扣球，都可以由身體、手臂、手腕以及手指的動作變化打出不同線路、速度、落點和擊球點的球，造成對方攔網和後排防守的困難，這就是扣球技術的變化。

㈠ 轉體扣球

由改變上體原來方向而改變扣球路線的扣球為轉體扣球。轉體扣球與正面扣球動作大致相似。不同的是，將擊球點保持在左側前上方（以向左轉體扣球為例），擊球時，利用向左轉體和收腹的動作，帶動手臂向左揮動，以全手掌擊球的右上部來改變扣球方向。

㈡ 轉腕扣球

由轉腕動作改變扣球路線的方法為轉腕扣球。這種扣球雖然力量不大，但路線變化大，易避開對方攔網。轉腕扣球一般有以下兩種方法：

1.向外轉腕：

主要運用於3號位向右轉腕扣球和4號位做小斜線扣球。起跳與正面扣球相同。擊球時，右肩向上提並稍向右轉，手腕向右甩動，以全手掌擊球左上部。

2.向內轉腕：

主要用於2號位面對直線而打小斜線，以及在3號位向左轉腕扣球。擊球時，應保持在左前上方，手腕向左甩動，全手掌擊球的右上部。擊球後肘關節可以稍屈。

㈢ 打手出界

打手出界是扣球隊員有意識地使球觸擊攔網隊員的手後飛向場外的一種扣球方法。一般在二傳近網、落點在標誌杆附近時運用較多。

如扣拉開至4號位標誌杆附近的近網球時，扣球隊員在擊球瞬間，手腕迅速內轉，擊球的右側上部，使球觸攔網手後飛出界外；2號位扣打手出界球與4號位相反，手腕迅速外轉，擊球的左側後上部；3號位扣打手出界球，利用轉體或轉腕扣球，對準攔網者的外側手掌，向兩側揮臂擊球，造成打手出界；遠網球的打手出界，如對準攔網者外側手的外側部擊球，也能收到良好效果；打攔網者的手指尖出界時，要對準對方的手指尖擊球，向遠處平擊，使球打手後向端線界外飛出。

㈣ 超手扣球

超手扣球是扣球時利用自己的身高和彈跳優勢，將球從攔網者手的上空擊入對方場區的一種扣球方法。這種扣球力量不大，路線較長。

扣球時可充分利用助跑起跳，保持好擊球位置。擊球時利用收胸動作帶動手臂揮動，肩儘量上提，手臂充分伸直，以提高擊球點。在右肩前上方，以全手掌擊球的中上

部，使球從攔網者手的上面呈前旋長線飛出。

㈤ 輕扣球

這是隊員佯做大力扣球，但在擊球瞬間突然減慢手臂揮動速度，將球輕打在對方空檔的一種扣球方法。這種扣球的助跑、起跳、揮臂動作與大力扣球一樣。但在擊球前，手臂揮動速度突然減慢，手腕放鬆，以全手掌包滿球，輕輕向前上方推搓，使球從攔網者手的上空呈弧線落入對方空檔。輕扣最好在攔網者下落時採用。

㈥ 吊　球

吊球是扣球的一種變化形式。它是以輕巧、靈活的動作，把球吊入對方空當的一種進攻方法。

吊球是進攻的一種輔助手段。起跳後，佯做扣球，然後突然改變揮臂扣球的動作，單手將球從攔網者手的上方或側方吊入對方場區空檔。

四、扣球技術的教學與練習方法

㈠ 教學順序

扣球技術動作結構複雜，教學難度大，需要抓住兩個關鍵環節，即揮臂擊球動作和助跑起跳的節奏。扣球技術的教學順序是：4號位扣一般高球，2號位扣一般弧度球，3號位扣快球。教快球時，首先教近體快球、短平快球，然後安排扣其他球技術的教學。

㈡ 教學步驟

1.講解

扣球在比賽中的重要地位；正面扣球的動作方法和要領。

2.示範

正面扣球技術應先做完整示範，形成扣球的完整動作概念，再做分解示範，明確每一部分動作的細節。教學時應採用先分解再完整的教學方法，分解教學的目的是掌握正面扣球的助跑起跳和揮臂擊球動作，完整動作的教學是解決各技術環節的銜接，整個動作的連貫性和節奏性。

3.組織練習

分解的揮臂擊球與助跑起跳練習；扣定點球練習；扣一般弧度球練習；與其他技術串聯練習；扣各種快球練習。

4.糾正錯誤動作

㈢ 練習方法

1.揮臂擊球和助跑起跳練習

- 集體徒手揮臂練習。
- 學生呈橫隊散開，按照教師的口令做原地起跳、一步助跑起跳、兩步助跑起跳，可以輕微騰空，注意動作協調性。
- 網前助跑起跳練習。學生呈橫隊列於進攻線後，聽口令一起做兩步助跑起跳。
- 兩人一組，一人手持球高舉做固定球，另一人扣

該固定球。

‧ 面對牆站立，手持一疊球，做正面扣球揮臂動作，將球甩出。

‧ 自拋自扣。原地對牆自拋自扣或自拋跳起扣球。

‧ 距牆3～4米，連續對牆扣反彈球。

‧ 兩人一組，相距7～9米，相互自拋自扣。

2.扣定點球

‧ 將兩頭繫有橡皮筋的球固定在適當高度，學生助跑起跳扣該固定球。

‧ 教師站在網前高臺上，一手托球於網上沿，學生助跑起跳扣固定球。

3.扣拋球

‧ 扣球者在4號位助跑起跳，把由3號位拋來的球在高點輕拍過網。

‧ 扣球者在4號位助跑起跳，扣順網拋來的球。

4.扣一般弧度球

‧ 扣球者在4號位（或2號位）將球傳到3號位，3號位將球順網傳到4號位（或2號位），扣球者上步扣球。

5.與其他技術的串聯練習

‧ 4號位（或2號位）隊員防扣一次後，立即扣一般弧度球。

‧ 4號位（或2號位）隊員防吊（或攔網）一次，立即扣一般弧度球一次。

‧ 接發球後，立刻移動至4號位（3號位、2號位）扣球。

6.扣各種快球

‧ 學生在各位置傳球給二傳隊員，然後扣其傳出的

近體快、背快、短平快、背短平快、背平快、平拉開、半快球、調整快、後排快和單腳快等。

五、扣球易犯錯誤及其糾正方法

扣球易犯的錯誤及其糾正方法如表3-5所示。

表3-5 易犯錯誤及其糾正方法

	易犯錯誤	糾正方法
扣球	助跑時起跳時間不準	在助跑開始時教師輕拍扣球者的背，或給予語言信號
	起跳前衝，擊球點偏後	練習助跑，最後一步跨大，在網前起跳接拋球或扣固定球
	擊球時手臂下壓	徒手甩臂，體會手臂放鬆動作；或手握輕物（棒球、石子)甩臂。距牆2米，用中等力量連續扣反彈球
	屈肘擊球，擊球點偏低	降低球網，原地隔網甩小網球。連續甩臂擊高度適中的樹葉
	手包不住球	把球固定在擊球高度上反覆揮臂擊球，練習擊球手法。原地對牆自拋自扣

第八節 攔 網

攔網是排球的基本技術之一，是隊員靠近球網，將手伸向高於球網處，阻擋和截擊對方來球的行動。

攔網技術同其他技術一樣也是不斷發展的。在20世紀50年代，由於當時規則規定不允許過網攔網，各隊普遍採用雙手後仰攔法，是以攔起攔高為主，攔網的性質主要是

防禦，削弱對方進攻威力。60年代，規則規定攔網時允許手過網，我國運動員創造性地運用了蓋帽式攔網，收到了良好的效果。

1977年，規則規定攔網觸球不算是一次擊球，大大促進了攔網技術的發展，使攔網成為攻擊性很強的技術，強調以攔死為主。當前攔網技術已成為得分的重要手段，已由過去的單純防守技術，發展成為一種積極的攻擊性很強的進攻技術。80年代以來又出現了補跳攔網和直腕攔網、重疊攔網、手臂空中移位攔網，特別是對後排進攻的攔網也有了發展和提高。

攔網具有強烈的攻擊性，可以直接攔死、攔回對方的扣球，能夠削弱對方的銳氣，動搖對方的信心，給對方造成心理壓力。攔網是防守的第一道防線，是反攻的重要環節，可以將對方有力的扣球攔起，減輕後排防守的壓力。攔網水準的高低直接影響著比賽的勝負，在沒有前排攔網的情況下，後排防守是極其困難的。

一、攔網技術的動作方法

從參與攔網的人數上分，攔網可分為單人攔網和集體攔網，集體攔網又分為雙人攔網和三人攔網。

(一) 單人攔網

1.動作方法

面對球網，兩腳左右開立約與肩寬，距網30～40公分，兩膝微屈，兩臂在胸前自然屈肘。原地起跳時，重心降低，兩膝彎曲，身體垂直向上起跳。如移動，可採用並

步、交叉步、跑步，向前或向斜前移動。移動攔網制動時，雙腳尖要轉向網，同時利用手臂擺動幫助起跳。

攔網時兩手從額前平行球網向網上沿前上方伸出。兩臂平行，兩肩儘量上提，兩臂盡力過網伸向對方上空，兩手接近球，自然張開，手觸球時兩手要突然緊張，用力屈腕，主動「蓋帽」摀住球（圖3-47）。

圖3-47

攔網的起跳時間要根據二傳球的情況和扣球人的動作特點來決定。一般扣高球時，因扣球隊員在空中有一個引臂、展腹的過程，而攔網常常原地起跳，騰空時間較短，所以一般應比扣球隊員晚起跳。而攔快球時，要比扣球隊

員稍早或同時起跳。攔網的起跳地點應在對方扣球的主要線路上。伸臂的時機最好是對方擊球的瞬間，過早地伸臂容易被對方避開或者被打手出界；過晚則不能阻攔球，會導致攔空。

攔網擊球時，應主動屈腕用力「蓋帽」捂球，使攔回去的球反彈角度小，對方不易保護起球。2、4號位攔網隊員的外側手要內轉，以防止被打手出界（圖3-48）。攔網中的判斷應貫穿在攔網準備姿勢到空中攔截動作的整個過程中，每一環節都離不開準確判斷。

圖3-48

近年來，攔網技術不斷發展，攔網手臂空中移動以攔截對方扣球，提高攔網成功率。例如，隨球轉移攔截時兩手臂由直臂改為側倒斜向攔網，若向左攔截，則左臂伸直斜向，橫放在網口上方，右臂屈肘，前臂在額部上方與網口平行，兩手間距離不大於球體直徑，增大攔網的寬度，以手掌、手指堵截路線。又如做聲東擊西的攔截時，攔網者有意對準球站位，準備讓出一條扣球路線空檔，但當對方向這條空檔路線扣球時，兩臂突然伸向空檔，阻擋對方

扣球。再如做兩臂夾擊攔截時，兩臂分開上舉，當對方扣球隊員扣球時，攔網隊員兩手突然由外向內會合，使兩臂夾擊阻攔對方扣球。

2.技術分析

(1)採用半蹲準備姿勢，有利於迅速向兩側移動和起跳。

(2)兩臂置於胸前並屈肘，有利於快速伸臂。

(3)攔網時站在距球網30～40公分處，可避免因離球網近而造成的觸網，又可免於因離球網過遠而造成的漏球。

(4)移動步法中，並步適用於近距離移動；交叉步適用於中遠距離移動，控制範圍較大，移動速度快；跑步適合於距離較遠時採用。

(5)攔網擊球時，兩臂盡力伸直，前臂靠近球，以免「臥果兒」。兩手間的距離不能過大，以防止球從兩手之間或者兩臂之間漏過；也不能過小，以免減小攔網阻截面。

3.技術要點

垂直上跳，含胸收腹，提肩伸臂，過網攔擊。

(二) 集體攔網

動作方法：

集體攔網指兩人（圖3-49）或三人攔網。一般攔4號位時，由本方2號位隊員定位，3號位甚至4號位隊員移動過來與2號位隊員配

圖3-49

合，共同組成集體攔網。攔2號位時，由本方4號位隊員定位，3號位甚至2號位隊員移動過來與4號位隊員配合，共同組成集體攔網。攔3號位時，由本方3號位隊員定位，兩側隊員向其移動配合共同組成集體攔網。

現代排球中，運動員的身高、身體素質不斷提高，進攻已越來越強大，因此集體攔網也顯得越發重要，有機會組成集體攔網時，一定要努力組成集體攔網。

二、攔網技術的運用

㈠ 攔強攻球

強攻的特點是擊球點高、力量大、扣球線路多，攔強攻要組成集體攔網，並要晚起跳，組成盡可能大的阻擊面。

㈡ 攔快球

1.攔近體快球

快球的特點是速度快、弧度低，不易變線。扣快球多在2、3號位進行，因擊球點距離網近且速度快，為此，攔網時較難組成集體攔網，多採用單人攔網。攔網時，應根據扣球的特點，起跳、伸臂要快。

2.攔平快球

平快球與近體快球一樣，具有速度快和弧度低的特點，同樣不易組成集體攔網。攔網時，由於球順網以低平弧度飛行，所以給攔網判斷增加了困難，為此在攔網時要人球兼顧，重點要判明扣球隊員的助跑路線和起跳時機。

攔網起跳要同時或稍早於扣球隊員起跳，攔網應根據扣球隊員的助跑方向和扣球線路攔堵其主要線路。

3.攔「三差」扣球

攔「三差」扣球要注意瞭解扣球隊員的技術特點和習慣，在此基礎上進行觀察判斷，果斷地進行攔擊。時間差和位置差進攻需先做自我掩護，而一般來講，先做自我掩護再扣球與正常節奏的扣球是有區別的，如改變正常節奏，提前助跑，佯跳的身體姿勢較高，沒有手臂擺動的配合等。觀察發現上述異常後，就要及早移動，做好起跳準備，動作節奏與扣球隊員要保持一致，當扣球隊員實跳扣球時，也隨之起跳攔網。

三、攔網技術的教學與練習方法

(一) 教學順序

攔網的教學應放在扣球之後進行。先教手型和手臂動作，後教準備姿勢和原地起跳方法，最後教移動起跳攔網。其中攔網的時機和攔網取位是兩個關鍵環節。

(二) 教學步驟

1.講解

攔網在比賽中的地位與作用；單人攔網的動作方法、動作要領，攔網的判斷與時機，集體攔網的配合。

2.示範

採用完整的動作示範攔網起跳、空中擊球手法和落地動作，建立正確動作概念。然後邊講解邊示範，再做完整

示範。

3.組織練習

徒手練習，結合球練習，集體攔網練習，與其他技術串連練習。

4.糾正錯誤動作

(三) 練習方法

1.徒手練習

· 原地做攔網的徒手動作練習。

· 網前原地起跳或以不同步法移動，做攔網徒手練習。

· 由3號位向2或4號位移動做攔網徒手練習。

2.結合球練習

· 兩人一組，一人站在高臺上持球，另一人跳起攔固定球。

· 低網扣攔練習：兩人一組，原地一扣一攔。

· 原地起跳攔高檔球。

· 在2、4和3號位攔對方扣球。

· 在2、3號位間和3、4號位間連續移動攔網。

3.集體攔網練習

· 對方4(2)號位扣球，本方3號位隊員向2(4)號位移動，與2(4)號位隊員共同組成集體攔網。

· 對方3號位扣球，本方2、4號位隊員向3號位移動，與3號位隊員共同組成三人集體攔網。

4.與其他技術串連練習

· 在4或2號位扣球後，立即跳起攔網。

- 攔網後，立即把教師拋來的球傳或墊至2號位。
- 攔網後，立即救教師拋來模擬被攔回的球。
- 攔網後，立即後撤，再上步扣球。
- 攔網後，立即扣教師拋來的「探頭球」。

四、攔網易犯錯誤及其糾正方法

攔網易犯的錯誤及其糾正方法如表3-6所示。

表3-6　易犯錯誤及其糾正方法

	易犯錯誤	糾正方法
攔網	起跳過早	按照攔網節奏給予起跳信號。起跳前深蹲慢跳
	手下壓觸網	一對一做原地扣、攔練習。結合低網，提肩屈腕把球攔下
	攔網時低頭閉眼	隔網攔對方拋來的球，逐步過渡到攔輕扣球
	攔網身體前撲觸網	多練順網移動起跳

第四章　排球戰術

第一節　排球戰術的基本理論

一、排球戰術的概念

　　排球戰術，是運動員在比賽中根據排球運動的比賽規律，彼我雙方的具體情況和臨場變化，有效運用技術所採取的有預見、有目的、有組織的行動。

　　隊員根據臨場情況有目的地運用技術的過程為個人戰術，如扣球變線、輕扣、打手出界等。兩名或兩名以上隊員之間有組織、有目的的集體協調配合為集體戰術。兩者相輔相成、互相促進、互相補充。

　　球隊在選擇戰術時，首先應從本隊的實際出發，根據隊員的技術水準、技術特點、身體條件和體能等情況，選擇相應的戰術。在運用戰術時，還要根據對方的技、戰術特點及臨場情況變化，採取靈活的行動，打亂對方的戰術意圖，以掌握比賽的主動權。

二、排球戰術的分類

　　排球戰術分類就是按排球運動的特點，把排球戰術的內容分為若干類和若干層次，並表明它們之間的關係，以便對排球戰術有一個總體的瞭解。

　　排球戰術有多種分類方法。本書首先按參與戰術的人

數，劃分為個人戰術和集體戰術兩部分。進攻與防守是貫穿於排球比賽始終的一對矛盾。由於有些排球技術具有攻防兩重性，因此不再把個人戰術細分為個人進攻戰術與個人防守戰術，而直接把個人戰術分為發球、一傳、二傳、扣球、攔網和防守等。集體戰術則首先分為集體進攻戰術與集體防守戰術兩大類。

集體進攻戰術中有多種進攻陣形，如「中一二」「邊一二」和「插上」等。各種進攻陣形中又有許多進攻打法組合。目前進攻打法組合已從點面結合，發展成為現代排球的立體進攻。集體防守戰術中同樣有多種防守陣形，如接發球陣形、接扣球陣形、接攔回球陣形、接傳墊球陣形等，各種防守陣形中又有多種變化形式。

排球比賽中，除發球外，所有的進攻都是從防守開始的，防守的目的又是為了進攻，攻防不斷迅速轉換。實戰中進攻戰術和防守戰術的組合，形成了接發球及其進攻、接扣球及其進攻、接攔回球及其進攻、接傳墊球及其進攻四個戰術系統（也稱四攻系統）。

具體戰術分類如圖4-1所示。

三、戰術意識

戰術意識是指運動員在發揮技術的過程中，支配自己行動並帶有一定戰術目的的心理活動，也是運動員在比賽中有效地運用技術和實現戰術時所具有的經驗、才能和智慧的體現。運動員在比賽中的判斷能力、應變能力和實戰能力以及每一項技術、戰術的運用，都受一定戰術意識的支配，包含戰術意識的內容。

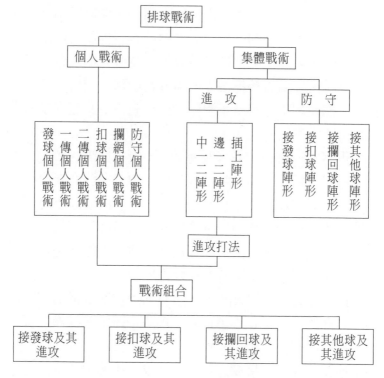

圖4-1　排球戰術分類圖

戰術意識是運動員自覺的心理活動。它是由第二信號系統實現的，其思維活動是在激烈對抗條件下進行的，與運動員的情緒和意志緊密相連，是衡量運動員是否成熟的標誌。因此，在訓練和比賽中，注重培養運動員的戰術意識是十分重要的。

㈠ 戰術意識的內容

1.技術的目的性

運用技術時要思維清楚，力求使每一個行動都帶有

一定的戰術目的。目的明確，有的放矢，才能收到好的效果。

2.行動的預見性

排球比賽對抗激烈，場上情況瞬息萬變，運動員為了使自己的技術、戰術帶有一定的目的性，就要分析情況，洞悉規律，知己知彼，預見未來。要根據臨場情況，分析和預見可能出現的情況，隨時準備採取相應對策。

3.判斷的準確性

正確的行動來源於準確的判斷，準確的判斷是合理運用技術的前提。運動員在場上必須擴大視野，通觀全局，提高判斷的準確性，力爭主動權。

4.進攻的主動性

運動員為了爭得比賽的優勢，取得比賽的勝利，必須樹立強烈的攻擊意識，要尋找和創造一切可能的機會積極進攻。

5.防守的積極性

防守是進攻的基礎，一定意義上講，沒有防守就沒有進攻。為了給進攻創造有利條件，首先必須積極防守，接好來球。一切防守技術、戰術都必須帶有明確的目的性和強烈的攻擊性，給形式上的被動防守賦予主動防守的內容。

6.戰術的靈活性

無論是進攻和防守，還是個人戰術和集體戰術，都應力求靈活善變，不應死板教條。要善於根據臨場變化，因勢利導，隨機應變，靈活運用和變換攻防戰術，使對方防不勝防。

7.動作的隱蔽性

隱蔽性主要是指假動作和隱蔽動作。假動作是為了迷惑對方，誘其上當。隱蔽動作是為了使對方摸不清技、戰術意圖，達到出其不意、攻其不備的目的。比賽中，為了有效地攻擊對方，必須使行動隱而不露，並要經常運用假動作和隱蔽動作去擾亂、迷惑對手的判斷，造成其錯覺，達到聲東擊西、以假亂真的目的。

8.配合的集體性

排球運動是一項集體性很強的比賽項目，一切技術的發揮和戰術的運用，都必須以集體為中心。運動員要胸懷全局，通力協作，相互彌補，把個人的技術發揮融於集體的配合之中，盡一切努力促使集體戰術的實現。

(二) 戰術意識的培養

戰術意識需要精心培養，認真磨鍊。隨著技戰術水準的提高，比賽經驗的豐富，運動員的戰術意識也會不斷增強，但必須指出，有意培養與放任自流，其效果是迥然不同的。

培養與提高運動員的戰術意識，一般可採取下列措施與方法：

1. 根據戰術的內容與要求，把培養戰術意識的任務納入訓練計畫。針對不同的對象，有計劃地進行系統、嚴格及有意識的訓練，努力把培養戰術意識的任務落到實處。

2. 全面、熟練、準確、實用的技術是培養與提高戰術意識的物質基礎，必須苦練基本功，為戰術意識的提高奠定基礎。

3. 技、戰術訓練要目的明、方法對，並要在實際訓練中貫穿戰術意識的培養，把基本技、戰術與戰術意識的培養有機地結合起來，這是培養戰術意識的有效方法。

4. 在加強基本技術訓練的前提下，要多打、多看比賽，從比賽的實踐中增長知識，積累經驗，吸取教訓，不斷提高戰術意識。

5. 抓好「無球」技術動作的訓練，這是培養和提高戰術意識不可忽視的內容，要想達到「球到」「人到」的戰術意識境地，運動員的「無球技術動作」合理與否，將對戰術意識的實現起著很重要的作用，必須在訓練中反覆強化。

6. 加強專項理論知識的學習與研究，提高運動員對排球運動的發展態勢、規則與裁判法的修改以及比賽規律的認識，提高技、戰術的運用能力。

7. 透過賽前觀察和賽後總結等方式瞭解與掌握彼我雙方的技術特點和戰術打法，做到知己知彼，有助於戰術意識的培養與提高，使行動更符合客觀實際。

8. 加強對臨場比賽情況的觀察與判斷，在訓練和比賽中要注重視野的訓練，儘量做到情況明、判斷準，以便採取正確的技、戰術行動，加快戰術意識的培養。

9. 「多想出智慧，多思長才幹」。訓練中不但要提倡吃苦耐勞精神，而且要啟發運動員開動腦筋，勤於思索，手腦並用，想練結合，培養運動員獨立處置各種臨場情況的能力。

10. 教師要有敏銳的觀察力和較高的臨場指揮能力，這是培養與提高運動員戰術意識的關鍵。運動員戰術意識

的提高主要是由訓練和比賽獲取的，故教師在訓練中的主導作用和比賽中的指導作用就顯得尤為重要。

四、戰術指導思想

戰術指導思想是一個球隊在訓練與比賽中指導戰術行動的主導思想和所遵循的基本原則。

正確、先進的指導思想，應符合排球運動得失分規律，並適應排球運動的發展趨勢。制定本隊的戰術指導思想，應從實際出發，揚長避短，全面分析。要堅持走自己的路，形成本隊的獨特風格，並要考慮到以後比賽的主要對象和任務。

在貫徹執行戰術指導思想的過程中，還應處理好幾個關係：當前要求與長遠目標的關係；國內比賽與國際比賽的關係；獨特性與全面性的關係；繼承與發展、學習與創新的關係；培養技術風格與苦練基本功的關係。只有處理好各種關係，一切從實際出發，才能迅速提高排球運動水準。

我國排球運動經過長期的實踐，特別是經過國際排球大賽的鍛鍊，在總結正反兩方面經驗和教訓的基礎上，提出的戰術指導思想是「在技術全面的基礎上，向全攻全守的方向發展。發展高度，堅持快速，準確熟練，配合多變，實現全、快、高、準、變」。當然，各隊的主客觀條件不同，制定戰術指導思想也不應強求一致，各隊在統一認識的前提下制定戰術的具體設想，都應結合本隊的具體特點，包括對每個隊員、每個輪次，以及攻防兩方面的設想。一旦制定，就要把它落實到思想教育、作風培養、技

術和戰術、體能和心理訓練的整個過程中去。

五、戰術與技術

技術與戰術兩者之間是互相聯繫、互相依存、互相促進、互相制約的辯證關係。技術是戰術的基礎，沒有全面、熟練的技術基礎，戰術就無從談起。戰術是技術的合理組織與有效運用。技術決定戰術，戰術可以反作用於技術，對技術提出新的要求，促進技術的發展與提高。

戰術和技術是在實踐中不斷發展的。技術的發展往往走在戰術的前面，改進原有技術或出現某種新技術就可能形成新戰術。但是先有新戰術設想，再著手改進和訓練技術，也可促進新技術的發展與提高。

六、戰術的數量與品質

數量是指戰術的多樣性，品質是指戰術的實效性和熟練程度，兩者的關係是辯證統一的。一名隊員和一支球隊只有掌握了戰術的多樣性，才有可能靈活地變換戰術，使對方揣摸不透，防不勝防。

隨著戰術數量的增加，戰術的品質必然成為矛盾的主要方面，這就是戰術由粗到精、由簡到繁、由低級到高級的必然規律。如果盲目追求戰術數量而忽視戰術品質，多而不精，華而不實，就會使戰術流於形式而失去了多樣性的意義和作用。

七、個人戰術與集體戰術

個人戰術與集體戰術的關係是局部和全局的關係。個

人戰術要促成集體戰術的實現，集體戰術要利於發揮個人戰術的特長和作用，兩者相輔相成，互相彌補。隊員在比賽中的技術和個人戰術首先必須服從集體戰術的需要，並以集體戰術為依據，密切與全隊配合，在保證實現集體戰術的前提下，充分發揮和運用個人戰術，豐富全隊的戰術打法，彌補集體戰術的不足。

八、進攻和防守

排球比賽中，為了使球落在對方場區或造成對方失誤而採取的一切合法手段，都稱之為進攻。反之，為了不使球落在本方場區的一切合法手段，均屬於防守。

進攻是爭取得分的主要手段。加強進攻可以破壞和削弱對方的進攻，從而減輕本方防守的壓力，爭取比賽的主動權。防守不僅是減少失分的一個重要方面，而且是得分的基礎。除發球外，每發動一次進攻都是在防守的基礎上進行的。可以說，沒有防守就沒有進攻。防守應該是積極的，有進攻意識的防守。

從20世紀50年代的「以攻為主」，60年代的「以攻為主，攻防結合」，70年代的「以攻為主，積極防守」，80年代的「全攻全守」，到90年代的「立體進攻，活點防守」，攻防的發展變化，充分反映了人們對排球比賽中進攻與防守認識的深化。

進攻與防守是緊密相連、相互依存的，片面地強調進攻或防守都是不能適應排球運動發展的。

第二節 陣容配備、位置交換、信號聯繫 與「自由人」的運用

一、陣容配備

陣容配備就是合理地安排場上隊員技術力量的組織形式。

(一) 陣容配備的主要形式

1.「四二」配備

「四二」配備是指場上有4名進攻隊員和2名二傳隊員（圖4-2）。4名進攻隊員又分為2名主攻，2名副攻，他們都站在對角位置上。其優點是無論怎樣輪換，前後排都保持1名二傳隊員和2名進攻隊員，便於組織和發

圖4-2

揮攻擊力量，給對方的攔網及防守造成困難。但對2名二傳隊員的進攻和攔網能力要求較高，否則就會影響「四二」配備的進攻效果。

2.「五一」配備

「五一」配備是指場上隊員有5名進攻隊員和1名二傳隊員（圖4-3）。這種陣容配備的優點是攔網和進攻力量得到加強，全

圖4-3

隊只要適應一名二傳隊員的打法，互相之間就容易建立默契，有利於二傳隊員統一貫徹戰術意圖。但二傳隊員在前排時，只有兩點攻。要充分利用兩次球、吊球及後排扣球等戰術變化突襲對方，以彌補「五一」配備之不足。

3.「三三」配備

「三三」配備是指場上有 3 名進攻隊員和 3 名二傳隊員。進攻隊員與二傳隊員間隔站位。每一輪次的前排都能保持 1～2 名進攻隊員和二傳隊員，適合初學的隊採用，但進攻能力顯得不足。

㈡ 主攻、副攻、二傳隊員的職責和特點

1.主攻隊員：

主攻隊員在比賽中主要擔任攻堅任務，要在困難的情況下突破對方的集體攔網。主攻隊員主要進行中、遠網和後排及調整扣球進攻。因此，對主攻隊員擊球的高度、力量、技巧、線路變化及準確性等方面都有較高的要求。

2.副攻隊員：

副攻隊員主要以快、變、活等進攻手段突破對方的攔網，並積極跑動掩護，給其他進攻隊員創造有利條件，同時還要擔負中間和兩側的攔網任務。這樣，對副攻隊員在體能和技術上都提出了很高的要求。

3.二傳隊員：

二傳隊員是戰術進攻的核心，要根據臨場情況，隨機應變，合理地組織各種戰術進攻，積極貫徹教練員的意圖。一名優秀的二傳隊員對團結全隊、鼓舞士氣和取得良好成績起著重要作用。

從排球運動發展趨勢來看，主、副攻隊員和前後排的界限逐漸被打破，隊員都應兼備強攻、快攻的技術和戰術能力。這樣，才能適應進攻戰術進一步發展的需要。但主、副攻隊員的職責和特點應有所側重。

㊂ 陣容配備的注意事項

1.陣容配備時應考慮全隊隊員的技術、戰術、體能、思想作風、心理品質、特長、配合能力、臨場經驗等方面的情況。

2.選擇能攻善守、技術全面、作風頑強的隊員，組成一個主力陣容以及相應位置的後備隊員。

3.從本隊的實際出發，揚長避短，形成自己的風格。把每名隊員的特長在不同位置上充分地發揮出來，做到人盡其用。

4.考慮進攻隊員和二傳隊員的合理搭配，把平時配合默契的進攻、二傳隊員安排在相鄰或適當的位置上，以便更好地組成戰術進攻。

5.為了避免攔網、一傳及防守上的漏洞，應根據隊員的身高及技術情況，進行前後排及左右位置的合理搭配。

6.應考慮前排強弱輪次與發球攻擊性的優化組合。前排強輪次，要安排發球穩定性和準確性高的隊員發球，以增加得分的機會。攻擊力弱的輪次，要安排發球攻擊性強的隊員，力爭破攻，以減輕本方網上的壓力。

二、位置交換

為了最大限度地發揮每名隊員的特長，應調動一切積

極因素，加強攻防力量，以彌補由於隊員身體條件、體能、技術發展不平衡所帶來的缺陷。比賽中，在規則允許的條件下，採用交換位置的方法。

㈠ 位置交換的幾種情況

1.前排隊員之間的換位

為了加強進攻力量，發揮隊員的進攻特點，把進攻能力強的隊員換到最便於扣球的位置上，如把右手扣球隊員換到4號位、左手扣球隊員換到2號位、善於扣快球的隊員換到3號位、擅長扣背快球的隊員換到2號位、二傳隊員換到2號位或3號位等。

為了加強攔網力量，把身材高、彈跳好、攔網技術好的隊員換到攔網任務較重的3號位，或與對方主攻隊員相對應的區域。

進行交叉、夾塞、圍繞等進攻戰術時，可自然換位，以便組織下一個回合的進攻。

2.後排隊員之間的換位

為了加強後排防守，發揮個人防守專長，可把隊員換到各自擅長防守的區域，採用專位防守。如：向兩側防守能力較強的隊員，在採用「邊跟進」防守時，可放在6號位防守；採用「心跟進」防守時，可放在1號位或5號位防守。還可根據臨場情況，把防守能力強的隊員換到防守任務較重的區域。

為了在比賽中連續運用行進間「插上」，可把二傳隊員換到1號位（「邊跟進」防守時）或6號位（「心跟進」防守時），以縮短「插上」時跑動的距離，便於組織進攻。

為了加強後排進攻，提高「立體進攻」的效果，可把後排進攻能力強的隊員換到1、6號位，以縮短與二傳隊員之間的距離，便於組織「立體進攻」戰術。

㈡ 位置交換的注意事項

　　1.發球擊球前，應按規則的要求站位，防止「位置錯誤」犯規。在換位過程中，要始終注意對方及本方場上隊員的動態。

　　2.發球隊員擊球後，即可換位，換位應力求迅速換到預定位置，以便準備下一個動作。

　　3.接發球時，應首先準備接起對方的發球，然後再進行換位，以免造成接發球失誤。

　　4.當球判為死球時，應立即返回各自的原位，尤其在對方掌握發球權時更應迅速返回原位，儘早做好接發球的準備。

三、信號聯繫

　　排球是一個集體項目，在實現快速多變的進攻戰術時，必須由信號聯繫才能統一行動，沒有完善的信號聯繫，就難以實現進攻戰術的變化。所以，信號聯繫在排球戰術運用中起著重要的作用。

　　一支球隊的信號聯繫要根據本隊的情況，由教練員和運動員共同協商來確定。聯繫信號力求簡單、精練、清晰、明瞭。

㈠ 語言信號

使用語言直接進行聯繫，如「快」「拉」「高」「溜」「交叉」等；也可將戰術編成代號，如「1」「2」「3」等，以代號進行聯繫。但語言聯繫容易洩露意圖，有時可以採用真真假假來迷惑對手，如講快打慢、講拉打近等。

㈡ 手勢信號

由事先約定的手勢，進行規定的戰術配合。手勢信號可由下列隊員出示：

1.二傳隊員：

二傳隊員是進攻的組織者，由他做手勢，便於統一指揮。

2.發動快攻的隊員：

由快攻隊員選擇打什麼樣的快球，這樣有利於發揮快攻隊員的主動性。

3.打活點進攻的隊員：

在定位近體快球的掩護戰術中，可由打活點進攻的隊員預先做出信號，表示要打什麼球。

4.進攻隊員和二傳隊員相結合：

即快攻隊員做出第一手勢，然後二傳隊員或其他隊員做出第二手勢，如：快攻隊員做「短平快」手勢，二傳隊員即根據這個手勢做出「夾塞」「平拉開」手勢，通知其他隊員。

(三) 落點信號

根據起球後的落點，作為發動某種戰術進攻的信號。落點信號的優點是具有隨機性、靈活性。可根據臨場情況迅速組成戰術進攻，對一傳不到位的球要預先制定對策。

(四) 綜合信號

以手勢信號為主，輔以落點信號、語言信號以及教練員的體態、暗示等。

四、「自由人」的運用

合理地選擇並運用「自由人」是戰術運用的一個方面。「自由人」專司接發球和後排防守，其上下場之間只需經過一次發球比賽過程，換人不計為正規換人次數，且次數不限。因此，選擇接發球和後排防守技術高超的隊員作為「自由人」，能大大提高全隊的防守水準。「自由人」又可在前排進攻、攔網隊員體力下降需要休息並輪到後排時替換上場，所以，合理地運用「自由人」能大大提高全隊的防守水準，大大促進全隊的進攻能力。

第三節　個人戰術

個人戰術是隊員根據臨場比賽的情況，有目的、有針對性地運用個人技術動作。個人戰術可以提高個人技術動作的效果和補充集體戰術的不足。個人戰術包括發球、二傳、扣球、一傳、攔網、防守個人戰術等。

一、發球個人戰術

由於發球是排球技術中唯一不受他人制約的技術，因此發球個人戰術具有相對的獨立性和自主性。運用發球個人戰術的目的是破壞對方的一傳，為本方得分或反擊創造有利條件。根據臨場情況，針對不同對手的接發球適應能力，採用不同的戰術是很有必要的。具體運用如下：

㈠ 性能不同

1.攻擊性發球：
在保證準確的基礎上，盡可能地發出速度快、力量大、旋轉強、弧度平的攻擊性發球，如跳發球等。

2.飄球：
利用發球位置的不同，有意識、有目的地發出或輕、或重、或平沖、或下沉等各種性能不同的飄球。

㈡ 落點控制

1.找薄弱區域的發球：
將球發到對方前區、後區、兩個隊員之間的連接區、三角地帶等場區空檔，給對方接發球造成困難。

2.找人發球：
發給一傳差、連續失誤、情緒急躁或剛換上場的隊員；也可以發給快攻隊員或二傳隊員，給對方的戰術進攻帶來不便。

㈢ 節奏變化

1.快節奏：

比賽中,打破常規,突然加快發球的節奏,使對方猝不及防,造成失誤。

2.慢節奏：

比賽中,有意識地放慢發球的節奏,如發高吊球,利用球體下落時速度的變化,使對方接發球不適應。

㈣ 線路變化

1.長、短線結合的發球：

根據對方隊員站位情況,時而發長線球,時而發短線球,以調動對方,掌握主動。

2.直、斜線結合的發球：

充分利用9米寬的發球區,採取「站直發斜」或「站斜發直」的發球方法,突襲對方。

㈤ 性能變化

以相似的動作發出不同性能的球。

㈥ 根據臨場比賽的變化採取不同的發球

如本方得分困難、落後較多和遇到對方強輪等情況,可採取先發制人的攻擊性發球。在本方發球連續失誤或比賽關鍵時刻,或在對方暫停、換人後以及對方正處於進攻弱輪次,本方攔網連連得分時,應注意發球的準確性,減少失誤,抓住得分的時機。

二、二傳個人戰術

二傳個人戰術的基本任務是利用空間、時間和動作上的變化，有效地組織進攻戰術，給扣球隊員創造有利的條件，使對方難以組織防禦。具體運用如下：

1.隱蔽傳球：

二傳隊員盡可能地以相似動作傳出不同方向的球，使對方難以判斷傳球的方向。

2.晃傳和兩次球：

二傳隊員先以扣兩次球吸引對方攔網隊員，然後突然改扣為傳。也可先以傳球動作麻痺對方，突然改傳為扣。

3.「時間差」跳傳：

二傳隊員在跳傳時，改變常規傳球的時間，採用延緩傳球的方法，在人和球下落過程中將球傳給快攻隊員，以造成對方攔網隊員的時間誤判。

4.高點二傳：

二傳隊員盡可能在跳起的最高點直臂傳球，以提高擊球點，加快進攻速度。

5.選擇突破點：

根據對方攔網的部署，在傳球時盡可能避開攔網強的區域，選擇薄弱環節作突破口，以便在局部地區造成以多打少、以強攻弱的優勢。

6.控制比賽節奏：

在對方失誤較多或場上出現混亂時，可加快比賽節奏，以快攻為主。當本方失誤較多或場上隊員發揮失常時，可適當放慢比賽節奏，以達到穩定情緒、調整戰略戰

術的目的。

三、扣球個人戰術

扣球個人戰術是扣球隊員根據比賽中對方攔網和防守情況，選擇合理、有效的扣球方法和路線，以突破對方防守的有意識的行動。具體運用如下：

1.路線變化：

扣球時運用轉體、轉腕靈活地扣出直線、斜線、小斜線等，避開對方的攔網。

2.輕重變化：

扣球時，重扣強行突破與輕扣打點有機結合。

3.超手和打手：

充分利用彈跳力，採取超手扣球技術，從攔網隊員手的上面突破；還可以利用平扣、側旋扣、推打等手法，造成攔網隊員被打手出界。

4.打吊結合：

在對方嚴密的攔網下，先佯做大力扣殺，突然由扣變吊，將球吊入對方空檔。

5.左、右手扣球：

利用異側手輔助進攻，形成左右開弓式的扣球，以增加擊球面和隱蔽性，提高應變能力。

四、一傳個人戰術

一傳個人戰術是為了組成本隊的進攻戰術而有目的的墊擊。由於各種進攻戰術對一傳的要求不同，所以一傳的方向、弧度、速度、落點和節奏也各有特點。具體運用如

下：

1.組織快攻戰術：

一傳的弧度要平，速度稍快，以加快進攻的節奏。

2.組織兩次球戰術：

一傳的弧度要高，接近垂直下落，以便扣兩次球或轉移。

3.組織交叉戰術：

一傳弧度要適中。3、4號位交叉，一傳落點要靠近球網中間；2、3號位交叉，一傳落點要在2、3號位之間。

4.組織短平快球：

要根據是3號位隊員還是4號位隊員扣球來決定一傳的落點。3號位隊員扣球時，一傳落點偏向2號位；4號位隊員扣球時，一傳的落點在球網中間區域為好。

5.當對方第3次傳墊球過網時，一傳可採用上手傳球，以便更準確、迅速地組織快速反擊或直接傳給進攻隊員扣兩次球。

6.比賽中，如發現對方場區有較大空檔或對方隊員無準備時，一傳可直接用墊、擋等動作將球擊向目標區域，突襲對方。

五、攔網個人戰術

攔網個人戰術是由準確的起跳時機、空中的攔網高度和攔擊面、手型動作的變化等因素來實現的攻擊行動。具體運用如下：

1.假動作：

攔網隊員可靈活地運用站直攔斜、站斜攔直、正攔側

堵及佯裝攔強攻，實為攔快攻等假動作迷惑對方，提高攔網效果。

2.變換手型：

攔網隊員起跳後，根據進攻隊員的動作改變，攔網手型隨機應變，以達到攔擊對方的目的。

3.撤手：

在發現對方要打手出界或平扣球時，則可在空中及時將手撤回，造成對方扣球出界。

4.「踮跳」攔網：

身高和彈跳較好的隊員為了更好地攔擊對方快速多變的扣球，採用踮跳攔第一點的快攻球，再迅速起跳攔第二點的進攻。

5.前伸攔網與直臂攔網：

在攔擊對方中、近網扣球時，手臂盡可能前伸接近球，封堵進攻線路。在對方遠網扣球時，盡可能直臂攔擊，以增加攔網面。

6.單腳起跳攔網：

利用單腳起跳快、空中飛行距離長的優勢，以彌補雙腳起跳來不及的攔網。但要控制好空中飛攔的距離，避免衝撞本方隊員。

六、防守個人戰術

防守墊擊與接發球相比，具有更大的隨機性和突然性，難度較大。防守隊員要選擇有利的位置，採用合理的擊球動作，將球有效地接起來，組織各種進攻。

優秀的防守隊員不僅要勇猛撲救，還要善於思考，判

斷準確。具體運用如下：

1.判斷進攻點，合理取位：

要根據二傳球的方向和落點，及時地作出判斷，並迅速取位。如球離網較近，本方隊員來不及攔網，則防守取位可靠前，以封堵角度；球離網較遠，則防守取位可靠後些。

2.「有利面」放寬：

取位時把自己最擅長防守的一面適當放寬，如自己的右側面防守較好，可把這個區域適當放寬，以擴大防守面。

3.針對性防守：

根據對方進攻隊員的特點，採取相應的防守行動。對方只打不吊，取位要靠後；打打吊吊，則取位要靈活；只有斜線，則放直防斜。

4.攔、防配合：

根據前排攔網隊員的情況主動配合、彌補，如採用攔斜防直或反之。

5.上、下肢並用：

充分利用規則，採用上、下肢的協調配合防守，如採用高姿勢防守，上肢負責腰部以上的來球，下肢負責腰部以下的來球。

第四節　集體進攻戰術

隨著世界排球運動的發展，進攻戰術豐富多彩，單靠個人體能和技、戰術能力，是難以戰勝對手的。從實際比

賽情況看，由前排隊員的活點進攻發展到當前全方位的立體進攻，無不顯示出集體戰術的威力。

集體戰術是指兩名或兩名以上隊員之間有組織、有目的的集體協同配合。任何集體進攻戰術的變化無不建立在進攻陣形和進攻打法的基礎上。

一、進攻陣形

進攻陣形，就是進攻時所採取的基本隊形。合理地選擇進攻陣形是各種進攻戰術變化的基礎。進攻陣形主要有三種，即「中一二」「邊一二」和「插上」。

㈠「中一二」進攻陣形及其變化

由前排一名隊員在3號位擔任二傳，其他兩名隊員在2號位和4號位進攻的陣形，稱做「中一二」進攻陣形。「中一二」是最基本的陣形，其特點是二傳隊員在中間，一傳容易到位，戰術可簡可繁，適合不同技術水準的隊。技術水準較低的隊可組織前排2、4號位扣一般高球，技術水準較高的隊可組織各種戰術進攻乃至立體進攻。其站位及變化如下：

1.「大三角」站位

這是最基本的站位方法，其變化主要以2、4號位進攻為主，輔以後排進攻等（圖4-4）。

2.「小三角」站位

4號位隊員位置不變，2號位隊員站在中場接發球，3號位

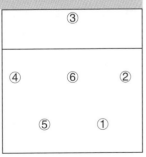

圖4-4

二傳隊員站在2、4號位隊員之間的網前（圖4-5）。這種站位實際上也是一種隱蔽站位的方法，1號位隊員可在2號位做佯攻，2號位隊員從中路進攻，後排隊員從後排進攻。這種陣形有利於各種交叉換位進攻。

　　若2號位隊員左手扣球得力，則可以在場區右側站成「小三角」（圖4-6），即2號位隊員位置不變，4號位隊員中場接發球，3號位二傳隊員站在2號位隊員與4號位隊員之間的網前做二傳，5號位隊員在4號位做佯攻，後排隊員從後排進攻。

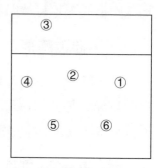

圖4-5

　　3.換位成「中一二」

　　二傳隊員在4號位（或2號位）時，可以換位成「中一二」陣形（圖4-7）。

　　4.「假插上」成「中一二」

　　3號位隊員在4號位的右後方做假插上（圖4-8）。

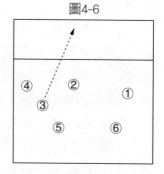

圖4-6

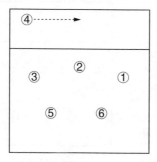

圖4-7

圖4-8

㈡「邊一二」進攻陣形及其變化

由一名隊員在前排2號位做二傳，其他兩名前排隊員參與進攻的陣形，稱做「邊一二」進攻陣形。

「邊一二」也是基本的進攻陣形，其特點是二傳隊員在邊上，對一傳的要求稍高，但戰術變化多於「中一二」進攻陣形，戰術可簡可繁，同樣適合不同技術水準的隊。其站位及變化如下：

1.「邊一二」陣形

2號位隊員站在網前任二傳，3、4號位隊員前排進攻，其他隊員參與後排進攻（圖4-9）。

2.反「邊一二」陣形

前排一名隊員在網前4號位站位做二傳，其他隊員參與進攻。如果2、3號位隊員是左手扣球，採用這種陣形比較有利（圖4-10）。

3.換位成「邊一二」

通常採用反「邊一二」換位成「邊一二」陣形（圖4-11）。

4.「假插上」成「邊一二」

3號位隊員在4號位隊員的右後側做假「插上」，形成「邊一二」陣形，1號位隊員做佯攻掩護，其他隊員參與進攻（圖4-12）。

運用「中一二」和「邊一二」進攻陣形時應注意以下幾點：

採用「中一二」進攻陣形時，二傳隊員的站位應稍靠近2號位，避免與6號位隊員重疊，以免阻擋視線影響其接

發球。

採用「邊一二」進攻陣形時，二傳隊員的站位不宜太靠近邊線，以免在運用「拉開」「圍繞」等戰術時，因傳球距離遠而影響戰術品質。

採用換位成反「邊一二」陣形時，4號位二傳隊員既要貼網站，又要貼邊線站，以免造成與3號位隊員位置錯誤或影響3、4號位隊員的接發球。

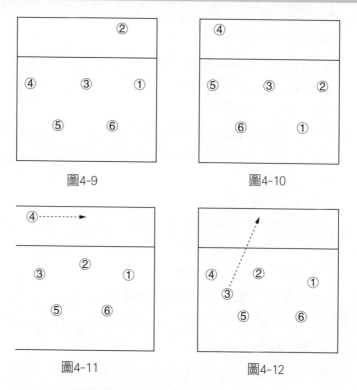

圖4-9　　　　　　　　　　圖4-10

圖4-11　　　　　　　　　　圖4-12

㈢「插上」進攻陣形及其變化

後排任一隊員插到前排做二傳，前排三名隊員進行扣

球的進攻陣形，稱做「插上」進攻陣形。由於後排的「插上」，使前排可保持三點進攻，所以這種進攻陣形為國內外各強隊普遍採用。「插上」進攻陣形有三種基本站位，即1號位插上（圖4-13）、6號位插上（圖4-14）和5號位插上（圖4-15）。

　　運用「插上」進攻陣形時應注意以下幾點：

　　為了使「插上」隊員能儘快插到網前，且不影響其他隊員接發球，「插上」隊員一般站在同列隊員的側後方，以便縮短「插上」跑動路線。其跑動路線一般如圖4-13、圖4-14、圖4-15所示。

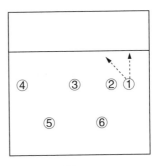

圖4-13

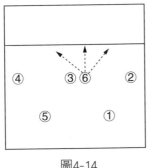

圖4-14

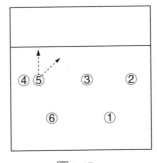

圖4-15

　　「插上」要及時（對方發球擊球後應立即「插上」），但又不應起動過早造成位置錯誤。

　　採用「插上」進攻陣形時，前排三名隊員都應具有較強的進攻能力並能打各種跑動進攻。

「插上」的二傳隊員要有較熟練的傳球技術和較高的戰術素養。

　　本隊要有較好的接發球一傳作保證。

　　「插上」隊員在「插上」過程中，應有接一傳的思想準備，因為對方發球很可能破壞「插上」。

　　反攻中應加強情況判斷，有可能時，應迅速做行進間「插上」，以保證前排的多點進攻。

二、進攻打法

　　進攻打法是指二傳隊員與扣球隊員之間所組成的各種配合。每一種進攻陣形中都可以靈活地運用多種進攻打法，以達到避開攔網、突破防線、爭取主動的戰術目的。

　　進攻打法可分為強攻、快攻、兩次攻及其轉移、立體進攻等。

㈠ 強　攻

　　在本方無掩護或較少掩護的情況下，主要憑藉個人力量、高度和技巧強行突破對方的攔網和防守。

　　強攻是現代排球比賽中制勝的關鍵，世界一流水準的隊，無論在強攻扣球的力量與速度上，還是在高度與變化上都佔有明顯優勢。

1.集中進攻

　　進攻隊員在4號位或2號位扣二傳隊員傳到較靠近3號位、較集中的、不拉開的高球進攻，或在3號位扣一般高球，稱之為集中進攻。這種打法易掌握，也易被攔，適合初學者和水準較低的隊運用。

2.拉開進攻

二傳隊員將球傳到標誌杆附近進攻的打法叫拉開進攻。拉開進攻可以擴大攻擊面，以避開攔網。有利於變化線路及打手出界（圖4-16）。

3.圍繞進攻

進攻隊員繞過二傳隊員扣其傳出的高球，為圍繞進攻（圖4-17）。圍繞跑動換位的目的是發揮自己的扣球特長，避開對方攔網的有效區域和扣球後自然換位。

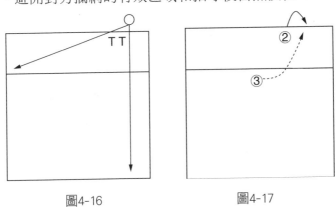

圖4-16　　　　　　　圖4-17

4.調整進攻

當一傳或防起的球不到位，球的落點離網較遠時，由二傳或其他隊員，把球調整傳到網前有利於扣球的位置上進行強攻的打法稱為調整進攻。調整進攻在接扣球防守反擊中運用較多，並佔有比較重要的位置。調整進攻對運動員的體能要求較高，必須具備一定的彈跳高度和力量，才能有效地突破對方的攔網和防守。

5.後排進攻

後排隊員在進攻線後起跳扣球，稱為後排進攻。由於

擊球點離網較遠，給對方攔網造成了較大困難，一定意義上使得過網面加寬；這種打法也能彌補較弱輪次，更多地發揮優秀進攻隊員的作用，在比賽中運用的效果顯而易見。後排進攻已從過去的被動式轉變為主動式，並被各強隊普遍採用。

㈡ 快　攻

各種快球以及以快攻作為掩護，由同伴或本人所進行的進攻，均稱為快攻。

1.快球進攻

二傳隊員將球或快或平傳給扣球隊員，扣球隊員快速揮臂擊球，稱為快球進攻。快球進攻是我國的傳統打法。其特點是速度快、突然性強、掩護作用大，有利於爭取時間、空間和組織多變的戰術。

根據二傳組織快球進攻時傳出球的方向和距離，如圖4-18所示，快球有近體快(A)、短平快(B)、背快(C)、背短平快(D)、背溜(E)和平拉開(F)，以及調整快、遠網快、後排快、半快、單腳快等。

組織快球戰術，主要靠二傳隊員與扣球隊員之間密切配合。二傳隊員要瞭解扣球隊員的特點，還要根據當時扣

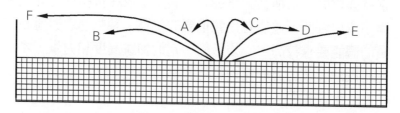

圖4-18

球隊員上步情況，主動配合傳球。扣球隊員也應根據一傳的特點及二傳的特點，主動地加以配合。最重要的一點是要相信二傳隊員，否則就會猶豫不決，貽誤戰機。

2.自我掩護進攻

用打各種快球的假動作來掩護自己的第二次實扣進攻，稱為自我掩護進攻。自我掩護進攻主要有「時間差」「位置差」和「空間差」三種。

(1)「時間差」：進攻隊員先以快球進攻佯跳吸引對方攔網跳起，然後實扣半高球——利用對方隊員攔網起跳的誤差達到突破攔網目的的打法，稱為「時間差」。這種進攻在運用時要求扣球隊員與二傳之間透過暗號，密切配合。扣球隊員的第一次佯攻助跑上步、急停制動動作都要做得逼真。同時，也要與快球實扣交替使用才能收效。

(2)「位置差」：進攻隊員先以快球進攻佯跳吸引對方攔網跳起，然後突然向側方跨跳一步跳起扣殺——由於進攻隊員扣球位置的差異，從而吸引了對方攔網位置的差異，以達到空檔進攻的目的，稱為「位置差」。扣球隊員的佯攻要逼真，錯位的移動要連貫，並與快攻實扣靈活交替運用，方能取得良好效果。「位置差」進攻打法有多種。

短平快前錯位：3號位短平快佯攻後向右跨步，用雙腳或單腳起跳扣集中的半高球（圖4-19）。

近體快前錯位：3號位近體快球佯攻後突然向左跨步起跳扣拉開的半高球（圖4-20）。

近體快後錯位：3號位近體快球佯攻後突然向右側跨步圍繞到二傳隊員背後扣半高球（圖4-21）。

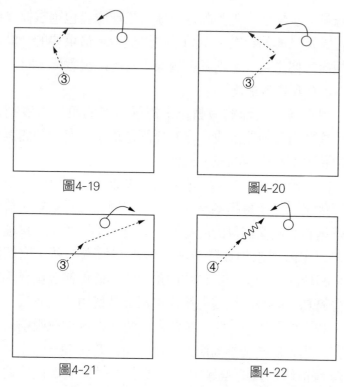

圖4-19　　　　　　　　　圖4-20

圖4-21　　　　　　　　　圖4-22

　(3)「空間差」：也稱空中位移進攻。助跑跳起後，利用身體在空中移動的幅度迷惑和避開對方的攔網，達到空當進攻的目的稱為「空間差」。又因為進攻隊員利用了起跳點和實扣點在空間上的差距，故名。這種打法進攻面寬，突然性大，很容易擺脫對方的攔網，但要求扣球隊員有良好的彈跳、沖跳和空中平衡能力，並要與二傳隊員密切配合才能完成。

　　「空間差」是中國運動員的創新動作。「空間差」進攻打法尚有很大的發展潛力，如能與「位置差」等打法結合起來運用，如錯位後加「前飛」等，還可以進

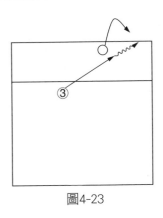

圖4-23

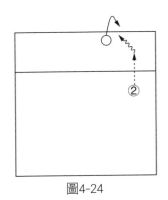

圖4-24

一步豐富「空間差」的戰術打法，提高「空間差」的效果。

前飛：隊員在扣短平快的起跳點上起跳佯扣短平快，利用向前沖跳的慣性，使身體在空中水平位移到二傳隊員附近，扣近體半高球（圖4-22）。

背飛：隊員在二傳隊員體側、近體快起跳點上起跳佯扣近體快球，利用向前沖跳的慣性，空中位移到二傳隊員背後1～2米之間扣半高球（圖4-23）。

後飛：扣球隊員在2號位佯扣背溜或短平快，起跳後向3號位「飛起」扣背快球（圖4-24）。

拉三：扣球隊員在3號位佯扣近體快球，踏跳時向左側沖跳，利用空中位移追扣二傳隊員向3號位傳出的短平快球，以達到避開對方攔網的目的（圖4-25）。

拉四：扣球隊員在短平快起

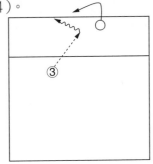

圖4-25

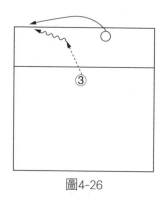

圖4-26

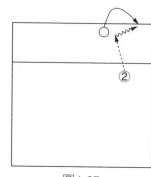

圖4-27

跳點佯扣，踏跳時向左側沖跳，利用空中位移，追扣二傳隊員傳向3、4號位之間的拉開球（圖4-26）。

　　拉二：扣球隊員在扣背快起跳點上突然向右側沖跳，追扣二傳背後的拉開球（圖4-27）。

　　3.快球掩護進攻

　　利用各種快球吸引對方攔網，然後給其他隊員創造一打一或空網扣球的機會，稱為快球掩護進攻。在快球掩護下，如其他隊員可進行各種形式的跑動進攻，則可起到出其不意、攻其不備、集中兵力、以多打少、避實就虛的作用。隨著排球運動的發展，掩護的方法越來越多，已從單人掩護發展到多人掩護，從前排隊員掩護發展到後排隊員掩護。

　　快攻是現代排球比賽中必不可少的進攻武器，其品質的好壞直接影響著掩護效果。就這個意義說，快球掩護進攻中，快球是第一位的。快球掩護進攻雖然利用各種扣球吸引對方攔網，以掩護其他隊員的跑動進攻，其實二者是相互掩護，其他隊員的跑動，同樣能吸引對方的攔網，以

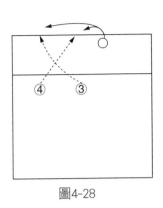

圖4-28

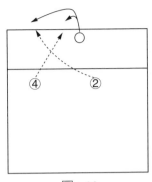

圖4-29

利於快球進攻。

在快球掩護進攻中，主要有交叉進攻、梯次進攻、夾塞進攻、雙快和三快進攻、雙快一跑動進攻等多種打法。

(1)交叉進攻：交叉進攻是兩名隊員跑動進攻，助跑路線相交叉，起到互相掩護的作用，造成局部區域以多打少的局面。交叉進攻使攔網者來不及判斷兩名跑動的隊員中真正的扣球者，故突然性大，攻擊性強，用於對付對方的人盯人攔網收效甚好。運用交叉進攻時，要根據不同的交叉戰術，確定相應的一傳落點。二傳球的高度不宜過高，以免對方補攔。交叉跑動的扣球隊員在一傳球即將到達二傳隊員手中時，開始上步為宜。起動過早，易被對方識破或影響快球隊員的跑動。在交叉進攻中，如定位快球與錯位快球結合運用，則變化更多，效果更佳。交叉進攻打法有多種，如：

4號位隊員內切做扣近體快或短平快掩護，3號位隊員跑動到4號位附近扣半高球（圖4-28）。

4號位隊員做扣近體快球掩護，2號位隊員跑動到二

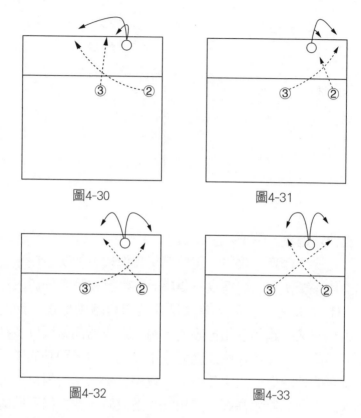

圖4-30　　　　　　　　　　　圖4-31

圖4-32　　　　　　　　　　　圖4-33

傳隊員前面扣半高球（圖4-29）。

　　3號位隊員做扣近體快球掩護，二傳隊員身後的2號位隊員跑動到二傳隊員前面扣半高球（圖4-30）。

　　2號位隊員做扣背快球掩護，3號位隊員跑動扣二傳背後的短平快或半高球（圖4-31）。

　　2號位隊員做扣前快球掩護，3號位隊員跑動到二傳背後扣半高球（圖4-32）。

　　3號位隊員做扣背快球掩護，2號位隊員跑動到二傳前面扣半高球（圖4-33）。

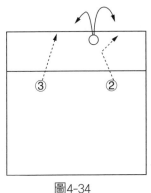

圖4-34

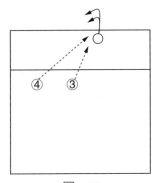

圖4-35

　　3號位隊員做扣快球掩護，2號位隊員佯做交叉進攻，助跑途中突然向右側變步，繞到二傳背後扣半高球。這種打法稱之為假交叉。在各種交叉進攻被對方識破時，都可採用這種進攻打法來擺脫對方的人盯人攔網（圖4-34）。

　　⑵梯次進攻：一名隊員打快球掩護，另一名隊員在其背後打離網稍遠的半高球。這種戰術打法主要是利用在同一進攻點上有兩人在不同時間進行扣球，使對方攔網隊員難以判斷，從而造成在一點上以多打少的有利局面。梯次進攻有多種，如4號位隊員跑動至二傳隊員前面扣近體快球進行掩護，誘使對方攔網，而二傳隊員將球傳給距網稍遠一點的3號位隊員扣半高球（圖4-35）。

　　又如3號位隊員扣快球掩護，2號位或4號位隊員在他身後扣半高球；4號位隊員扣短平快掩護，3號位隊員在其身後做梯次進攻；也可3號位隊員扣短平快做掩護，4號位隊員在其身後做梯次進攻。

　　在4號位隊員做快球掩護的梯次進攻時，一傳的落點和二傳隊員的位置要靠近球網的中間，以便縮短4號位隊

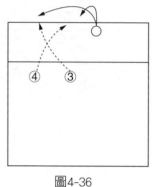

圖4-36

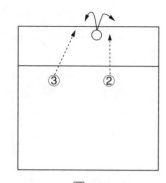

圖4-37

員快球掩護的助跑距離。運用3號位隊員打快球掩護，2號位隊員梯次進攻時，二傳隊員的取位則應靠近2號位區。

⑶「夾塞「進攻：一名隊員做扣短平快，吸引對方攔網，二傳隊員將半高球傳至二傳隊員與扣短平快隊員之間，而另一名隊員突然跑到兩人之間進攻，使對方攔網措手不及。由於另一名隊員宛如一個塞子，突然塞進二傳隊員和扣短平快隊員之間，故名。3號位隊員先扣短平快球，4號位隊員突然跑動切入扣半高球（圖4-36）。

⑷雙快和三快進攻：前排兩名或三名隊員在不同地點同時發動快攻，稱之為雙快和三快進攻。雙快和三快進攻中，由於幾名隊員在不同地點同時發動進攻，因此能起到相互掩護的作用。雙快和三快進攻主要有以下幾種：

3號位隊員做近體快球進攻，2號位隊員做背快球的雙快進攻（圖4-37）。

3號位隊員做近體快球進攻，4號位隊員做短平快進攻（圖4-38）。

3號位和4號位隊員可採用一長一短兩個短平快進攻的

「串平」打法，即二傳隊員採用跳起平傳，兩個扣短平快球的進攻隊員同時起跳，靠近二傳的進攻隊員，可以實扣，也可以佯做揮臂而將球讓過，讓後面的扣球隊員實扣（圖4-39）。

前排三名隊員同時進行快攻。如2號位隊員扣背快，3號位隊員扣近體快，4號位隊員扣短平快（圖4-40）。

2號位隊員扣背溜，3號位隊員扣短平快，4號位隊員扣平拉開（圖4-41）。

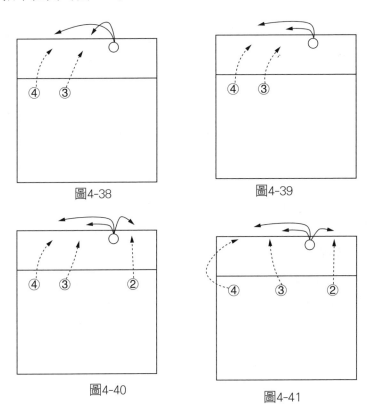

圖4-38

圖4-39

圖4-40

圖4-41

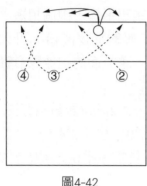

圖4-42

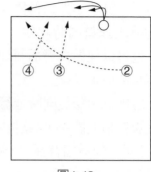

圖4-43

(5)雙快一跑動進攻：在雙快的基礎上，另一隊員選擇對方攔網的薄弱區域進行跑動進攻，這種打法稱為雙快一跑動。雙快一跑動有多種變化，示例如下：

2號位或4號位隊員進行快球進攻，3號位隊員可根據對方的攔網情況，跑動到2號位或4號位做活點進攻（圖4-42）。

3、4號位隊員進行近體快球和短平快進攻，2號位隊員跑動到4號位打拉開進攻，以破壞對方的人盯人攔網。由於跑動距離長，因此扣球難度較大（圖4-43）。

3號位隊員打近體快或短平快球，2號位隊員打背快球，4號位隊員大跑動到2號位扣拉開球（圖4-44）。

㈢ 兩次攻及其轉移

當一傳來球較高，落點在網前適當的位置，前排隊員可以起

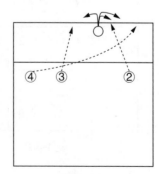

圖4-44

跳直接扣球。由於這種進攻是三次觸球機會中的第二次，故名兩次攻，也稱兩次球或兩次進攻。兩次球如遇攔網，也可以空中改扣為傳，傳球轉移給其他隊員進攻，這就是兩次攻及其轉移。兩次球可以加快進攻的速度，破壞對方的節奏，具有較大的突然性。由於兩次球必將吸引對方攔網，因此兩次球轉移也能迷惑對方的攔網。

這種扣球是在快攻基礎上的拓展，進一步加快了進攻的速度，可破壞對方的節奏，打亂對方的佈防。跳傳轉移又可以給同伴創造有利的進攻機會。

運用兩次球進攻時，要求一傳穩準地傳到前排適當位置，進攻隊員要有原地起跳扣調整球的能力。二傳隊員突然運用兩次球進攻，由於出其不意，能取得最佳效果。為了便於兩次球進攻，一傳的出球路線應與球網成較小夾角，且傳出球的弧度應稍高，速度應稍慢。運用跳傳轉移時，跳傳隊員必須具有進攻能力，才能吸引對方的攔網，應根據對方攔網的實際情況，作出扣或傳的決定。跳傳可以原地起跳，也可以助跑起跳，助跑距離以一兩步為宜。跳傳隊員起跳要適時，過早起跳會使身體跳起下降時傳球，從而影響傳球的用力和準確。當然，扣兩次球的假動作應該逼真，否則會影響跳傳轉移的實際效果。

雖然兩次攻可由任何一名進攻隊員進行，但由於二傳隊員常常在網前2號位站位，因此兩次攻大都由二傳隊員進行。兩次攻中的跳傳轉移主要有以下幾種變化：

1.短傳轉移：

2號位隊員跳傳低球轉移給相鄰的隊員進攻（圖4-45）。

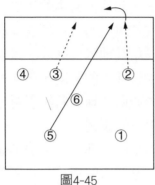

圖4-45

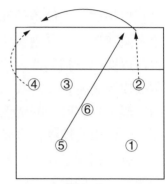

圖4-46

2.長傳轉移：

2 號位隊員跳起長傳給 4
號位隊員扣球（圖4-46）。

3.圍繞轉移：

2 號位隊員跳起背傳低球
轉移給圍繞到身後的3號位隊
員扣球（圖4-47）。

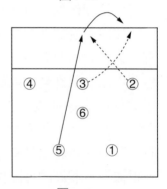

圖4-47

㈣ 立體進攻

立體進攻如圖4-48所示，是集時間、空間和參與人數
等各種因素於一體，進行各種打法多方位的編排組合進攻
的統稱。時間因素指進攻速度，包括二傳的傳球速度快慢
的變化。空間因素指其不僅利用了球網的整個9米長度，
利用了球網上空扣球高度的變化，而是由於後排隊員進攻
參與，使進攻區域向縱深拓展，進攻點可以在球網附近，
更可以在進攻線附近，甚至在進攻線後。

進攻在球網的三維空間體現了豐富的層次化，進攻人

數由傳統的前排兩人或三人擴展到除一人擔任二傳外，其他五人都可參與。而集上述因素對各種進攻打法進行編排組合，使強攻、快攻、二次攻和「三差」進攻等融為一體，特別是由於前排與後排進攻的交融、快攻與強攻的交替、時間與空間上的變化，某一點的進攻與對方攔網形成以多打少，因此，立體進攻已成為世界各強隊常用的進攻打法之一。

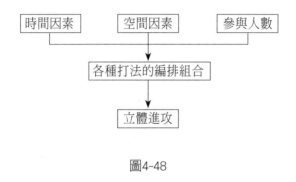

圖4-48

　　立體進攻的精髓是前後排的融為一體和互為掩護。在整個立體進攻中，後排隊員的進攻參與佔有極其重要的位置，在一定程度上決定著立體進攻的主攻方向，起到了掩護前排快攻的作用。

　　立體進攻已被高水準球隊普遍使用，代表著當今排球發展的潮流。其特點是：進攻點增多，攻擊性強，進攻範圍擴大，突然性大，有利於形成以多打少的優勢。大力發展前後排互為掩護的立體進攻，是成為世界強隊的必由之路。

　　優秀運動隊往往採用「五一」配備，即一名二傳隊

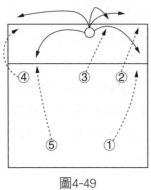

圖4-49

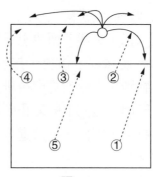

圖4-50

員;傳統上,二傳隊員在「中一二」「邊一二」或「插上」時,站位一般在網前2、3號位之間。近年來,運用立體進攻時,二傳隊員的站位有距球網稍遠的趨勢,即站位更靠近進攻線。二傳隊員的這種站位,或可稱為「心二傳」。「心二傳」由於既能快速傳球給前排,又能快速傳球給後排,因此,有利於組織後排進攻及前後排相互掩護進攻,使前後排互為掩護的進攻戰術有更多的變化,也更具迷惑性。

立體進攻有許多打法,示例如下:

3號位隊員打背快球,2號位隊員打背溜,4號位隊員打平拉開,1、5號位隊員在兩翼進行後排進攻(圖4-49)。

3號位隊員打短平快,4號位隊員打平拉開,2號位隊員打背溜,5號位隊員從中路、1號位隊員從右翼進行後排進攻(圖4-50)。

6號位隊員後排起跳扣快球,4號位梯次進攻,2號位隊員扣背快球,1、5號位隊員後排進攻(圖4-51)。

採用「心二傳」,二傳隊員在進攻線附近組織進攻,

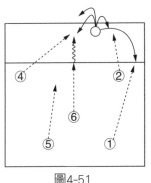

圖4-51

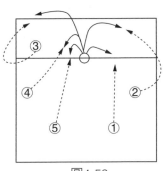

圖4-52

3號位隊員迅速下撤扣平拉
開，4號位隊員突然切入扣半
高球，2號位隊員扣背短平
快，1、5號位隊員後排扣球
（圖4-52）。

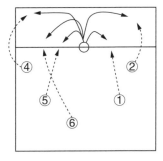

圖4-53

　　1、5號位隊員扣後排快
球，6號位隊員交叉後排進
攻，4號位隊員扣平拉開，2號位隊員扣背後半高球（圖
4-53）。

㈤ 進攻打法的設計

　　進攻打法有許多，而且都可以進行組合，因此能組合
成更多的打法。其實，快球掩護的進攻就是快球與其他打
法進攻的組合，立體進攻也包括了眾多進攻打法的組合和
變化。

　　進攻打法的核心是要力爭避開對方的攔網，把球扣過
去。因此，各種打法都考慮了進攻的時間和空間。各種快

球進攻力爭一個「快」字，力爭對方來不及跳起攔網，爭取一個時間。「時間差」和梯次進攻也使對方攔網的時間判斷有了誤差，從而扣球得手。空間是指進攻點的位置。球網有9米長，充分利用球網的長度，因此就有了「拉開」或者「集中」進攻。扣球時，擊球點離網越遠，對方攔網的有效阻截面就越小，因此就有了中、遠網進攻和後排進攻。

進攻點的變化力爭使對方攔網隊員的移動發生障礙，因此就有了各種交叉、「加塞」和雙快一跑動等；進攻點的變化努力使對方對攔網點的誤判，因此就有了「位置差」和「空間差」等。綜合時間和空間因素，更可以設計或創造出更多的進攻打法。

立體進攻就是綜合了時間和空間因素的一種設計，當然它同時也有更多的、包括前後排隊員的進攻參與。

如前所述，立體進攻是集時間、空間和各種進攻打法等因素於一體的多方位的組合進攻的統稱，因此它必然比其他較單一的進攻打法更為豐富，一定意義上也更先進。

比賽中，進攻打法的設計應更多考慮本方和對方的實際情況與比賽過程中的瞬間狀況。以己之長攻彼之短為最佳，以己之短攻彼之長為最差。有時候，「以長攻長」和「以短攻短」也不失為好方案。其實進攻打法本無先進和落後之分，能克敵制勝的就是好打法，最簡單的高舉高打若能奏效，同樣是有效的進攻打法。

第五節　集體防守戰術

一、接發球及其陣形

接發球是進攻的基礎，也是由守轉攻的轉捩點，如果沒有可靠的一傳做保證，就難以組成有效的進攻戰術，甚至會造成直接失分。

發球攻擊性的提高，給接發球及其進攻帶來了一定的難度，因此，加強接發球能力的訓練、提高接發球及其進攻水準就顯得尤為重要。

(一) 接發球的基本要求

1.正確判斷

接發球的品質，很大程度取決於能否進行正確的判斷。接發球時，注意力要高度集中，充分做好接發球的準備，根據對方的發球動作、性能、力量及速度作出正確的判斷，及時移動取位，對準來球路線，運用合理的墊球技術將球墊給二傳隊員。

「遠飄、輕飄點分散，平快、大力一條線」是比賽中發球落點變化的一般規律，可以根據臨場發球落點的不同，採取相應的行動。

2.合理取位

組成接發球陣形時，應以前排靠近邊線的隊員為基準取位，同列隊員之間不要重疊站位，同排隊員之間保持適當的距離，以免相互影響。根據射出角的原理，快速有力

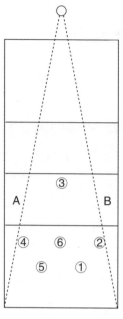

圖4-54

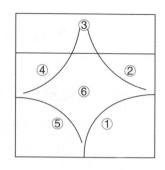

圖4-55

的平直球發不到A、B兩區。所
以，取位時不要站在這兩個區域
內，2、4號位隊員的取位距邊線
一米左右即可（圖4-54）。

3.明確分工與配合

接發球時，每一個接發球隊員都應明確接發球防守的
範圍。劃分範圍不僅是平面的，還應根據來球的弧度高低
進行立體空間劃分。接發球隊員之間應既有分工，又有配
合，注重整體接發球的實效性，接發球能力好的隊員範圍
可大些，後排隊員接球範圍可大些（圖4-55）。

比賽中經常有球落在接發球隊員之間的「結合部」，
造成無人接球而導致失誤。為避免這種現象的發生，隊員
之間可以遵循以下幾條原則：由一傳較好的隊員或已經主
動呼喊「我的」隊員去接；球落在快攻與強攻隊員之間
時，原則上由強攻隊員接更有利，以免影響快攻的速度和

節奏；球落在前後排之間，最好由後排隊員去接，以利於組成快速進攻。講究集體配合，樹立一人接球五人保護的觀念。

(二) 接發球陣形

接發球是進攻的起點，接發球的目的首先是使球不在本方落地，然後為進攻創造有利條件。在選擇接發球陣形時，不僅要有利於接球，還要考慮本方所採用的進攻戰術及對方發球的特點。

接發球陣形按接發球人數來分，主要有五人接發球、四人接發球、三人接發球及二人接發球陣形。

1.五人接發球陣形及其變化

除一名二傳隊員站住網前或由後排插上隊員基本不接發球外，其餘5名隊員都接發球，這就是五人接發球。五人接發球陣形是最基本的接發球陣形，水準較低和較弱的隊大多採用這種陣形。

五人接發球的優點是每人接一傳的範圍相對較小，接發球時已站成了基本的進攻陣形，組成進攻比較方便。但缺點是後排插上隊員插上移動距離較長；3號位打快攻隊員接發球時，不便及時上步快攻；有進攻特長的隊員，有時不易換到能發揮特長的位置上去，要在接發球後才能換位，如善於扣4號位的主攻隊員在2號位時就不易換到其擅長的位置。

五人接發球主要有以下幾種站位：

(1)「W」形站位

初學者打比賽多採用「中、邊一二」進攻陣形，大

多站成「W」形，也稱「一三二」站位。插上也能採用「W」形站位。這種站位5名隊員分佈均衡，前面3名隊員接前場區的球，後排2名隊員接後場區的球，職責分明（圖4-56）。

　這種站位的缺點是隊員之間的「結合部」相應增多，也不利於接對方發到邊角上的球（圖4-57）。

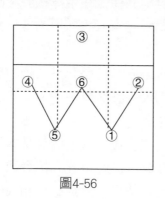

圖4-56

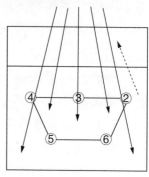

圖4-57

⑵「M」形站位

　「M」形站位，也稱「一二一二」站位，其優點是隊員分佈更加均勻，分工明確，前面2名隊員接前區球，中間隊員負責接中區的球，後面2名隊員接後區球。這種站位對接落點分散、弧度高、速度慢的下沉飄球、高吊球及發到邊線、角上的球時較為有利。缺點是不利於接對方發到場地兩腰及後區的大力球、平飄球等（圖4-58）。

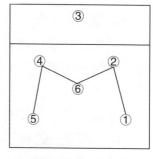

圖4-58

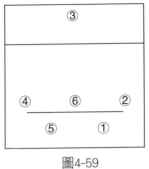

圖4-59

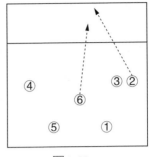

圖4-60

⑶「一」字形站位

「一」字形站位是對付跳發球、大力發球、平沖飄球的有效站位形式。這幾種發球的落點大多集中在球場中後區，接發球時，5名隊員「一」字形排開，左右距離較近，每人守一條線，互不干擾（圖4-59）。

⑷「假插上」站位

二傳隊員在前排時，可以運用假插上的站位來迷惑對方。如2號位隊員站在3號位隊員身後佯做後排插上，當一傳來球弧度較高且靠近網時，假插上隊員可突然打兩次球或吊球，起到攻其不備的效果。同時，6號位還可以佯攻進行掩護（圖4-60）。

⑸隱蔽站位

接發球站位時，在規則允許的前提下，前排隊員站在後排隊員習慣站的接發球位置上，並把後排隊員安排在似前排接發球的位置上，達到迷惑對方的目的。

示例1：3號位隊員隱蔽站位。當1號位隊員插上時，5號位隊員佯做4號位隊員，與2、4號位隊員同時上前佯攻，吸引對方攔網隊員，3號位隊員則按預定的戰術進行

突襲（圖4-61）。

　　示例2：3號位隊員隱蔽站位。5號位隊員插上。1號位隊員佯攻，3號位隊員就可以進行夾塞、梯次、拉開等戰術進攻（圖4-62）。

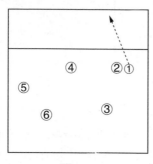

圖4-61

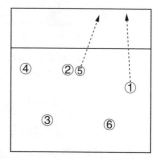

圖4-62

2.四人接發球陣形及其變化

　　四人接發球一般在插上進攻中運用，插上隊員可與同列前排隊員都站在網前不接發球，以縮短插上時間。

　　四人接發球陣形優點是便於二傳插上，不接發球的前排隊員可以充分做好進攻的準備。但是接發球時每人負責一條線，對接發球隊員的前後移動和判斷能力要求較高。

　　由於接發球只有4名隊員，因此大都採用「盆」形站位，主要形式如下：

　　⑴「淺盆」形站位

　　「淺盆」形站位，主要是接對方落點靠後或速度平快的發球（圖4-63）。

　　⑵「一」字形站位

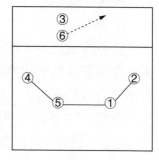

圖4-63

「一」字形站位，主要是接對方的跳發球、大力球及平沖球（圖4-64）。

⑶「深盆」形站位

「深盆」形站位，接發球隊員比較均勻地分散在場內，主要是接對方下沉球及長距離飄球（圖4-65）。

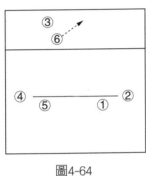
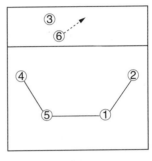

圖4-64　　　　　　　　　　圖4-65

3.三人接發球陣形及其變化

三人接發球一般是前排兩名隊員和一名插上隊員不接發球，或前排三名隊員都不接發球而由後排隊員負擔全場一傳任務。其優點在於快攻隊員不接一傳，有利於組織快變戰術；前排隊員交換位置更加方便，有利於組成快速多變的戰術；可讓一傳差的隊員避開接發球，減少一傳的失誤。但三人接發球陣形每人負責的區域相對較大，對判斷、移動及控制球的能力要求較高。

三人接發球的主要形式如下：

⑴「前一後二」站位

由1名前排隊員和2名後排隊員擔負全場的接發球任務（圖4-66）。

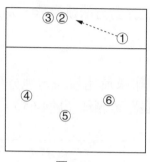

圖4-66

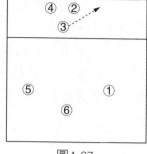

圖4-67

⑵「後三」站位

由後排3名隊員擔負全場的接發球任務（圖4-67）。

4.二人接發球陣形及其變化

二人接發球是在三人接發球的基礎上發展演變而來的。其優點是由一傳水準最高的隊員接發球，保證一傳的到位率，能更好地發揮進攻威力。但對接發球隊員的要求更高。這種站位方法多用於世界高水準的隊。

⑴「後二」站位

2名後排隊員負責全場接發球，另1名後排隊員不接發球，專門準備進行後排進攻（圖4-68）。

⑵專人接發球站位

保持2名接發球好的隊員接發球，圖4-69中3號位和6號位兩名隊員就專司接發球。

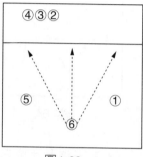

圖4-68

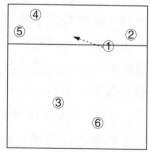

圖4-69

二、接扣球防守及其陣形

接扣球防守包括攔網、後排防守兩個環節。其中攔網是第一道防線，後排防守是第二道防線。有效的攔網不僅可以遏制對方的進攻能力，減輕後排防守的壓力，還能提高防起率為反攻創造機會。

㈠ 攔 網

1.攔網的基本要求

攔網分為單人和集體兩種形式，集體攔網必須建立在單人攔網技、戰術的基礎上才能更好地發揮威力。

單人攔網在第三章已作介紹，這裏重點論述集體攔網的基本要求。

(1)集體攔網時，要確定攔網的主攔隊員，如攔對方兩翼進攻，則分別以2、4號位隊員為主攔，另一隊員密切協同配合，防止各行其是。

(2)起跳時，相互之間要保持一定的間隔距離，並控制好身體重心，避免互相干擾或衝撞。

(3)攔網時，盡可能擴大攔阻面，但攔網隊員手與手之間的距離不能太大，以免漏球。

2.攔網戰術的變化

(1) 人盯區攔網

這是一種對付定位進攻及一般進攻配合較為有效的攔網戰術。其特點是把球網分成左、中、右三個區，每一名隊員負責一個區，以保證每一個區域至少有一名攔網隊員攔網，並在可能的情況下，協助同伴組成集體攔網。人盯

區攔網在運用時，對對方的常用戰術應有所瞭解，且對方進攻戰術比較固定時較為有效。負責攔快攻戰術的兩名隊員，要根據對方戰術的變化，確定誰主攔對方的第一球，以避免判斷錯誤。

對方運用交叉和拉開進攻時，本方由負責左側區域的❹號位隊員主攔3號位快球，負責中區的❸號位隊員主攔對方2號位交叉進攻，右側❷號位隊員負責主攔對方4號位的拉開進攻。❸號位和❷號位攔網隊員相互兼顧，爭取組成雙人攔網（圖4-70）。

對方運用「夾塞」進攻和背後拉開進攻時，本方❷號位隊員負責攔對方3號位的短平快，❸號位隊員負責攔對方4號位的「夾塞」進攻，❹號位隊員負責攔對方2號位的背後拉開進攻（圖4-71）。

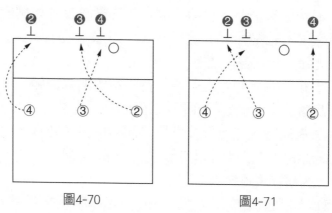

圖4-70　　　　　　　　圖4-71

(2) 人盯人攔網

攔網隊員各自負責攔對方與自己相對應位置的進攻隊員，進行固定人員的攔網，這種形式稱為人盯人攔網。其優點是職責清楚，分工明確。但當對方進行交叉進攻時，

需要及時交換盯人攔網，以免造成無人攔網的被動局面。

　　對方做中間近體快、兩翼拉開進攻時，本方❸號位隊員負責攔中間快球，❷、❹號位隊員分別負責攔兩翼的拉開進攻，並在此基礎上盡可能組成雙人攔網（圖4-72）。

　　對方採用交叉進攻及背後拉開進攻時，本方❹號位隊員攔對方2號位的拉開進攻。❷號位隊員在盯住對方4號位進攻隊員時，一旦發現4號位隊員內切進行快攻，應立即與本方❸號位隊員呼應，交換盯人對象，即❸號位隊員攔對方快球，❷號位隊員攔對方3號位隊員的交叉進攻（圖4-73）。

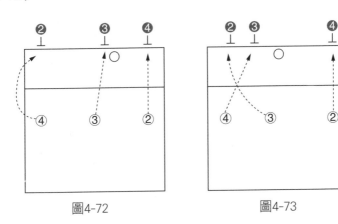

圖4-72　　　　　　　　　圖4-73

(3) 重疊攔網

　　重疊攔網是在人盯人攔網基礎上的一種發展。採用人盯人攔網對一般的配合進攻有一定的效果。但對付「交叉」「夾塞」等多變的快攻戰術時，攔網就會出現漏洞。為了便於交換攔網位置，前排攔網隊員在網前不是平行站位，而是前後重疊站位，運用重疊攔網加以彌補，避免無

人攔網。重疊攔網時，站在網前的攔網隊員攔對方的第一
球，重疊在後面的隊員攔對方的第二球。

㈡ 後排防守

後排防守是第二道防線，是減少失分的最後一道防線
和爭取反攻得分的基礎。雖然攔網技術有了很大的提高，
但仍有很多球突破攔網後進入本方場區，成功的防守不僅
爭取了得分機會，還能鼓舞士氣。

1.後排防守的基本要求

⑴後排防守要與前排攔網密切配合，相互彌補。一般
來講，攔網隊員應封住對方的主要進攻線路，後排防守隊
員主要任務是防對方的次要路線、吊球和觸攔網隊員手的
球。

前排攔網隊員已封住對方的中路進攻，1號位隊員取
位防直線，5、6號位隊員側重防斜線（圖4-74）。

前排攔網隊員已封住對方的直線及中路進攻，5號位
隊員前移防吊球，1、6號位隊員側重防斜線（圖4-75）。

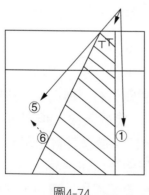

圖4-74

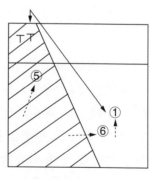

圖4-75

前排單人攔網封住對方的中路進攻，6號位隊員前移防吊球，1、5號位隊員取位進行「雙卡」防守（圖4-76）。

⑵防守隊員之間相互保護。由於每名防守隊員的判斷取位或墊擊都可能出現錯誤，防起球的飛行方向也很不規律，所以場上其他隊員都應採取補救措施，做好向各個方向移動的準備。

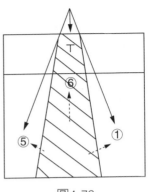

圖4-76

㈢ 接扣球防守陣形及其變化

防守陣形是攔網與後排防守的綜合體，需要具體配合，否則就不可能有理想的防守效果。組織接扣球防守陣形時，應針對對方進攻的特點和變化進行部署，充分發揮本方隊員的特長。

根據前排攔網隊員的人數可分為單人攔網、雙人攔網、三人攔網和無人攔網下的防守陣形。必須熟練掌握和運用各種防守陣形，才能適應比賽的需要。

1.單人攔網時的防守陣形

當對方技術水準一般，進攻能力較弱或對方戰術多變無法組織集體攔網時，可採用單人攔網下的防守戰術。單人攔網優點是增加了防守人數，便於組織進攻。在水準較高的比賽中，由於對方進攻戰術的多變，只能被迫採用單人攔網時，其他隊員應立即下撤參加防守。

⑴與對方扣球隊員相對應位置攔網的防守陣形：以

對方4號位進攻為例，由本方2號位隊員單人攔網，3號位隊員後撤防吊球，4號位隊員後撤防小斜線或吊球，後排3名隊員組成半弧形防守圈，每人防守一個區域（圖4-77）。

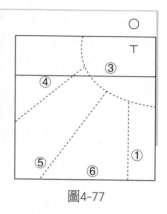

圖4-77

(2)固定3號位隊員攔網的防守陣形：對方進攻隊員從任何位置進攻，均由3號位隊員攔網。

如3號位隊員攔網，2、4號位隊員後撤與後排3人共同組成防守陣形（圖4-78）；又如對方3號位隊員進攻，本方3號位隊員攔網時，6號位隊員迅速向前移動防吊，其他隊員負責各自的防守區域（圖4-79）。

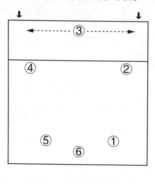

圖4-78

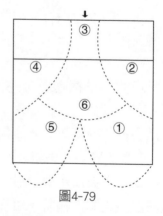

圖4-79

2.雙人攔網時的防守陣形及其變化

雙人攔網時的防守陣形有兩種：「邊跟進」防守陣形和「心跟進」防守陣形。兩種防守形式各有利弊，在比賽中不應單一地採用某一種形式進行防守，應根據本隊的具

體情況及臨場變化，靈活地運用這兩種防守戰術。

（1）「邊跟進」防守陣形：雙人攔網的「邊跟進」防守陣形也稱為「馬蹄形」或「1、5號位跟進」防守陣形。「邊跟進」的優點是對防守對方大力扣殺有利。弱點是球場中間空隙較大，容易形成「心空」；防對方直線進攻的能力減弱。

以對方4號位進攻為例：本方2、3號位隊員攔網，1號位隊員「邊跟進」防吊球，兼顧防直線及打手出界的球；6號位隊員防後場球，並注意彌補1號位和5號位的空隙；5號位隊員重點防斜線球和中場空心地區。4號位隊員後撤防小斜線及吊球（圖4-80）。對方2號位進攻時，由本方4、3號位隊員攔網，其他隊員的防守做相應變化。

「邊跟進」防守多在對方進攻能力比較強、戰術變化多、吊球少時採用。其主要有「活跟、死跟、內撤、雙卡」等陣形變化。

活跟：對方在4號（或2號）位扣球路線變化多，而且打吊結合的情況下，應採用活跟，由1（或5）號位隊員靈活掌握，如1號隊員跟進，6號位隊員就要向跟進隊員的防守區域一側移動補位（圖4-81）。

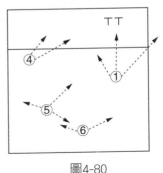

圖4-80　　　　　　　　　圖4-81

死跟：在對方扣直線球少、吊球多或本方攔網能完全攔住直線時，如對方在4號（或2號）位扣球，本方1號（或5號）位隊員就可以堅決跟進，以防吊球為主，兼顧防打手出界的球。6號位隊員就要迅速向跟進隊員的防守區域一側移動補位（圖4-82）。

　　內撤：對方在4號（或2號）位扣球直線多，並經常吊「心」時，本方4號位（或2號位）隊員可內撤到中場空心區域，重點防吊球。5號位（或1號位）隊員主要補防小斜線附近的球（圖4-83）。

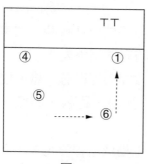

圖4-82

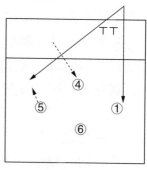

圖4-83

　　雙卡：當對方在4號位（或2號位）以吊球和輕打為主，打吊結合，而本方攔網較強時，就可以採用4號位（或2號位）隊員內撤，1號位（或5號位）隊員跟進的「雙卡」防守陣形，2人協同防守前排的吊球。跟進要適時，過早易被對方識破，對後防不利（圖4-84）。

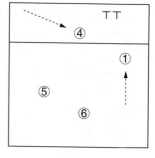

圖4-84

(2)「心跟進」防守陣形：這種陣形也稱為「6號位跟進」防守。當對方經常運用打吊結合，而本方攔網能力較強時，可採用「心跟進」防守陣形。「心跟進」對防吊球和防攔起球有利，也便於接應和組織反攻。但後場及「兩腰」空隙較大，容易形成空檔。

　　以對方4號位進攻為例：本方2、3號位隊員攔網，6號位隊員「心跟進」防吊球及接應落入中場的球，其他隊員負責各自的區域（圖4-85）。此時，6號位隊員主要防吊球、攔起球，接應後排防起的球。1號位、5號位隊員負責後場區所有的球。4號位隊員防小斜線及吊球（圖4-86）。

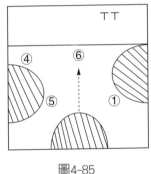

圖4-85

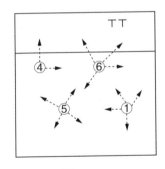

圖4-86

3.三人攔網時的防守陣形及其變化

　　三人攔網時的防守陣形，適宜在對方扣球隊員攻擊性強、線路變化多、吊球少時採用。三人攔網固然加強了第一道防線的力量，但後場空隙較大，同時也給攔網後組織反攻增加了難度。因此，在比賽中要靈活運用。要求攔網隊員堅決果斷，後撤迅速，積極參與反攻。三人攔網的基本防守陣形有6號位壓底和6號位跟進兩種。

6號位壓底：如對方3號位扣球，本方前排3名隊員集體攔網，1號位、5號位隊員扼守兩腰，6號位隊員壓底負責後場球。此陣形對防守兩側腰部和攔網彈到後場的球較為有利，弱點是後場兩角空隙較大（圖4-87）。

　　6號位跟進：如對方4號位扣球，則本方6號位隊員迅速跟進到場心區域，防守中場及前場區的吊球，1號位、5號位隊員防守直線、斜線重扣及兩腰和後場的球。此陣形對防守吊心球有利，弱點是後場中路及兩腰部空當較大（圖4-88）。

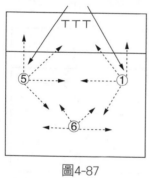

圖4-87

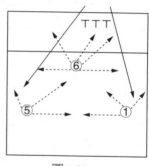

圖4-88

4.無人攔網時的防守陣形及其變化

　　比賽中，由於對方戰術多變，本方攔網受挫，有時會導致無人攔網。在這種情況下，只能根據臨場變化靈活取位，力爭把球防起。在對方扣球能力很弱或進攻時球離網很遠的情況下，可以主動不攔網，以「中一二」「邊一二」或行進中「插上」進攻陣形佈防。

　　初學者在比賽中常以傳球和墊球為進攻手段，可以不攔網，以加強防守力量。

三、接攔回球防守及其陣形

隨著排球運動的發展，運動員的身高、攔網高度和技巧的提高，扣球被直接攔死或攔回的比例逐漸增大，故接攔回球的能力對比賽勝負的影響也越來越大。接攔回球是對本方隊員進攻的保護，故俗稱「保護」。

㈠ 接攔回球的基本要求

1.進攻隊員要從心理上做好防攔回球的準備，養成自我防攔回球的習慣。場上隊員要形成「一人扣球，全體防攔回球」的整體防攔回球意識。

2.以前場為重點防攔回球的區域。接攔回球時採用低重心、上體相對直立的防守姿勢。充分利用各種墊球、擋球等技術動作，提高起球率。

3.二傳隊員最瞭解本方的進攻點，應及時參與接攔回球。

4.接攔回球時的起球弧度要高一點，以便組成有效的進攻。

5.接攔回球時，應盡可能把球墊給二傳隊員，以便組成各種戰術進攻。

㈡ 接攔回球陣形

根據本方進攻戰術的需要及對方攔網隊員的具體情況，可以靈活地採用不同接攔回球的陣形。

1.五人接攔回球陣形

本方以強攻為主時，進攻點明確，除進攻隊員外，其

他5名隊員都可以參加接攔回球。

　　「三二」陣形：這種陣形的使用較為普遍，在對方攔網強、攔回球落點大多集中網前時採用。以4號位進攻為例，3、5、6號位三名隊員組成第一道防線。1、2號位兩名隊員組成第二道防線（圖4-89）。

　　「二二一」陣形：這種陣形在對方攔回球落點比較分散時採用。以4號位進攻為例，3、5號位隊員負責前場區，2、6號位隊員負責中場區，1號位隊員負責後場區（圖4-90）。

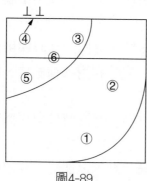

圖4-89

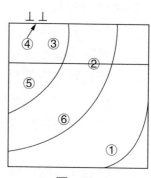

圖4-90

　　「二三」陣形：這種陣形在對方攔網能力一般、攔回球落點比較分散時採用。以4號位進攻為例，3、5號位隊員負責前場區，1、2、6號位隊員負責中場區和後場區（圖4-91）。

　　2.四人接攔回球陣形

　　本方以插上及快球進攻為

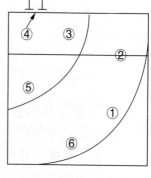

圖4-91

主時，進攻點經常變化，除進攻隊員及二傳外，只有4名隊員能參加接攔回球。

「二二」陣形：以2號位進攻為例，1號位隊員插上，跳傳給2號位進攻，3、5號位隊員負責前場區，4、6號位隊員負責中場區及後場區（圖4-92）。

3.三人接攔回球陣形

本方以前排快攻配合為主時，進攻點變化較大，前排3名隊員在掩護、跑動，二傳隊員組織進攻後要立即參與接攔回球，形成三人接攔回球陣形。如前排3名隊員掩護、跑動，最終的進攻點在2號位，則1號位隊員傳球後立即下撤，5、6號位隊員迅速向2號位移動接攔回球（圖4-93）。

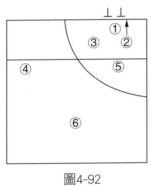

圖4-92

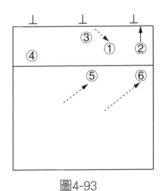

圖4-93

4.二人或一人接攔回球陣形

本方以「立體進攻」為主時，進攻點分散且變化大，場上4或5名隊員在掩護、跑動進攻。因此，二傳隊員組織進攻後應立即參與接攔回球，形成二人或一人接攔回球陣形。

如：前排3名隊員掩護、跑動，後排6號位隊員進行後排進攻，1號位隊員傳球後立即下撤，5號位隊員迅速向進攻點移動接攔回球（圖4-94）。

又如：前排3名隊員掩護、跑動，後排1、6號位隊員進行後排進攻，5號位隊員傳球後立即下撤，迅速向進攻點移動接攔回球。其他沒有扣球的隊員都應盡可能地參與接攔回球，以加強接起攔回球的機率（圖4-95）。

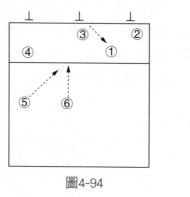
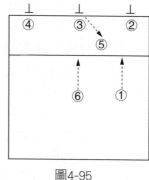

圖4-94　　　　　　　　　　圖4-95

四、接傳、墊球防守及其陣形

當對方無法組織有力的進攻，被迫將球傳、墊、擋過網時，是本方得分的極好機會。這種球在初級水準的比賽中出現較多，高水準比賽中偶爾也會出現。

㈠ 接傳、墊球的基本要求

1.集中注意力，觀察對方的意圖，準確判斷球的落點。

2.接球隊員應根據本方進攻戰術的需要，確保傳、墊

球到位。

3.二傳隊員行進中「插上」時，要掌握好「插上」時機，不宜過早。同時，其他隊員應及時補位。

㈡ 接傳、墊球陣形

可採用「中一二」「邊一二」或行進中「插上」陣形，以利於組織戰術進攻。

第六節　戰術系統

戰術系統是進攻和防守及打法的組合運用。排球運動中進攻與防守是一對貫穿始終的矛盾，排球比賽的特點之一是攻防轉換快，因此，實戰中進攻和防守及打法是組合運用的，我國排球界的專家、教練員在長期的教學訓練實踐中，根據實戰中進攻和防守打法組合運用的規律，總結了比賽中對方來球的不同方式，將排球戰術系統分為接發球及其進攻、接扣球及其進攻、接攔回球及其進攻、接傳墊球及其進攻（排球界俗稱「四攻」）系統。

由於比賽採用「每球得分制」，因此，各個戰術系統都非常重要。成功，意味著得分；失敗，就意味著失分。

一、攻防轉換

進攻和防守是排球技術中的兩大主題。進攻是得分取得勝利的主要手段，加強進攻可以破壞和削弱對方的進攻，從而減輕本方防守的壓力，爭取比賽的主動權。防守不僅是減少失分的一個重要方面，也是得分的基礎。

排球比賽有快速的攻防轉換。扣球進攻的最後一擊，就是防守的開始，這時不僅僅扣球隊員要防守被攔回球，其他所有的隊員都要轉入接攔回球防守；即便是發球——本質上的第一次進攻，所有隊員也都應該防守被突然墊回的球。每一次進攻（除發球外）都是在防守基礎上進行的。如接發球進攻是在防起對方發球後進行的，接扣球進攻是在防起對方扣球後才能組成。因此，從排球比賽整體而言，進攻戰術和防守戰術都不是孤立的，進攻後應立刻轉入防守，防守起球後應立刻轉入進攻，即快速地攻防轉換。

　　攻防轉換首先是應有很強的戰術意識，其次是應有相應的有球和無球技術，例如防守墊球技術的準確性、扣球自我保護時的單手墊球技術、良好的準備姿勢和步法等等。

二、戰術系統

㈠ 接發球及其進攻系統

　　接發球及其進攻系統是指在接起對方發球後組織的進攻。我國排球界稱為「一攻」。接發球及其進攻能力強，得分的機會多，也能為接扣球及其進攻減輕壓力和創造條件。

㈡ 接扣球及其進攻系統

　　接扣球及其進攻系統是指在球網上空直接攔擊對方各種進攻和防起對方扣球或吊球後組成的進攻，也稱為「反

攻」。

㈢ 接攔回球及其進攻系統

接攔回球及其進攻系統是指接起被對方攔回的球所組成的進攻，通常稱為「保攻」。本方扣球被對方攔回是比賽中經常出現的情況，若能接好攔回球並組織進攻，就能變被動為主動。因此，要加強保護意識，掌握多種接球技術，力爭組織起有效的進攻。

㈣ 接傳、墊球及其進攻系統

接傳、墊球及其進攻系統是指接對方採用傳球、墊球等形式擊過來的球後所組成的進攻，通常稱「推攻」。對方一般在配合失誤或無法組織進攻時才會將球傳、墊過網。初學者在比賽中出現的這種情況特別多，這往往是得分的極好機會，必須認真接好來球組織進攻。

上述四個戰術系統中，除「一攻」外，其餘三種又被統稱為「防反」。

我國排球界總結出的「四攻」系統，對進一步認識排球運動的規律和指導排球教學訓練工作都有著重要意義。依照「四攻」系統理論進行教學訓練，因更符合比賽實際，故能收到很好的效果。「四攻」系統理論是中國排球界對世界排壇的一大貢獻。

第七節　戰術教學與訓練

一、戰術教學方法

戰術教學是培養隊員機智、靈活、創造性地運用技術的教學過程。在教學中應根據物件的技、戰術水準和體能等實際情況，選擇教學內容及方法。常用的教學方法有：

㈠ 直觀教學的方法

充分利用戰術圖、沙盤、電化教學及場上隊員的實際演示等方法，建立正確的戰術概念。

㈡ 分段與串聯相結合的方法

利用進攻與防守戰術的不同組合，劃分為若干段，待基本掌握教學內容後，進行串聯練習，如定點進攻與防起球後定點進攻相結合。

㈢ 二傳與攻手相結合的方法

二傳是全隊實現戰術教學的核心，二傳與攻手默契是戰術配合的關鍵。戰術教學二傳在先，在此基礎上，強化二傳與攻手的配合。

㈣ 低難度與高標準相結合的方法

在學習高難度戰術時，可適當降低難度，待隊員之間的配合基本熟練後，再高標準，嚴要求，如低網練習過渡

到標準網練習。

㈤ 練習與比賽相結合的方法

比賽可以調動運動員學習的積極性，透過比賽檢驗教學效果，鞏固教學成果，並可及時發現問題，進一步改進教學，不斷提高戰術水準。

二、戰術教學順序

戰術教學中的戰術意識培養必須貫穿始終，本著「先攻後防，先易後難，逐步提高」的原則，先學習「中一二」進攻，後學習「邊一二」和「插上」進攻，在此基礎上發展各種高、難、新的打法。在基本掌握進攻陣形後，要注意進攻與防守陣形之間的銜接和組合練習，切忌攻防脫離。

三、基本進攻陣形的教學

㈠ 基本要求

1.「中一二」：
二傳隊員具有傳正面一般球和背傳一般球的能力，進攻隊員應基本掌握2、4號位的正面扣球技術。

2.「邊一二」：
二傳隊員具備傳快球和拉開球的能力，3號位隊員會扣近體快球，4號位隊員具有扣拉開球的能力。

3.「插上」：
插上的二傳隊員有較強的移動能力，具備傳快球、拉

開球和背傳的能力，3號位隊員會扣近體快球，4號位隊員
具有扣拉開球的能力，2號位能扣二傳的背傳球。

4.場上隊員有一定的接發球和接扣球的能力。

㈡ 教學步驟

1.基本陣形練習

「中一二」進攻陣形練習：教練員在6號位拋球，3號
位二傳隊員分別把球傳給2、4號位隊員進攻。隊員的跑
位、扣球熟練後，可採用隔網拋球、專人在6號位墊球給3
號位傳球的方法，並逐步提高難度。

「邊一二」進攻陣形練習：教練員在5號位拋球，2號
位二傳隊員分別把球傳給3號位隊員扣近體快球、4號位隊
員拉開進攻。隊員的跑位、扣球熟練後，可採用隔網拋
球、專人在6號位墊球給2號位二傳隊員傳球的方法，並逐
步提高難度。

「插上」進攻陣形練習：教練員在6號位拋球，1號位
二傳隊員插上在2、3號位間分別把球傳給3號位隊員扣近
體快球、4號位隊員拉開進攻、2號位隊員在2號位一般球
進攻。跑位、扣球熟練後，可採用隔網拋球、專人在6號
位墊球到插上位由插上隊員傳球的方法，並逐步提高難
度。

2.結合接發球練習

教練員由隔網拋球，逐漸過渡到隔網近距離發球，再
過渡到發球線發球；拋球和近距離發球的距離、位置及速
度可以靈活多變，發球線發球的位置和速度也可靈活多
變，使接發球的難度逐漸加大，提高接發球及進攻的難

度。練習方法有：

前排「中一二」站位，後排隊員墊球，2號位隊員扣前快球、4號位隊員扣一般球。

前排「邊一二」站位，後排隊員墊球，4號位隊員扣近體快球，3號位隊員跑動到4號位扣一般球。

前排「中一二」站位，5號位（或6號位、1號位）隊員接發球，3號位隊員傳球，2、4號位隊員扣一般球，後排隊員可進行後排進攻。

前排「邊一二」站位，5號位（或6號位、1號位）隊員接發球，3號位隊員扣快球，4號位隊員扣一般球，後排隊員可進行後排進攻。

後排1號位「插上」，5號位（或6號位）隊員接發球，3號位隊員扣快球，4號位隊員扣一般球，2號位隊員扣2號位一般球，後排隊員可進行後排進攻。

3.結合接扣球練習

教練員可在場邊左側或右側拋球，逐步過渡到扣球，再過渡到4號位或2號位高臺扣球，以提高隊員的接扣球防守能力。

6號位（或5號位）隊員防守，防起球後，以「中一二」（或「邊一二」、行進中「插上」）進攻陣形由二傳隊員傳球，如「中一二」進攻陣形，則由2、4號位隊員扣一般球，1、5號位隊員可進行後排進攻。

對方4號位高臺扣球，本方雙人攔網，其他隊員參與防守及進攻。

4.結合接攔回球練習

教練員可站在高臺上模擬各種攔回球，場上隊員各負

其責，力爭將球防起組織進攻。

　　固定隊員組織雙人攔網，場上隊員分工配合，力爭將攔回球防起，並組織進攻。

　　5.結合後排插上練習

　　教練員在本方5號位拋球，1號位隊員插上到前排2、3號位之間，把球傳給2、3、4號位隊員進攻。

　　教練員隔網拋球，1號位隊員插上，把球傳給2、3、4號位隊員或後排隊員進攻。

四、戰術練習方法示例

㈠ 接發球及其進攻的練習

　　接發球及其進攻，主要包括接發球—二傳—扣球等技術環節。

　　1.發球——接發球

　　短距離一發一接：3人一組，1人發低平球，1人接發球（相距8～9米），另1人遞球。發球的速度由慢到快，到位10～20個球後，3人互換。

　　三發三接比賽：場地縱向一分為二，成A側和B側。6人一組，一組在A側，一組在B側。每組分別有3人站於發球區發球，另3人接發球，兩側同時進行。完成到位10個球後，發接雙方互換。比哪一組先完成接發球到位20個。接發球連續失誤兩個，扣除1個到位球。

　　發一接對抗：1人發球，5人接發球，兩邊同時進行，到位5～10個球轉一輪。可根據本隊的戰術需要，選擇4人接發球或3人、2人接發球。

2.發——接——傳（調整）

二發二接一調：2人在發球區輪流發球，其他隊員成2人一組輪流進場接發球，一人接起發球，另1人做調整傳球，把球傳到4或2號位。

一發三接一調：全隊分成3組，4人一組。每組1人在發球區發球，3人接發球，1人接起發球，其他2人努力爭取調整傳球，把球傳到4或2號位。場地兩邊同時進行對抗，另一組撿球。先傳出10個好球的組勝出，繼續在場上練習，另一組下場撿球，原先撿球的一組進場練習。

一發二接一調：為了增加接發球的難度，教練員或隊員站在對區後場的高臺上發球，3名隊員分別站於1、6和5號位。發球發給6和5號位，2人一組接發球，1號位隊員模擬插上傳球。

3.發——接——調——扣

一發一接一傳一扣：發球隊員在對區發球區發球，本區3號位專人二傳，4號位隊員接發球後扣一般球。

二發二接一傳一扣：2人在發球區輪流發球，1人固定做二傳傳球，2人接發球後直線扣球。可兩邊同時進行。

3人一組接發球進攻：教練員或隊員在對區發球區發球，本區3人一組接發球進攻，組成有效進攻，繼續接發球進攻，若無效進攻或失誤則換下一組。

三接一傳三扣：1人專門二傳，3人一組接發球，若一傳到位，可組織各種快速多變的戰術。

二發二接一傳三扣：2人分別在對區發球區發球，本區1、5號位兩人一組輪流接發球，1人專門二傳組織2、3、4號位前排的隊員進行戰術進攻。

五人接發球進攻：教練員在對區發球區發球，本區5人接發球，1號位隊員插上到2、3號位間或成「心二傳」，組織立體進攻。

　　定質、定量的接發球進攻練習：教練員在對區發球區發球或在高臺上發球，根據本隊的接發球的能力及戰術需要，採用五人、四人、三人、二人接發球陣形，組織前排戰術進攻及後排進攻。在練習過程中對進攻的品質和數量提出相應要求。

㈡ 接扣球及其進攻的練習

　　接扣球及其進攻，主要包括攔網——防守——二傳——扣球等技術環節。

　　1.扣——防練習

　　三人連續專位防守：教練員在地面或高臺上向指定區域扣球或吊球，3人輪流連續防守10～20個好球為一組。

　　二扣三防：教練員在2、4號位網前扣球或吊球，3人一組在1、5、6號位防守及接應，計時或定額計數輪換。

　　三人一組防重扣：對方在2、4號位分別進行遠網扣球，本區3人一組，1、5、6號位防守，10～15個好球一組。

　　三扣三防：教練員在對區進攻線前將球分別拋給2、3、4號位隊員扣球，本區3人一組防守，防起10個好球後攻防互換。

　　2.防——調練習

　　三人連續防調：教練員在網前扣球或吊球，隊員在1、5、6號位防起球後，由離球最近的隊員將球調整給教

練員。也可配一名專門調整的二傳。

　　兩人防調：教練員站在高臺上扣球或吊球，2人一組從端線起動進場內防守，1人防起球後，另1人將球調整到2號位或4號位。

　　兩人一組內撤防調：兩人一組，1人在4號位網前，1人在1號位，教練員在3號位隔網吊球，4號位隊員攔網後迅速下撤防吊球，1號位隊員上前將防起的球調整到2號位或4號位。

　　三人一組防調：兩名教練員分別站在2、4號位高臺上扣球或吊球，隊員3人一組從端線起動進場內防守，防起球後將球調整到2號位或4號位。防調一個好球換下一組。

　　3.調——扣練習

　　一調一扣：隊員分別在1、5、2和4號位排隊，教練員在本區6號位向進攻線附近拋球，1、5號位隊員迅速移動，將球傳給2、4號位隊員扣球。

　　內撤調扣：隊員分別在2、4號位排隊，教練員在本區6號位向中場附近拋球，2號位隊員攔網後迅速移動內撤，將球傳給4號位隊員扣球。

　　4.防——調——扣練習

　　三人一組防調扣：教練員隔網做高臺扣球，三人一組防調扣。每組成功扣10個好球換下一組，也可計時比賽哪一組在規定時間內成功扣球多。

　　三防一調進攻：教練員在高臺上或網前扣球，網前設二傳一名，3人一組積極防守，防起球到位組成快攻戰術，不到位可進行調整進攻。

　　三人一組連續防調扣：教練員在高臺上扣球，三人一

組防調扣成功可以連續進行，有一個環節失誤則換另一組。如果不能進攻，但未造成失誤，可再給一次機會，連續兩次無攻則換組。

四對四攻防：教練員在場邊向場內扣球或吊球，場上採用「中一二」「邊一二」甚至「心二傳」陣形，固定二傳組織前後排進攻。定時計數或設定分數進行4對4比賽。

5.攔——防——調——扣練習

一攔三防調扣：教練員隔網在4號位或2號位高臺扣球，1人攔網，其他3人防、調、扣。

二攔三防調扣：教練員隔網在4號位或2號位高臺扣球，2人攔網，其他3人防起後調、扣，攔網隊員要積極後撤參與調、扣。教練員可有意識地扣直線、斜線或打攔網隊員手，以增加攔網和防守的難度。

三攔三防調扣：對方隊員分別在2、3號位或4號位扣球，本方3人配合攔網，其他3人後排防守。場上6人均應積極參與調整傳球及反擊扣球。

六對六攻防：雙方各出6名隊員，教練員在場邊供球，進攻成功一方繼續接發球進攻，對方防反成功則換接發球進攻。

6.扣——攔對抗練習

人盯人扣、攔練習：可進行4號位和2號位扣一般球的單人「人盯人」扣、攔練習，也可進行3號位及其他快攻的扣、攔練習。扣球隊員力爭突破攔網。可採用定量或定時交換扣、攔。

輪迴連續扣、攔練習：3號位隊員先攔對方快球進攻，落地後迅速移動到2號位配合2號位隊員攔對方4號位

的進攻；然後，2號位隊員輪到對方4號位，參加下一輪的扣球，4號位完成扣球後，參加3號位快攻，再輪到對方去攔3號位快球，如此循環。

三對三連續扣攔：由教練員先供球給進攻一方，組成各種進攻，對方3人配合攔網，若扣球成功則繼續扣球，若攔網成功則扣攔互換。

㈢ 接攔回球及其進攻的訓練

接攔回球及其進攻主要包括保護——調整——扣球等技術環節。

1.保護練習

自我保護：自拋自扣，對方單人攔網，扣球完成後立即進行自我保護。扣球的力量由輕到重，逐漸增加難度。

攔——保練習：教練員在4號位隔網向網上沿擲球，對方雙人攔網，本方5號位隊員和3號位撤下隊員進行保護。場地兩邊可同時進行。

二傳隊員保護：本方三點進攻，對方攔網。二傳隊員組織進攻後，立即撤下參加保護（因為二傳隊員最瞭解本方的進攻點，最容易保護成功）。教練員也可模仿球被攔下進行隔網拋球，要求二傳隊員傳球後撤下保護。

雙人攔網下保護：對方兩人一組固定在2、3和4號位攔網，本方6人由教練員在6號位拋球，二傳隊員組織各種進攻後，本方隊員參加保護。也可以組成對方3人攔網，以強化保護練習。

2.保——調——扣練習

模擬攔回球的保攻：4號位隊員跳起佯扣，教練員在

高臺拋模擬攔回球，場上隊員積極保護，力爭起球組織進攻。2、3號位隊員也可參照進行。

集體攔網下的保攻：2號位隊員扣球，對方組成2～3人的集體攔網。可有意識地扣在攔網隊員的手上，場上隊員積極保護，力爭起球組織進攻。也可由3或4號位隊員扣球，以訓練對不同區域的進攻保護。

㈣ 接傳、墊球及其進攻的訓練

接傳、墊球進攻主要包括接球——傳球——扣球等技術環節。

1.組成「中一二」進攻

教練員有意識地將球拋向中場或遠角附近，2、4號位隊員迅速下撤準備接球或進攻，後排隊員主動接球，以保證前排快攻的組成，同時也可以參加後排進攻。

2.組成「邊一二」進攻

教練員有意識地將球拋向中場或遠角附近，3、4號位隊員迅速下撤準備接球或進攻，2號位隊員做好打兩次球或傳球的準備，後排隊員主動接球，以保證前排快攻的組成，同時也可以參加後排進攻。

3.後排插上組織進攻

教練員將球拋向後場或遠角附近，2、3、4號位隊員迅速下撤準備接球或進攻，1號位隊員快速「插上」組織進攻，後排5、6號位隊員接球後也可以參加後排進攻。

㈤ 模擬比賽的綜合練習

1.以本隊戰術運用為主的練習

教練員可採用隔網近距離發球或拋球的方法，模擬比賽中可能出現的情況，把球送到不同的區域。場上隊員接球後，積極跑動，組織各種戰術進攻。待隊員跑位及組織進攻基本熟練後，逐步增加發球和拋球的難度，以提高運用戰術的能力。

　　2.適應對方打法為主的練習

　　模擬對方的不同打法及戰術變化，進行針對性的攻防練習，並根據本隊的具體情況，制定出相應的措施，以達到克敵制勝的目的。

　　3.模擬比賽中不同階段的練習

　　根據比賽開局、中局、結局三階段不同的特點及可能出現的問題，進行針對性練習。

　　4.模擬「決勝局」的練習

　　強化戰術運用的穩定性和實效性，減少失誤送分的可能性，提高運動員對「決勝局」比賽的適應能力。

五、戰術教學與訓練的注意事項

　　㈠根據本隊的實際情況，選擇適宜的戰術進行教學與訓練，避免華而不實。

　　㈡戰術的教學與訓練應遵循由簡到繁、由易到難、循序漸進的原則，防止盲目冒進。

　　㈢採用分解和完整教學法相結合的教學訓練方法，先攻後防，注意攻防之間的銜接，加強技術與戰術的串連練習，防止各環節的脫節。

　　㈣抓好主要戰術教學與訓練的同時，加強「小球」等技術的練習，提高隊員處理各種來球的能力。

㈤在戰術教學與訓練中，教練員應創造包括某種戰術要求的比賽場景，以加強戰術教學訓練與實際比賽的密切結合。

第五章 排球戰術

第一節 排球運動員體能訓練概述

一、體能訓練的意義

排球運動員的運動水準是由其競技能力所決定的,是運動員技術、戰術、體能、智慧和心理能力的綜合表現。體能即身體能力(physical ability),是運動員在訓練和比賽中專項身體素質、機體機能水準和身體形態特徵的綜合體現。在競技能力的四大因素中,體能是最基礎的因素。良好的體能不僅是提高技、戰術水準的重要保證,而且是取得優異運動成績的重要途徑。因此,體能訓練在現代排球訓練中佔有重要地位。現代排球高強度的比賽,對運動員的體能水準提出了更高要求。

排球運動員的體能訓練應採用多種多樣的訓練方法和手段。全面發展與提高專項身體素質,提高各系統機能能力,改善身體形態,不僅使運動員能承受大負荷訓練,有效防止傷病,還能使其競技狀態始終維持在較高的水準上。因此,運動員體能的水準越來越成為決定運動成績的重要因素,體能訓練的重要性越來越突出。

二、體能訓練的內容

體能訓練要根據排球運動的競技特徵,採用專門的訓

練方法與手段來發展同排球運動競技能力直接相關的專項身體素質、機體機能能力，並在體能訓練過程中改變身體形態。因各種運動訓練方法與手段均可以用來改變排球運動員的身體形態和改善與提高機體機能能力，因此，本章在討論排球運動員身體形態、機能特徵及其測試內容與標準的基礎上，著重闡述排球運動員專項身體素質訓練。

其內容主要有：

力量──腰、腹力量，腿、踝部力量，手臂、手指、手腕力量。

速度──反應速度、移動速度、起跳速度、揮臂速度等。

彈跳力──原地彈跳力、助跑彈跳力、連續彈跳力等。

耐力──移動耐力、彈跳耐力、速度耐力、比賽耐力等。

靈活性──腿、手、腰、腹的協調配合能力及場上的靈活應變能力等。

柔韌性──肩、髖、膝、踝、腕等關節的活動範圍等。

三、體能訓練的生理學依據

為使體能訓練取得良好效果，在選擇方法和手段時，除了運用各種運動訓練方法與手段之外，必須考慮現代排球競賽對運動員體能的要求，而這種要求必須符合運動生理學原理。從能量代謝的角度看，人體工作時的能量來自於三個供能系統：

一是無氧非乳酸供能系統，它可使肌肉活動在較高的水準支持5～10秒，如 100 米短跑；

二是無氧乳酸供能系統，工作時間在20～30秒，有時持續1～2分鐘，如400米跑項目；

三是氧供能系統，即在氧氣充分供應的情況下提供能量，工作時間往往在2～3分鐘或更長時間，如長距離的運動項目有氧供能是基礎。

排球比賽屬間歇運動形式，即短時間爆發式的身體運動被短暫的間歇休息分隔開。短時間、爆發式的扣球、攔網主要是無氧非乳酸系統供能。而短促的動作重複，或連續的多回合爭奪，則是無氧乳酸系統供能居主導地位。從這個角度來看，排球運動主要取決於無氧供能系統，但從排球比賽無時間限制，勢均力敵的比賽時間可達兩小時以上這點看，提高有氧供能能力同樣不能忽視。

由此可見，三套供能系統構成了排球運動員身體活動供能的結構體系。排球運動員的體能訓練都應該圍繞這三套供能系統展開。

四、體能訓練的基本要求

第一，體能訓練必須全面安排。

排球運動需要進行全面的體能訓練。身體形態、身體機能和身體素質之間彼此聯繫，相互依存，相互促進，因此在體能訓練計畫中要予以全面安排。

第二，系統、科學地安排體能訓練比重。

一般說，青少年運動員體能訓練的比重要大些，成年運動員可相應小些。訓練的不同階段，體能訓練的比重也

應不同，如冬訓時體能訓練就應多一些。訓練的不同階段對體能訓練的側重也不同，如青少年多進行全面訓練，賽前階段堅持力量訓練等。

第三，處理好與技、戰術訓練的關係。

體能訓練與技、戰術訓練，既不是互相對立，也不是可以互相替代的。體能訓練是整個運動訓練中不可缺少的組成部分。體能訓練的內容、手段和方法，應緊密結合排球技、戰術的要求，使體能訓練能有效地滿足技、戰術訓練的要求。

第四，合理安排體能訓練時間和運動負荷。

運動員在大腦皮質處於良性興奮和精力充沛的狀態下進行體能訓練效果最好，也不容易受傷。同時，運動負荷安排要合理，既要有一定的強度和密度，又要科學地掌握間歇和休息。

第五，加強體能訓練的針對性。

教練員在進行體能訓練時，要善於發現和掌握運動員的個體差異，並採取有針對性的訓練手段與方法，不加區別地採用同一訓練手段與方法，難以取得好的訓練效果。因此，在體能訓練中要注意因人而異，區別對待。

第六，體能訓練的方法和手段要多樣化。

單調的訓練方法會使訓練乏味。對於同一訓練內容也要不斷變換訓練手段與方法，提出不同的要求，如採用競賽、遊戲、測驗、評比等方法，激發運動員的訓練欲望，使運動員在情緒高、興趣濃、興奮性強的情況下進行訓練，才能收到良好的訓練效果。

第二節　排球運動員身體形態和機能水準特徵

一、身體形態特徵

　　排球運動項目的特點，決定了運動員「大型化」發展趨勢。身材高大、指距長、臀圍和骨盆相對較窄、體脂較少等形態特點已成為排球運動員的主要形態特徵。國家男排運動員基本形態如表5-1所示，與國外優秀運動員相比，我國男排運動員尚無明顯優勢。

表5-1　國家男排運動員身體形態各參數

	身高 (cm)	體重 (kg)	體脂 (%)	胸圍 (cm)	臂圍 (cm)	大腿圍 (cm)	上臂圍 (cm)	前臂圍 (cm)
平均值	196.2 ± 5.6	80.5 ± 6.4	13.2 ± 1.59	93.3 ± 3.73	78.0 ± 3.65	56.5 ± 2.88	27.6 ± 1.45	26.6 ± 0.81
範圍	187 〜 203	72.6 〜 98.2	11.0 〜 16.2	88.0 〜 110.5	73.5 〜 88.0	54.0 〜 64.0	26.0 〜 30.5	25.0 〜 27.5

㈠身　高

　　身高在現代排球比賽中具有重要作用，世界各排球強隊在選材中越來越重視運動員身體的高大化。目前世界優秀男排運動員平均身高達到1.95米以上，女排達到1.81米以上。高大運動員已成為當今排球空中實力的體現，為激烈的網上對抗奠定了良好的基礎。

　　排球場上不同位置的職能技術對運動員的身高需求有

所不同。一般情況下，攻手的身材相對要高大一些（男子最好達到1.95～2米之間，女子達到1.85～1.90米之間），二傳手除攔網、扣球外，還要完成大量的低姿動作，靈活性要求較高。因此，二傳手在具備較靈活的前提下，理想的身高為越高越好（最好男子達到1.90～1.95米之間，女子達到1.80～1.85米之間）。

(二) 體　重

體重雖與技、戰術水準的發揮無直接關係，不決定比賽的勝負，但是，由於體重大，肌肉的生理橫斷面大，肌肉的絕對力量也就大。體重不足使我國男排運動員在力量上與世界男排優秀運動員相比處於劣勢。

(三) 指間距

指間距是間接反映上肢長度指標。較長的指間距可提高扣球擊球點和攔網點，對於在比賽中爭奪空中優勢是個有利條件。另外，在進攻時，較長的手臂可以充分發揮擊球時最大的線速度。

手長在攔網和防守中的作用也非常重要。手長，攔網時能達到更高的空間，防守時能控制更大的範圍。排球運動員較理想的手長是指距減身高的差數越大越好，一般不能少於50公分。

(四) 體　型

整體要求是身材高大、勻稱，體格健壯，四肢長，軀幹短，重心高，臀部翹，小腿跟腱長，手大，指長，足弓

高，皮脂層薄，體脂肪重量輕，去脂體重及質密度大。

二、機能特徵

排球運動員完成每次彈跳、擊球、攔網、補救動作的時間短、強度大，而且每次比賽中需要在較長時間內反覆完成彈跳、擊球等動作，因此，排球運動要求運動員具有很強的ATP—CP供能能力和糖酵解供能能力。同時，排球運動員還需要完成長時間移位、跳躍、扣殺及賽後恢復的有氧代謝能力，因此，高水準的有氧及無氧代謝能力均要作為排球運動員體能訓練的重要目標。

第三節　排球運動員身體素質訓練的理論與練習方法

一、力　量

㈠ 力量的含義及種類

力量是指肌肉工作時克服阻力的能力。從生理學角度講，它是運動員肌肉收縮程度的反映。

人體所有的活動都是對抗阻力產生的，體育運動較之日常活動要對抗更強的阻力，因此，力量是決定運動水準的重要因素。排球運動所需要的彈跳力、速度、爆發力以及耐力都是以力量為基礎的，排球運動員應特別重視力量訓練，高水準的力量能力對於提高技術水準具有極其重要的意義。

排球運動員需發展的力量包括一般力量、爆發力和力量耐力三種。一般力量是爆發力和力量耐力的基礎，發展一般力量宜採用大負荷、少次數、多組次的練習方法。

　　爆發力又稱速度力量，它是在盡可能短的時間內發揮出盡可能大的力量的能力。發展爆發力通常有兩種方法，一種是用接近極限的負荷重複較少次數的練習方法，另一種是小負荷但運動速度較快的練習方法。

　　力量耐力是指在一段時間內反覆承受某一負荷的能力。它對於在長時間的比賽中保持良好的體能、取得好的比賽成績，以及堅持較長時間的訓練都有重要的意義。通常採用負荷小重複次數多的練習方法來發展力量耐力。

㈡ 影響力量的因素

1.肌肉的生理橫斷面

　　橫斷面越大的肌肉，力量也越大。肌肉橫斷面增大是由於訓練引起的肌纖維變粗。排球運動員的下肢需要較大的絕對力量或相對力量，因此，下肢肌肉需要較大的橫斷面。

2.神經系統的協調能力

　　參加工作的主動肌、協同肌及對抗肌的協調能力，主要依靠神經系統來調節。除了肌肉間的協調關係外，主動肌本身的「內協調能力」對力量也有較大影響。所謂「內協調能力」就是肌肉收縮時動員「運動單位」參加工作的能力。這在很大程度上取決於訓練水準。據研究，訓練水準高的運動員可動員80%～90%的「運動單位」參加工作，而一般人只能動員40%左右。

3. 骨槓桿的機械率

它取決於肌肉群的牽拉角度、每個槓桿阻力臂和動力臂的相對長度。合理的機械率是由各部肌肉協調用力和正確的技術動作來體現的。

4. 肌纖維類型

肌纖維類型和所占比例對力量的影響也比較大。白肌纖維收縮速度快、張力大，是力量素質的主要因素。白肌纖維占的比例越大，肌肉的力量，特別是爆發力就越強。排球運動屬於技術性項目，對於肌纖維比例的要求不像某些田徑項目那樣嚴格。據測定，排球運動員白肌、紅肌纖維所占比例各半。

5. 內臟器官機能

有氧代謝能力與力量耐力也有著密切的關係。

(三) 力量訓練的基本方法

肌肉收縮時有四種基本形式，即向心的克制性收縮、離心的退讓性收縮、等動收縮和等長收縮。前三種形式可以歸為動力性工作，等長收縮屬靜力性工作。

根據肌肉收縮的形式，力量訓練方法可分為動力性力量訓練、靜力性力量訓練、超等長訓練和等動訓練等方法。

1. 動力性力量訓練

動力性力量訓練又稱等張訓練。肌體在等張收縮時所產生的力量使肢體產生位移，從而使人體或器械產生加速運動。肌肉以這種形式工作時，一般是做向心收縮的工作，長度縮短，在工作的過程中，隨著活動肢體關節的改

變,肌肉在縮短過程中張力也發生變化。

動力性力量練習有兩種主要類型,一種是大負荷、少次數,主要用於發展一般力量和爆發力;一種是小負荷、多次數,主要用於發展力量耐力。

2.靜力性力量訓練

靜力性力量訓練又稱等長訓練。肌肉在對抗固定阻力時產生的力量維持和固定肢體於一定的位置和姿勢,不產生明顯的位移和運動。負重半蹲是排球運動員常用的靜力性力量訓練方法。

3.超等長訓練

超等長訓練是一種能使肌肉產生牽張反射的力量訓練方法。它是發展爆發力很好的訓練方法,最典型的方法就是「跳深」練習。

4.等動訓練

等動訓練是在整個關節活動的範圍內,肌肉群始終以最大張力收縮,而速度保持恒定的訓練方法。它需要專門的器材才能進行,如等動練習器等。

㈣ 力量訓練的要求

1.不斷提高刺激強度

肌肉對於外界的刺激,會產生適應性的反應。一定強度的刺激,引起一定的生理反應。大強度或極限強度的刺激,可以使肌肉產生大強度或極限強度的生理適應。力量訓練如果不逐步達到大的或極限的強度,訓練的效果就比較差。

發展肌肉力量的生理過程是:刺激—反應—適應—增

加刺激—反應—再適應—增長力量。

從發展力量的生理過程可以看出，進行肌肉抗阻力的訓練，可以增長肌肉的力量。如果阻力施加得合理（達到極限或較大強度），力量的增長就比較快。

而增長了力量的肌肉，必須再增加更大的刺激，力量才能得到繼續增長。所以，發展力量要遵循極限負荷與逐步增加刺激強度的原則。

2.力量訓練要有專項特點

對力量訓練是否具有專項化特點的問題，曾有過激烈的爭論。儘管兩種方法都有效，迄今科學論據還是強烈地傾向於支持力量訓練專門化的理論。持力量訓練專門化觀點的學者認為，力量訓練應在運動解剖形式、肌肉收縮速度、肌肉收縮類型和收縮力量上盡可能地模擬實際從事的運動動作。有人甚至認為，力量訓練在很大程度上是技巧的產物。有實驗證明，訓練效應甚至在訓練時的關節角度上也存在著專門化。

既然在簡單的動作中也存在著動作形式的特異性（即專門化），那麼在許多運動項目更為複雜的動作中，這種特異性將更為顯著。因此，排球運動員進行力量訓練時，一定要選擇與專項技術相結合的動作方法，並力求在動作結構、動作速度等方面與專項動作相同。

3.要遵循力量練習安排的順序原則

力量訓練中，因為小肌肉群比大肌肉群容易疲勞，為了保證大肌肉群的大負荷，必須在小肌肉群出現疲勞前，使大肌肉群受到訓練。例如以負重蹲起訓練腿部力量，達到相當重量或次數時，想要重點訓練的股四頭肌還沒有達

到疲勞程度，而腰背較小的肌肉已經不能堅持訓練。

所以訓練時應注意採用適當方式避免這種現象產生，比如可以先採用其他訓練方法，讓股四頭肌產生一定程度疲勞之後，再進行負重蹲起訓練，如此使股四頭肌先達到所需要的疲勞程度，或與其他肌肉同步疲勞，從而得到最大限度的鍛鍊。同時，還必須考慮在相繼的練習中不要使用同一肌群工作，以保證肌肉工作後有足夠的恢復時間。

4.排球運動員力量訓練應以動力性練習為主

訓練實踐中，主要採用的是動力性練習的方法。肌肉處於動力性狀態下進行的練習，力量可以得到很大的發展。

靜力練習曾經被認為是提高最大力量的有效手段，但是，現代訓練理論認為，力量訓練最顯著的特點是與專項動作及素質特點相結合。靜力練習可以有選擇地訓練某一肌群，可作為康復的一種手段，並且不需要複雜的器材等。

等動練習可使運動員動作的任何階段都表現出極限或接近極限的力量，可以達到其他負重練習達不到的效果。但目前並未在排球運動員力量素質訓練中得到廣泛運用，其主要原因是尚無適合於排球運動員使用的專門器材。

㈤ 力量訓練應注意的問題

1. 力量訓練的安排要考慮力量增長與消退的規律。

據研究，每天都進行一次力量訓練，可以取得100％的效果。5天及間隔時間較長的訓練，效果就會減少；14天以上進行一次力量訓練，基本上沒有效果。由此，每週

進行 2～3 次力量訓練是必要的。科學實驗表明：每天訓練 1 次，20 週時達到 100％效果；在停止訓練後的 30 週，力量即降到初始水準。每週訓練 1 次，50 週的訓練，效果只能達到 75％，但若 60 週不練，還能保持 60％的效果。

　　因此，短期進行突擊力量訓練，可以收到較好的效果，但消退也很快。細水長流的訓練效果雖然不是很顯著，但消退也慢。力量增長與消退的規律，為安排訓練提供了依據。

　　2. 要注意青少年生理特點。

　　少年時期的力量訓練要十分謹慎，要重視其年齡特點。8～13 歲，發展全身各部位一般力量時多用動力性練習，多用負荷為自身體重的練習。這個時期主要由肌肉組織的內協調來增加力量，不應該出現肌肉組織的肥大。男少年 13～15 歲是性發育的第一階段，身高明顯增加，採用對脊柱有負荷的力量練習時應特別小心。此時應採用輕器械的負重練習，如啞鈴、輕槓鈴等。這個時期可以由增大肌肉體積和肌肉內協調兩種途徑來增長力量。16～18 歲可以逐步承擔最大的力量負荷。在整個少年階段進行力量訓練時，都要考慮到少年骨化過程尚未完成的特點，同時還要特別注意區別對待。

　　3. 安排力量訓練應注意整體力量練習與局部力量練習相結合，發展大肌肉群力量練習與發展小肌肉群力量練習相結合，使身體各部分力量勻稱發展，同時防止由於局部負擔過重而引起傷害事故。

　　4. 槓鈴練習是發展力量的有效手段，但單一的槓鈴練習還不能滿足排球運動員需向各方向跳躍的要求。因

此，在進行槓鈴練習時還須輔以其他一些練習，如在練習的間歇中進行快速的小步跑、高抬腿跑、短距離的衝刺、原地或助跑的單雙腳跳、跳繩、多級蛙跳等，也可以採用循環訓練法將這些練習與各種槓鈴練習組合在一起。這樣，既可以防止肌肉的僵化，提高肌肉的彈性，又可以發展運動員的協調性和靈活性。

5. 進行力量訓練前要做好準備活動，練習任務要明確，要求運動員精力集中、動作正確，注意不在身體疲勞時安排力量練習。大負荷練習時要加強保護。

㈥ 力量練習方法介紹

1. 發展腰部肌肉群力量的方法
仰臥元寶收腹（圖5-1）。

圖5-1

仰臥起坐：徒手、負重（沙袋、槓鈴片、實心球等）。

仰臥舉腿：無負重、負重（綁沙袋、雙腳夾實心球等）。

斜板仰臥起坐：徒手、負重。

單槓或肋木懸垂舉腿。

俯臥體後屈（另一人扶腳）。

腰腹練習：徒手、負重（圖5-2）。

背肌練習：徒手、負重（圖5-3）。

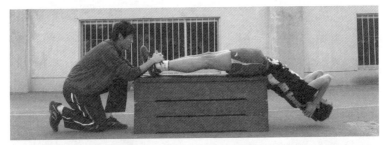

圖5-2

圖5-3

圖5-4

圖5-5

側臥體側屈（圖5-4）。

槓鈴提鈴（圖5-5）。

肩負槓鈴，兩腿開立，體前屈（小負荷）（圖5-6）。

雙手持重物（槓鈴片、啞鈴等），腰繞環（圖5-7）。

2.發展下肢肌肉群力量的方法

槓鈴負重蹲起：半蹲、全蹲。

槓鈴負重半蹲靜力訓練（極限負荷）。

槓鈴負重半蹲接提踵（大負荷以上）。

槓鈴負重半蹲快速提踵（小負荷）。

圖5-6

圖5-7

圖5-8

　　壺鈴深蹲跳（圖5-8）。

　　負槓鈴弓箭步行走。

　　負槓鈴左右交替臺階快速上下，小負荷（圖5-9）。

　　矮子步行走：要求雙手摸腳後跟，行走距離視能力的
提高而逐漸增加。

圖5-9

圖5-10

3.發展手臂肌肉群力量的方法

俯臥撐或俯臥撐擊掌。

手倒立（靠牆或不靠牆）。

手倒立推起（圖5-10）。

圖5-11

手倒立行走。

雙人推小車，正反向（圖5-11）。

兩人一組，面對面做頭上拋實心球（單手、雙手）。

啞鈴或輕槓鈴片練習：起跳擺臂、快速挺舉、連續快速推舉、臂繞環、側平舉、前平舉加擴胸、肩後臂屈伸、仰臥擴胸、俯臥擴胸、前屈臂。

輕槓鈴練習：連續快速挺舉（前方、上方、斜上方）、連續快速推舉（前方、上方、斜上方）、站立（坐姿）頭後推舉。

臥推（漸增負荷至極限）。

挺舉（漸增負荷至極限）。

4.發展手指、手腕肌肉力量練習

負重（槓鈴、啞鈴）腕屈伸。

手持啞鈴腕繞環。

頭上雙手或單手手腕用力擲實心球。

手指俯臥撐。

捲重物（圖5-12）。

圖5-12

二、速　度

㈠ 速度的含義及種類

速度是指單位時間內完成某個動作或移動某段距離的能力。排球比賽是以適應迅速運動著的對手和飛速運動著的球為特點的,因而速度是排球運動員體能的重要方面。

排球運動員的速度可分為反應速度、動作速度和移動速度,判斷場上變化情況,觀察球的運行,需要反應速度;完成擊球動作需要動作速度;搶佔有利位置或爭取最佳空間需要移動速度。由此可見速度對於排球運動員之重要。

1.反應速度

排球運動員的反應速度是對排球場上由於雙方隊員行動的變化和球飛行的位置、速度的變化所產生的迅速的應

答能力。這種能力通常以「綜合反應時」來反映。

反應速度具有先天的因素，由訓練加以提高是有限的，而且有隨年齡增長而減慢的趨勢。由於排球運動信號感十分強烈，對反應速度要求很高，故應早期加強訓練。

2.動作速度

在排球場上完成各種擊球動作的速度就是動作速度。

動作速度主要是克服運動員本身體重，阻力比較小，所需力量也比較小，主要是肌肉間的協調能力起作用。

排球運動對運動員的動作速度要求很高，據測定，男子扣球速度最快已超過30米／秒，女子已超過20米／秒，沒有相應的揮臂速度是達不到這麼快的扣球速度的。

3.移動速度

單位時間內身體移動的距離就是移動速度。在排球場上由移動和扣、攔、助跑等的速度表現出來。

移動速度的快慢除了取決於協調性之外，還與克服較大身體慣性的能力有關。比如運動員從靜止狀態到迅速移動，或從移動到靜止狀態。

㈡影響速度的主要因素

1.神經過程的靈活性

運動神經中樞興奮與抑制的轉換速度，即神經過程的靈活性。身體運動是靠肌肉的收縮與舒張實現的，而肌肉是由神經支配的。因此，神經過程的靈活性好，反應速度就快；反之，反應速度就慢。

2.肌肉的類型和肌肉活動的協調性

生理學研究表明，白肌纖維成分較多的人適宜於速度

性項目，這是由白肌纖維的生理、生化特點（如ATP的含量及其分解與再合成的速度、神經衝動的傳導速度等）決定的。肌肉各肌群之間協調性的改善可以提高活動速度，因為肌群的協調配合使肌群之間的阻力減小從而提高肌肉活動的速度。關節的靈活性、對抗肌的拉長能力也有助於速度素質的提高。

3.與爆發力的關係密切

力量、靈敏，尤其是爆發力的水準與速度密切相關。發展這些素質才能有效提高速度素質水準。

㈢ 速度訓練的要求

1.改善中樞神經系統的反應能力

中樞神經的反應能力主要表現在反應速度上。而反應速度實際上是人體神經系統反射通路傳導時間長短的體現，是人體神經系統受遺傳決定的、所固有的生理過程。訓練的作用是要把受遺傳因素影響所決定的最高反應速度表現出來，並使其有較高的穩定性。

排球場上許多運動反應實際上是運動條件反射，透過訓練建立的運動條件反射越多越鞏固，運動員表現的反應就越快。

2.要與專項技術訓練緊密結合

排球場上的速度有特殊的表現形式，信號感強烈，以短距離為主，且多變化。速度訓練的手段與專項技術相結合，則更能使速度發揮於技術之中。

3.重視練習的強度和增強肌肉力量

運動員在完成速度練習時，要最大限度地動員自己的

力量，使動作的頻率快、幅度大，達到自己最高的速度水準。因此，採用大的、接近極限的強度，尤其是提高爆發力來提高肌肉快速收縮的能力，對發展速度有很好的效果。

4.改善肌肉群之間的協調配合

改善協同肌與對抗肌之間的協調配合，以提高動作之間的協調性。加強各種動作的輔助練習，培養動作過程中的放鬆能力。

㈣ 速度訓練應注意的問題

1.由於速度素質的提高較慢，所以，其訓練要保持經常性。

2.速度訓練應安排在課的前半部，在運動員精力充沛的情況下進行，這時中樞神經系統處於良性興奮狀態，進行速度訓練效果最好。

3.速度素質的訓練應盡可能與排球場地和專項技術相結合。速度訓練的專門練習可以幫助運動員建立起專項條件反射，從而提高其反應速度。

4.在進行訓練時要注意運動員的年齡和性別差異。對青少年運動員要抓住其速度素質發展的「敏感期」，大力發展速度素質。

㈤ 速度練習方法介紹

1.反應速度練習

全隊分成兩隊面對站立，相距一米左右，看教練員手勢做追逐跑。

以站、坐、跪、臥姿準備,看教練員手勢向各個方向起跑。

躲避球擊:全隊分成兩隊,一隊站在半場內,另一隊站在半場外,場外隊員用一球(或多球)拋擊場內隊員,場內隊員躲避,被擊中者出場或加入場外隊,直至全部被擊中。

衝刺接球:教練員單手將球高舉,隊員在離教練員3米處準備。當教練員撒手讓球掉下時,隊員衝出在球落地之前將球接住。

墊牆上反彈球:隊員面對牆2~3米站立做好準備,教練員從隊員身後向牆上扔球,要求隊員將反彈回的球墊起。教練員扔球的角度與速度要根據運動員的反應能力而定,並掌握好練習的難度。

隊員背對牆站立,對牆拋球後迅速轉身將反彈的球墊起。

移動截球:教練員在網前站立,隊員在半場中間準備,教練員向各位置拋球,要求運動員迅速判斷移動,在球未出半場或落地之前將球截獲。

兩人隔網相對,一人做各種快速徒手移動及攔網動作,另一人力爭同步跟隨。

2.動作速度練習

快速揮臂以扣球動作抽打樹葉,樹葉應在扣球手臂前上方最高處,抽打時肩部向上伸展。

兩人一組,相距10米以上,相互單手肩上擲排球。要求以揮臂扣球動作擲球,並且使球出手後近似平行飛行。

距牆十米左右，單手肩上擲排球，要求以揮臂扣球動作擲出。

兩人一組，相距5～6米，單手擲實心球。

原地對牆用扣球動作甩壘球。

助跑起跳向網上甩壘球。

連續跳3個不同高度的欄架，要求腳落地後立即跳起，節奏感要強（圖5-13）。

圖5-13

連續跳臺跳深練習：8～10個跳臺，高50～120公分，按照中間高兩頭低的順序排列，距離1.5～2米，從第一個跳臺跳下，著地後立即反彈跳上下一個跳臺，連續跳完。

3.移動速度練習

在中線與進攻線之間做3米快速往返移動（側向或前後）。

「米」字形快速往返移動。

結合球場移動步法練習：快速小步跑、快速交叉步跑、快速高抬腿跑、側滑步跑、後退跑、各種移動方法的組合練習等。

　　向前或向兩側連續做滾翻、魚躍、前撲救球動作，或結合視、聽信號做以上動作的組合練習。

　　排球半場對角線衝刺。

三、彈跳力

㈠ 彈跳力的含義及重要性

　　彈跳力指運動員的跳躍能力，是運動員速度、力量、協調能力的綜合表現。

　　從力學的觀點看，決定彈跳力的因素是速度和力量。發展速度素質或力量素質都能有效地提高運動員的彈跳力。

　　彈跳力是排球運動員最重要的身體素質。提高排球運動員的彈跳力對於提高技、戰術水準起著決定性的作用。隨著排球運動的發展，網上爭奪越來越激烈，對抗的空間範圍日益擴大，參與進攻的人員也日益增多。同時，由於防守、保護、二傳和調整能力的提高，連續扣球、攔網的次數增多，以及快攻戰術的發展和變化，對於排球運動員的彈跳力提出了越來越高的要求。

　　所以，彈跳力是排球運動員必須具備的特殊的身體素質，它不僅要求跳得高，而且要求跳得快，同時必須具備良好的彈跳耐力。

㈡ 彈跳力訓練的要求

1. 重視身體的協調能力和起跳技術

彈跳力雖以力量、速度為主要素質基礎，但身體的協調能力和起跳技術也不容忽視。常見有速度、力量指標都不低的運動員彈跳力水準卻不高，其原因多在協調能力和起跳技術方面。起跳時要特別注意擺臂和下肢各技術環節的配合。在跳躍動作練習和技術練習中，教練員應仔細觀察每個隊員起跳各技術環節並及時糾正錯誤動作。

2. 不同訓練階段的側重有所不同

在多年訓練的基礎訓練階段，發展彈跳力的力量素質訓練應重視數量刺激，以促使運動員增大肌肉，發展力量；在專項提高階段，則應重視強度刺激，以促使肌肉品質的提高，達到提高彈跳力的目的。

3. 結合專項技術動作結構特點

彈跳力訓練具有專門化的特點，因此，做負重蹲起時，動作結構與動作要求都應與專項運動技術的跳躍動作相同或接近。有研究表明，如果力量訓練的動作結構與專項技術動作結構及練習要求有較大差異，訓練效果就會下降，甚至出現消極轉移現象。

4. 重視腰背肌肉及足弓肌群的訓練

發展彈跳力不僅應重視下肢力量的訓練，而且要特別重視腰背肌及足弓肌群的訓練。腰背肌群的用力對於克服人體的惰性，提高起跳的初速度有重要的作用。

足弓發力在起跳離地前的瞬間，人體已經獲得一定加速度，此時足弓的推力會更加加快起跳的速度，使人不僅

跳得高，而且跳得快。

㈢ 彈跳力訓練應注意的問題

1. 彈跳力訓練要有多年規劃和全年計畫。在全年計畫中要安排好每一階段訓練的重點。一般情況下，冬訓期間彈跳力訓練比重要大些，而且多採用力量素質練習的訓練方法；比賽期間彈跳訓練的比重可減少，並大多採用與技、戰術密切結合的練習方法。

2. 青少年採用「輕重量刺激」（一般的負荷）就可增加彈跳力，但對於具有一定訓練水準的運動員，則必須採用「強度刺激」（增加負荷與訓練強度），不斷提高和改變刺激強度。

3. 要大力發展伸膝肌群、屈足肌群和腰背伸肌、伸髖肌群的力量。同時，還要注意全身爆發力和協調性的訓練。

4. 青少年時期是發展彈跳力的敏感期，應抓緊在此時期內進行具有針對性的訓練。

5. 運動訓練實踐證明，「跳深」訓練是發展彈跳力最有效的方法之一。

6. 進行彈跳力素質訓練，要避免在過硬的場地上（如水泥地、石板地面）進行，以防止造成運動員的慢性損傷。

㈣ 彈跳力練習方法介紹

1. 各種徒手跳躍

單足交替向前跨跳。

原地跳起收腹。

立定跳遠或多級跳遠。

連續蛙跳。

助跑起跳摸籃圈或籃板。

原地直膝向上連續跳。

2.利用各種場地器材的跳躍練習

雙腳跳越體操凳前進。

雙腳連續跳過欄架。

連續跳臺跳深練習。

利用由低到高的橡皮筋連續向上跳。

地上畫線的各種交叉、轉體跳。

跳繩（單足跳、雙足跳、雙搖跳等）。

四、耐　力

㈠ 耐力的含義及重要性

耐力是指人體不降低工作效率而長時間進行運動的能力，也是機體抵抗工作時產生疲勞的能力。

排球運動是以有氧耐力為基礎，以無氧耐力為主導的一種競技體育項目。排球運動員耐力水準的高低，對運動成績具有很大的影響。

排球比賽不受時間限制，一場勢均力敵的比賽常常需要2小時，耐力的好壞可以直接影響運動員技術水準的充分發揮及比賽的結果。因此，排球運動員的耐力訓練是很重要的。

㈡ 耐力訓練的特點

1.耐力提高得快消退得也快

經常性地有計劃地進行耐力訓練，短期內即可取得較好的效果。如果停止訓練3週，就會下降到原來的水準。故排球運動員除日常正常訓練之外，每週應進行1～2次專門的耐力訓練。

2.耐力訓練要從少年開始

排球運動員所需的耐力以有氧耐力為基礎，從少年時期適當地進行有氧耐力的訓練，有助於提高運動員的心臟容積、最大吸氧量和恢復能力。這些因素也是健康機體的標誌。因此，打好耐力訓練的基礎對提高專項運動成績與機體健康都是十分必要的。

3.排球運動員的專項耐力

排球運動員的專項耐力有彈跳耐力、速度耐力、移動耐力和比賽耐力。

㈢ 耐力訓練應注意的問題

1. 在全年訓練計畫中，耐力應作為一個基礎素質來安排。一般在冬訓或一年訓練之初安排一般耐力訓練，作為全面訓練的基礎。賽前應減少一般耐力訓練，增加專項耐力訓練。

2. 大強度的耐力訓練可單獨安排訓練課進行或者放在訓練課的最後部分，訓練課中宜安排一些強度較小的專項耐力訓練。

3. 各種技、戰術訓練和身體訓練只要安排得當都可

以提高耐力，在技術訓練中採用極限訓練法、間歇訓練法、循環訓練法都能有效地促進耐力的提高。

(四) 耐力練習方法介紹

1. 發展彈跳耐力的方法

用絕對彈跳 80% 的高度連續跳 20～30 次為一組，跳若干組（組間休息 2～3 分鐘）。

5 分鐘跳繩練習：雙搖雙腳跳 30 秒，左腳單跳 1 分鐘，右腳單跳 1 分鐘，完成兩個循環正好 5 分鐘（可根據訓練水準調整負荷）。

原地起跳單或雙手摸高。

連續扣球：3～5 人一組，每人扣球 30～50 次。

2. 發展速度耐力的方法

400 米跑：要求運動員在規定的時間跑完 400 米，間歇 1 分鐘後再跑 1 次，共跑 2～3 次。

30 米衝刺：10 次，每次間歇 15～20 秒。

60 米衝刺：10 次，每次間歇 30 秒。

3 或 5 人一組，連續滾翻救球，每人 30～50 次。

3. 發展移動耐力的方法

看教練員手勢向各個方向移動，2～3 分鐘為 1 組。

單人左右移動攔網各 10 次。

單人全場防守，要求防起 15 個好球為 1 組。

30 秒 3 米左右移動 5～8 組。

4. 發展比賽耐力的方法

連續比賽 7～10 局。

身體訓練以後再進行比賽。

按場上順序輪轉，在6個位置上做6個不同的規定動作，連續進行若干組。例如1號位跳發球→6號位左右補位移動救球→5號位滾翻防守救球→4號位扣球→3號位攔網→2號位後撤魚躍救球。

五、靈活性

㈠ 靈活性的含義及重要性

　　靈活性是迅速及時地改變身體或身體某部分運動速度和運動方向的能力。靈活性是運動員按照自己的意志控制機體協調、準確地完成各種複雜技巧的協調能力的體現，因而協調能力是靈活性的核心，靈活性與協調能力互為表裏。

　　靈活性是由力量、速度、爆發力和協調能力結合而成的。排球比賽中快速變換方向、從一個動作迅速變換為另一個動作等技、戰術的運用，都需要有高度的靈活性及協調能力。靈活性的好壞也決定一名運動員的技術水準高低。

㈡ 靈活性及協調能力的訓練特點

　　1. 靈活性和協調能力是一種綜合能力，在訓練時應將爆發力、反應力及速度等一系列的動作和要求揉合於單個動作或編組動作之中，使它們互相促進，互為表現形式，達到靈敏協調能力的提高。

　　2. 由於靈活性及協調能力受中樞神經系統的支配，因此應在神經系統處於良性興奮狀態時進行訓練。疲勞

時，訓練效果會明顯下降。

3.青少年在生長發育階段，靈活性及協調能力比較差，但不應當放棄訓練。

4.靈活性及協調能力有很強的專項化特點，因此，應盡可能結合專項技術來進行訓練，至少應使選擇的各種練習方法儘量接近專項技術動作。

㈢ 靈活性訓練應注意的問題

1.靈活性訓練要求運動員注意力集中，動作準確快速。因此，應把靈活性訓練安排在訓練課的前半部，一般安排在準備活動中進行。

2.腰、腹、背的力量對於靈活性起著重要的作用，是上下肢的紐帶，因此，在訓練中應特別注意這部分力量的專門練習。

3.根據年齡特點，掌握好靈活性訓練的安排。13～14歲以前，透過訓練來發展靈活性素質可以取得較好的效果；15～16歲是快速生長期，靈活性增長較慢；到18歲以後靈活性又以穩定的速度增長。根據青少年生理特點，抓住靈活性發展的規律和時機進行訓練，可以達到事半功倍的效果。

4.靈活性是由多種素質結合而成，在訓練靈活性時應注意與其他素質訓練結合進行。

5.體重過大或疲勞會明顯影響和破壞靈活性。皮下脂肪過多，會降低肌肉收縮的速度和身體變向的能力；而過度疲勞會使包括靈活性素質在內的各種素質都受到很大的影響。

㈣ 靈活性練習方法介紹

1.控制性練習

兩臂同時分別向前、後繞環。按教練員口令,兩臂做同順序不同起始節拍的動作。左手前平舉,右手在體側不動─左手上舉,右手前平舉─左手側平舉,右手上舉─左手下放體側,右手側平舉─左手不動,右手還原。

兩腳開立和併攏連續跳躍,雙手從體側平舉至頭上擊掌,最後還原。

分腳跳時,雙手頭上擊掌,並腳跳時雙手側平舉。

連續交換單腳跳躍。前踢腿時,雙手儘量摸腳尖;後踢腿時,雙臂上振。反覆進行。一條腿前踢落地後換另一條腿後踢。

2.結合球的練習

持球躺在地板上,自己向上拋球後立即起立將球接住。

將球用力向地面擊打,待其反彈後鑽過。反彈1次鑽1次,力爭鑽的次數多。可以兩人比賽。

每人1球,連續運球從教練員拍球中穿過。

向前衝,轉身魚躍(或滾翻)救球,再轉身接其他動作。

左、右腳單腳起跳扣球。

連續接教練員扣、吊和扔的球。

3.通過障礙練習

運動員靠牆手倒立──停穩──聽信號返下──轉身移動至欄架前鑽過欄架──雙腳跳回欄架──雙腳跳過欄

架——繞欄架跑一圈——鑽回欄架——雙腳跳過欄架——跑去模標誌線。

甲跪撐於地，乙在甲體側做好準備，看到信號後圍繞甲跑1圈，雙腳跳過甲身體後立即做跪撐，甲再重複乙的動作。如此各做5次。

把皮筋拉成邊長2米的正方形，皮筋高度男子70～80公分，女子50～60公分（看運動員情況而定）。站在正方形之內，看信號雙腳跳出，落地後立即鑽入並用魚躍或前撲去摸正方形中的標誌物。如此按逆時針（或順時針）方向做一周，計時。

4個人做練習。分別站於四邊形的一邊，看信號後按

上述方法順時針方向連續進行，也可以互相追逐。

4.繩球練習

隊員站成圓圈，當球飛來時迅速做規定動作，如收腹跳過、俯臥、仰臥、兔躍、原地魚躍及原地向後轉身魚躍等。做完規定動作後應立即站好，準備做下一個動作。

單人在地上連續做向前魚躍、向後魚躍、前空翻等動作（圖5-14）。

可以再加一個人在其對面做練習，也可以4個人在四個方向做。

5.墊上練習

前滾翻接後滾翻。

魚躍前滾翻，躍過1個人、2個人或4個人。

前滾翻接跪跳起接後滾翻。

直腿前滾翻接後滾翻推起成倒立。

圖5-14

6.遊戲性練習

躲避球遊戲。

地滾球比賽。

拉網捕魚遊戲。

「貼膏藥」遊戲。

六、柔韌性

㈠柔韌性的含義及其重要性

柔韌性是指人體的各個關節的活動幅度，肌肉、肌腱

和韌帶的彈性和伸展能力。

　　柔韌性是由一定的關節或關節聯合的活動範圍來體現的。因此，連結關節的韌帶、肌腱、肌肉以及皮膚的伸展長度和彈性對柔韌性影響極大。

　　排球比賽中，要求運動員身體各部分肌肉、韌帶和關節都有良好的柔韌性，特別是肩、腰、髖的柔韌性要好。肩、腰的柔韌性好，可以增大扣球的動作幅度，提高揮臂的速度，加大擊球點的控制範圍。髖關節的柔韌性好便於彎腰跨步低姿防守、倒地和起立。

　　柔韌性好的運動員，動作幅度大，效果好，姿勢舒展、優美。柔韌性差的運動員動作緊張、僵硬，效果也大受影響。柔韌性差，會影響其他素質的發展，容易產生技術錯誤和運動損傷。因此，柔韌性對於排球運動員也是非常重要的素質之一。

(二) 影響柔韌性的主要因素

　　1.關節面的活動範圍。
　　2.關節囊的厚薄、鬆緊度以及它的纖維層厚度。
　　3.關節韌帶、肌腱、筋膜、肌肉的強弱和伸展性。
　　4.主動肌的力量及主動肌與對抗肌的協調能力。
　　5.氣溫的高低及準備活動的充分與否。
　　6.訓練水準的高低和年齡、性別的特點。

(三) 柔韌性訓練應注意的問題

　　1. 柔韌性訓練要經常進行，使肌肉和韌帶的伸展性不斷得到發展，尤其要根據專項的特點和運動員的薄弱環

節進行訓練。柔韌性訓練必須堅持循序漸進的原則，決不能操之過急，特別是不能進行急速拉伸肌肉與韌帶的動作，要做好準備活動，逐漸增大動作的幅度和難度，以免造成損傷。

2. 柔韌性訓練一般應採用動作結構與技術動作相似的伸展練習，並可以結合發展其他素質的練習進行，使之互相促進，朝有利的方向發展。

3. 柔韌性與年齡有很大的關係，兒童時期柔韌性最好，女孩又優於男孩，因此要掌握生理發展規律，及時抓住發展柔韌性素質發展的有利時機進行訓練，才能取得較好的效果。

4. 氣溫對柔韌性有一定的影響，天氣溫和、全身發熱時柔韌性好，天氣寒冷、身體發涼時柔韌性差。為取得好的訓練效果，進行柔韌性素質訓練時要注意外界溫度的高低。當氣溫較低時，準備活動要做到輕微出汗的程度。

5. 身體疲勞時不宜進行專門性柔韌性訓練。

㈣ 柔韌性練習方法介紹

1. 發展手指手腕柔韌性

兩臂胸前平屈，兩手掌心相對，雙手指尖向上，十指尖反覆相壓。

壓腕練習。持木棒做腕繞環。

2. 發展肩關節柔韌性

背對肋木（或排球網柱）站立，雙手從後上方握住肋木（或排球網柱），胸腹向前挺成弓形。

背對肋木坐下，兩手從頭上握住肋木，兩腳不動，腰

向前挺起，持續數秒鐘。

　　雙手握單槓懸掛，腳上懸掛重物（如槓鈴片、沙袋等）或由他人施力向下拉，持續數秒鐘。

　　3.發展踝關節柔韌性

　　跪坐壓踝。

　　負中等重量，踝關節做屈伸動作（提踵）。

　　腳放在高約10公分的木板上，足跟著地，做負重全蹲練習。

　　4.發展髖關節柔韌性

　　面對肋木，一腳站立，另一腳擱在高於腰的肋木上（可逐格升高），正側位壓腿。

　　縱劈腿，橫劈腿。

　　屈腿坐下，兩腳掌心相對，雙手將膝關節向下彈壓。

　　面對肋木單腿站立，雙手胸前握木，向左右和向後擺另一腿。

　　5.雙人練習

　　兩人對面站立，手臂互握，壓肩練習（圖5-15）。

圖5-15

圖5-16

圖5-17

　　兩人背向站立，雙手上舉互握，一人向前拉肩（圖5-16）。

　　兩人同時抬腿前壓（圖5-17）。

　　兩人並肩站立，內側手臂互握，同時踢腿。

　　兩人背向站立，互相背起。

　　一人並腿或分腿坐地，另一人推其背幫他向前壓上體。

　　一人跪地後屈，另一人在其身旁進行幫助。

第四節　排球運動員體能測試

　　體能測試是檢查訓練效果的重要手段，是體能訓練的一個重要組成部分。

　　由對運動員體能的測定，掌握運動員體能的實際狀

況，有利於教練員判斷運動員的訓練水準和身體能力，分析訓練中存在的不足。

　　為了促進排球運動員，特別是青少年運動員專項體能的提高，我國現行競賽制度規定青少年排球比賽必須考核身體素質項目。中國排協於1996年開始對參加全國排球聯賽的各隊選手進行體能測試，並規定只有測驗達標的選手才有參賽的資格。測試項目是：800米計時跑、助跑雙腳起跳摸高、20秒內連續5次助跑雙腳起跳摸高（進攻隊員測驗項目）和6米×16次網下移動計時（二傳隊員測驗項目）。

　　近年來對體能測試在測定項目的確定和對指標的評定兩個方面進行了許多研究，下面介紹幾種常用測試方法。

一、身體素質測試

㈠ 20米、60米、100米、800米、1500米跑
按田徑競賽規則進行，用站立式起跑（可一手扶地）。

㈡ 連續摸高
運動員連續原地起跳，用手觸摸摸高器10次，計算其平均高度。連續起跳過程中不應有停頓或墊步。

㈢ 助跑雙腳和單腳起跳
助跑距離和方向不限。

㈣ 立定三級跳遠
在沙坑前6米處和8米處各設一塊起跳板（尺寸、規格與跳遠踏板相同），運動員面向沙坑，站在適合自己能力的起跳板上，第一跳是雙腳起跳，其他與三級跳遠相同。每人測兩次，以最遠一次計算成績。

㈤ 負重蹲起

肩負槓鈴,腳後可墊高2公分左右,下蹲深度為膝關節彎曲超過90°,以最重的一次計算成績。

㈥ 仰臥收腹

仰臥在木板或板凳上,用帶子捆住膝關節部位,看手勢(同時開表計時)做20次仰臥起坐。要求用左手摸右腳尖,用右手摸左腳尖,第20次摸到腳尖為止停錶。兩臂可以自由擺動,手未觸及異側腳尖或仰臥時雙肩胛骨未觸及木板均不計次數。

㈦ 36米移動(在排球場上進行)

運動員站在進攻線後看手勢起動,同時開表計時。運動員先前進後退兩個來回,前進時必須雙手觸摸中線,後退時必須雙腳退過進攻線,第二次退過進攻線著地後(手不許觸進攻線),接著變側滑步或交叉步移動兩個來回,用單手摸線,然後做鑽網跑(禁止觸網),單手摸對方進攻線,折回時手摸出發線(手觸或超過進攻線均可),停錶計算時間。

㈧ 羽毛球擲遠

手持粘上白色粉末的羽毛球皮頭部位,兩腳左右或前後開立,站線上後原地擲遠。投擲時允許一腳離地,但不能踩線、過線(包括投擲後)、捏球等。

㈨ 靈活性的測試

靈活性的測試方法有20米跑、9米往返跑等。還可以創造各種各樣的方法,如在邊線兩側放置各種標誌,然後穿梭似地來回跑動;也可以從球場的一端做一次魚躍起來跑到另一端,然後跑回來到網前做一次起跳。日本隊常採

用5個前滾翻和5個後滾翻然後站起來等方法，以時間為衡量標準。

㈩ 柔韌性的測試

柔韌的測試一般測體前屈。測量時運動員站在高臺上，手向下伸，測手能夠超過腳面的距離。

二、身體機能測試

排球運動的能量代謝特點是以有氧耐力為主及短暫的無氧活動。運動員除了要有良好的爆發力、彈跳力外，還要有良好的耐力才能在比賽中佔優勢。比賽後運動員血乳酸濃度無明顯升高。

身體機能測試主要是用生理生化指標來反映體能訓練後機體機能的狀況，例如對無氧非乳酸能力的測試一般採用肌肉活檢，無氧乳酸能力的測試採用取血分析方法，有氧能力的測試方法最常用的是進行最大吸氧量測試。還可以通過測量肺活量、尿檢、遙測心率等方法對運動員機體各系統機能水準進行評定。

根據排球運動項目的特點，要求運動員聽、視覺反應迅速，空間、時間感覺能力強，本體感受、位覺感受能力強，其中視覺感受起主導作用，肩、踝、髖關節和腰部靈活性要好，要善於模仿，敢於運用。

㈠ 身體機能測試的內容和方法

身體機能測試的內容和方法大體如下：

1. 聽、視覺功能測定方法

⑴聽聲音、看信號做起動、變速、變向或各種指定

動作。

(2)聽聲音、看信號做各種追逐遊戲，如「貼膏藥」「老鷹抓小雞」等。

2.本體感覺功能測定方法

(1)用籃球、排球、足球、手球，在罰球線做定位投籃（投籃動作不限）。

(2)向高空拋接球。

3.位覺功能測定方法

(1)跳起後接拋來的定向或不定向球。

(2)原地旋轉後接不定向來球。

4.關節靈活性測試方法

測試各主要關節的活動幅度。

5.心肺功能測定方法

利用最大攝氧量反映人體極限負荷，優秀排球運動員最大攝氧量為63.3（ml·kg^{-1}·min^{-1}），國外優秀運動員為60.2（ml·kg^{-1}·min^{-1}），少年女子排球運動員為39～42.8（ml·kg^{-1}·min^{-1}），少年男子為45～51.76（ml·kg^{-1}·min^{-1}）。

6.血型測定方法

排球運動員最好選O型和A型血的人，因為O型血的人在彈跳方面有較突出的成績，A型血的人在學習技術上比較紮實。

7.肌纖維類型測定方法

白肌纖維佔優勢。

㈡ 身體機能測試評價的指標

身體機能測試評價的部分指標如表5-2所示。

表5-2　排球運動員部分機能評定分級表

內容	正常值範圍	優	中	差
收縮壓（mmHg）	男：123±10 女：112±7	安靜時處於穩定狀態，負荷後3min內恢復原水平	安靜時略有波動，負荷後3min內恢復原水平	安靜時波動大（升高或下降），負荷後3min內不能恢復原水平
舒張壓（mmHg）	男：71±9 女：66±6			
安靜脈搏（b/min）	男：30±4 女：34±4	安靜時穩定或下降，負荷後3min內心率<120b/min	安靜時略有上下波動8b/min左右，負荷後3min內心率<130b/min	安靜時上下波動8b/min以上，負荷後3min心率>130b/min
脈壓差（mmHg）	女：42～45	偏大	保持原水平	縮小
肺活量（ml）	男：5125±216 女：3870±486	保持本人原水平或逐漸上升	保持本人原水平	低於本人原水平並逐漸下降
肺活量／體表面積	男：2554±216 女：2167±265			
最大攝氧量（1/min）	男：4.97±0.93 女：4.37±1.3	穩定	穩定	穩定
臺階指數	男：127±18 女：122±16	保持原水平並逐漸上升	在原水平上下略有波動	低於原水平並逐漸下降
反應時（ms）	女：74±14	偏快	一般	減慢
體脂（%）	男：11.5±1.6 女：19.7±4.2	偏低	一般	偏高
去脂體重（kg）	男：68.6±4.6 女：53.3±3.87	偏重	一般	偏低
血紅蛋白（g/l）	男：142±13 女：127±10	偏高而穩定	略有波動	偏低並逐漸下降

內容	正常值範圍	優	中	差
心電圖		正常心電圖，負荷後3min心率恢復正常	正常心電圖，負荷後5min心率恢復正常	心律紊亂、1° A-VB、ST-T改變，負荷後5min內心率不恢復。
縱跳高度（cm）	女：58.4±4.3	穩定或上升	在原水平上下略有波動	低於原水平並逐漸下降

三、形態指標測試

　　身體形態測試主要是對某些與專項有關的身體形態特徵進行測量。對排球運動員主要測量身高、坐高、指距、下肢長等。還可以對體能訓練後身體形態發生變化的指標進行測試，如測量皮脂厚度，用水下測量法測試體脂比重。據加拿大排球隊測試，他們經過4～5個月的體能訓練，身體素質隨著體重、體脂的下降而上升。

第六章　排球運動員的心理訓練

第一節　專項心理特徵

排球運動員的心理活動特徵，是指在一定的遺傳素質的基礎上，由長期的專項運動實踐而形成和發展起來的從事排球運動活動所必須具備的各種心理活動的特徵。由對排球運動員所從事的專項實踐活動本身固有特徵的分析（主要是活動的結構和活動賴以實現的條件），可以在一定程度上揭示其心理特徵。

一、排球運動的活動結構和活動條件

排球運動的活動結構和活動條件決定了排球運動員的專項運動心理特徵。

從排球運動的活動結構上看，排球運動是一種由運動員運用各種技術動作組合成錯綜複雜的戰術行動而組成的具有身體間接對抗和心理直接對抗性質的競技運動項目。發球、墊球、傳球、扣球、攔網等基本技術動作是排球運動中的基本活動結構單位，也是實現各種戰術行動的具體方法。

構成排球運動的行動按其具體的目的可分為兩大類，即進攻的行動和防守的行動。在實施進攻或防守行動時，各種不同戰術行動的運用與動作的組合方式，取決於雙方的特點以及排球運動中各種具體的主客觀活動條件，這就

是排球運動的活動結構。

從排球運動的主客觀活動條件上看,在排球運動中,運動員所要實現的各種技術動作和戰術行動,是在規定的場地上和一系列的競賽規則的限制條件下,以及對手的積極對抗條件下進行的。

完成任何一種技術動作或戰術行動,都必須受到自身的生理和心理因素的制約,都必須受到時間、空間和對抗條件的限制,都必須具有準備性、目的性、全面性、迅速性、突變性、協調性、協同性、準確性和緊張性。

在排球運動中,運動員所要實現的各種技術動作和戰術行動,是在與對手的心理直接接觸並在自己和同伴的積極配合下協作活動,同時又在對手積極對抗的條件下進行的,完成任何一種技術動作和戰術行動,都將受到對手的積極阻礙與干擾。因此,必須具有強烈的戰術意識,必須迅速、準確地感知和判斷,靈活、果斷地抉擇,主動、適時地反應。

在排球運動中,運動員在比賽中所要實現的各種技術動作和戰術行動,都是在高度緊張和異常激烈的競爭過程中完成的,特別是排球競賽具有短時間的高強度運動與短時間的間歇相交替組成的長時間活動,活動的結果以記分定勝負,基本不受時間限制等特點。

因此,運動員完成任何一種技術動作和戰術行動都必須與其情緒、意志和個性品質相聯繫,都必須與其強的,甚至是極限強度的生理與心理上的緊張度相聯繫。

在排球運動中,運動員對各種主客觀刺激,是以其相應肌肉系統的協調活動形式組成各種基本技術動作做出應

答。它是以動作的多樣化、精細化，動作結構的變異以及簡單反應和複雜反應的迅速性、準確性、靈活性和敏捷性為特徵的。

從運動員對各種主客觀刺激的應答過程來看，它是由知覺刺激物，歸納動作類型（表像再認），瞭解與揭露對方的意圖並作出預見，選擇相應有效的應答動作及實現動作等因素所組成。其中最重要的是對外界刺激物準確迅速地感知、預見和應答的能力。

除此之外，排球運動的專項心理特徵還與排球運動競賽不斷朝著高水準的方向發展有關。當今國際排球運動競賽正朝著技術全面精尖快速化、能攻善守全能化、戰術綜合突變化、技術風格打法類型多樣化、競爭對抗白熾化的方向發展。這種發展方向將從不同角度和不同層次對排球運動員的專項心理特徵提出更高的要求。

鑒於排球運動具有上述活動結構與各種活動條件，排球運動員的專項心理特徵不僅表現在認知、情感和意志等心理過程的各個方面，而且表現在個性心理特徵的各個方面。它們是排球運動員專項心理特徵中不可分割的兩個方面。

二、排球運動員的認知心理特徵

在排球運動的實踐活動過程中，因其本身具有的項目特點，它要求運動員在完成各種技術動作和戰術行動時，穩定而有效地集中、分配和轉移自己的注意力；由自己的各種感覺器官，準確而又迅速地感知人、球、網和場地的各種時空關係以及自身運動的情況；在瞬息萬變的情況

下，正確地判斷場上的變化狀況與動向，識別與預見對手的戰術意圖；精確地把握時機，適時地採取對策，迅速而又準確地調節自己的行動來實現自己的戰術行動等等。這就需要排球運動員形成和具備各種空間知覺、時間知覺、運動知覺的準確性，球感，注意的集中、分配、轉移，思維的敏捷性、靈活性和正確性等心理能力或心理品質。這些心理能力或心理品質，構成了排球運動員感知過程的心理特徵、思維過程的心理特徵和注意的心理特徵。

(一) 感知過程的心理特徵

排球運動是以各種形式的擊球為核心，並以球來實現直接對抗的。擊出球的飛行路線及落點是由來球的速度（發球除外）和擊球的高度、角度、力量所決定的。擊出球的飛行路線及落點則構成了所擊出球的種類與特點。運動員欲使擊出的球以一定的速度沿一定的線路飛行來實現自己的戰術意圖，就必須根據來球速度，以恰當的角度和時機、合適的力量以及合理的空間位置將球擊出。因此，為了實現運用某種擊球技術動作的目的或實現某種戰術行動的意圖，任何一種形式的擊球過程（除發球），都由眾多環節同時地或連續地組成的。

例如準確地感知和判斷對手的空間站位，擊球的姿勢、高度、角度與力量，以及來球的速度和不斷變化著的各種時空關係；迅速地起動並快速移動至理想的擊球位置；根據條件的可能和自己的需要，依據自己與來球、場地的各種時空關係，調整好身體姿勢和方位，使自己的身體形成合理的準備姿勢並與來球、場地等構成最佳的時空

關係；借助全身的協調用力，特別是上肢、手腕和手指各大小肌群的主動用力，以恰當的角度和一定的力量將球擊出，使球按自己需要的速度、線路與落點飛行。

在上述全過程中，直接參與和調節控制擊球動作的心理機能有視覺、肌肉運動覺、平衡覺、聽覺、觸摸覺、機體覺等等。其中，關於球和對方活動的各種時空知覺資訊，主要依賴運動員的視聽覺和肌肉運動覺的心理機能活動來提供。

關於自身與來球、場地的各種時空關係以及準備擊球的姿勢等信息，主要依賴運動員的肌肉運動覺、平衡覺、視覺、觸摸覺等的心理機能活動來提供。關於自身的位移、擊球的高度和角度以及主動用力的信息，則主要依賴於運動員的肌肉運動覺、平衡覺、視覺和機體覺等心理機能的活動來提供的。所有的這些心理機能的活動又必須在大腦皮質統一的分析綜合活動下有機地進行。

可見，運動員有效地完成各種擊球動作，必須依賴大腦皮質與眾多心理機能的協調活動，並由這些心理機能的不同組合與協調活動，構成各種人、球、網、場地的各種空間知覺、時間知覺和運動知覺。各種擊球技術動作的效果，就是取決於這些心理機能的活動水準。

與此同時，這些心理機能的特定組合方式經過長時間的排球運動專項訓練，便會發展成排球運動的專門化知覺能力——「球感」。

良好的「球感」能幫助運動員對人、球的各種時空特性和物理特性以及擊球時人的運動學特性進行精細的分化。排球運動中的「球感」，主要包括「球性感」和「手

感」。「球性感」主要指的是運動員對排球的各種特性，諸如球的形狀、大小、輕重、彈性、重力、阻力和不同角度與不同力量擊球時球的空間運動速度、方向與線路變化等特性在感知時進行精細分辨；「手感」主要是指在完成擊球動作中人的運動生物學的特性，諸如完成各種擊球瞬間對相應肌群活動的方式精細分化。因此「球感」在排球運動中具有重要作用。

　　運動員形成和發展這種專門化知覺的能力，可使運動員準、快、巧、變地完成各種形式的擊球動作。

　　「球感」是一種精細分化了的複合知覺，是技術水準獲得高度發展並出現競技狀態的心理標誌。運動員形成了良好的「球感」，就能使其注意力從完成擊球動作過程中解放出來，將注意力全部指向與集中到解決迫切任務的技、戰術上去。因此，「球感」是高水準運動員突出的心理特徵之一。

　　「球感」具有不穩定性的特點，可因長期終止訓練、情緒過於緊張、身體狀態過度疲勞而減弱。經常進行有球的專項訓練，可防止「球感」的衰退。

㈡ 注意的心理特徵

　　由於排球運動是一項對抗性競技運動項目，具有比賽的雙方相互制約，各種擊球技術動作門類繁多，戰術多變，運動員所需完成的動作又屬開放型技能，加上比賽過程中速度快、變化多以及比賽不受時間限制，往往需要較長的時間才能決定勝負等專項運動的特點，所以對運動員注意的強度和穩定性有著極高的要求。

它要求運動員的注意中心始終高度指向和集中於技術動作和戰術配合，並在任何情況下都能作出正確的判斷和及時的抉擇，表現出最合理的高品質動作。

　　在瞬息萬變、稍縱即逝的緊張比賽中，運動員的注意強度減弱、穩定性下降或注意分散，哪怕只是瞬間，都會導致動作反應遲緩，動作品質下降甚至造成動作失誤或貽誤戰機。因此，注意活動的強度大而且穩定性高是高水準排球運動員必備的心理特徵之一。

　　此外，排球運動還具有短時間的一次高強度運動與短時間的一次間歇相交替和眾多影響擊球品質的因素等特點，它對運動員注意的轉移和注意的分配提出了較高的要求。它要求運動員的注意活動在比賽過程中有意識地隨著比賽情況的轉移而轉移，即有意識地隨著運動——間歇的交替而實現注意的轉移，以便能迅速正確地估計瞬息變幻的動向、應付對手的突然襲擊和高品質地去完成運動與間歇兩種活動形式。它要求運動員在比賽過程中有意識地把注意分配至與比賽活動有關的客體上。

　　由於這樣的分配，能及時地把握各種情況的變化，不失時機地實現自己的戰術意圖，所以注意的轉移和注意的分配，也是排球運動員重要的心理品質之一。

㈢ 思維過程的心理特徵

　　排球運動競賽是在雙方相互制約和各種瞬息變幻的技、戰術動作對抗條件下進行的，要求運動員必須注意高度集中和迅速正確地感知、分析與判斷任何一種細小的變化，瞭解對方的技、戰術意圖，及時採取對策，調節自己

的行動，因此，運動員必須具備相當程度的思維能力。運動員的思維活動應具有行動性、靈活性、敏捷性及預見性等特徵。

排球運動的特點決定了運動員在比賽過程中所採取的技、戰術對策，必須是在即時的運動情景中對對手的運動能力以及技、戰術意圖作出正確的判斷與預見，所採取的對策不僅要在迅速的行動中實現，而且還要在行動中不斷地校正。運動員的思維活動是以雙方的技、戰術行動為主要內容，並且由行動加以表現的。這種行動既是思維過程的起點，也是思維過程的終點。這就是排球運動員思維活動具有行動性的特性。思維活動的行動性不僅使運動員的思維獲得了敏捷性和靈活性，而且也使運動員的思維活動本身獲得了實效性，即運動員把技、戰術的決策付諸行動後，立刻就能看到實際效果。

排球比賽的特點決定了運動員對變化著的運動情景的分析、判斷和自己即將採用的技、戰術行動的抉擇必須是在「一瞬間」進行，因此，在比賽過程中的思維活動必須具有敏捷和靈活性特徵。具有思維敏捷性特點的高水準運動員，往往能在情勢危急的情況下當機立斷，巧妙解圍，從而創造優勢，變被動為主動，抓住戰機，出奇制勝。同時，合理的技、戰術決策，並能及時和迅速地依據臨場情況的變化而機智、靈活地運用各種技、戰術，使技、戰術的運用活而不亂、恰到好處，正是高水準運動員優良心理品質的一個重要標誌。

排球技術動作完成的時間極為短促，實現戰術行動的速度又極快，加上比賽時場上情況瞬息萬變，為了有目的

地運用技、戰術並及時地採取相應對策，就要求運動員在比賽中對臨場情況具有高度的預見性。排球運動競賽中，運動員只有迅速、及時地對對手的技、戰術目的與意圖作出正確的判斷和預見，才能不失時機地採取合理的對策，調整自己的技、戰術行動。

根據排球運動的客觀規律，彼我雙方的運動能力、攻防特點、打法類型、技術風格和臨場情況所發生的瞬息變化，能準確預見到各種可能發生的情況，準備好各種應變策略，不失時機地抓住戰機等臨場表現，正是運動員思維活動高度發展的標誌。

三、排球運動員的情緒和意志特徵

在排球運動的實踐過程中，運動員在比賽中所完成的各種技、戰術動作，都是在高度緊張、競爭異常激烈的條件下進行的，勢必和運動員極度緊張的生理與心理活動聯繫在一起。這就要求運動員在豐富多彩、鮮明強烈和複雜多變的情感體驗活動中形成和發展穩定的情緒狀態、自我控制和始終保持增力情緒狀態等的能力，以及一系列專項運動所必備的意志品質。這些能力和品質便構成了排球運動的情緒過程和意志過程的心理特徵。

排球運動是一項能使運動員產生較為深刻的情緒體驗的運動。運動員的情緒特點是受各種主客觀因素和排球運動本身固有的特點所制約的。

運動員參加排球競賽的任務是要戰勝對手；比賽過程中各種主客觀條件變化大、節奏快、活動劇烈，機體要忍受極度緊張；比賽戰局常常起伏不定，順利與困難並存並

迅速轉換；場外的觀眾又表現出各種不同的態度與傾向，所有這一切複雜的現實狀況勢必與運動員對比賽意義的認識、期望、當時的生理狀態等因素交織在一起，於是便產生了各種複雜多變的情緒體驗。這些都作為一種極其活躍的因素影響著運動員的競技狀態。排球運動員的情緒體驗一般有下述幾個方面的特點：

首先，情感和情緒體驗經常是圍繞著成功與失敗而變化著。成功的強烈願望常常籠罩著運動員的整個「心靈」，但有時又不能擺脫可能失敗的焦慮情緒。

其次，情緒體驗異常強烈與鮮明。運動員的高漲情緒，就其發生而言，是由神經系統的強烈興奮所引起的。但高漲情緒的產生總是與運動員對比賽意義的認識和對結局的估計以及其他各種因素或想法相聯繫的。一般說來，對比賽重要意義有深刻的理解，期望水準較高而對手的實力又強，主客觀的困難多，則各種想法就多，情緒體驗就會強烈。這種狀態通常是賽前的情緒特點。隨著比賽時間的臨近，可能變得更劇烈，也可能趨向穩定。它是以體能狀況、技術和戰術的實力與心理狀態為轉移的。

第三，情緒體驗的性質變化迅速。情緒體驗的性質迅速變化，是和場上的比分變化、優劣的轉換、技術和戰術應用的效果等多種因素相聯繫的，如每得一分或每失誤一次均可能出現積極的增力情緒或消極的減力情緒的迅速轉化。優劣勢的轉化可成為情緒體驗向相反性質轉化的原因。

總之，運動員的情緒體驗和特點是有規律地產生和變化著，它的產生和變化都會直接影響運動效果。運動實踐

證明，積極的增力情緒狀態是爭取勝利的重要心理因素；反之，則是失敗的主要心理原因。因此，對於高水準排球運動員來說，在比賽過程中必須保持積極的增力情緒狀態，並使之處於較高的穩定水準，同時也必須具備和發展情緒狀態的自我控制和調節能力。這種穩定性與控制調節能力則主要依賴於運動員的意志。

組織性、紀律性、獨立性、主動性以及堅定、果斷、頑強、沉著、勇敢、堅韌、自信等意志品質是任何一個排球運動員所必備的。

競技運動水準提高的速度和雙方實力相當的比賽能否取得勝利，很大程度上取決於運動員意志品質發展的程度。因此，運動員意志品質的培養和發展對排球運動員從事專項訓練與競賽具有十分重大的意義。

四、排球運動員的個性心理特徵

個性心理特徵是一個人的各種心理活動特徵的綜合，是一個人的認知、情感和意志過程以及動機、能力、氣質、性格等表現特點的相對穩定的統一。它標誌著人與人之間的心理差異。個性心理特徵是在個體遺傳素質的基礎上，由個人的社會實踐活動形成和發展起來的，又由個體的各種心理活動表現出來，它制約著人的各種心理活動。

排球運動的專項運動特點和專項運動心理特徵，對排球運動員在精神運動特性、氣質類型和性格特徵等方面同樣也有一定的要求，這些要求就構成了排球專項運動員的個性心理特徵。

從精神運動的特性來看，排球運動的活動結構、條件

以及訓練、競賽的各種特點，對運動員心理過程的強度、速度、穩定性以及心理活動的指向性和表現方式方面提出一定的要求。這些要求具體表現在排球運動員必須具備很強的、高度靈活和平衡的神經過程。

神經過程的強度決定了在強的和長時間的刺激作用下神經系統的耐力。神經過程的靈活性是發展下述能力的條件：在技、戰術情況改變時迅速改變自己的行動結構的能力；在和對手對抗中變換動作的速度、節奏以及戰術措施的能力。

神經過程的靈活性還與運動員的速度能力的發展相聯繫，更多地表現在運動的速度、感覺運動反應的速度和爆發性的動作中，並能使運動員發展快速進入緊張活動的能力。神經過程的平衡性，保證了在緊張因素的作用下有完全適宜的反應和運動員在競賽活動中的穩定性。

從氣質特徵上看，人的氣質特徵是以個體精神運動特性為基礎的，是精神運動的特性在人的行為方面的表現。依據排球運動員的精神運動特徵，三種氣質類型即膽汁質、多血質、黏液質及其中間型都可以適合排球運動特點，而多血質和以多血質為主的膽汁質、黏液質的中間型為最理想的排球運動的氣質類型。

從性格特徵來看，性格是一個人對待現實的態度和行為方式方面較為穩定的個性心理特徵。排球專項運動活動的結構、條件以及訓練比賽的特點，決定了高水準排球運動員所應具備的性格特徵。

在對待現實態度方面應該是：對待專項運動活動的態度是具有目的性、事業性、主動性、獨立性和創造性等；

對待集體與他人的態度是具有集體主義精神、同情心、坦率性、原則性、熱情與急公好義等；對待自己的態度是具有自我批評的精神、自尊心、自律性、謙虛、克己等。

在行為方式方面應該是：樂群和喜歡與他人合作、聰慧、富有才識、理知性強、自持其力、獨立積極，情緒穩定、知己知彼、自律嚴謹，具有較強的攻擊性並敢於負責、行為現實和得體、合乎成規、富於創造與預測、精明能幹、勇敢果斷、自立自強等特徵或品質。

第二節 心理訓練

心理訓練是為了適應現代運動競賽水準發展需要，隨著體育科學與心理科學的發展而逐漸形成和發展起來的，是與體能訓練、技術訓練、戰術訓練享有同等重要地位並與它們一起共同構成科學的、完整的和現代化的運動訓練體系的必不可少的重要組成部分。

排球運動員的心理訓練，就是指有意識、有目的地培養、發展和完善排球運動員在從事專項運動活動時所必須具備的各種心理素質和心理品質的一種教育過程。

實施運動員心理訓練的目的就在於發展、提高和完善排球運動員達到最高運動水準時所必須具備的各種心理品質，排除在訓練、競賽過程中阻礙自己獲得和發揮運動水準的各種不良心理狀態和消極的心理因素，確保最佳競技水準的獲得與發揮。

為了實現這一目的，透過心理訓練改善心理過程，挖掘心理潛力，掌握心理自我控制調節的策略與方法，提高

心理活動的水準，從而獲得與發揮最佳競技水準。

一、排球運動員心理訓練的內容

排球運動員的心理訓練可以根據運動訓練和競賽活動的需要、心理品質形成的規律以及心理訓練的具體目的、訓練的時間分為日常心理訓練和心理調節訓練。

㈠ 日常心理訓練

日常心理訓練也稱為長期心理訓練，這是一種長時間持續不斷的心理教育過程。通常始於運動員開始接受專項訓練，止於運動員運動生涯結束。日常心理訓練的目的是為了提高和完善運動員的各種心理素質、心理品質和競賽的心理準備狀態，確保最佳競技狀態的獲得。其具體內容包括：

1. 培養運動員對排球專項運動的良好動機、態度、興趣以及專項運動所需的各種能力、性格和氣質等個性特徵，這些特徵是運動員達到最高運動水準時重要的心理保證。

2. 改善知覺過程，尤其是形成對排球運動具有重要意義的專門化知覺過程——球感。

3. 發展各種注意能力，主要包括注意的穩定性、注意的轉移和分配能力以及在訓練和比賽條件下的心理定向能力。

4. 發展各種記憶、想像、操作思維、戰術思維和預測能力，以及在念動訓練（又稱運動表像訓練）中學會利用肌肉運動表像的能力。

5. 發展排球專項運動所需的各種情緒、意志品質，特別要發展在訓練和競賽的關鍵時刻能表現出情緒狀態的穩定控制與激發、頑強、自制、勇敢、果斷、鎮靜和奪取勝利必勝信念等的意志品質。

6. 學習和熟練地掌握與運用各種心理自我控制、調節的策略、手段和基本技術。

(二) 心理調節訓練

心理調節訓練也稱為準備具體比賽的心理訓練或短期心理訓練。這是一種針對性強、時期較短的心理教育過程。心理調節訓練目的是為了使運動員在賽前、賽中、賽後形成穩定的最佳心理狀態，確保最佳競技水準的發揮，其具體內容主要包括：

1. 適應運動競賽水準的動機訓練。

2. 適應比賽環境條件的心理準備訓練。

3. 適應比賽時各種人際關係的心理適應訓練。

4. 適應比賽時所需適宜的生理、心理啟動水準的激發、控制和調節訓練。

5. 關於比賽時的戰術思維模式和思維靈活性訓練。

6. 應付和排除突發事件的心理應激訓練。

7. 各種專門的心理狀態的調整、心理放鬆和恢復、消除各種心理障礙以及心理能量的儲備等訓練。

二、排球運動員心理訓練的程式

實施高水準運動員的心理訓練是一項既複雜又具體的工作，國內外在這方面尚無統一的程式規定。根據兩類心

理訓練的性質、目的、內容與方法的不同，一般可依據如下的步驟進行：

㈠ 日常心理訓練的程式

1. 充實各種理論知識，特別是心理學和運動心理學的理論知識、操作技能與測量評定的方法。

2. 探討、瞭解並熟悉運動訓練、運動競賽過程中所有可能涉及的心理學問題。

3. 透過心理選材和心理測量評定建立專項運動員的心理檔案。

4. 實行定期與不定期相結合的各種心理診斷。

5. 制訂切實可行的心理訓練計畫。

6. 在專項運動訓練的同時實施心理訓練計畫和進行專門的心理訓練。

7. 定期與不定期相結合地檢查與評定心理訓練效果，為修訂或重新制訂心理訓練計畫打基礎。

㈡ 心理調節訓練的程式

1. 傳授心理訓練的目的、作用與原理，提高對心理訓練的認識並保持良好的積極態度。

2. 收集與分析即將進行比賽的一切情報資料。

3. 識別最佳競技狀態與產生各種心理障礙的徵兆。

4. 進行賽前心理診斷。

5. 制訂賽前心理訓練的策略，選擇相應的心理訓練的方法與手段。

6. 實施心理訓練的策略、方法與手段。

7. 檢查心理訓練的效果，總結經驗教訓並鞏固其成果。

三、排球運動員的心理診斷

運動員的心理診斷是指運用心理學的技術與方法對運動員的心理能力、個性特徵和心理狀態進行測量與評定。

運動員的心理診斷的意義重大。因為只有根據對運動員的心理能力、個性特徵和心理狀態的測量與評定，才有可能對運動員即將進行的或未來的運動活動的表現及其效果進行預測；才有可能進行因材施教、個別對待，進行科學的定向訓練，使訓練過程和訓練效果達到最優化。只有對運動員的心理診斷並進行必要的針對性心理訓練，才有可能最大限度地發揮運動員的自身潛力，取得優異的運動成績。

(一) 運動員心理過程特徵的診斷

運動員心理過程特徵的診斷內容主要包括感知覺、注意、記憶、思維、反應速度等方面的心理特徵。其主要的診斷方法通常是借助於儀器設備，運用實驗室實驗和自然實驗的方法進行測量與評定。

運動員心理過程特徵的具體測量與評價方法參見有關運動心理學中的心理測量與評價部分。

(二) 運動員個性特徵的診斷

運動員個性特徵的診斷內容，通常主要包括氣質類型、性格類型及特徵、動機水準及態度等方面。其主要的

診斷方法通常是借助於各種作業量表及問卷量表來進行，也可借助於儀器設備的測量進行綜合評定。

個性特徵的測定方法大同小異，所不同的僅是由於診斷的目的及內容不同而選擇的問卷量表不同。可參見有關運動心理學中的心理測量與評價部分。

㈢ 運動員心理狀態的心理診斷

心理狀態就是指在一定時間內人的全部心理活動的總特徵。這些心理活動是與人的一定心理過程、個性特徵和生理心理機能相聯繫的，其中以情感過程的心理特徵為主要內容。

運動員心理狀態的診斷內容，主要包括訓練前後、競賽前後、重大活動前後的心理緊張狀態。其主要的診斷方法既可採用一定的儀器設備進行測量評定，也可採用問卷量表（如焦慮量表）加以測試評定。

四、排球運動員的心理訓練方法

㈠ 排球運動員日常心理訓練方法

1. 專門化的感知覺訓練

專門化的感知覺訓練方法包括對牆傳、墊、扣等熟識球性的練習；傳不同重量、弧度、距離的球等本體感覺練習；目標性傳、墊、扣、發的方位感練習；促進「人與球」和「人與網」在空中合理位置的「空中知覺」練習；設計能固定傳、墊動作的簡易教具進行限制性或誘導性練習等。

2. 集中注意訓練

集中注意形象訓練方法，即運動員結合日常基本技術動作訓練在腦中回憶動作形象，使注意力始終集中在動作形象上；內向的集中注意訓練方法，即運動員選擇自身內部的某種生理因素為注意對象，進行注意集中和指向訓練；注意自身動作訓練方法，即運動員選擇自身的肌肉動作來訓練自己的注意力；注意模仿接近專項技術動作訓練方法，即運動員使自己的注意力穩定在單個或連續動作上。

3. 視動行為重演訓練

這是一種運用運動表像強化運動技術動作的心理訓練方法。其步驟是：連續進行 20 分鐘左右的放鬆訓練，消除練習前的緊張情緒後，用心理表像來演練專項動作技術。

4. 念動訓練

這是一種運用運動表像和自我暗示相結合的心理訓練方法。具體方法是：運用動作技術練習時在頭腦中形成的準確動作表像，選用簡單而明確的術語進行暗示，在想像中完成動作。

5. 意識訓練

這是一種形成運動技能的綜合心理訓練方法。其步驟是：建立正確概念，運用直觀教學手段進行；肌肉控制，通過想像有順序地支配肌肉逐部位、逐級放鬆；精神集中，在視覺中清晰地表像出一個動作，並定格一段時間；視覺表像，眼睛盯住一個目標，在腦海裏表像出自己正在做的動作，同時用語言形象描繪動作過程與方法；表像與

運動器官的連結，視覺表像中每一個動作都有意識地與自己機體中完成此動作的肌肉、關節的感覺相聯繫，直到兩者的感覺相一致；檢查訓練效果。

6. 意志品質訓練

克服主觀困難的方法有說服教育、榜樣作用、自我命令等。克服客觀困難的方法可採用改變負荷大小、練習難度、要求的高低和環境的改變等方式予以實現。在訓練中可有意識地設置一些瞬息化的複雜條件，培養運動員當機立斷、正確估計危險程度、毫不猶豫作出決定的果斷精神。良好的自制能力是運動員在訓練中能充分發揮競技能力的基礎。

自制性是以情感的穩定性為基礎的。因此訓練中常用自我鼓勵、自我說服、自我命令和暗示、自我約束等方法來控制自己的情感，發展自制能力。

㈡ 排球運動員的心理調節訓練方法

1. 排球運動員賽前心理調節訓練的方法

⑴ 比賽動機訓練。

因人而異的動機訓練方法與競技動機、成績指標、自我責任感和獨立性發展程度等有著特殊的聯繫，因此可採用激勵、誘導、命令、表揚和懲罰等教育方法來實現。因環境而異的動機訓練方法與外界刺激有關，因此可採用改變訓練環境和條件，客觀分析可能取勝的原因，利用訓練任務的有效刺激、傳媒的宣傳和發揮榜樣的力量等來激發運動員的比賽動機，使其達到理想啟動水準。

⑵ 自我認知訓練。

這是一種賽前階段提高自信心的心理訓練方法。訓練中要求運動員自覺地進行自我灌輸：自己有足夠的實力參賽；自己的技、戰術水準和體能狀況足以使自己超水準發揮；自己將採用何種技、戰術手段戰勝對手；不管發生何種情況，我都不會受干擾等思想。

　　⑶心理適應訓練。

　　這是一種促進參賽主體與競賽環境之間保持心理協調的心理訓練方法，主要有適應場地設備的訓練、適應生活的訓練、適應觀眾的訓練、適應裁判的訓練和適應比賽氣氛的訓練等。

　　⑷心理準備訓練。

　　這是一種由瞭解競賽雙方的情況和運用類比訓練等幫助運動員做好參賽心理準備的訓練方法。主要有：

　　一般準備。預先瞭解對方各種與競賽有關的靜態資料；瞭解本隊隊員的心理活動情況，說明競賽規程，確定競賽目標和闡述參賽意義，做好心理上的準備。

　　模擬訓練。用語言、音像資料和因素分析圖表來描繪比賽情景。亦可用類似心理適應中的方法，在訓練過程中模擬一些與競賽相似的外界環境，最好採用模擬對手特點的實景模擬對抗訓練。

　　⑸心理調節訓練。

　　這是一種有意識調節運動員賽前不良心理狀態的訓練方法，主要有：

　　賽前談話。透過友善的交談幫助運動員明確比賽的任務和意義，激發其參賽動機，鼓舞其增力情緒，增強其參賽信心。

復述比賽程式。在頭腦中「復述」競賽的一般過程以及在頭腦中演練攻防技術和戰術配合等。

　　閉目靜坐。回憶過去成功的經驗，體驗獲勝的喜悅。

　　信息回避。儘量回避外界干擾性信息，阻斷干擾源，平衡情緒。

　　心理自我調節。方法很多，例如採用最舒適的放鬆姿勢，按一定的放鬆和動員套語，促使肌肉放鬆，調節植物性神經系統機能，以緩解賽前過度興奮、動機過強、神經高度緊張等不良心理（自我放鬆訓練）；上場前，在腦中清晰地重現自己過去競賽中最佳技術動作的表現，體驗當時的身體感覺和情緒狀態，促使全身增力感覺和增力情緒加強（表像重現訓練）；強度小、幅度大、速度和節奏慢的準備活動，以調節賽前過分緊張的情緒；幅度小、強度大、速度快和節奏快的變方向等準備活動，以調節賽前情緒低沉和興奮性不高的心理狀態（活動調節訓練）；一套常用的指導語放鬆自己手、腿、背、肩、頸、臉等部分的肌肉（自我暗示訓練）；透過各種文娛活動將自己的注意力轉移到與比賽無關的刺激物上使自己的心理得到放鬆（轉移注意訓練）。

　　催眠放鬆訓練。在比賽的隔日或當天由心理學專家將運動員引導至催眠狀態，使運動員從賽前情緒緊張不安和恐懼感中解脫出來。

　　生物回饋訓練。這是一種借助電生理遙測，將運動員內部活動資訊顯示出來並回饋給本人，然後根據初期測定結果，按照塑造成型原則進行反應期訓練以及脫離生物回饋儀的訓練，學會調節控制自己的情緒，從而消除賽前過

度緊張、焦慮等心理訓練的方法。

主動療法訓練。這是一種依據自我放鬆訓練的基本原理並結合專項活動，調節每次比賽前心理狀態的訓練方法，其步驟是：第一，主動放鬆參與運動的肌群。第二，通過表像重演、自我暗示、想像產生心理啟動。第三，運用活動調節訓練產生適宜的競賽情緒狀態。

2. 排球運動員賽中心理控制的方法

(1) 呼吸調整。

運動員在賽時產生過度緊張時，往往感到胸悶氣短，呼吸急促。此時可採用吸氣時肌肉緊張和呼氣時肌肉放鬆相結合的呼吸和肌肉的收縮與放鬆交替進行的呼吸調整法，以消除緊張、激動的心理狀態。

(2) 自我暗示。

運動員在賽時出現情緒不穩定時，可採用具有針對性的如「我必須沉著、鎮靜」「我感覺很好」「這個動作我能完成好」等默念的方式暗示自己，穩定情緒，驅散周圍環境對自己心理上的不良刺激。

(3) 注意力集中。

當運動員在賽時遇到諸如觀眾、對手、裁判或同伴等劣性刺激時，立即找出適合於自己集中注意力的對象，排除所有外界刺激，運用深呼吸和使肌肉緊張起來的方法，把注意力完全集中於將要完成的比賽動作上去。

(4) 思維阻斷。

當運動員的情緒緊張是由於消極思維引起並被自己覺察時，就可採取積極思維來阻斷消極意識。例如，運動員由於開賽後的一次接發球失誤而不斷出現「糟糕，今天我

的一傳是好不了了」的消極思維時，運動員又自我覺察了出來，此時就應在內心喊一聲「不」，並用「我將以最佳方式處理好每個發球」這種積極思維來替代消極的思維活動。

(5) 轉移注意。

當觀眾、對手和裁判的劣性刺激引發自己產生激情和焦慮的不良心理狀態時，應立即使自己的意識脫離這些劣性刺激物，把注意力主動轉移到自己新一輪的攻防技術動作上去。

(6) 自我宣洩。

當情緒過度緊張時，可由擦臉、握拳、跺腳等動作及喊聲等，並伴之以一定的自我暗示，將緊張情緒宣洩出來，達到情緒穩定的目的。

(7) 教練員的榜樣。

教練員應在比賽中做到臨危不亂，遇險不驚，真正成為運動員的「主心骨」。運動心理學家曾說：「比賽的關鍵時刻，也是運動員最容易極度緊張的時候。此時運動員總會向你投來探尋和求助的目光。你的情緒會由語言表情、身體動作表情向運動員傳遞著你的思想。哪怕一個鼓勵性的語言表情，亦會使運動員信心倍增。而一個無可奈何的搖頭，哪怕只是一晃而過，亦會使運動員感到大勢已去。」

(8) 恰如其分的臨場語言指導。

教練員應有效地利用暫停、局間休息和換人等途徑，根據臨場運動員的情緒變化充分發揮語言指導的調控作用。如：當發現運動員過度緊張時，可使用詼諧幽默的語

言；當發現運動員情緒過分激動時，可使用能調整心態的暗示性語言；當發現運動員情緒低沉時，可使用激勵性語言；當發現運動員出現盲目自信的情緒時，可使用說服教育的語言。

3. 排球運動員賽後心理恢復的方法

⑴ 放鬆調節訓練。

其步驟是：閉目靜坐，全身肌肉從下到上逐級放鬆；用鼻子呼吸，呼氣和吸氣時均默念「一」；連續 20 分鐘後，慢慢睜開雙眼。每天 1～2 次，飯後兩小時後進行。此法對促使運動員心理能量的恢復見效甚速。

⑵ 冥想訓練。

其步驟是：運動員在絕對安靜的環境中，仰臥平躺，閉上雙眼，把注意力從比賽環境中脫離出來並躍入一個輕鬆愉快的想像環境之中。每天早晚各一次，每次 15～20 分鐘。此法對加速神經系統活動的恢復，提高運動員的反應力、知覺力和靈敏性，強化抗外界幹擾能力以及穩定情緒具有重要作用。

⑶ 生物回饋訓練。

利用肌肉電回饋，當肌電信號明顯減弱時，同步漸滅燈光和漸關音量，讓運動員得知自己已處於逐漸放鬆狀態，與此同時讓運動員努力去體驗自己放鬆狀態的感覺。

⑷ 大腦皮質興奮度弱化訓練。

賽後組織遊覽、觀賞等活動，消除因激烈競賽在大腦皮質中的強痕跡作用，以轉移減弱緊張情緒，降低興奮水準，逐漸恢復正常心理狀態。

⑸ 典型事例分析訓練。

由臨場技術統計分析，讓過高估計自己實力的運動員在成功中看到自己的不足，使其從沾沾自喜中清醒過來；讓過低估計自己實力的運動員在不利中看到光明的一面，從消極中看到積極因素，使其振作精神。

　　⑹激情疏通訓練。

　　可採用談話、書寫等形式給運動員提供合理宣洩自己內心過度氣憤、憤慨、惱怒等不良情緒，解除其心中的抑鬱和積悶。

第七章 排球教學與訓練

第一節 排球教學

一、排球教學的任務

排球教學的任務是傳授排球基本知識、基本理論、基本技術和基本戰術,以及不同形式的排球活動方法,培養學生團結協作、勇於拼搏的團隊精神;對體育院校專門學習排球的學生來說,還應培養他們的排球教學能力、組織競賽能力、裁判工作能力以及自我教育能力和解決實際問題的能力等。

二、排球教學原則

排球教學應遵循教育學教學論中有關的一般原則,如教師主導作用和學生主動性相結合原則、直觀性原則、系統性原則、鞏固性原則、因材施教原則、循序漸進原則等。

「分科教學法分別研究各門學科的教學規律、教學原理……各科教學法要符合各門學科的教學規律」,而教學原則又是教學客觀規律性的反映。因此,具體到排球學科,排球教學應有其自身的教學原則。

教學論研究告訴我們,排球教學原則主要用以闡明教師在教學過程中應怎樣依據排球教學的客觀規律,進行教

學活動,加速教學進程和提高教學效果。它是教師在排球教學過程中實施教學最優化所必須遵循的基本要求和指導原理。

排球教學原則是在科學分析排球教學過程及相關因素的基礎上構建起來的。它有賴於對以運動技能學習為主並與思維活動相結合的認知過程、排球教學目的、排球教學內容、排球教學手段的再認識。

基於這樣的觀點,在教育學教學論有關教學一般原則的指導下,在排球教學原則構建及運用的過程中,應著重考慮以下六個方面的基本要素:

㈠ 人性化教學

在教學目標的設計中,必須考慮以學生為主體,促進學生自主發展,培養學生的創造精神和競爭條件下的合作意識,使學生人格、個性得以發展。教學對象的主體性是人性化教學原則的核心內容之一。學生的主體性表現在排球教學中應突出學生的積極性、主動性,以及創造良好的人性化排球教學環境。讓傳統排球教學「讓我學」「讓我練」的模式轉化為「我要學」「我要練」的模式。教學主導的科學性是人性化教學原則的又一個核心內容。

教師理解人、友好、負責、有條不紊、富有想像力和親切熱忱的良好情感品質,以及善於根據排球教學的規律,掌握不同年齡、性別學生的生理、心理特徵,注重教材的系統性,教法的實用性、遊戲性和競技性,合理安排運動負荷等進行組織教學的工作能力,是使學生產生積極的情感體驗,成為教學雙邊關係中的一種動力源。

⼆ 教學過程元素安排的可接受性

教學活動應該依據學生的可接受能力，把握好教學活動的難度分寸。因此，教學目標的制訂應符合學生可接受的心理邏輯，應遵循學生心理發展歷程，也就是在教學目標設置時，必須依據目標難度與動機之間的關係理論，保持適宜的難度。

教學內容的安排應符合教材的科學邏輯，即體現教材內容各構成要素應具有科學、合理的邏輯關係。就教學過程的總體而言，應先教授基本技術，後教授技術運用；先教授技術，後教授戰術；先進行技、戰術術科教學，後進行技術、戰術、競賽規則、教法作業等理論課教學。

就單個動作技術來說，排球技術由多個環節構成，各個環節又是由小的技術細節和相應的知識組成，因此，排球技術教學應由最基本的知識與動作環節開始，進而進行完整，乃至技術細節的教學。與此同時，根據排球動作技術特點，在學習排球技術時，應從準備姿勢開始，依次學習擊球手型、擊球點和擊球用力。

教學手段的運用，應根據人對事物認知規律、運動技能形成規律，遵循由徒手模仿練習到用球練習，由誘導性練習到輔助性練習，由不使用球網到使用球網，由簡單條件下的比賽逐步過渡到複雜條件下的競賽操作方式方法。

⼆ 球感發展領先

實踐經驗告訴我們，對排球運動技、戰術來說，判斷人或物與自己的距離的能力、知覺人和物的狀況與速度的

能力（不僅迅速知覺反應的時間，而且迅速知覺本隊和對方隊員的動向以及各種不同來球的方向和速度）、空間關係視覺化的能力（不僅能知覺球與人，而且能認知其場上位置與人球空間的關係和洞察其變化）、在時間上統一運動協調的能力（迅速連續進行不同的動作時，按照動作方法或串連序列使之融合統一）等具有特殊意義和起特殊作用。因此，在排球教學過程中，根據不同的教學階段，針對性地運用各種發展球感的誘導性和輔助性練習手段是至關重要的。

㈣ 教學手段可視化

在排球動作技術教學之初，對運動知覺（如對球的本體感覺）、對球在空中運行的時空感知等狀況的辨別、判斷的比重很大，然而在學習的後期這種比重有減少的傾向。同樣對視覺的依賴也是在學習初期比在後期更為重要。在學習的後期，視覺的幫助幾乎被肌肉運動的知覺所替代，當然繼續有效地利用視覺幫助，動作技術將完成得更為準確。

因此，排球技、戰術教學優先運用完整與分解示範、正誤對比示範、邊講解邊示範以及運用掛圖、圖表、照片、幻燈、電影、錄影、投影等直觀教具和現代化的多媒體教學手段進行教學，則是必不可少的。

㈤ 合理運用動作遷移

在排球動作技術教學過程中，由學習某種動作技能而得到的能力向同等或類似的橫向技能遷移的情況可以說比

其他球類項目要來得多一些，例如，正面上手發球與正面扣球的揮擊臂動作。但就排球正面上手發球與正面上手發飄球的揮擊臂動作而言，它們雖同屬排球發球類動作技術，表面上看動作很相似，但因其揮擊臂動作技術在本質和內在聯繫中有著截然不同的區別，所以它們之間的遷移量並不大。

可見，技能之間所顯示的類似性，並不等於在動覺、運動刺激、運動反應、同一運動反應動作的形式和運動的控制方式等方面的共同性。這就提示我們在排球動作技能的教學過程中，既要注重運用動作正遷移的有利效應，又要防止動作負遷移效應的干擾。

㈥ 在有效操作下適度增加練習量

練習量對學生學習動作技能起著至關重要的作用。傳統觀點似乎認為，練習量越多，練習者在未來情景中的操作越好。排球教師指導學生學習和改進基本技術的正確性時，採用的方法大多是由增加觸球次數，讓學生多做擊球練習。運動程式理論與動力模式理論關於練習變異對於動作技能主要作用的研究指出，持續練習相同的動作會導致記憶動作和遷移動作能力的降低。因此，「多練有益」的大量重複練習並不是提高技能操作的最佳選擇。

練習不能產生完美的動作技能，只有完美的練習才能產生完美的動作技能，亦即練習量只有與其他諸如強調動作方法、注重動作效果、變換操作條件等變數共同作用時，才能產生最佳的技能學習效果。

三、排球教學工作文件

排球教學工作檔是排球課程教學的依據，是排球教學工作賴以進行的重要環節，主要包括教學大綱、教學進度和教案三個部分組成。

㈠教學大綱

排球教學大綱是體育院校學科專業教學計畫的具體表現形式，是按照學科專業教學計畫的要求，規定排球課程具體內容，實施排球教學工作的一個法規性檔。它是選編教材、教師實施教學、合理進行考試命題、課程評價、促進課程建設的依據和標準。

1.教學大綱的基本結構和內容

⑴說明。主要包括課程定義、大綱編寫依據、課程的目的任務、課程編號、學時與學分。

⑵教學安排與時數分配。主要包括理論課教學的基本內容（綱目）與時數分配，技術、戰術、運動素質教學，訓練的基本內容與時數分配。

⑶教學內容與知識點。主要包括理論課教學、技術教學、戰術教學、運動素質各章節的具體內容，如理論課教學內容：第二章排球技術中排球技術基本理論。知識點：排球技術的概念、特點、分類和力學問題。

⑷考核方法與標準。主要包括考核的形式、成績計算。

⑸教材與主要參考書目。

2.編寫教學大綱應注意的幾個問題

⑴要考慮排球學科自身的特點，注意在實現培養目

標的總體前提下使課程教學內容既要緊密銜接，又要防止遺漏、避免重複。

⑵大綱所列的教學內容要有相對穩定的基本知識理論和基本技能，反映出學科的最新成果。培養能力等實踐性教學環節應在教學大綱中佔有重要的位置。

⑶按照學科的科學體系和教學法的特點建立嚴謹的課程教學內容順序。

⑷在所學知識的分量上既符合培養目標的要求，又適合學生的接受能力。

⑸文字清楚、語言精煉、格式統一、名詞和術語規範準確，使教師能準確把握學生掌握教材程度的含義。

㈡教學進度

排球教學進度是具體落實排球教學大綱中所規定的教學內容、教學時數、考試考核等核心要素的教學工作文件。它是教師編寫教案的重要依據之一。科學地安排教學進度是保證教學品質的基本途徑。

1.教學進度的基本結構和內容

教學進度一般以卡線表的形式出現，其基本結構和內容是：

⑴表題。進度使用的對象及年、月、日。

⑵表格的縱向結構與內容。一級綱目由理論部分、實踐部分、其他等三個部分組成。二級綱目由理論教材，技、戰術的主要教材、次要教材和介紹教材，其他的具體安排（如教學實習、教學比賽、裁判實習、考試、機動）等三個部分組成。

⑶表格的橫向結構與內容。一級綱目由週次構成；二級綱目由每週所對應的課次構成。

⑷表體由若干次課及其內容構成。

2.編寫教學進度應注意的幾個問題

⑴ 合理劃分教學階段

教學階段的劃分是整個教學過程中確定教材的教學時數和教材內容在進度中出現時機的基本依據，是保證課程教學品質的基本途徑之一。

排球普修教學進度一般包括以下五個階段：①單項基本技術教學及其串連階段；②單項基本技術運用及其串連階段；③多項基本技術運用及進攻戰術教學階段；④多項技術運用及防守戰術教學階段；⑤多項技術運用及攻防戰術運用提高階段（圖7-1）。由於五個階段的教學目的任

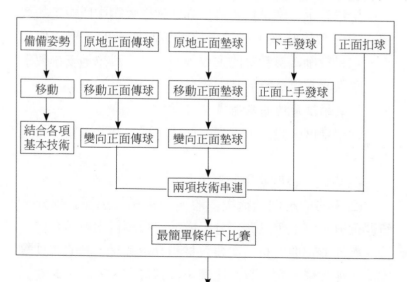

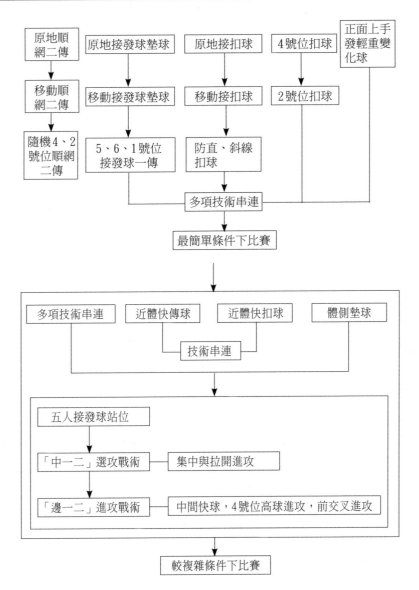

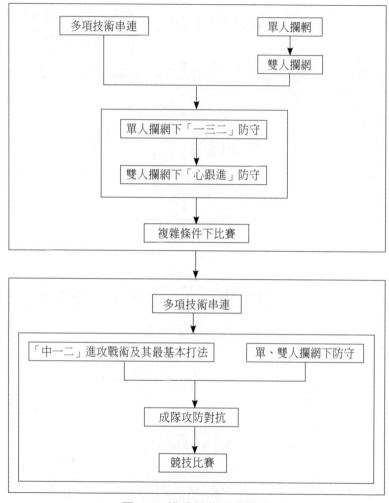

圖7-1　排球教學五個階段

務有所不同，所以各階段教學時數分配的比重亦應有所側重。一般而言，第一階段30%，第二階段25%，第三階段和第四階段各占20%，第五階段5%。

⑵ 合理安排各階段教材序列

合理安排各階段教材序列是保證課程教學品質的又一個基本途徑。其操作要點主要有：

①先以單項基本技術教學；②複雜的單項基本技術一經出現，就必須連續出現，例如墊、傳、扣；③隨即出現單項基本技術運用，並連續出現；④技術串連，例如發—墊、墊—傳等；⑤基本技術分析理論課；⑥出現進攻戰術教學；⑦防守戰術；⑧攻、防戰術教學後，應為基本戰術分析理論課；⑨規則與裁判法理論課；⑩排球技、戰術教法理論課；⑪教學比賽，並逐步向完整、複雜的條件過渡；⑫一般教材穿插安排在相應的基本技、戰術教材之後；⑬介紹教材安排在課程結束前，以多媒體視頻教材的形式進行。

⑶ 合理安排課時教材序列

合理安排課時教材序列是保證課程教學品質的另一個重要方面，其操作要點主要有：

①每次課的教材最多不超過3個；②新教材每次課最多2個；③戰術教材應與匹配的技術教材一起安排；④一般教材應與匹配的主要教材一起安排；⑤教學比賽不以教材形式出現，而以技、戰術教材中練習手段的形式出現。

排球普修課程教學進度如表7-1所示。

㈢ 教　案

排球教案是根據排球教學進度中特定課次所規定的教材，根據授課的實際情況編寫而成的每次課的具體計畫。它是教師實施、控制課時教學進程的重要依據之一。科學

表 7-1　排球普修課程教學進度

部分		編號	課次＼週次	一 1	一 2	二 3	二 4	三 5	三 6	四 7	四 8	五 9	五 10	六 11	六 12	七 13	七 14	八 15	八 16	九 17	九 18	十 19	十 20	十一 21	十一 22	十二 23	十二 24	十三 25	十三 26	十四 27	十四 28	十五 29	十五 30	十六 31	十六 32	十七 33	十七 34	十八 35	十八 36
理論部分		1	排球運動概述	▽																																			
		2	排球技、戰術分析															▽																					
		3	排球規則及裁判法																							▽													
		4	排球技、戰術教法作業																												▽								
		5	排球競賽組織與編排													▽																							
實踐部分	主要教材	1	準備姿勢及移動（半蹲、並步、交叉步）	▽	○	○																																	
		2	正面上手發球			▽		○	○	○		○																						○		○			
		3	正面墊球		○		▽	○	○	○	○																												
		4	接發球				▽	○	○	○	○	○		○																			○		○				
		5	正面傳球						▽	○	○																												
		6	順網正面二傳								▽	○	○	○	○	○								○		○													
		7	正面扣球												▽	○						○	○	○								○		○		○			
		8	單人攔網																▽	○												○		○		○			
	一般教材	1	正面下手發球			▽																																	
		2	勾手飄球																		▽		○																
		3	體側墊球														▽	○														○							
		4	接扣球																		▽	○											○	○					
		5	傳半高球																	▽	○	○											○	○					
		6	近體快球																		▽	○	○									○	○						
		7	雙人攔網																					▽															

（續表）

部分	編號	課次	一		二	三		四		五		六		七		八		九		十		十一		十二		十三		十四		十五		十六		十七		十八	
		週次	1	2	3	4	5	6	7	8	9	10	11	12	13	14	15	16	17	18	19	20	21	22	23	24	25	26	27	28	29	30	31	32	33	34	35	36
主要戰術	1	中、邊二傳進攻陣形										▽																										
	2	單人攔網下的防守陣形														▽																						
一般戰術		雙人攔網下的防守陣形																									▽	▽	▽									
實踐部分	介紹教材	1.上手飄球；2.勾手大力發球；3.跳發球；4.單手墊球；5.滾翻墊球；6.前撲墊球；7.調整二傳；8.背傳；9.吊球；10.調整扣球；11.心二傳進攻陣形及其變化；12.雙人攔網下「邊跟進」防守																									▽	▽	▽	▽								
其他	1	教學比賽、裁判實習																	▽	▽	▽	▽	▽				▽	▽	▽									
	2	準備活動/實習							▽	▽	▽	▽	▽		▽	▽	▽		▽		▽	▽	▽	▽														
	3	考試																																	▽	▽		
	4	機動																																				▽

註：▽為新授教材；○為複習教材

地編寫課時教案是保證教學品質的基本途徑。

1.教案的基本結構和內容

教案一般以預先印製的表格形式出現，其基本結構和內容是：

⑴教學任務（或者教學目標）。

⑵教學內容與要求。在這個目錄下，又分準備部分、基本部分和結束部分。每部分均有活動的內容及活動時的操作要求。

⑶時間。90分鐘課：準備部分20～25分鐘；基本部分60～65分鐘；結束部分5分鐘。40～45分鐘課：準備部分7～10分鐘；基本部分30分鐘；結束部分3～5分鐘。

⑷次數。

⑸組織教法。準備部分、基本部分和結束部分所有活動相對應的練習方法，其中包括教師的活動（講解、示範、糾正錯誤），學生練習隊形，操作的方式方法。

⑹課後小結。課時教學任務（或者教學目標）完成狀況及其成因；下次課所要採取的主要對策。

⑺課外作業。佈置本次課教材實踐，或者理論作業；佈置下次課實踐，或者理論教材的預習內容。

2.編寫教案應注意的幾個問題

⑴教學任務（或教學目標）

課時的教學任務應具體。例如，某個技術（戰術）教學任務（或目標），必須具體到某個技術（戰術）的某一個環節。課次的教學任務須具有遞進性，以建立某項技術（戰術）的概念，初步掌握、改進、強化、提高和鞏固某技術（戰術）某環節的序列依次延伸。課時目標制訂時，

例如技能目標，必須使用諸如「能夠模仿」「能夠領悟」「能夠做到」等行為動詞，並使用諸如「至少完成多少次什麼動作」「準確判斷率達到95％」等的指標予以量化。在一個課次中，教學任務必須有道德品質教學任務，例如培養積極進取的集體主義精神。教學目標必須有情感教育目標，例如培養團隊競爭與合作意識。

⑵ 準備部分

準備部分的主要功能是使學生的注意力迅速集中到課的任務（或目標）及操作的要求上來，進而使學生的身體各器官、系統機能逐步進入興奮狀態，為基本部分做好心理、生理準備。排球課準備活動的形式多種多樣，但無論採用何種形式，準備部分的活動內容都必須與課的任務相匹配，即為基本部分服務。體育院系排球課程可在準備部分有目的地安排學生進行教法實習。

⑶ 基本部分

基本部分是實施課時教學任務（或目標）的主體部分。首先，在教材安排的次序上，新授課教材領先，隨後才是復習教材；技術教材在前，戰術教材隨後，身體練習教材則最後安排。其次，在教學內容一欄裏，每項教學內容的下面，都需有要求，即操作過程中的詳細注意事項。第三，在組織教法一欄裏，圖文並茂地說明與每項教學內容相匹配的練習操作方式方法，並與教學內容一欄裏相應的教學內容對齊。

⑷ 結束部分

結束部分的內容主要由使學生身體各器官和系統的興奮度逐步趨於相對安靜狀態的整理活動、小結課時任務

（或目標）的達成度、佈置課外作業和整理場地器材等4
個部分組成。

　　現以案例的形式，示例體育學院排球普修課和中學排
球課的兩份教案，並對中學排球課時教案作簡單剖析。

　　示例一：××體育學院排球普修課教案，如表7-2所
示。

表7-2　xx體育學院普修課教案

周數	4	課次	8	上課日期	2000年9月21日

課的任務

一、正面上手發球。熟練運用拋擊聯合動作，鞏固垂直上拋與
　　弧形揮臂擊球動作。

二、一般二傳。改進變方向傳球動作，鞏固擊球點與擊球手
　　型，初步掌握擊球用力方法。

三、接發球。在接發球過程中，強化「蹬、跟、頂」擊球動作
　　及用力方向。

教學內容與要求	時間	次數	組織教法
一、準備部分 ㈠教學常規 　1.列隊與點名 　2.宣佈課的教材與任務 　3.提出課時的總體要求 　　(1)強化動作技術操作前思索正確動作方法的自覺行動 　　(2)強化將注意力集中於動作方法的意識 　　(3)強化本體對動作感覺的意識	3		●●●●●● ●●●●●● ▲

(二)準備活動			
1.矮子步地滾球練習 　要求：球、人、手三者渾然一體，降低身體總重心，移動速度快	7	6	每人一球，從端線出發，直線移動到對方進攻線，返回
2.網下3m移動 　要求：動作方法正確，步幅大，速度快	7	8	縱向站在網下，從向左開始，一個來回算一組，手摸進攻線（向左──滑步；向右──交叉步）
3.接拋球練習 　要求：移動步法正確，移動速度快，移動步幅大；制動充分，接球時身體對準拋球人	8	20×4	兩人一組，一人持球，用低手向左右前後拋球；另一人快速移動，用低手接球。 　　練習隊形如下圖所示：
二、基本部分			
(一)正面上手發球 　要求：持球手固定，即不屈腕、不屈肘，方向呈垂直；高度控制在自己指足距以上1m左右、擊球臂的前上方。拋球的同時，擊球臂屈肘後引（即拋擊動作聯合）	15	20×3	兩人一組14～16～18m進行發球練習。練習過程中，令動作不正確者再做自拋不擊出練習。

(二)一般二傳 1.左右移動變方向傳拋球 　　要求：首先將雙手放置在額的前上方，將注意力集中在擊球手型呈半球狀的方法上，伸肘動作緩和，下肢發力動作幅度較大；傳球瞬間轉體，並對準傳出方向	25	120	傳教師向左右拋出的球。 　　練習隊形如下圖所示： 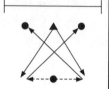
2.三角傳球 　　要求：傳球瞬間轉體，擊球點保持在額頭上方，並對準傳出方向。擊球手型呈半球狀；伸肘動作緩和，下肢發力動作幅度較大	20	120	練習隊形如下圖所示： 　　　　分四個組，靠網進行
(三)接發球 　　一發多墊。要求：判斷好球的落點，及時移動，降低身體重心，將手插入球下，用下肢做幅度較大的發力動作。發力的動作方向必須自後下方向前上方，對準墊擊方向	20	90	在練習過程中，對肩角打不開的學生採用「夾球」的限制性練習，對墊擊用力動作方向過於向上的學生採用「頭頂球」誘導性練習，對擊球點過高的學生先做墊擊前手先摸地，然後再做墊球動作的輔助性練習。

			練習隊形如下圖所示： 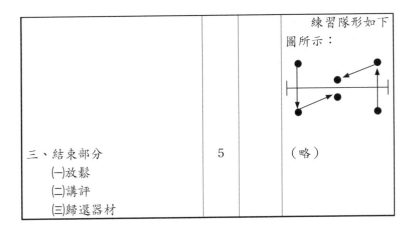
三、結束部分 （一）放鬆 （二）講評 （三）歸還器材	5		（略）

示例二：××中學排球課教案如表7-3所示。

表7-3　××中學排球課教

上課教師	×××	人數	22人	課次	12-9	時間	2005年

注：應有周數、課次、具體的授課日、年級、班次；在人數中，應注明男女生各有多少。

教學內容	復習六人攔防

注：「復習六人攔防」是復習攔防技術、還是復習攔防戰術？從此教案的教學目標來看，應該是復習攔防技術。攔防技術由攔網（單人、雙人、三人）、接扣球（接扣、吊球、接攔回球、接其他球）、調整傳球（二傳和其他隊員）、二傳傳球（傳強攻球和各種戰術快球）和扣球（強攻、快球）等諸多技術組成。那麼多技術，究竟復習哪些技術？不能不說，它是導致課時技能教學目標得不到準確定位的主要根源。

教學目標	1. 由本次課學習，使98%的學生能夠將所學到的技術在實踐中加以合理運用，增強實戰能力 2. 模擬實戰，激發學生參與熱情 3. 培養學生敬業精神，從不放棄，永不氣餒，並在學習和比賽中加強學生合作意識，增強集體榮譽感

注：課堂教學目標好，「使98%的學生……」的量化指標，符合教學目標制定的要求。「將所學到的技術在實踐中加以合理運用」的目標過於寬泛。哪些技術？應有確切的指向性。這些技術中，應指明最需要予以解決的技術。如課時目標定位於解決六人攔防戰術體系中雙人攔網配合及後排接扣球防守取位兩個環節，則課時教學目標更加明確，重點更加突出，更符合學生的可接受性的認知規律，更有利於課時教學目標的達成。「激發……熱情」「培養……精神」「加強……合作意識，增強……榮譽感」等同屬情感目標，應該歸納為一條。應增加知識目標。

教學結構	時間	內　　容	組織數學	學生活動

注：表中「內容」應該改為教學內容。「學生活動」是教學組織中的一個部分，似無必要單列。「學生活動」欄裏所填內容不符合要求。

教學結構	時間	內　　容	組織數學	學生活動
開始部分	1分鐘	1. 集合整隊，師生問好 2. 宣佈本節課內容，提出任務和要求	隊形：兩列橫隊 * * * * * * * * * * 　▲ 要求：體育課必須穿運動服、運動鞋，見習生隨班做練習。使學生位於背光、背風、避免干擾的示範面	1. 整隊，報數 2. 學生聽到老師講解後，能夠在思想上主動要求自我學習而達到預期的目的

準備部分	6分鐘	1.慢跑 2.行進操、踢腿	隊形 * * * * * * * * * * ▲ 1.慢跑：兩路縱隊繞排球場慢跑五圈 2.行進操、踢腿教師指導並監督	1.全力以赴，認真活動 2.邊跑邊喊口號，讓整個課堂活躍起來
基本部分	5分鐘	1.復習打防要求：身體各個關充分活動開，以保證後面的學習不受意外傷害 (1)打的人：打正手，自我控制球的飛行路線 (2)防的人：腳下移動速度要快而準確，不要急於去墊球，上下配合一致 難點：注意各項基本技術的合理運用 2.扣球 要求：保持好球後全力去打	1.兩人一組相隔6～8米的距離互相對打	1.學生認真聽講，自由組成小組進行練習 2.每球必爭

注：練習手段應有要求，且該兩項練習手段均屬一般性的常規
　　準備活動，與課時教學目標無關。因此，可增加為課時教
　　學目標服務的、具有專項性質的準備活動內容，例如徒手
　　或有球的對傳、對墊、打防等基本技術練習。

基本部分	12 分鐘	重點： (1)注意起跳時間 (2)在空中保持好人與球的關係 (3)注意揮臂時間與擊球的部位。 難點：由於學生心態都很急，往往忽略了進攻時的基本動作要領 3.六人攔防 要求：攔網人能三人攔網決不兩人攔網；能兩人攔網決不一人攔網。 防守人根據前排攔網人遺漏的縫隙選擇適當位置來防守 重點： (1)注意兩三人之間的配合	2.二傳傳球，其他人扣球	3.有球就扣，毫不留情

| 基本部分 | 12分鐘 | (2)能夠有取有捨，觀察對方二傳的傳球動作
(3)注意腳下移動的速度
(4)時刻提醒自己動作的基本要領
難點：觀察對方二傳的手上動作變化與習慣，採取相應的措施壓制住對方的進攻 | 3.三人一組在前排攔網，攔對方戰術進攻，後排三人防守。攔網人攔死或後排防守人防起，共三個好球後交換下一組 | 4.攔網時能夠積極思考對方的心理，根據不同球、不同位置的變化作出正確的判斷 |

注：1.四個練習手段中，「復習打防」的練習手段似可移到準備部分的「教學內容」欄；依據此課時目標，似可增加雙人攔網、接扣吊球練習、調整傳球練習手段，以技術串連的教學手段形式出現，以與六人攔防技術教學的復習目標相銜接。

2.關於「要求」

「扣球」中「保持好球後全力去打」的要求不確切，保持好人球關係的提法才為確切。此次課時的教學目標是復習攔防，扣球是在有攔網干擾的狀況下進行的。因此，對扣球應該有直線、斜線、變線等個人戰術的要求。

「六人攔防」下的「攔網人：能三人攔……」和「防守人……遺漏的縫隙……」的要求也不確切。前者是攔網的人數要求，而應該是攔直線、斜線及多人攔網時的技術和配合的要求，後者則應該將「遺漏的縫隙」改為「攔網的覆蓋面」，並且還應增加後排三人司職的位置及協同保護的要求。

「4.比賽」中的「注意防反球的品質」要求顯空泛，可改為「強調攔防協同配合，前排有效攔網3次，後排起球3個」，使更具體和可操作。

3.關於「重點」「難點」

技術重點是指決定技術完成與否的關鍵環節，如「復習打防」的重點應該是：扣球人把握好擊球部位，以控制擊出球的飛行線路；墊球人控制好擊球點。技術運用的重點應該是確保擊出球的性能或效果的動作方法。又如「六人攔防」中，攔網人的重點應該是：合理運用包、壓、仰等攔阻的擊球手型。比賽的重點應該是依據課時教學目標，兼顧比賽規律而確定相應的重點。因此，本次課的比賽重點應該是攔網和後防的成功率。

難點是指學生在技、戰術操作和比賽過程中，最難掌握、最容易出現錯誤的環節或部位，如，「六人攔防」中，攔網人的難點應該是起跳時機，後防人的難點應該是判斷和移動。又如，本次課比賽中的難點應該是攔防協同配合。

| 基本部分 | 8分鐘 | 4.比賽
要求：合理運用各項基本技術，注意防反球的品質
重點：場上六人之間分工明確，二傳與攻手之間默契配合
難點：因學生年輕，心理起伏大，大比分領先或落後時都容易急躁 | 4.比賽：七人一組，由隊長帶領，分析對手，作出相應的戰術部署 | 5.比賽過程中，隊員情緒飽滿，互相協作 |

注：4.「組織教學」欄，應有練習形式與方法的圖示；練習形式與方法也應更交代清楚，如二傳傳何種球、扣球人扣何種球、「六人攔防」中的練習形式與方法是怎樣、比賽每局打幾分後輪換等。

| 結束部分 | 3分鐘 | 1.放鬆
要求：兩人一組，互相放鬆對方全身各部位
2.集合整隊
3.本課小結
4.師生再見
5.收拾器材 | 放鬆隊形：
* * * * *
* * * * *
▲
集合隊形：
* * * * *
* * * * *
▲ | 充分放鬆 |

注：應有具體的放鬆練習。

| 課後小結 | | | | |

四、排球教學課的類型

排球教學課，按其內容和教學方式、方法的指向性，可分為實踐課、理論課、教法課、討論課、演示課、比賽課、實習課和考試課等。

實踐課是排球教學過程中運用最頻繁的授課形式。它是透過講解、示範、糾正錯誤和各種練習手段及方式、方法，使學生掌握排球運動基本技能和習得一定教學能力的課程。

理論課是圍繞實踐課的教學內容，傳授排球運動基本理論，使學生瞭解排球運動發展趨勢，基本掌握排球技、戰術基本原理、規則與裁判方法的課程。

教法課是傳授排球技、戰術教學的基本理論與實踐知識，使學生基本掌握排球技、戰術教學的基本規律，教學手段的選擇和方法的運用及課時教學評價等操作方法，是培養學生教學能力的課程。

討論課是圍繞排球教學理論與實踐中的有關技、戰術原理和教學過程中的重點與難點，透過範例、發現、探究等教學方法，拓展學生的思維空間，深化對這些問題的理解，培養學生分析問題和語言表達能力的課程。

演示課是依據教學進度中有關介紹教材的規定性，運用視覺化教學手段，或者觀摩高水準排球運動員的現場實踐操作，使學生加深對高難技術和複雜戰術直觀認識的課程。

比賽課是發展學生綜合運用排球技、戰術能力，培養學生排球比賽意識，實踐排球競賽組織與編排、規則與裁

判方法，交流教學經驗，檢查教學效果的課程。

實習課是運用頻率僅次於實踐課的授課形式。它是透過「微型課」（準備部分或課程中某一個教學內容實習）的形式，培養學生編寫教案，實施講解、示範和組織教法等能力的課程。

考試課是運用診斷性、形成性、終結性評價的方式、方法，評定學生學業成績的授課形式。它是獲取教學回饋信息，以評價課程教學效果，為以後改進教學措施，提高教學品質而提供依據的課程。

五、排球課時教學組織

教學組織受一定的教學思想、特定的學生和場地器材以及教學內容的制約。因此，正確認識組織教學的種類及其優缺點，科學、合理地選擇和正確運用組織教學形式，有利於學生運動技能的形成與發展，有利於學生的個性和情感的培養與發展，提高教學的效率。

㈠ 課時組織教學的基本含義

課時組織教學是在排球教學過程中，為了實現課的教學目標而確定的教師與學生以及學生與學生之間的組織結構方式。它是將教學內容、教學手段和教學方法等教學要素，以一定的教學程式有機連結起來的紐帶。課時組織教學具有多維性和多樣性的特徵。

㈡ 課時組織教學的種類及其基本特徵

1. 技術分組、體能分組、固定分組、臨時分組和升

降級分組大都屬於能力分組範疇。這類分組形式大都屬於教師主導型的傳統教學組織形式，學生相互之間的聯繫相對比較鬆散。

2. 興趣分組、非正式群體分組和分層次分組屬於心理分組範疇。這類分組形式大都屬於既注意教師的主導作用，又強調學生的主體作用的現代教學組織形式，學生相互之間的聯繫相對比較緊密，有利於優化課時教學的人文環境，創設適宜的教學情景和達成課時教學目標。

㈢ 兩種現代組織教學形式的特點和操作方法

興趣分組是根據學生相同的興趣與愛好分為一組實施教學的組織教學形式。術科教學實踐證明，這種組織教學僅僅適合於選用教材和傳統項目的教學。從這個意義上說，這種組織教學形式不適於排球課程教學。基於這樣的認識，這裏著重闡述非正式群體分組和分層次分組兩種組織教學形式。

1. 非正式群體分組的特點和操作方法

非正式群體分組是將心理、動機和傾向一致，以及觀念接近、信念一致、需要類似、情緒相投的學生分為一組，實施教學的組織教學形式。

由於非正式群體成員心理相融，相互吸引，他們在練習時更容易產生愉悅的心理體驗，形成團體凝聚力，營造團結向上的課堂氣氛。因此，在排球教學中，採用非正式群體分組進行教學，不僅可給學生提供更多的交往機會，滿足學生尋求友誼的社會需求，為建立和保持良好的人際關係創造了必要條件，而且也可為相互合作，提高學習的

積極性、主動性和創造性，提高學習的效果，創設良好的
心理環境。

2.分層次分組的特點和操作方法

分層分組是指依據學生由個體差異而導致的認知能力
和掌握能力的實際情況差異，設計不同層次的教學目標、
教學內容和要求，給予不同層次的指導，採用不同層次的
檢測手段與標準，從而使各層次學生分別在各自起點上選
擇不同的學習速度和數量、不同的知識與技能等的組織教
學形式。

其最大的特點是強調措施和目標的對應性，使每個學
生都能在原有的基礎上得到完善與提高。其操作的基本方
式方是：首先，確定排球基礎知識、身體素質、技術達標
與評定的測試指標；其次，使用標準分計算所測得的每個
學生的三大項參數；最後，依據每個學生綜合評價的標準
分，進行等級排序，從而完成分層次分組。

㈣ 運用組織教學形式應注意的幾個問題

1. 排球教學過程是師生交流互動過程。在選擇和運
用組織教學形式時，應營造師生平等、民主、合作的心理
氛圍，創設多向的師生教學交流情境。

2. 教學場所、設備、器材是師生發生互動的仲介和
傳遞教學信息的媒體。因此，合理地組織和充分利用教學
中的物質資源是優化課時組織教學形式的一個重要途徑。

3. 課時教學組織形式取決於課時的性質和內容。因
此，課程性質與內容的多樣性，必然使得課時組織教學形
式多樣。

4. 尊重學生的個體差異。在確定課時組織教學形式時，應充分注意到學生在身體條件、興趣愛好和運動技能等方面所存在的個體差異。

5. 每一種課時的組織教學形式都有其利弊與得失。因此，強調綜合運用課時的各種組織教學形式是提高教學效率的一個重要因素。

六、排球課時教學方法

排球教學方法是在排球課時教學過程中，教師指導學生為達到一定的課時教學任務（或目標）所採取的一系列活動方式、途徑和手段的總和。

教學方法是聯結教師教和學生學的橋樑，是進行教學活動的必要條件，是激發學生學習動機和提高教學效果的途徑。它具有傳授知識、促進技能技巧形成、指導教學實踐、發展教學經驗、培養操作能力、影響世界觀形成等基本功能。因此，排球教學方法是構成排球教學活動的重要因素之一，在排球教學過程中具有不可或缺的重要作用。

依據現代體育教學論的觀點，排球教學方法可分為指導法、練習法。

㈠ 指導法

排球課時教學過程中，學生能否掌握排球基本理論、技術、戰術，養成良好的練習習慣，與教師的指導有著密切的關係。

在排球課時教學過程中，常用的指導方法有講解法、示範法、完整法、分解法和預防與糾正錯誤法。

1.講解法

講解法是教師使用語言向學生傳授課時教學任務（或目標）、教學內容、動作名稱、動作方法、練習手段及操作形式、練習時間、練習次數、練習要求，以指導學生進行實踐操作的方法。

⑴ 直述講解：

它是使用簡明扼要的語言，且多用於對課的任務與內容、簡單的技術環節與動作方法、練習形式與要求予以說明的一種講解方法。

⑵ 概要講解：

它是使用技術動作、戰術方法等要領或要點，提綱挈領地說明操作方式、方法，且多用於較複雜技、戰術環節教學的一種講解方法，例如，將扣球的揮臂擊球動作歸納為「鞭打」。

⑶ 分段講解：

它是依據技術動作、戰術方法的若干環節，按其主次輕重，逐一地予以說明，且多用於較複雜技、戰術教學的一種講解方法，例如，扣球技術、攔防戰術。

⑷ 側重講解：

它是在分段講解或概要講解時，為突出重點、難點，且多用於較複雜技、戰術教學的一種講解方法，例如，扣球技術中關鍵的人——球關係保持。

⑸ 對比講解：

它是運用技、戰術相關理論，對某一環節操作時的異同、正誤、優劣等予以辨析，且多用於解決較複雜技、戰術教學難點的一種講解方法，例如，墊球擊球點的空間位

置。

運用講解法應注意的幾個問題

第一，明確講解的目的。針對課時任務（或目標）和練習要求，要講清重點和難點。針對練習過程中出現的問題，依據其涉及的範圍，選擇性地使用個人、小組和集體講解形式。

第二，講解的內容既要科學，又要符合學生的實際接受能力。盡可能使用相關學科原理進行講解，但必須將其轉換為實際生活中的實例，以便學生理解與接受。

第三，講解應少而精。盡可能使用最集中、最概括、最精練的專業口訣、術語，講清教材的重點、難點和關鍵環節，例如，扣球兩步助跑的節奏「先慢後快」。

第四，講解要富有啟發性。教師的講解應盡可能聯繫日常生活中的經驗，啟發學生結合教材內容，引導學生積極思維，例如，利用物體高速運行時突然停止所產生的狀況，用以說明起跳過程中「制動」的動作功效。

2.示範法

示範法是指教師（或指定的學生）以具體的操作為模型，展示動作技術的結構、要領和過程的教學方法。動作示範具有真實感強、靈活便捷、伸縮性大、針對性強、運用範圍廣和視覺效果好等特點。

運用示範法應注意的幾個問題

第一，示範動作必須按照動作規格的要求進行，力求準確、熟練、輕鬆、連貫、完美，給學生建立一個生動的動作視覺表像。

第二，明確示範目的，合理選擇示範的時間維。在教

新教材時，為了使學生建立完整的動作概念，應進行常速的完整示範；為掌握技術的某一動作或動作的某一環節時，則應進行中速、低速，甚至靜止的示範。例如，正面傳球的手型與觸球部位，可採用靜止示範。

第三，明確示範的目的，合理選擇示範的空間維。對於不需要固定場地的教學內容，例如準備姿勢、移動、墊球，可以在佇列中央的正面、側面選擇示範位置；對需要固定場地、器材的教學內容，例如，發球、扣球和一般二傳，則需要合理安排學生的隊形和示範位置。與此同時，對於複雜的技術，例如，傳球和扣球，還應合理選擇示範的方向。

第四，示範與講解相結合。在學習新教材時，介紹了技術動作的名稱、作用之後，應先做一次完整的動作示範，再講述動作方法；在教復習教材時，應先講解，後示範，並將關鍵性環節的講解與強化性示範同步進行，例如扣球擊球臂的動作軌跡、傳球的退讓性動作。

3.完整法

完整法是從動作開始到結束，不分部分和段落，完整、連續地進行教學的方法。其優點是不割裂動作環節之間的有機聯繫，不破壞技術動作結構。其缺點是不易掌握技術動作的關鍵環節。它多用於技術動作結構相對簡單和技術動作內在結構嚴密而不易分解的教學方法，例如，墊球和扣球技術。

運用完整法應注意的幾個問題

第一，簡化動作要求。在開始進行複雜技術動作的完整教學時，應通過降低動作難度的途徑，用簡化動作要求

的措施達成完整技術教學的目的，例如，助跑起跳扣固定球。

第二，先注重技術動作的外形，後強調技術動作的內核。在進行複雜技術動作教學時，應在粗略掌握動作技術的基礎部分和動作過程的前提下，逐步突出諸如方向、路線、節奏、發力順序等動作細節。

第三，盡可能多地運用誘導性練習。以技能形成和遷移規律為基本原理的誘導性練習，具有與所學技術動作的結構相似、肌肉用力順序趨於一致、練習情景雷同的特徵。因此，它對正確掌握動作技術的重點和難點，加速動作技能的形成具有較大的促進作用，例如，傳實心球、扣擊吊球。

4. 分解法

分解法是把完整的技術合理地分成幾個部分或幾個段落，然後按部分或段落逐次疊加，直至最後完整掌握技術動作的教學方法。

其優點是可以簡化動作技術的掌握過程，有利於動作技術重點和難點的學習。其缺點是易於破壞技術動作結構，干擾正確技術動作的形成。

(1) 單純分解。

它是一種將技術或戰術分成若干個部分，按其先後次序，依次逐一教學，最後再將若干個部分全部綜合起來的教學方法。

此法適用於技術動作或戰術結構相對鬆散而又較分明的教材，例如發球，先教準備姿勢，再教拋球，然後再教揮臂擊球動作，最後將三個部分連接起來。

⑵遞進分解。

它是一種將技術或戰術分成若干個部分，按其先後次序，先教第一部分，再教第二部分，然後將第一、二部分聯合起來學習，學會後再教第三部分，第三部分學會後，再聯合第一、二、三部分進行學習，直至完整地掌握技術或者戰術的教學方法。此法適用於技術動作或戰術結構相對嚴密的教材，例如「中一二」進攻戰術，先教後排三人接發球站位，再教三人接發球，然後將三人接發球站位和三人接發球結合起來學習，基本掌握以後再教「中一二」進攻陣形，最後將「中一二」進攻陣形與前面的兩個部分聯合起來練習。

⑶順進分解。

它是一種將技術或戰術分成若干個部分，按其先後次序，先教第一部分，學會後再教第二部分，第一、二部分學會後再加教第三部分，直至完整地掌握技術或戰術的教學方法。

此法適用於技術動作或戰術結構相對較嚴密的教材，例如正面扣球，先教助跑起跳，學會後再教原地揮臂擊球動作，助跑起跳與原地揮臂擊球動作學會後再教助跑起跳扣固定球，助跑起跳扣固定球學會後再加助跑起跳扣拋球，直至完整地掌握正面扣球技術。

⑷逆進分解。

它是一種與順進分解法相反，先學最後一部分，依次從增加前一個部分直至完整地掌握技術或戰術的教學方法。此法適用於技術動作或戰術難度相對較大的教材，例如，正面扣球可先教空中擊球動作。

運用分解法應注意的幾個問題

第一，技術動作環節的劃分應以不影響動作技術的結構的特徵和不破壞各技術動作環節之間的有機聯繫為前提。

第二，運用分解法的時間不宜過長。為了防止分解的動力定型和破壞動作技術完成的連貫性，應適當地與完整法結合起來加以運用。

5.預防與糾正錯誤法

預防和糾正錯誤法是教師為了防止和糾正學生在學習中出現錯誤動作所採用的教學方法。預防法具有超前性的特點，需要教師能預見學生在操作過程中可能出現的障礙和錯誤，而糾正錯誤法則具有即時性的特點，需要教師針對學生學習過程中所出現的障礙和錯誤，迅速、及時地採取相應的有效措施予以準確的糾正。

運用預防與糾正錯誤法應注意的幾個問題

第一，鑽研教材，總結教學經驗，廓清錯誤成因，把握教材的重點和難點，預設預防措施，及時提供糾正手段。

第二，合理選擇與運用誘導性練習，預防舊的動作技能對新學動作技術的干擾，適時採用有效的專門化練習，糾正錯誤動作。

第三，找準直接關係到動作技術完成與否的關鍵環節，採取相應限制性練習的糾正措施，予以及時強化。

(二) 練習法

練習法是指依據課時教學任務（或目標）有目的地反

覆完成某一動作，以達到發展身體素質、習得動作技能的教學方法。在排球教學過程中，學生除了遵循認知規律，由視、聽覺感知動作技術的過程、方法和要領之外，更重要的是由肢體的各種活動形式來進行學習的。這一基本特徵，決定了練習法在整個排球教學過程中的作用與地位。在排球教學過程中，常用的練習方法有重複練習法、變換練習法、循環練習法、遊戲法與比賽法，變換練習法和循環練習法多用於運動訓練範疇，在此不作闡述。

1.重複練習法

重複練習法是指在不改變動作結構和運動負荷的相對固定的條件下，根據動作的操作規範進行反覆練習的教學方法。其特點是無嚴格的間歇時間規定。重複練習法有單一重複法、連續重複法和間歇重複法三種。間歇重複法多用於身體訓練範疇，在此不作闡述。

單一重複法。它是每練習一次就間歇一下的反覆練習方法。其特點是持續時間較短，練習次數較少，練習密度較小，練習強度較低。

連續重複法。它是在連續不斷地重複某一個動作的練習過程中，無間歇的練習方法。其特點是持續時間較長、練習次數較多，練習密度較大，練習強度較高。

運用重複法應注意的幾個問題

第一，在動作技術學習的初始階段，為了使學生的練習注意力集中於動作方法以及便於教師觀察，應多使用動作頻率較低、練習難度不大的單一重複法。

第二，在動作技術的改進階段使用連續重複法時應適當控制連續重複的次數，在間歇時間相對固定的狀況下逐

步增加連續重複的次數，或在連續重複次數相對固定的狀況下逐步縮短間歇時間。

2.遊戲法與比賽法

遊戲和比賽有同一屬性，即競爭以獲得勝利。遊戲法是指在排球教學中，運用遊戲的內容與方法，組織學生進行練習的教學方法，其特點是具有一定的娛樂情景和競賽因素。比賽法是指在比賽的條件下，學習基本技術、運用基本技術、學習基本戰術和發展專項能力的教學方法。

運用遊戲法和比賽法應注意的幾個問題

第一，無論在課時的準備部分，還是基本部分，運用遊戲法時，其內容與形式都要服務於課時教學任務（或目標），例如，在課時的準備部分應盡可能使用發展球感和熟識球性的遊戲。

第二，無論在課時的準備部分，還是基本部分，運用遊戲法時，其運動負荷都應遵循人體活動的生理學規律，例如在課時的基本部分應盡可能採用跑動中的接力性傳、墊練習。

第三，比賽可以在最簡單、簡單、較簡單、複雜、較複雜的條件下和正式比賽的狀況下進行，比賽規則可以變通，如傳球比賽，在學習傳球初始階段可允許球落地一次再擊球。

第四，比賽分組時雙方實力應該基本均衡。

第五，比賽過程中執法必須準確、公正、公平。

七、排球教學模式

在現代教學理論的指導下，不少排球教學模式的理論

與實踐研究取得了具有一定實效性的成果。這些教學模式
的研究成果主要是以行為科學、社會科學和認知學科理論
為指導的現代教學理論建構起來的。

(一) 以行為科學教學理論為指導的學導式教學模式

1.學導式教學模式的基本含義

學導式教學是以操作條件反射學習理論（刺激—反
應）和程式教學思想（回饋控制與強化）為理論基礎，融
合以人為本的現代教育思想（學生主體），遵循運動技、
戰術的程式性適應原理建構起來的一種教學模式。

2.學導式教學模式的運作程式

⑴分步子。將所要學習的教材、所要達到的教學目
標和練習要求，按照教材的內在邏輯順序，劃分成若干個
難度逐級遞增。

⑵依據分步子的段落，編制所分段落及其內在聯繫
的流程圖。

⑶按分步子的段落，編寫出集排球基本理論、基本
技術、戰術、理論和技能操作習題、評價等於一體的圖文
並茂的自學教材。

⑷按照教學進度，在課時中將若干個段落一步接一
步地呈現給學生，並依次進行操作。

⑸制定每一個段落檢測、考核的標準與方法，通過
者隨即進入下一段落的學習，未通過者則在同伴的幫助
下，採用矯正練習繼續學習，直至通過為止。

學導式教學模式的課時運作程式如圖7-2所示：

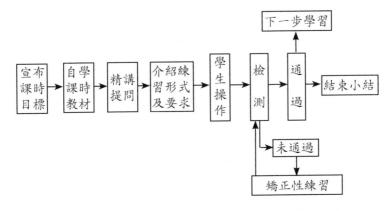

圖7-2　學導式教學模式的課時運作程序

(二) 以認知學科教學理論為指導的掌握學習教學模式

1.掌握學習教學模式的基本含義

掌握學習是在「學校學習模式」的基礎上，以絕大部分學生都能達到既定教育目標的理念（即學生的學習能力傾向呈偏態分佈的人人都能學好的信念），運用形成性評價理論構建起來的以教學目標的達成度作為掌握標準的一種教學模式。

2.掌握學習教學模式的運作程式

(1)運用程式教學教材編制的原理與方法，依據教學大綱和教學階段的劃分理論，將所要學習的教材分解成邏輯單元。

(2)教學目標分析與編制。依據課程目標、教材的邏輯單元和授課物件的具體狀況，精選和明確單元與課時教學目標，並使之結構化、層次化，即將目標分解成若干個子目標與符合邏輯關係的層次。教學目標應包括認知、

動作技能和情感三個領域，每個領域的目標必須遵循導向性、遞進性、難度適度性的基本原則，使用諸如情感領域的接受、反應、價值評價、組織化和性格化的「行為動詞」，描述在教學後學生應表現出以前所不能達成的行為。

⑶課時組織教學形式。以班級群體教學為主，並輔之以每個學生所需的、頻繁的回饋與個別化校正性幫助。

⑷評價。依據單元、課時教學目標，編制教學評價的標準與辦法。參照教學評價的標準與辦法，運用課時實施前的診斷性評價、教學過程時間序列上多次進行的形成性和課程結束時的總結性評價，對單元、課時教學目標的達成度進行及時和有效的評價。

⑸ 以社會科學教學理論為指導的合作學習教學模式

1.合作學習教學模式的基本含義

合作學習是以建構主義學習理論、最近發展區理論、社會互賴理論、學生是學習主體的現代教學理論為理論基礎，以學習小組為教學基本組織形式，通過教師與學生之間、學生與學生之間的協調活動，運用共同完成學習任務和小組總體表現為主要獎勵依據的學習方式和教學策略建構起來的一種教學模式。

2.合作學習教學模式的運作程式

⑴分　組

①分組規模。小組成員應具有不同背景、特點、個性等特質，以利於集思廣益。合作學習小組最多不要超過六人。

②分組形式。小組結構以異質組為好。教師首先對學生情況進行摸底測試，依照學生現有的排球基本理論、技能和身體素質水準，並且充分顧及學生的性格、性別、學習品質等因素，將全班學生先分成四個等級，然後再進行隨機分配，確保組內同質、組間異質。只有這樣才有可能達到最近發展區的教學效果、促進相互學習和共同參與的合作教學的目的。

(2) 組內活動

①組內成員角色分配。每一個小組成員輪流擔任教師的角色。他必須依據課時教學目標，解釋和說明課時所需要完成的學習任務；採取檢查、傾聽、鼓勵參與、補充、幫助、給予口頭讚揚等措施，促進組內成員在合作的過程中共同學習；提供課時教學目標達成的基本標準；進行課時論文完成狀況的總結。

②組內合作學習。以每個學生按照教師呈現的課時學習目標，獨立閱讀與思考學習材料，並做出完成課時教學目標的預案，然後在組內討論，共用最終實施方案的形式為最基本的操作形式。當組內出現特困學習成員時，則採用小組加速教學，即在組內使用個別的特殊幫助的學習形式。

(3) 學習評價

在形式上，採取每一次課和每一個教學階段的形成性評價；在評價方法上，使用個人、小組和教師3個方面的書面（使用專門的登記表格錄入）評價；在評價標準上，則根據每個小組的目標達成情況和個人進步（包括動作技能學習和合作技能，即對特困學習成員的幫助能力）的發

展水準而定；在評價的要求上，必須達到小組能夠得出確答案，並能夠使每個成員都理解他們在各自的測試中出錯的動作環節及原因。

⑷教師控制與介入

教師需要組織學生分組；進行技術教學單元規劃和單元、階段、課時教學目標的設計；傳授合作教學過程中諸如積極對話、交流感情和提出建設性的評價等社會交往技能；闡述每一節課的任務、目標結構、課時目標、提供必要的練習手段和要求，對學生的學習和小組間的合作給予回饋，提供必要的幫助，調控學生的學習交往活動，評價學生的成績。

第二節　排球訓練

一、排球訓練的任務

排球訓練的總體任務是改進、鞏固、提高與發展運動技能和不斷提升運動競賽成績。在這一總體任務下，排球訓練的基本任務有：發展作為排球訓練基礎和更快、更好提升運動成績的多元身體素質；發展保障運動員輕鬆而又流暢地表現排球動作技能的專項身體素質；發展合理、經濟、準確地完成排球技術動作的能力；形成與發展針對未來競技對手的戰術策略模式；改善與提升紀律、毅力、意志力、自信心和勇氣的競技心理能力；發展運動員之間良好的人際互動、親和力和團隊歸屬感的團隊能力；發展運動員健康和傷病預防的認知能力；傳授排球技術、戰術、

競技心理調適、擬訂訓練計畫等訓練理論與方法以及相關的運動營養、能量代謝、疲勞消除等方面的生理學、心理學理論知識。

二、排球訓練的基本特徵

㈠ 強調個體、團隊全面與整體的競技能力

排球運動的技術全面性和高度的技巧性以及嚴密的協同性特徵，決定了現代高水準排球競技中的一個極其重要的制勝因素——不僅需要全面提高運動員個體的身體、技術、戰術、意識、心理、臨場應變等競技能力的諸元素，而且更為重要的是需要全面提高全隊整體協同作戰和處於逆境而後生的競技力。

㈡ 訓練「時間短，強度大，次數多」

每次課重點解決 1～2 個訓練內容，並在準備活動後迅速進入主項訓練的訓練組織方法，既有利於運動員在體力充沛和注意力高度集中的狀況下竭盡全力地去完成訓練任務，以提高訓練效果，又有利於確保某項技術訓練的品質，兼顧全隊技、戰術的整合，還能突出訓練強度、控制負荷的變化節奏，防止傷病累積。

㈢ 網上技術訓練領先

掌握網上扣、攔的制空權已經成為現代競技排球的主流打法。因此，突出網上扣、攔技術訓練，特別是在掌握先進快攻技、戰術的前提下，更加注重強攻、遠網扣球和

後排扣球的技術訓練，再帶動後防及其他技術訓練的先網上後其他的技術訓練理念和方法，已成為高水準排球運動訓練的典型特徵。

㈣ 小週期的多週期訓練

實行主客場制的競賽體制以後，賽季的時間長度由原先賽會制的14天，延長到了90～120天，甚至更長。對競賽期中，涉及小週期的多週期訓練過程中大和較大負荷課的次數與較小負荷課交替輪換、局部與整體戰術針對性、薄弱技術的戰略性準備、綜合訓練運用等的科學性提出了更高的要求。

㈤ 重視心理訓練

運動員的心理素質業已成為競爭日益激烈的競技排球賽場上一個不可或缺的制勝因素。世界各國強隊都把心理調節、控制和恢復技術用於提高運動員對突發事件的心理承受能力，或針對競技對手技、戰術打法以及在比分相持、落後，客場觀眾喧嘩，裁判員漏判、誤判等情況下的類比訓練自覺地納入日常的訓練過程之中。

㈥ 科學安排運動負荷，注重訓練後的恢復

充分考慮生理負荷刺激所造成的心理負荷；合理要求運動員動員更大的能量，付出更大的努力的間歇訓練法。謹慎使用可能會形成錯誤動作和導致運動員極度疲勞，出現運動損傷的極限訓練法，是近年來在對大運動量訓練賦予了「科學化」新理念後，科學安排運動負荷的基本特

徵。與此同時，使用物理技術和營養藥物使運動員在大負荷訓練後得以及時恢復的措施已廣泛運用。

三、排球訓練原則

訓練原則是建立在生物科學、心理科學和教育科學之上的、反映訓練特徵的指導訓練的基本準則和規範。正確運用訓練原則將有助於設計更加科學的訓練計畫，選擇更加合理的訓練內容，運用更加科學的訓練手段與方法。

基於這樣的認識，排球訓練原則應該在運動訓練學有關訓練一般原則的指導下，繼承和發展排球訓練，應該在技術、戰術、身體素質、心理、作風有機結合的「五結合」原則的基礎上，有針對性地運用如下7項排球訓練原則。

㈠ 主動參與原則

教練員只有透過與運動員進行各種溝通，讓他們瞭解排球訓練的範疇和目標、獨立性和創造性，以及長期從事排球訓練過程中應承擔的責任、權利和義務，運動員才能主動地接受教練員的指導，並自覺、積極地進行運動技能、體能和心理特質的自我改造與完善，從而義無反顧地與訓練過程中的一切困難作不懈的奮鬥。

㈡ 多元發展原則

改造身體形態和發展機能能力的多元訓練是排球運動員器官和系統之間、生理和心理過程之間相互作用使然，是排球專項訓練和獲得高水準競技成績的基礎。因此，不

論初級的排球運動員，還是高水準的排球選手，其運動生涯始終貫穿著多元訓練。

只不過其多元訓練的比例，隨著訓練年限的逐步遞增，以及排球專項運動能力的提升，而逐步遞減，但始終維持在一定的水準上。

㈢ 專項化原則

專項化訓練是使排球運動員的身體形態、機能、技術、戰術和心理特質適應排球運動項目特殊需求的、具有發展排球運動技能和排球運動員身體素質雙重功效的專門訓練，是建立在多元發展基礎之上的訓練形式。

排球運動實踐證明，只有準確把握排球運動多年訓練過程中，運動員適應生理、心理強度刺激的生物學、社會學規律，科學地控制訓練負荷變化節奏，才能降低運動員成才年齡，進而縮短優秀選手的培養過程。

㈣ 實戰訓練原則

強隊之間比賽的實質就是一次高水準的實戰訓練，它是驗證訓練成果、發現薄弱環節、積累比賽經驗、提高實戰能力、增強競技心理能力、保持較高訓練水準和競技狀態的有效訓練方法。

因此，在小週期的多週期訓練過程中，特別是在賽前訓練中，要有針對性地科學安排強強對抗和熱身賽，以達到「以賽促訓」的實戰訓練目的。

㈤ 合理負荷原則

競技能力的提升是運動員在訓練過程中完成負荷量、負荷強度的直接結果，其提升的速度直接取決於運動負荷遞增的速度和方式。因此，所有等級的運動員首先應遵循的是負荷逐年漸增原則，但又應謹慎地由調整階梯高度和階梯長度的方式、方法，逐步地增加訓練負荷，至極大。與此同時，因訓練週期不同、訓練程度不同，而應採用階梯式負荷（在由小到大的遞增負荷之後，安排一個中等負荷階段）、平臺式負荷（在持續大負荷之後，安排一個小負荷階段）等不同的負荷方式。

㈥ 有效控制原則

及時調控訓練狀態的偏離、阻止偏離繼續發展，使偏離的訓練狀態恢復到最佳通道上來是有效調控原則的本質反映。因此，在宏觀控制層面上，必須遵循週期訓練的理論與方法，嚴格地進行持續不間斷的系統訓練。

而在微觀層面上，應採用量化的指標，對每次課的技術、戰術、身體訓練的達成度予以監控、測量與評價，以使訓練過程最佳通道波動的振幅降低到最小限度。

㈦ 個別化原則

不論運動員的訓練程度如何，教練員都應該按照運動員的生理、心理特點，依據其性別、生物年齡、運動經歷、學習特性、專項運動能力和潛質、運動成績和現時訓練狀態、大強度負荷後恢復的速率、身體形態和神經類

型、機能狀態和健康狀況等元素，制訂相應的訓練計畫和採取相應的訓練內容、手段與方法。

四、排球訓練計畫

排球運動訓練計畫具有方法合理和程式科學的特徵。它是教練員有序組織和安排訓練的重要工具。因此，它又是使運動員通向高水準訓練程度的基本保障。

排球運動訓練計畫由多年訓練計畫、全年訓練計畫、階段訓練計畫、周訓練計畫和課堂訓練計畫等相互銜接的五個部分組成。所有的訓練計畫一般都以表格（含週期劃分、階段劃分、負荷曲線圖等）的形式出現。

㈠ 多年訓練計畫

多年訓練計畫是訓練計畫體系中的一個重要環節，它是教練員使用排球運動專項指標和測試標準，以運動員的現時競技能力為依據，規劃個體、團隊未來的競技能力和運動成績目標，並以此規範長期（4年）訓練過程的客觀方法。基於這樣的客觀分析，在排球多年訓練計畫中，應包括以下基本內容：

1. 預測4年和當年的運動成績；

2. 依據國內外排球運動發展態勢、國際排聯有關規則修改的狀況，為每一個訓練元素確定目標；

3. 確定重大比賽的日期（例如4年一次的大賽和每年1~2次國內大賽）；

4. 每年預期成績的檢測指標與標準；

5. 每一個訓練元素目標達成的主要步驟和措施，以

及檢測指標與標準；

　　6. 4年一次大賽的週期訓練劃分；

　　7. 每年1～2次的國內大賽週期訓練劃分；

　　8. 新老隊員更替。

㈡全年訓練計畫

　　全年訓練計畫是多年訓練計畫中，每年1～2次的國內大賽週期訓練劃分模式的具體化。它是教練員依據當年運動員的競技能力狀況，根據次年的賽程安排而規劃訓練內容、量化訓練內容比重和設定訓練負荷變化節奏的下一年的大週期訓練計畫。

　　排球運動全年訓練計畫的結構與內容如下：

　　1. 前　言

　　⑴說明計畫使用的持續時間長度，例如，2008-09-10～2009-08-10。

　　⑵球員基本資料：性別、年齡、身高、體重、訓練年限、運動等級、運動成績。

　　2. 回顧分析

　　為了精確地計畫下一年度訓練目標和運動成績，必須運用成績、測試指標及標準，定量分析前一年訓練目標和運動成績的達成度及成因，即：

　　⑴技、戰術進步狀況與體能發展的吻合程度；

　　⑵技術及其運用的有效率，技術訓練時數；

　　⑶戰術運用與本隊特性和比賽特徵（對手競技特徵）的準確性；

　　⑷依據運動員日常和參賽行為，評估其個體和團隊

心理狀況。

3.運動成績預測

客觀對比與分析下一年技術、戰術、體能、心理抗衡的量化指標，找出制勝因素，預測競賽名次。

4.設定訓練目標

訓練目標是以去年競賽成績、測試標準的達成度、競技能力發展速度為基準而設定的。設定訓練目標時，應著重考慮訓練因素中最為重要的因素，以及制約運動員競技能力施展的訓練因素，例如體能和技術等，並以此設定體能、技術、戰術、心理等訓練因素的優先順序。

5.設定測試指標與預期標準

⑴身體素質測試指標：5級蛙跳；助跑摸高；6米進退移動；仰臥收腹速度；10秒引體向上；羽毛球擲遠；12分鐘跑。

⑵技術測試指標：一傳到位率；防起能攻率；發球成功率（得分、破攻、破戰術）；扣死率減扣失率；攔網成功率（攔死、攔回、攔起）。

⑶戰術測試指標：攻防戰術運用頻率、各輪次接發球進攻組成率；各輪次防反組成率；各輪次快速反擊組成率。

6.設定週期

週期是由下一年重大比賽的時間和次數決定的，如只有一次重大比賽，則全年訓練計畫只有一個週期，即單峰週期；如上半年和下半年各有一次重大比賽，則全年訓練計畫由兩個週期組成，即雙峰週期。

㈢ 階段訓練計畫

階段訓練計畫是全年訓練計畫中週期的具體化，由準備期、競賽期和恢復期三個階段組成。

1. 準備期

準備期是階段訓練計畫中時間最長、內容最多的訓練階段。根據不同的訓練目的，準備期還應再細分為三個小的階段。

⑴ 適應階段：

運動員個體和團隊訓練調節，體能恢復和改進基本技術。時間長度約占準備期時間總量的20％。

⑵ 提高階段：

全面發展身體素質，發展基本技術運用能力，透過增多觸球次數，提高練習密度，逐漸增大訓練量，控制訓練強度。時間長度約占準備期時間總量的40％。

⑶ 強化階段：

突出專項身體素質，強化個人特長技術和團隊攻防能力，由高難度的有球對抗練習，增大訓練強度，並有針對性地組織多次熱身賽。時間長度約占準備期時間總量的40％。

2. 比賽期

實行主客場制的競賽制度以後，賽季的時間變得漫長。多週期的小週期訓練，即由若干個競賽週（小週期）組成的多週期訓練，則成為必然。

從這個意義上說，設定競賽週（小週期）訓練計畫則是比賽期制訂多週期的小週期訓練計畫的關鍵部分。其訓

練因素及方法學有：

⑴訓練內容。

解決本隊薄弱技、戰術環節的針對性訓練；以局部和全隊戰術配合為主，並針對對手具體的技術和戰術打法、個人習慣進行模擬訓練；保持一定量和強度的力量訓練。

⑵訓練方法。

以綜合訓練方法為主，使技術、戰術、體能、作風、心理訓練有機地結合起來。合理而又有目的地運用局部和全隊快速、連續攻防的專項技、戰術訓練手段，不僅可以保持準備期獲得的體能訓練水準，而且還是使體能訓練與技、戰術訓練有機結合的有效訓練方法。

⑶訓練負荷節奏。

賽程決定了競賽週結構、恢復和減量的安排方法。國內排球聯賽，一般是每週一賽，其負荷安排的基本規律是：上週六比賽，週日零強度（在旅途中或休息）；週一60%低強度恢復課；週二80%～90%中等強度課；週三90%～100%大強度課；週四和週五為80%低強度的減量課；週六比賽，週而復始。

3.恢復期

恢復期的主要目標是消除運動員中樞神經的疲勞。為了儘量減少疲勞，恢復期應該對運動員進行特別的心理調適與準備。恢復期的時間長度應視全年訓練計畫的週期模式而定。若是雙峰週期，則恢復期為2～3週。期間的第一週一般採取被動休息。

第二、第三週常採用各種不同於專項訓練的練習動作，如爬山登高、水上娛樂等富有趣味性的一般身體活動

和一般力量訓練，以維持一般體能水準，進行動態休息。

㈣ 週訓練計畫

　　週訓練計畫是依據階段訓練和訓練因素的重要性而形成的。週訓練計畫的結構由每週訓練課的數量和訓練課的功能決定。課次的數量和課次的功能又由階段訓練計畫中特定的訓練階段、訓練目標和運動員的訓練狀態決定的。制訂週訓練計畫時，必須考慮以下8個基本因素：

　　⑴週訓練目標；⑵週訓練課的次數；⑶每次課的訓練時間；⑷每次課的訓練內容、重點及其比重；⑸每次課的訓練手段與方法；⑹週訓練負荷的變化節奏；⑺每次訓練課的量與強度；⑻在準備期中，同質（如訓練目標、內容、手段、方法）的週訓練計畫可以重複2～3次，但是，隨著週次的延伸，訓練量和訓練強度則應遞增。

　　週訓練計畫示例如表7-4。

表7-4　週訓練計畫

××省女排　　　　　××週訓練

年　月　日　　　　　週訓練時數：38小時

	訓練任務、內容和要求	1.以力量、速度為主，進行全面身體訓練 2.各項基本技術訓練 3.以一攻為主的各項串聯技術訓練 4.提高攻防配合能力 5.加強作風培養和心理訓練					

注：訓練任務、內容和要求應更清晰。

週訓練內容是週內所有訓練工作的總攬，應該具體地體現在週內的每次訓練課裏。

「加強作風培養和心理訓練」需要具體的手段與方法才能收到實效。

注：訓練內容的表述過於簡單，以至於他人無法對照檢查。計畫不僅僅在教練員的腦中，同樣應反映在紙上。

	訓練比重	1.身體訓練40% 2.技、戰術訓練60%					
	一	二	三	四	五	六	日
早操							
上午訓練	1.扣防訓練 2.扣球攔網 3.一攻串聯	1.防守訓練 2.扣攔對抗 3.一攻配合	1.慢跑耐力 2.靈敏協調 3.傳球 4.發、墊	1.防守訓練 2.扣攔對抗 3.一攻配合	1.速度 2.力量 3.彈跳 4.發、墊	1.防守訓練 2.防、調、扣 3.對攻	身體訓練 1.速度 2.力量
時間	3小時	3小時	3小時	3小時	3小時	3小時	2小時
負荷	中	大	中	大	中	中	小
下午訓練	1.速度訓練 2.力量訓練 3.技術訓練 4.串聯訓練	1.輕技術 2.一傳 3.二傳 4.個別對待	1.防守訓練 2.扣攔對抗 3.對攻 4.身體訓練	1.輕技術 2.一傳 3.二傳 4.個別對待	技術訓練 1.攔網 2.一攻 3.防、調、扣	輕技術訓練 1.一傳 2.二傳 3.身體訓練	

時間	3小時	3小時	3小時	3小時	3小時	3小時	
負荷	中	中	大	中	大	中	
全天訓練	6小時	6小時	6小時	6小時	6小時	6小時	2小時
週訓小結							

注：負荷應明確。負荷由量和強度組成，僅僅以大、中、小的定性描述不妥，應該使用定量的資料，或者用曲線表述。

（依據國家體育總局. 中國體育教練員崗位培訓教材 排球.北京：人民體育出版社，2003：277.）

㈤ 課堂訓練計畫

課堂訓練計畫應該包括4部分。

1.訓練課的任務或目標（約5分鐘）

訓練課的任務（或目標）一般為2～3項，但不超過3項。這些目標必須與週訓練計畫的目標、運動員的能力水準相契合。宣佈課時訓練科目，說明每個科目訓練的目標，解釋訓練科目的重點與難點。

2.準備部分（約30分鐘）

熱身活動由一般熱身和專項熱身兩個部分組成。一般熱身常由較長時間的低中強度的各種行進間步法練習開始，隨即進行各種全身靜力性拉伸運動，最後亦可安排一些遞增速率低於專項的球類遊戲。

專項熱身必須根據訓練課時的科目，選用與之相匹配的、能夠改進專項運動能力的動作技術練習。

3.主體部分（約75分鐘）

主體部分內容一般有技術動作學習、技術或戰術磨練，發展速度和協調性，發展力量和耐力。每一項訓練內容都須有手段、組織形式、要求、數量、時間和強度的說明。

4.結束部分（約10分鐘）

採用低負荷的活動性遊戲或慢跑後，進行伸展肌肉的恢復性活動。

五、排球技、戰術訓練方法

㈠ 提高基本技術運用能力的訓練方法

1.使用移動練習手段強化基本技術訓練

據統計，一場高水準的排球比賽，男、女選手移動的平均距離分別為900米和1000米。其中，3米以內的移動占50％，6米以內的移動占95％。除了發球技術以外，其他基本技術都是在移動過程中完成的。

因此，在強調動作方法規格化的前提下，採用變換練習條件（變換來球的性能，變換移動距離、速度和方向，變換連接技術）和變換運動負荷（變換間歇方式，變換練習人數，變換組數和次數，變換完成指標的質與量）的變換練習法，對二傳、攻手、接發球、接扣球、攔網隊員進行不同步法的移動訓練，不僅可以改進、提高、鞏固、強化基本技術運用過程中人—球保持的時空能力，而且能夠有效提高訓練的密度、強度和難度。

2.使用技術串聯的練習手段強化基本技術訓練

在排球比賽的一個回合中，基本技術是以發、墊、傳、扣、攔順序出現的。而在多回合的對抗中，往往又是以攔、墊、傳、扣順序出現。因此，依據比賽過程中基本技術運用的基本規律，將各項技術按實戰的需要，在教練員的掌握與控制下進行「技術串聯」訓練，不僅有利於提高單個基本技術運用的規格化程度，有利於發展基本技術的運用意識，而且有利於增大基本技術訓練的密度、強度和難度。

此法特別適用於準備期訓練中對技術操作模式的調整和比賽技術動作的改造。一般而言，在準備期的前期，多採用以磨煉基本技術為目的的兩項基本技術的串聯訓練，而在準備期的後期，為了逐步適應戰術訓練的需要，則多採用3項或3項以上的基本技術的串聯訓練。

3.在對抗條件下強化基本技術訓練

技術對抗是排球運動競技的一個基本特徵。從這個意義上說，排球基本技術只有在對抗中進行訓練，才能真正解決其在實戰過程中運用效率的問題。因此，在基本技術訓練時，依據訓練目標、訓練內容、訓練條件，合理選擇對抗訓練的對立面（教練員、陪打員、老隊員），進行攻擊性強於防禦性的基本技術對抗訓練，不僅可以大幅度提高防禦技術的運用能力，而且可以加大基本技術訓練的密度、強度和難度。此法多用於準備期中發展基本技術運用能力的提高階段。

4.在競賽條件下強化基本技術訓練

競賽具有強烈的挑戰性。在基本技術訓練過程中，納

入競賽的元素，不僅有利於激發運動員訓練的積極性，而且有利於提高訓練的效果，更有利於有效地培養與發展運動員對競賽心理的承受和調節能力。競賽的形式可以在2～3人或2～4人組成的小組間進行，也可以在主力與替補之間開展。競賽的內容可以是單項技術成功率，也可以是單位時間內單項技術或者技術串聯完成的速度和品質。競賽的條件可以是簡單條件下完成技術的品質，也可以是在對抗中完成技術的品質，還可以在正式比賽中由額定指標的完成數量來進行。

不論何種類型的比賽，均需設定「施加心理壓力的要素」，例如誤判、錯判、反判等最容易導致運動員產生心理障礙的運動情景。

5.在強對抗的條件下強化基本技術串聯訓練

技術串聯的練習手段雖然是個強化基本技術及其運用能力的有效的訓練方法，但是在強對抗的條件下進行基本技術串聯訓練，則對基本技術的運用能力提出了更高的要求。因此，使用接發球條件下的扣攔對抗、調整傳球條件下的扣攔對抗、發球條件下的攻防對抗練習手段，不僅對網上爭奪的基本技術及其運用能力的改進、提高與鞏固起到的積極的強化作用，而且還帶動了攻防鏈中各保障環節（相關的基本技術）運用能力的提高與發展。此法多用於比賽期中解決本隊薄弱技術環節的針對性訓練。

㈡ 提高戰術訓練品質的訓練方法

戰術訓練是階段訓練中準備期裏強化階段和比賽期內的主要任務之一。其訓練效率與品質直接關係到比賽的成

績。其訓練方法主要有：

1.強化攻防鏈的環節訓練

排球比賽，從戰術的角度上說，有接發球及其進攻系統、接扣球及其進攻系統、接攔回球及其進攻系統和接墊、傳球及其進攻系統四個戰術系統。無論何種戰術系統，都有相應的戰術環節，例如接扣球及其進攻系統中的扣─攔、攔─防、防─調、調─扣等一系列戰術環節。克服攻防鏈上的某一個薄弱環節，就能提高某個戰術系統的運作效率，就能提高總體戰術系統（四攻系統）的作戰能力。在進行攻防鏈的環節訓練時，應注意：

⑴應以本隊的戰術打法為依據，以貫徹本隊戰術意圖為準繩，以強調戰術運用意識為宗旨；

⑵應分清主次輕重，抓住重點環節，狠抓薄弱環節，選擇具有針對性的技術串聯練習手段，採用重複訓練法、變換訓練法、比賽訓練法進行長期訓練。

2.強化輪次配合訓練

從戰術組成的角度上看，排球比賽的戰術過程是由攻防回合加以體現的。而特定的攻防回合又是由特定的攻防輪次加以完成的。因此，攻防輪次就成為攻防回合的最基本的戰術單位。從這個意義上說，強化輪次配合訓練，無疑是提高球隊戰鬥力的一個基本途徑。輪次配合訓練具有強烈的針對性，它主要是為瞭解決：

⑴發揮本隊某種配合的特長；

⑵克服制約全隊總體戰鬥力水準的薄弱輪次；

⑶學習、鞏固與提高某個輪次全新的攻防打法的套路。

輪次配合強化訓練應視特定的狀況選擇不同水準的對立面,以控制訓練的難度和接近實戰的程度。

3.成隊對抗訓練

成隊對抗訓練是賽前訓練的重要內容,是最常用、最接近實戰並能有效提高隊伍整體一攻和防反能力的綜合訓練。依據成隊對抗訓練的特定時效需求,這種訓練必須在模擬實戰情景的條件下進行。從這個意義上說,在進行成隊對抗訓練時,採用模擬競賽壓力心境的訓練手段,則更加符合賽前訓練的需求。因此,應把握運動員最容易產生心理障礙的特徵──害怕自己失誤,而及時、正確地對其施加心理壓力。

例如:規定主力陣容達到25分時,替補方不得超過20分;在關鍵局和關鍵分時,替補方扣死一球得2分,主力方攔死一球得0.5分;替補方發球破攻得2分,主力方發球失誤扣2分,等等。此外,為了達成網上扣─攔強對抗的訓練意圖,可以聘請陪打予以強化。

技術是戰術實施的制約因素,或者說戰術是技術的函數。因此,不論採用何種提高戰術訓練品質的訓練方法,在訓練過程中,均應注重技術訓練的因素,即在戰術訓練中既要練技術,又要提高技術運用的意識。

第八章　排球比賽指導、青少年排球運動員選材與教學訓練

第一節 比賽的指導工作

排球比賽的指導工作，是教練員按照比賽任務、競賽規程和比賽規律，根據本隊和對手的實際情況，結合比賽環境條件以及各方面的資訊，擬訂比賽方案，提前做好準備並在比賽中具體執行。

最終目的是引導運動員獨立分析、判斷對方的戰術打法，靈活有效地發揮本隊攻防優勢，揚長避短，在各種條件下爭取比賽的勝利。

教練員的比賽指導工作，直接影響運動隊和隊員在比賽中各方面水準的發揮，對奪取比賽勝利起重要的作用。因此，要求教練員具有深謀遠慮、知人善任、隨機應變和準確決策的能力；要有計劃、有步驟地全面做好賽前準備工作、賽期工作和比賽後的總結工作。透過比賽迅速提高運動員的技、戰術的水準和心理素質，找出訓練中暴露的問題和差距，明確努力的方向，更好地改進和提高訓練工作的品質。

比賽指導工作包括賽前準備工作、賽期工作、臨場指揮、臨場統計和賽後總結。

一、賽前準備工作

做好比賽前的準備工作，是順利完成比賽任務的重要環節。賽前準備工作主要包括思想和心理的準備、技術與策略的準備兩大方面。

㈠ 思想和心理的準備

運動員的思想和心理狀態如何，將極大地影響其在比賽中的技術發揮，因此，教練員在賽前和比賽過程中應把握隊員的思想脈搏，調整其心理狀態，擺正其所處位置，使之在激烈的比賽中能正常地發揮技術水準。在這方面要做好以下工作：

1. 明確比賽目的，確立奮鬥目標。要教育運動員樹立雄心壯志，提倡奮勇進取的精神，「偉大的毅力產生於偉大的目標」，只有調動了全隊的積極性和創造性，才有打出高水準的基本保證。

2. 集中全隊意志，排除一切干擾。要鼓勵運動員集中注意力于比賽任務，專心研究技、戰術，為打好比賽獻計獻策。必要時還可制訂一些規章制度，使全隊進入意志集中、鬥志旺盛、摩拳擦掌的臨戰狀態。

3. 樹立勝利信心，做好克服困難的準備。信心對於打好比賽至關重要。信心的培養與樹立，一要靠掌握過硬的技術和戰術；二要靠正確地估量與分析雙方的力量對比，並採取有效的對策；三要對各種可能遇到的困難做好準備，把自己擺在恰當的位置上。

4. 崇尚體育道德，遵守比賽規則。要教育運動員無

論順境或逆境都要遵守紀律，服從裁判，尊重對手，文明禮貌，團結友愛，以良好賽風為精神文明建設作出貢獻。

5. 提高運動員獨立思考和自主進行比賽活動的能力。

6. 提高運動員自我心理過程的調節能力和控制能力，防止賽前出現焦慮感和緊張情緒。

7. 使運動員掌握消除疲勞的心理訓練方法，以利減緩和消除緊張的精神疲勞。

㈡ 技術與策略的準備

1. 資訊的收集和分析

掌握全面準確的資訊，是有針對性地安排賽前訓練的重要依據。要注意收集有關資料，詳細記錄和統計處理，獲得準確資料，進行深入細緻的分析研究。

⑴ 對比賽對手的調查

對比賽對手的調查，可透過訪問比賽和觀看錄影等直接的方法和調查訪問、查閱資料等間接的方法進行，重點是瞭解當前的實際情況，主要包括：主力隊員和主要替補隊員的名單、身材、年齡、身體素質、心理特徵、技術特點、傷病情況、比賽經驗、參加重大比賽的場次和取得的名次等；陣容配備和各輪次的主要進攻戰術配合、個人習慣打法和二傳分配球的規律；防守陣形和攔網特點；上場隊員及全隊的優勢和薄弱環節；全隊的比賽作風和教練員的指揮特點。

⑵ 對本隊的分析

對本隊的分析主要靠平時積累的資料，結合賽前每個隊員的身體條件、機能狀態、身體素質、心理素質、技術

水準、比賽動機、比賽經驗和應變能力等現狀進行全面分析和綜合比較，做到心中有數。

(3) 對比賽環境的調查

要儘早瞭解比賽地的地理、氣候、飲食、觀眾特點以及有無時差等有關比賽的環境條件，以便早做適應性的準備。

2.賽前訓練

賽前訓練是為參加比賽做準備的專門訓練階段，時間雖然不長，但對完成比賽任務具有重要作用。

安排賽前訓練，要根據本隊及對手和比賽環境條件等資訊，有的放矢地進行科學安排。賽前訓練的主要任務是保持運動員身體機能和素質水準，強化個人技術，熟練戰術配合，解決薄弱環節，提高技戰術品質，調整情緒，增強信心，保證在賽前達到最佳競技狀態。賽前訓練要做好以下幾方面的工作：

(1) 合理安排訓練內容

適當減少體能訓練的比重，體能訓練應以專項素質為主。技術訓練要因人而異，區別對待，加強個人薄弱技術的練習。加大戰術訓練比重，使每個輪次的主要戰術配合更加熟練，主要是提高戰術品質。要注意不僅是主力隊員，而且全隊每個人都應熟悉本隊各輪次的戰術打法。技、戰術的訓練都應有提高戰術意識的要求。

(2) 科學調整運動負荷

賽前訓練的運動負荷安排要符合比賽的特點。排球比賽具有持續時間較短的大強度活動與較多的間歇相交替的特點，因此，賽前訓練的運動負荷應逐漸降低，保證強

度，不宜過多延長訓練時間，應使平時訓練積累的疲勞逐步得到消除，並不再產生新的疲勞積累。

(3)採用密切結合比賽特點的練習方法和手段，賽前訓練一般採用以下方法和手段：

對抗性練習。技、戰術訓練應多在對抗條件下進行，可以增加練習強度，增強訓練的實戰性，提高運動員的應變能力。

增加模擬比賽對手的練習。選擇與比賽對手特點相似的隊員，模擬他們的打法，進行對抗性練習，提高訓練的針對性。

模擬比賽環境條件的練習。模擬比賽日程、時間安排、場地和觀眾條件等，必要時還要考慮時差的調整，提高運動員適應能力。

適當安排教學比賽。安排一定的教學比賽和訪問比賽，並在公開條件下進行。透過比賽檢查訓練效果，及時發現問題和制訂對策，同時使運動員適應裁判、觀眾和比賽節奏，積累比賽經驗，提高實戰能力。

(4)加強生活管理和醫務監督

賽前訓練階段要加強休息、營養、衛生等方面的管理和醫務監督，保證良好的健康狀態和防止傷病的發生。

二、賽期工作

賽期工作是指從進入賽區到全部比賽結束期間的工作。這個階段的主要任務是結合具體情況執行比賽方案，保證比賽任務的順利完成。

具體工作包括以下幾個方面：

㈠ 做好思想工作

在賽期教練員要密切注意運動員的思想活動，針對各人不同情況，充分估計可能出現的問題，深入細緻地做好思想工作。教育運動員要明確比賽的目的和任務，端正比賽動機，樹立全局觀念，服從分配，加強團結，統一思想和意志，排除干擾，增強信心，集中精力完成自己分擔的任務。在整個比賽期間都要遵守賽區紀律和規章制度。

㈡ 進一步瞭解比賽對手

在賽前掌握情報資料的基礎上，進入賽區首先可以由觀看訓練和與各隊之間的適應性比賽，瞭解各隊最新的情況。正式比賽開始以後，對主要對手的比賽場次，應盡可能派人去進行專門統計或組織全隊觀看比賽，充分瞭解對手的陣容配備、戰術打法、防守特點、各輪次的主要戰術及主要隊員各項技術的特長與弱點等情況。

㈢ 制訂比賽方案

比賽方案是全隊行動的指南，制訂詳細周密、切實可行的比賽方案，是奪取比賽勝利的重要保證。

制訂比賽方案，首先要把所掌握的對方的情況作客觀、全面的分析，向全體隊員介紹。在廣泛徵求意見和討論的過程中，統一看法，統一意志，然後充分發揚民主，集中群眾智慧提出比賽方案。

比賽方案主要包括主力隊員人選和上場陣容、各輪次的攻防打法、替補隊員的使用等，並應根據對方陣容配

合、技術和戰術風格、主力和替補隊員的技術特點、比賽作風等情況，充分估計可能出現的困難，提出應變措施。

在比賽期間，合理安排訓練內容，選擇適宜的訓練手段，對運動員在比賽中始終保持良好的競技狀態具有十分重要的作用。一般應根據前一場比賽中暴露的問題及運動員的具體情況，採用有針對性的訓練。

㈣ 召開準備會

準備會是臨賽前的最後動員部署，教練員和運動員應充分發表意見，統一思想，明確任務，確定和落實比賽方案。

召開準備會可採用兩種方法：一種是教練員提出比賽方案，交全體隊員討論修訂；另一種是先經隊員討論，再經教練員總結提出比賽方案。前者適合於缺乏分析能力的青少年排球隊，或在時間緊張來不及充分討論時採用；後者多在條件許可、隊員具有分析能力的情況下採用。

準備會的內容一般包括兩個部分，首先是對上一場比賽的小結，然後是為下一場比賽做準備。如果遇到下一場是重要比賽，也可只開準備會，不開小結會。小結要簡明扼要，應肯定上一場比賽的成功之處，並找出某些技術失敗的原因和提出改進的方法。對一場比賽的準備要抓住重點，抓全局的策略問題，進行充分討論，最後教練員概括比賽方案的要點和討論的結論。

準備會一般要提前開，如下午比賽，準備會可在上午開；晚上比賽，準備會可在下午開。準備會時間不宜過長，透過準備會應使隊員受到教育和鼓舞，增強信心，明

確比賽的目的和具體任務。

三、臨場指揮

臨場指揮是比賽方案的具體執行。即使全面細緻的賽前準備，也不能完全預計到比賽過程中出現的各種情況。現今緊張激烈的比賽，更加突出了指揮工作的重要。由於比賽情況的複雜多變，臨場指揮必須密切注意和觀察臨場情況，綜合分析比賽失敗的各種因素，抓住主要矛盾，當機立斷，不斷地修正和改變戰術對策，幫助運動員對場上情況作出正確判斷，合理運用戰術，靈活執行比賽方案，充分發揮技、戰術水準，取得最佳比賽效果。

臨場指揮時，教練員應儀表端莊，沉著、冷靜，情緒穩定，臨危不亂，言行得當；應注意穩定隊員情緒，教育運動員遵守規則，服從裁判，尊重對手，尊重觀眾，集中精力打好比賽。

臨場指揮要做好以下工作：

㈠ 做好賽前準備活動

賽前準備活動的任務是使運動員做好比賽的身體和心理準備。應提前進入賽場，儘快適應比賽環境。身體活動可由教練員或運動員領做，時間不宜過長，活動量要適中，達到以最佳身體狀態進入比賽目的。

用球的練習要注意安全，避免運動員受傷。心理準備應採取措施對賽前冷漠和過度興奮、緊張的運動員進行心理調整，以保持適度興奮狀態。

㈡ 合理運用暫停

教練員利用暫停可直接對全體隊員進行指導，包括思想工作、分析場上情況及佈置新的作戰計畫等。暫停的運用要注意以下幾個方面：

1.技術暫停時的指導

規則規定，比賽的前四局每局有兩次技術暫停，時間各為60秒。

第一次技術暫停是在一方先得到8分時，暫停前的比賽屬於比賽的開局階段，雙方都在按照自己預定的方案進行比賽，教練員應重點觀察本方比賽方案執行得是否順利，對方的打法比預計的有無大的改變。

暫停時，如比分領先，不宜做過多的指導，只指出要注意的問題即可；如比分落後，則應指出主要問題和佈置具體的措施。

第二次技術暫停是在一方先得到16分時。暫停前的比賽屬於中局階段，雙方都對對方有了一定的瞭解和適應。教練員應充分分析場上形勢，在暫停時指出對方的主要特點和薄弱環節，指出本方出現的不利因素和應採取的對策，幫助運動員正確判斷，鼓勵全力打好結局階段的比賽。

2.正常暫停的運用

除技術暫停外，每局還有兩次可以請求的、時間為30秒鐘的正常暫停。一般在以下情況時應考慮要求暫停：

⑴場上隊員思想混亂、過度緊張、士氣低落或意見分歧時；

⑵對方連續得分，比賽節奏對本方不利時；

⑶比分落後較多時；

⑷技、戰術不能正常發揮，失誤較多時；

⑸需要改變戰術打法，佈置新的任務時；

⑹對方戰術打法有較大改變，需提出新的對策時；

⑺運動員體力不好，需要稍作休息時等。

運用暫停應注意的問題

在本隊技、戰術發揮正常和比分領先時不宜要求暫停，以免給對方提供有利機會。要注意利用對方要求暫停的機會，進行必要的指導，提醒運動員注意對方可能改變戰術打法和應採取的應變措施。

暫停時的指導，教練員應事先做好準備，語言要簡明扼要，目的明確，提出的措施要具體。在不利的情況下特別注意自己的情緒，不能表現出激動和埋怨，以免給運動員造成心理壓力，帶來消極影響。

⊜ 局間交換場地時的指導

局間交換場地時，應先安排好下一局上場陣容，再利用有限的時間，簡單指出上一局的主要優缺點，提出下一局的主要對策。

如有陣容調整或比賽方案的變動，應重點佈置具體任務。要多鼓勵、少指責，鼓舞士氣，增強信心。

㈣ 決勝局前的指導

決勝局前應簡單地對前四局的比賽進行小結，提出決勝局的作戰方案和重點要求。要做好思想動員和必要的心

理調節，肯定成績，鼓舞士氣，加強團結，增強信心。

㈤ 合理運用換人

換人是教練員根據場上情況變化和戰略戰術的需要，合理使用運動員，充分發揮每個運動員的特長和全隊力量的一種手段。有時換人可以起到向場上隊員傳達教練員意圖的作用。換人也是鍛鍊新生力量的良好機會。

1.主動換人

一般在出現以下情況時主動換人：

⑴為發揮特長或彌補弱點，如前排換上扣球、攔網好的隊員；後排換上發球、防守好的隊員等；

⑵為培養後備力量鍛鍊新隊員時；

⑶場上主力隊員需稍作休息，以保持體力打好後面的比賽時；

⑷為主動改變戰術打法重新調配力量時等。

2.被動換人

一般在出現以下情況時被動換人：

⑴某隊員比賽作風不好時；

⑵某隊員心理失常喪失信心時；

⑶某隊員技術發揮和戰術配合不好而連續失誤時；

⑷原定比賽方案不當，弱點充分暴露，需換人改變戰術打法時；

⑸隊員受傷需要治療或體力嚴重不足需要休息調整時；

⑹暫停已用完，需利用換人傳達教練員意圖或改變不利的比賽節奏時；

(7)隊員被罰下場時等。

運用換人應注意的問題

教練員對每個運動員的思想、身體、心理、技術、比賽經驗等特點都要充分瞭解、心中有數,根據本場比賽的需要,結合臨場狀態,大膽使用。對場上隊員要充分信任,不能因偶然的失誤或暫時的失利而輕易換人。但對比賽作風出現問題的隊員不能遷就,應及時換下場進行教育,以免造成不良後果。

對要換上場的隊員,應提出具體、明確的任務和要求,讓他提前做好心理和身體的準備。如換新手上場,應多鼓勵其增強信心,大膽發揮。在關鍵的比賽中,當比賽節奏對本方有利時,不宜輕易換人。

㈥ 信號聯繫

除暫停和換人外,教練員還可在比賽進行中或每個球結束的間隙,利用簡短口令或手勢語言等進行指揮。當暫停和換人已用完時,這種指揮方式具有一定的作用。

㈦ 合理處理「4、3」比賽模式

在比賽中,各隊都可能出現比分領先、落後、相持和關鍵時刻4種不同的比賽局面,都會遭遇對手強於自己、弱於自己或雙方勢均力敵3種不同類型的比賽對手。

1.處理4種不同局面的辦法

(1) 比分領先時

比分領先,反映出賽前準備和臨場部署戰術方案得當,全隊貫徹得力,不宜改變打法和調整陣容,儘量減少

暫停。如果要傳達教練員的意圖，可採用換人或以暗號提示。特別要注意防止隊員鬆勁情緒，同時充分估計到對方的換人改變戰術打法後，有可能很快發生比分變化，要提示隊員注意觀察判斷，隨時採取相應的對策。

⑵比分落後時

找出存在的主要問題，採取行之有效的對策，化被動為主動。首先要鼓舞全隊士氣，增強隊員的自信心，發揮隊長和核心隊員的帶頭作用，保持旺盛的戰鬥情緒，迅速找出戰術對策失誤的主要原因，改變戰術打法，加強薄弱環節，使我隊特長有所發揮。

⑶比分相持時

比分相持，多在雙方戰術對策正確、攻防水準相當時出現，在此階段教練員應綜合分析技、戰術不能奏效的主要原因，隊員心理狀態是否穩定，找出對方的薄弱環節和弱點，迅速採取有針對性的措施。鼓勵隊員不急不躁，從相持中找突破點，努力逐步扭轉比賽局勢。

在比分交替上升，持續的拉鋸戰中，說明雙方各對應的輪次的相對水準接近。此時要主動改變進攻策略，轉移主攻方向，靈活改變各類進攻戰術的比例，選用有效的其他戰術套路，以利於突破對方攔防。要防止求勝心切，減少小球的失誤；提高連續動作的積極性，耐心在多回合的防反中突破對方；要啟發隊員善於分析判斷，尋找對手的薄弱環節和弱點，給予堅決有針對性的攻擊。

⑷比分關鍵時

每局20分以後，以及決勝局可以認為是比分關鍵時刻。此時，一兩個球就可以決定整局或者整場比賽的命

運。因此，教練員要鼓勵隊員敢於並善於打關鍵球。切忌膽小手軟、急躁慌亂。

　　2.對付3種類型對手的策略

　　⑴對手強於自己

　　同強於自己的隊較量，首先要有不怕強手、敢於鬥爭的決心和勇氣。以弱擊強，弱隊無包袱，強隊怕輸球，這是弱隊在心理上的優勢。

　　其次，強隊雖強，但並非無懈可擊，要善於發現其弱點，充分發揮自己的長處予以攻擊（如以發球攻其弱點），以取得局部優勢，而後擴大戰果。有時可集中攻擊或防守其容易急躁的隊員，以製造混亂。

　　⑵對手弱於自己

　　對付弱隊，最重要的是力戒輕敵麻痺，要把弱隊當強隊來打。也要防止急於求勝。只要比賽沒有結束，就要兢兢業業、一分一分地打。以強對弱，在策略打法上要特別注意兩點：一是避免各種可能的失誤；二是防止重攻輕守，人人都想在進攻上大顯身手而忽視防守。

　　⑶雙方勢均力敵

　　水準接近的雙方對陣，意味著勝負對最後成績名次有著重大影響，因此雙方都會十分重視這場比賽。在這種情勢下，首先要有充分信心去迎戰，同時要估計各種困難，做好多手準備。其次要解放思想，放下包袱，放手一搏，即使處於逆境也要等待機會。在策略打法上要充分發揮本隊的強點去攻擊對手，同時嚴防自身的弱點受到攻擊。要重點抑制對方核心隊員的發揮，以打亂對方的部署。有時也可採用上述的以弱擊強的策略。

四、臨場統計

臨場統計是獲得比賽中各種客觀資料的有效手段。對獲得的統計資料進行統計處理和科學分析，可成為教練員全面掌握情況、及時發現問題、合理採取對策和正確指揮比賽的重要依據。統計的資料也可作為科學研究的重要資料。

影響比賽的因素很多，教練員應根據任務需要，有重點地設計專用統計表，有針對性地獲取有關資料。統計的對象可以是本隊也可以是雙方，可以是個人也可以是集體；統計的內容可以是單項也可以是多項或綜合。

為保證統計資料的準確性，記錄的標準和尺度應當一致，方法要簡單易行。教練員、助理教練員和次要的替補隊員都可分擔統計的任務，但事先應經過一定的練習。有條件時可採用專人用電腦進行統計。如比賽有錄影，在賽後也可對重要資料結合錄影進行核對。

五、賽後總結

賽後總結是分析比賽勝負原因、肯定成績、鼓舞士氣、克服缺點、增強信心、積累經驗、不斷進步的重要措施，對提高教練員和運動員自身認識水準有重要意義。

每場比賽後及時進行總結，可對下一場的比賽起到明確方向、發揮優勢、彌補不足、爭取勝利的積極作用。

階段比賽和全部比賽結束後進行總結，討論成功的經驗和失敗的教訓，可以發現本隊的主要特長和弱點，客觀反映前一階段訓練的效果，為下階段的訓練安排提供依

據。

㈠ 總結的指導思想

總結要實事求是，主要以客觀量化的統計資料作為依據。對比賽的勝負要一分為二，特別是在比賽成績好時要多找不足，在比賽成績差時要充分肯定優點。要總結客觀條件的影響，更要重點從主觀方面多找問題，認真分析，這樣才能有所進步，有所提高。

對比賽作風，應用高標準來衡量；對技、戰術的發揮，應與前幾場、前幾局的比賽進行比較，同時也要參照比賽對手的情況作客觀分析。在全面總結的同時，要把重點放在對今後的訓練和比賽有指導意義的問題上。總結的針對性要強，防止流於形式。

㈡ 總結的主要內容

1. 比賽任務完成情況，是否達到預定的目標。
2. 比賽方案是否符合實際，貫徹執行情況如何。
3. 教練員提出的要求和臨場指揮是否得當。
4. 陣容配備和戰術打法的效果。
5. 運動員比賽作風、心理狀態、技術和戰術發揮情況。
6. 思想工作、後勤保證、醫務監督、替補隊員工作等情況。
7. 主要的經驗和存在問題，改進的措施和發展設想等。

總結時還應注意表揚好人好事，鼓勵有進步的運動

員；對發揮不好的運動員要善意地指出其不足之處；對比賽作風和思想上出現問題的運動員要開展批評和自我批評，進行教育和幫助。要透過總結，起到加強團結、鼓舞士氣、不斷提高的作用。

第二節　青少年排球運動員選材

一、科學選材的定義和意義

科學選材，就是採用現代科學的方法和手段，由客觀測試的資料或指標確定被選者的運動才能，並根據測試結果分析預測其未來的發展前途，提高選材的成功率。

科學選材是當代競技體育運動發展的需要，只有堅持科學選材才能挖掘出有運動天賦的苗子，科學選材是保證運動水準的重要因素之一，運動員的先天條件是科學訓練的基礎。

當今世界體育發達國家在訓練理論、訓練方法和手段、物質條件保證等方面的差距日益縮小，要培養和造就優秀的運動員，其先天條件的重要性就顯得更加突出。

實踐證明，只有先天條件優越的運動員，才能踏上成功之路，才能達到世界最高水準。因此，科學選材應充分受到重視。

在選材實踐中，除了科學選材外，還有其他的選材方法，比如經驗法、綜合法等。經驗選材是教練員在選材實踐中獲得的感性認識，又上升到理論並不斷驗證和修正，同樣有採用價值。

但經驗選材不能代替科學選材，只有把經驗選材和科學選材等方法相結合，才能提高選材的成功率。

二、科學選材的要求

㈠ 必須符合專項的特點

根據專項運動的特點去選材，才能在兒童少年中選拔出符合專項運動要求的專業人才。如排球運動的特點是爭奪制空權，擊球時間短促，每方擊球過網不得超過3次，技巧性強。因此，選材應注意選擇身材高、彈跳好、反應快、動作靈、力量大的兒童少年。

排球運動員對時間和空間判斷能力上的要求比其他球類等運動項目高，不僅需要動作速度快，更需要反應速度快而準確，而且還需要連續多次快速起跳的爆發力。從排球比賽獨特的每球得分制、不受時間限制與能量代謝上看，排球比賽屬間歇運動形式，即短時間爆發式的身體運動被短暫的間歇分隔開。

短時間爆發式的扣球、攔網主要是無氧非乳酸系統供能，而短促的動作重複，或連續的多回合爭奪，則是無氧乳酸系統供能居主導。

從這個特點看，排球運動主要是以無氧供能為主，同時還需要具有一定的有氧代謝水準，選材時要注意選取最大吸氧量高和血色素含量高的選手。

除了運動項目在體能方面的特點外，在智慧、心理能力方面也要考慮到運動項目的特定要求。

㈡ 把握兒童少年選材的適宜年齡

任何一名天才的運動員，都要經過系統的、科學的、長期的刻苦訓練才能成才。不同的運動員個體和不同的運動項目，運動員出成績的年齡是不同的。通常，一名世界高水準的優秀排球運動員一般要經過8～10年的系統訓練，而高水準排球運動員能表現出成熟、發揮其最佳水準的年齡至少在20～22歲以上。所以，排球從10～12歲的兒童少年中開始初選是適宜的。

兒童少年在生長發育過程中不是等速增長，而是時快時慢呈波浪式向前發展。除了日曆年齡和生物年齡（發育程度）外，還有運動年齡。運動年齡是指運動員從參加專項訓練開始計算的年齡，它反映一個人參加運動訓練的先後。日曆年齡、生物年齡和運動年齡之間既有聯繫，又有區別，而其中生物年齡與運動能力的關係最為密切。由此可見，初期選材的生物年齡具有明顯的專項特點。

兒童少年選材適宜年齡的確定還與運動素質發展的敏感期及運動素質的項目特點有關。運動項目不同，對運動員的身體機能、運動素質、心理等的要求不同，而這些身體機能、運動素質等又具有明顯的年齡特徵。因此，只有區別了運動員的發育程度，才可避免在選材中只收那些發育程度偏大、運動能力提早表現的運動員，而將那些更有才能的「大器晚成者」排斥在外的現象發生。

㈢ 考慮運動能力遺傳的基本特徵

運動能力，包括人體各器官的生理機能狀態、各種身

體素質，以及與運動技能的掌握有直接關係的身體形態、智慧及心理特徵等。一個人的運動能力直接關係到掌握運動技術的速度和可能達到的最高競技水準。

實驗研究結果和訓練實踐證明，運動能力的遺傳是普遍存在的，但運動能力也存在著變異。如有的父母都是優秀運動員，其子女卻不具備運動才能；有的父母並不具備運動才能，其子女卻有運動天才。遺傳與變異兩者辯證統一。

在人類遺傳基本規律和遺傳方式的基礎上，運動能力的遺傳還明顯地表現出連續性、相關性和階段性特徵：

第一，在運動能力的遺傳中，只要具有卓越運動才能的親代是極端的個體，其子代中不但有50%以上的人具有優越的運動才能，而且有可能出現超越親代的個體，親緣關係越遠，這種可能性越大。對有些冠軍家族的研究結果也證實這一點，即運動能力的遺傳在親子代間是連續的。

第二，人們發現控制體型各因素，心肺功能各因素、內臟器官各因素和神經肌肉各因素的基因和性狀是縱橫相關的，如身高的人，足和手以及腿等都較長；心臟發育緩慢的人，內臟器官的機能水準就比較低，而且反應慢、動作遲鈍。

第三，組成運動能力的各因素都有各自的「敏感發展期」或「最佳發展期」，遺傳因素的作用在此階段顯著，在相對緩慢期，遺傳因素作用則不明顯。

連續性、相關性和階段性三個特徵是相互聯繫的、相互促進和相互制約的。在選材實踐中應遵循遺傳的基本特

徵，做好譜系調查，以提高預測的效果。

三、排球運動員科學選材的主要指標、內容及標準

(一) 形態類

排球運動員應選擇身材高大、體型勻稱、手臂長、指距減身高差大、腿長（特別是小腿長）、手大、五指長且能分得開、手掌寬厚、跟腱清晰、腳弓深、肩寬、腰短、臀部不下垂、關節靈活柔韌性好、肌肉線條清楚、皮下脂肪少、克托萊指數大（體重／身高×100）、踝細、髖展幅度大者。

總的形態特徵是身要高、頭要尖、頸要長、臂要長、手要大、肩要寬、體重大、胸要直、臀不垂、關節靈、腳弓深、髖展大、踝要細。

通常排球運動項目把身高、指距——身高、手足間距、下肢長／身高×100、跟腱長／小腿長Ａ×100、骨盆寬／髖寬×100等作為主要參考指標。

少年兒童形態選材的主要項目和評定標準如表8-1所示。其中身高是身體形態中最重要的指標，穩定性也比較大，所以備受人們的重視。

它是排球各階段選材中最基本的，也是最重要的指標。進行身高預測常用的方法有從足長預測身高、從手長預測身高、從骨齡預測身高、由父母身高預測身高。

現介紹初選中便於操作的幾種預測方法：

表8-1　少年兒童形態選材主要參考指標

（單位：公分）

性別	年齡	身高			指距			手足間距			下肢長			小腿長			跟腱長		
		下	中	上	下	中	上	下	中	上	下	中	上	下	中	上	下	中	上
男	9	142.5	145.5	150.5	141.5	145.0	151.0	172.0	180.0	186.0	73.5	75.5	79.0	32.5	34.5	36.5	19.5	20.5	21.5
	10	145.5	150.5	156.5	144.5	150.0	157.0	178.0	188.0	195.0	76.5	80.0	83.5	34.0	36.0	38.0	20.0	21.7	23.4
	11	151.0	155.5	160.0	150.5	155.0	161.0	184.0	194.0	200.0	80.5	83.5	86.5	34.8	36.8	38.8	20.5	22.0	23.5
女	9	143.0	150.0	156.0	142.0	145.0	151.0	185.0	188.0	193.0	72.0	76.0	80.0	31.5	33.5	35.5	19.0	20.0	21.0
	10	146.0	150.5	156.0	145.0	150.0	157.0	187.0	191.0	196.0	74.0	78.0	82.0	34.0	36.0	38.0	20.0	21.0	22.0
	11	151.0	157.0	163.0	150.0	156.0	165.0	189.0	195.0	201.0	78.0	82.0	86.0	35.0	37.0	39.0	21.0	22.0	23.0

1.由父母身高預測未來身高

兒子身高＝56.699＋0.419×父高＋0.256×母高

女兒身高＝40.089＋0.306×父高＋0.431×母高

2.從足長預測身高

根據一些統計材料分析，足長者，以後身高也高。因而根據足長發育早、結束早的特點，在選材中也可以用13歲的足長來近似預測未來身高。計算公式為：

未來成年的身高範圍(公分)＝13歲足長(公分)×7±3

3.從手長預測身高

據我國張占錫等人的研究結果，可由測量手長來預測身高（表8-2）。

表8-2　手長對身高的估計值

性別	手長／公分	身高估計值／公分	±標準差／公分
女	15.4	150.88	147.15～154.16
	15.7	152.23	148.50～155.96
	⋮	⋮	⋮
	18.4	164.38	160.65～168.11
	18.7	165.73	162.00～169.46
	19.0	167.08	163.35～170.81
	19.3	168.43	164.70～172.16
男	15.8	158.42	154.14～162.70
	16.1	159.81	155.53～164.09
	⋮	⋮	⋮
	20.0	177.88	173.60～182.16
	20.3	179.27	174.89～183.55
	20.6	180.66	176.38～184.94
	20.9	182.05	177.77～186.33

㈡ 機能類

人體生理機能水準與運動素質和競技能力密切相關。排球選材在生理機能方面主要指人體各器官系統的功能狀況，如要求心肺功能好，安靜時脈搏頻率慢，但激烈運動時脈搏上得快，恢復也快，以及注意血色素、最大吸氧量、血乳酸、心電圖、超聲心電圖等指標。

除此之外，對本體感覺、視覺、位覺的要求也相當高。排球比賽強度大，如果沒有較好的身體機能是承擔不了激烈比賽的。

上海體院科學選材組報導，上海少年排球運動員最大吸氧量數值為：女少年 $39 \sim 42.8$ 毫升・（公斤・分）$^{-1}$，平均為 41.19 毫升・（公斤・分）$^{-1}$；男少年 $45 \sim 51.768$ 毫升・（公斤・分）$^{-1}$，平均為 47.4 毫升・（公斤・分）$^{-1}$。

㈢ 素質類

身體素質是掌握排球各項技術的基礎。良好的身體素質是提高技術、戰術水準的保證。排球運動員最重要的素質是彈跳力、揮臂速度、反應速度、速度和靈敏反應等。不同年齡階段的身體素質基礎指標是選材時不可忽視的因素。

排球運動員身體素質主要測試指標有：30米跑、V字形移動、助跑摸高、立定跳遠等。我國少年排球運動員身體素質選材的主要項目和評定標準如表8-3、表8-4所示。

表8-3　15歲以下女子排球運動員身體素質評分表

項目 分值	30米 (秒)	1.5公斤實心球 (米)	V字形移動 (秒)	助跑摸高 (米)	立定跳遠 (米)	雙搖跳繩 (次)	仰臥兩頭起 (次)	俯臥背起 (次)	軟排擲遠 (米)	靈敏測欄架 (秒)	400米 (秒)
100	4.30	11.00	25.00	3.05	2.17	60	50	50	25.00	8.50	75.0
99	4.31	10.97	25.02						24.93	8.53	75.2
98	4.32	10.95	25.04	3.04					24.87	8.56	75.4
97	4.33	10.92	25.06		2.16	59			24.80	8.59	75.6
96	4.35	10.89	25.08					49	24.73	8.62	75.8
95	4.36	10.86	25.10	3.03			49		24.66	8.65	76.0
94	4.37	10.84	25.12						24.59	8.68	76.2
93	4.38	10.81	25.14		2.15				24.52	8.71	76.4
92	4.39	10.78	25.16			58			24.46	8.75	76.6
91	4.40	10.75	25.18	3.02					24.39	8.78	76.8
90	4.42	10.73	25.21						24.32	8.81	77.1
89	4.43	10.70	25.23					48	24.25	8.84	77.4
88	4.44	10.67	25.25	3.01	2.14				24.17	8.87	77.7
87	4.45	10.64	25.27			57			24.10	8.90	78.0
86	4.46	10.61	25.29						24.03	8.94	78.3
85	4.48	10.58	25.31	3.00			48		23.96	8.97	78.6
84	4.49	10.55	25.33		2.13				23.89	9.00	78.9
83	4.50	10.53	25.36			56			23.81	9.03	79.2
82	4.51	10.50	25.38	2.99				47	23.74	9.07	79.5
81	4.53	10.47	25.40						23.67	9.10	79.8
80	4.54	10.44	25.42		2.12				23.59	9.13	80.2
79	4.55	10.41	25.44	2.98					23.52	9.17	80.6
78	4.56	10.38	25.47			55			23.44	9.20	81.0
77	4.58	10.35	25.49						23.37	9.24	81.4
76	4.59	10.32	25.51	2.97			47		23.29	9.27	81.8
75	4.60	10.29	25.54		2.11			46	23.21	9.30	82.2
74	4.62	10.25	25.56			54			23.14	9.34	82.6
73	4.63	10.22	25.58	2.96					23.06	9.37	83.0
72	4.64	10.19	25.61						22.98	9.41	83.4

項目 分值	30米 (秒)	1.5公斤實心球 (米)	V字形移動 (秒)	助跑摸高 (米)	立定跳遠 (米)	雙搖跳繩 (次)	仰臥兩頭起 (次)	俯臥背起 (次)	軟排擲遠 (米)	靈敏測欄架 (秒)	400米 (秒)
71	4.66	10.16	25.63		2.10				22.90	9.44	83.8
70	4.67	10.13	25.65	2.95		53			22.82	9.48	84.3
69	4.68	10.10	25.68					45	22.74	9.52	84.8
68	4.70	10.06	25.70	2.94			46		22.66	9.55	85.3
67	4.71	10.03	25.73		2.09				22.58	9.59	85.8
66	4.73	10.00	25.75			52			22.50	9.63	86.3
65	4.74	9.97	25.78	2.93					22.42	9.66	86.8
64	4.75	9.93	25.80		2.08				22.33	9.70	87.3
63	4.77	9.90	25.83					44	22.25	9.74	87.8
62	4.78	9.87	25.85	2.92		51			22.17	9.78	88.3
61	4.80	9.83	25.88						22.08	9.81	88.8
60	4.81	9.80	25.90	2.91	2.07		45		21.99	9.85	89.4

表8-4　15歲以下男子排球運動員身體素質評分表

項目 分值	30米 (秒)	1.5公斤實心球 (米)	V字形移動 (秒)	助跑摸高 (米)	立定跳遠 (米)	雙搖跳繩 (次)	仰臥兩頭起 (次)	俯臥背起 (次)	軟排擲遠 (米)	靈敏測欄架 (秒)	400米 (秒)
100	4.00	12.00	24.00	3.30	2.50	70	55	60	28.00	8.20	65.0
99	4.01	11.97	24.02		2.49				27.93	8.23	65.2
98	4.02	11.95	24.04	3.29					27.87	8.26	65.4
97	4.04	11.92	24.06		2.48	69			27.80	8.30	65.6
96	4.05	11.89	24.08					59	27.73	8.33	65.8
95	4.06	11.86	24.10	3.28	2.47				27.66	8.36	66.0
94	4.07	11.84	24.12		2.46				27.59	8.39	66.2
93	4.09	11.81	24.14			68			27.52	8.43	66.4
92	4.10	11.78	24.16	3.27	2.45		54		27.46	8.46	66.6
91	4.11	11.75	24.18		2.44				27.39	8.49	66.8
90	4.12	11.73	24.21						27.32	8.53	67.1
89	4.14	11.70	24.23	3.26	2.43	67		58	27.25	8.56	67.4

項目＼分值	30米(秒)	1.5公斤實心球(米)	V字形移動(秒)	助跑摸高(米)	立定跳遠(米)	雙搖跳繩(次)	仰臥兩頭起(次)	俯臥背起(次)	軟排擲遠(米)	靈敏測欄架(秒)	400米(秒)
88	4.15	11.67	24.25						27.17	8.60	67.7
87	4.16	11.64	24.27		2.42				27.10	8.63	68.0
86	4.17	11.61	24.29	3.25	2.41				27.03	8.66	68.3
85	4.19	11.58	24.31			66			26.96	8.70	68.6
84	4.20	11.55	24.33	3.24	2.40				26.89	8.73	68.9
83	4.21	11.53	24.36		2.39				26.81	8.77	69.2
82	4.23	11.50	24.38					57	26.74	8.80	69.5
81	4.24	11.47	24.40	3.23	2.38	65			26.67	8.84	69.8
80	4.25	11.44	24.42		2.37				26.59	8.88	70.2
79	4.27	11.41	24.44						26.52	8.91	70.6
78	4.28	11.38	24.47	3.22	2.36		53		26.44	8.95	71.0
77	4.29	11.35	24.49		2.35	64			26.37	8.98	71.4
76	4.31	11.32	24.51	3.21					26.29	9.02	71.8
75	4.32	11.29	24.54		2.34			56	26.21	9.06	72.2
74	4.34	11.25	24.56		2.33	63			26.14	9.09	72.6
73	4.35	11.22	24.58	3.20					26.06	9.13	73.0
72	4.36	11.19	24.61		2.32				25.98	9.17	73.4
71	4.38	11.16	24.63		2.31				25.90	9.21	73.8
70	4.39	11.13	24.65	3.19	2.30	62			25.82	9.25	74.3
69	4.41	11.10	24.68					55	25.74	9.28	74.8
68	4.42	11.06	24.70	3.18	2.29				25.66	9.32	75.3
67	4.44	11.03	24.73		2.28				25.58	9.36	75.8
66	4.45	11.00	24.75	3.17	2.27	61	52		25.50	9.40	76.3
65	4.47	10.97	24.78						25.42	9.44	76.8
64	4.48	10.93	24.80		2.26				25.33	9.48	77.3
63	4.50	10.90	24.83	3.16	2.25	60		54	25.25	9.52	77.8
62	4.51	10.87	24.85		2.24				25.17	9.56	78.3
61	4.53	10.83	24.88	3.15					25.08	9.60	78.8
60	4.54	10.80	24.90		2.23	59			24.99	9.64	79.4

㈣ 心理類

心理選材內容主要包括心理過程和個性心理特徵兩方面。結合排球運動的特點，在選擇排球運動員時主要應從以下幾方面考慮。

1. 反應時

現代排球運動向著快速多變方向發展，不論是跳起扣球和攔網對抗的瞬間，還是防守對方變幻莫測的扣、吊進攻，都要求隊員迅速做出反應，及時準確地完成相應的動作。運動員反應時，可由簡單反應時（視、聽）和複雜反應時等的測試予以評定，其中複雜反應時更能說明問題。表8-5是上海體育學院選材組制定的少年排球運動員反應時評價表。

2. 神經類型

對優秀排球運動員神經類型的有關研究發現：安靜型屬多，占41.6%；活潑型次之，占32.7%；興奮型較少，占25.7%；無抑制型。此外，還發現不同位置的運動員有不同神經類型的特點。主攻手以活潑型為主，副攻手以活潑型、安靜型為好，二傳手以安靜型為好。總體言，排球運動員的神經類型以活潑和安靜型為優，興奮型亦可，抑制型不宜。

測定神經類型可採用蘇州大學王文英設計的神經類型檢查法（808量表）或WT神經類型測試（見鐘添發等《運動員競技能力模型與選材標準》）。

3. 操作思維

排球運動員在比賽中要在瞬間處理來自不同方向的各

表8-5　少年排球運動員反應時評價表（毫秒）

性別	類別	年齡	優	良	中	可	差
男	視覺	11	191以下	192～201	202～242	243～252	253以上
		12	204以下	205～211	212～240	241～247	248以上
		13	183以下	184～193	194～232	233～242	243以上
		14	184以下	185～194	195～241	242～253	254以上
		15	193以下	194～199	200～224	225～230	231以上
	聽覺	11	139以下	140～150	151～193	194～204	205以上
		12	162以下	163～169	170～198	199～205	206以上
		13	138以下	139～149	150～194	195～205	206以上
		14	141以下	142～152	153～195	196～206	207以上
		15	143以下	144～151	152～188	189～195	196以上
	複雜	11	345以下	346～378	379～513	514～547	548以上
		12	345以下	346～371	372～478	479～505	506以上
		13	348以下	349～366	367～441	442～460	461以上
		14	331以下	332～355	356～452	453～476	477以上
		15	336以下	337～357	358～444	445～466	467以上
女	視覺	11	207以下	208～218	219～263	264～274	275以上
		12	194以下	195～208	209～265	266～279	280以上
		13	196以下	297～207	208～252	253～263	264以上
		14	191以下	192～201	202～254	255～267	268以上
		15	194以下	195～204	205～245	246～255	256以上
	聽覺	11	158以下	159～168	169～209	210～219	220以上
		12	156以下	157～167	168～210	211～221	222以上
		13	148以下	149～158	159～199	200～209	210以上
		14	136以下	137～148	149～199	200～212	213以上
		15	144以下	145～156	157～205	206～217	218以上
	複雜	11	380以下	381～399	400～476	477～495	496以上
		12	328以下	329～364	365～509	510～545	546以上
		13	310以下	311～344	345～479	480～513	514以上
		14	333以下	334～359	360～464	465～490	491以上
		15	307以下	308～336	337～455	456～485	486以上

種資訊，搞清對方的戰術意圖和本方同伴的戰術目的，在最短的時間內做出準確必要的應答，因此，排球運動員應該思維敏捷。

在測定操作思維的敏捷性時，可用操作思維「三籌碼」法或WT操作思維測試（見鐘添發等《運動員競技能力模型與選材標準》）。

㈤ 智力類

排球是一項充滿變化的運動，運動員在比賽中要應付各種複雜情況，就必須具有較高的運動智力水準。在選材時應進行一般智力水準和運動智力水準的測試，盡可能選智力水準高、善於思考、理解能力強、想像力豐富，特別是在各種情況下隨機應變能力強，在比賽場上運動智力、決策能力高超且具有創造性的兒童少年。

1.一般智力水準測試

智商（IQ）的測試，一般採用瑞文標準推理測驗或韋氏智力量表等，還可以由教練員評定方法瞭解運動員的智力水準。

2.運動智力水準測試

在排球比賽中表現出來的智慧，一方面靠掌握的專項理論知識和積累的臨場經驗，另一方面要靠文化素質基礎和智力開發的訓練。

對於運動員的認知方式類型的測試，可以採用反應認知方式量表，根據被試判斷選擇的反應時間和正確數得分可以評定其反應認知方式所屬類型（表8-6）。

表8-6　反應認知方式類型的劃分標準

類型	時間	正確數
快而準確	時間5分< 45秒	正確數≥11
慢而準確	時間5分≥45秒	正確數≥11
快而不準確	時間5分< 45秒	正確數< 11
慢而不準確	時間5分≥45秒	正確數< 11

㈥ 綜合類

由教練員評定運動員的形態發展潛力及體質與傷病狀況、運用與掌握技術和戰術能力、思想意志品質及比賽表現。選材類型權重可參考表8-7。

表8-7　選材指標權重分配表

類型	12歲以下組	少年乙組
形態類	25	25
機能類	15	15
素質類	20	25
智力類	10	15
心理類	10	10
綜合類	20	10

四、選材的工作方法與步驟

我國青少年排球教學訓練大綱中,將排球運動員的選材工作分為三個階段:

初選階段。即第一次選材，基本上在小學階段進行；

複選階段。一般在13歲時，在初選的基礎上進行；

精選階段。在複選的基礎上經過兩年訓練，進一步進行測定和評價。

選材工作按以下步驟進行：

㈠ 家系調查

實踐證明，遺傳因素對運動能力有很大影響，因此，首先要進行選材物件的家系調查。主要調查選材對象的父母、祖父母、外祖父母、兄弟姐妹的身體形態特徵、健康水準、運動能力等，以便分析其遺傳因素的影響條件。另外，還應調查他們胎兒期及發育期的營養條件等。

㈡ 體格檢查

主要檢查身體形態、心血管系統和呼吸系統的功能、肝功能、血常規、尿常規等有關指標和個人病史等，以便瞭解選材物件的一般健康情況和發育水準，以及有無影響運動能力和技術發展的疾病和缺陷。有些指標可由醫院的專門醫務人員測試。

㈢ 發育程度與青春期發育高潮持續時間長短的鑒別

準確瞭解人體發育程度，才能對運動員的形態、機能、素質、成績等作出準確的評價。

兒童少年在生長發育過程中，實際存在著兩種不同的年齡標準，一個是生活年齡（即日曆年齡），一個是生物年齡（即發育年齡）。由於受遺傳、營養、運動、疾病等

因素的影響，生活年齡和生物年齡往往不一致，個體的差異也較大。只有生物年齡才能真實反映人體的發育程度。生物年齡一般用骨齡來表示，骨齡可作為評價發育程度的主要依據。以前普遍採用的是國外的TW1、TW2和G－P評定標準。目前，中國也制定出了CHN標準並正在推廣。在無法拍到骨齡時，可參考陰毛、睪丸、乳房等第二性征的指標來推導骨齡。

判斷青春發育期高潮持續時間的長短，要在進入青春發育期後1～2年的時間內，由骨發育的變化情況或第二性徵變化情況、身高年增長百分比等來分析確定。

少年排球運動員選材，以選正常年齡開始發育而且發育期高潮持續時間延長的兒童少年及正常年齡開始發育、發育期高潮持續時間正常的兒童少年為好。

五、選材指標的測試

選材指標的測試，應組成專門的測試小組。測試人員要認真學習和熟習測試方法，事先做好器材設備和測試表格的準備。測試前要讓受試者明確測試的要求和注意事項，做好受試準備。有些測試方法還應做必要的示範和講解。測試後要及時整理測試表格，統計和計算有關資料，並注意保存好原始資料。在測試工作的各個環節，都要注意保證測試指標的準確性和完整性。

六、評價與分析

對測試結果進行評價和分析是選材工作最重要的環節，是確定選材物件能否入選的關鍵。

評價測試結果時，部分指標可用原始資料，有些則需要用指數來評定，如肺活量／體重、下肢長Ａ／身高×100等。最後，結合排球運動員選材標準的不同年齡段計算出綜合得分，作為分析的依據。

對評價結果進行分析時，要注意綜合評價的總分，也不可忽視單項指標有突出優勢的因素。一般在初選時，入選標準可適當放寬一些。在複選和精選時，要著重分析其發展趨勢，結合追蹤測試的結果，從起點水準、增長速度和持續時間等幾個方面綜合考慮，以保證選材的準確性，提高成才率。

第三節　青少年排球教學訓練

一、青少年排球運動員教學訓練工作的意義

運動員成長規律表明，青少年時期的教學訓練，直接影響到運動員能否最後成才。當今世界競技體育強國的成功經驗及我國排球運動訓練經驗告訴我們，做好青少年排球運動員的教學訓練是培養優秀運動員的必由之路。對青少年排球運動員的教學訓練，不僅是提高我國排球運動技、戰術水準的重要保證，而且有助於培養他們在德、智、體等方面全面發展。

青少年運動員的身體發育正處於一個從量變到質變的過程中，是個體從幼稚向成熟期發展的過渡期，是人生中長身體、長知識的重要時期，是身體發育逐漸成熟、運動能力逐步增強、智力發展迅速、個性和世界觀初步形成的

時期。這個時期的教學訓練對於一個運動員非常關鍵，可以為良好道德品質的形成和智力開發及運動能力的發展打下牢固的基礎。

二、青少年排球運動員生理、心理特點與教學訓練

青少年正處在生長發育的時期，心血管系統、神經系統和骨骼、肌肉系統都未發育成熟，瞭解他們的生理、心理特點，將有利於更好地安排教學訓練內容和制訂、執行教學訓練計畫，使他們的身體得到全面發展和提高排球運動技術水準。

㈠ 中樞神經系統特點

青少年神經系統的發育優於其他系統，神經活動的興奮和抑制過程處於不平衡狀態，興奮過程比抑制過程佔優勢，神經的靈活性高，模仿能力較強，容易建立條件反射，學習技術動作較快，但不注意鞏固，易消退並出現多餘動作。青少年時期由於第二信號系統的活動還不完善，抽象思維能力較差，對於直接感覺到的形象和其他感覺（肌肉本體感覺）容易建立條件反射，善於模仿。因此，能夠很快地掌握技術動作，但青少年兒童分析解決問題能力差，對於動作的認識仍處於感性的階段，缺乏對動作實質的理解。

因此，教學訓練應注意：

1. 教練員要多做示範動作，多採用直觀形象的教學，以便形成條件反射，使他們領會動作要領，形成正確

的動力定型。

2. 一次教學訓練課應該安排多種內容，但每種內容的練習時間不宜太長。教學訓練也應採用多種多樣的手段和方法。

3. 由增加教學訓練課次提高運動量，每次課的運動量不宜太大。教學訓練中多安排技術和節奏練習，體能訓練的比例適當降低。

(二) 骨骼系統特點

由於骨骼的迅速增粗和增長，尤其是上、下肢的管狀骨和脊椎長度的生長更為突出，身高處於迅速增長的第二高峰，一般平均每年長7～8公分（有的長10～12公分）。12～14歲女少年、13～15歲的男少年是性成熟的前期，這個時期骨質軟、骨徑細，軟骨成分多，骨化不完全，骨的成分比成年人有機質多、鈣質少，骨的彈性和韌性較好，但強度不大、不易骨折而易變形、承受壓力和張力不如成人。

因此，教學訓練應注意：

1. 注意身體的全面發展，在教學訓練中防止局部負擔量過大，多做對稱的練習，用多種練習方法交替進行，宜多做速度、跳躍的練習，促進骨骼的增長。

2. 力量練習時要注意負荷量，少年椎骨骨化較晚，15歲前如進行大重量的練習，或過多採用靜力性力量練習，容易導致脊柱變形，腿形異常。

3. 注意練習場地的選擇。少年骨化未完成，脊柱生理彎曲度較成人小，因而緩衝能力較差，故不宜在水泥

地、瀝青地反覆進行跳躍練習。

(三) 肌肉系統特點

　　肌肉占體重60％，從8歲的27.2％至18歲的44.2％，少年的肌肉成分和重量隨年齡增長而變化。年齡小時，肌肉中水分較多，蛋白質含量較少，隨年齡增長，肌肉中的蛋白質含量逐漸增加，肌肉的收縮和彈性也隨之提高，肌纖維增粗，力量明顯的增加，但柔韌性降低了一些。肌肉的重量也隨年齡的增長而變化，8～12歲肌肉生長速度開始加快，尤其到15～18歲最快。在12～15歲這一階段，肌肉主要是縱向增長，肌肉外形是細長的，肌纖維較細，含水量較多，蛋白質較少，與成人相比肌肉橫斷面積較小，肌肉的收縮力、伸展性、彈性和耐抗力卻不如成人。

　　教學訓練應注意：

　　1. 發展肌肉力量時，適宜做多種徒手練習、不負重的跑跳練習，以及協調性和提高動作速度的練習來發展肌肉力量，15歲後可以適當增加負荷重量。

　　2. 發展肌肉力量時，應以動力性練習為主，宜多做助跑起跳、變向移動、揮臂擊球等練習，要增強肩、膝、踝和腰背肌的力量。

　　3. 要注意發展小肌肉群的力量，保證身體全面發展。多做一些帶有爆發性而又能很快自然放鬆的練習。

(四) 心血管系統的特點

　　心肌纖維短而細，肌纖維之間的間質較少，心臟重量比成人小，心臟的重量、容量及心率也隨年齡不斷變化，

到18歲時接近成年人水準。心收縮力較弱,心輸出量較小,但新陳代謝旺盛,交感神經系統佔優勢,心率比成人快,心臟功能和神經系統的調節都不及成人。但血管彈性優於成人,血壓比成人低,16～17歲少年血壓接近成人水準。

因此,教學訓練應注意:

1. 合理安排運動量,注重循序漸進、區別對待。少年兒童不宜進行大負荷、長時間的訓練(持續而緊張的工作),但練習密度可大些,間隙次數要多些。13～14歲以後可以承受更大的運動量,但要循序漸進,區別對待。隨年齡增長可逐漸增加耐力訓練的比重。

2. 多做促進血液循環的練習,提高技能水準,如間歇跑、競賽跑遊戲、打籃球、踢足球等活動,提高血液循環和呼吸機能。

㈤ 呼吸系統特點

青少年兒童的呼吸系統也處在生長發育的過程中。呼吸道黏膜較薄,胸廓較小,呼吸肌較弱,呼吸頻率較快(12～13歲的少兒呼吸頻率為每分鐘19～20次,成年人為12～16次),呼吸深度較小,肺通氣量比成人低,屏息時間較成人短,隨年齡增大,呼吸機能逐漸提高。從15～17歲開始,肺呼吸儲備能力接近成人水準。

因此,教學訓練應注意:

1. 掌握呼吸與動作的配合。排球訓練與比賽都有很強的節奏感,要教會隊員善於在間歇時進行呼吸調整。

2. 青少年吸氧量和最大吸氧量均比成人少,對強度

大、持續時間長的練習適應能力較差，因而訓練強度不能要求過急，要注意安排間歇。

3. 最好選擇在空氣新鮮的環境進行訓練。

4. 注意發展青少年兒童的呼吸機能，培養他們加大呼吸深度和使呼吸與動作配合的能力，減少屏息和憋氣活動。

㈥ 心理特點

青少年自我意識的發展，集中表現在要求深入地瞭解和關心自己的成長，自我評價日趨成熟，自尊心有了較大的發展，人生觀已經初步形成。

青少年運動員的思維發展，集中表現在具有較高的抽象概括和理論性，開始出現辯證性；思維具有更大的組織性，具有獨立和批判性。

青少年運動員的情感發展，集中表現在情感體驗強烈，兩極性突出，情感和情緒的時間延續性更長，情感性具有閉鎖性和曲折性，情緒和情感內容豐富和深刻。

總之，青少年精力充沛，興奮性高，容易接受新事物，善於模仿，興趣廣泛，但不專一；思想活躍，有強烈的求知欲望，好奇心較強，但自覺性還不穩定；有較強的自信心，但容易過高估計自己的實力；學習技術急於求成，易憑興趣出發，遇到困難和失利時，又會出現畏難情緒，失去信心，特別是女少年自尊心很強，愛面子，情緒易變，易產生疑心。

因此，教學訓練應注意：

1. 教練員除嚴格要求、嚴格訓練外，必須善於利用

這些特點，採取多鼓勵、表揚的辦法，防止簡單粗暴，以免挫傷他們的自尊心，給以後的教學訓練帶來不利。

2. 繼續發展他們的抽象思維，注意思維中的片面性和主觀性。

3. 尊重他們的獨立性和自尊心，充分調動他們學習、訓練的積極性和創造性，教育他們善於控制自己的情感。

4. 利用他們自我意識迅速發展的有利條件，引導他們自己教育自己，並利用現實中的優秀形象教育影響他們，逐步完善他們的個性。

5. 女少年在學習技術動作過程中，遇到困難或落後時，克服困難的勇敢精神差，對她們的工作要深入細緻，不宜當眾批評，有問題時要由談心去解決。

㈦ 女子青春期的特點

女子從11～13歲就進入了青春期，開始出現月經，在月經期間，生理和心理變化大，易產生恐懼感和精神緊張，有時會出現心煩意亂，精力欠佳，體力下降，全身不適等。同時，女子肌肉不如男子發達，但關節韌帶的彈性和柔韌性好；骨骼比男子纖細，抗斷、抗壓和抗彎能力均比男子差；心臟容量比男子小，工作能力和肺活量均低於男子。

因此，教學訓練應注意：

1. 要嚴格遵守區別對待的原則，對月經期反應正常的女子，可以進行適當訓練，但要合理選擇練習的內容，減少或避免劇烈的跳動。靜止用力，猛烈的收髖、收腹等

動作和長時期屏息氣的動作，對剛出現月經和月經期沒有訓練習慣的學生應注意循序漸進，逐步提高她們的適應能力。如發現月經失調，應進行醫務檢查，調整運動量。

2. 力量訓練應注重肩帶肌、上肢肌、腹肌和骨盆肌等薄弱環節的練習。

3. 經期適量訓練，能促進血液循環，調節大腦皮質的興奮和抑制過程，使經血流暢，有利於減輕或消除經期中的不適反應。

4. 教練員可以透過訓練和月經記錄卡方式，具體瞭解女少年在月經期行經的天數、血量、身體情況以及參加鍛鍊後反應，關心她們的健康，結合她們的具體情況更好地安排訓練工作。平時應加強腰腹肌和盆底肌的鍛鍊，預防痛經等不適反應，而且對於提高動作的靈活性有很大幫助。

三、國外青少年排球訓練介紹

縱觀世界排球強國，他們在攀登世界先進水準的過程中都有一個共同的特點：非常重視青少年的訓練工作。他們運用先進的訓練方法和管理機制培養出了一批批新老明星，為排球運動的持續發展奠定了良好的基礎。

㈠ 日本青少年排球

日本排球有著悠久的歷史和廣泛的群眾基礎，其訓練、競賽及管理的體制和我國有著較大的不同。日本沒有專業化一條龍的訓練培養體制，它採用的是排球協會管理下的民間組織方式，大、中、小學均以各學校為單位組隊

訓練和參加比賽。

　　學校排球訓練以俱樂部的形式，由該校具有排球專長的教師任教練員，學生自願參加，一般每個俱樂部參加訓練的在20人左右，有的達到30～40人，比賽時從中挑出技術好的12～15名組隊，根據比賽需要，主力選手訓練的機會和受到教練指導多一些，而一般學生往往主要靠自己努力訓練和技術好的高年級選手輔導。

　　訓練一般從下午4時放學後開始，大學、高中、初中比較正規，每週5～6次，每次2～3小時，寒暑假有集訓，每天達到4～6小時。

　　日本的各級學校的排球運動普及較好，以學校為主建隊，數量多，整體水準較高。有全國性的和地方性的競賽，每年從4月份開始到來年3月份結束。各學校由培養優秀運動員和在比賽中取得優異成績既可以擴大學校知名度為本校增光，又可以為國家培養優秀選手，因此學校對排球運動都非常重視。

　　排球運動員的選拔也是以學校為基礎，運動員從小學5～6年級開始接受排球訓練，然後經過初中、高中畢業後進入大學，有些特別突出的直接進入實業團隊。大學生中的優秀運動員畢業後進入實業團隊，有些優秀運動員在大學時代就進入國家隊。從日本排球運動員選拔體制來看，基礎比較雄厚，競爭也較激烈。

　　日本採用排球協會領導下的民間管理體制，國家支援和資助。這種方式的特點是國家負擔小，排球協會和聯盟自由度大，不易受行政及地方的干預，容易普及和開展排球運動。

但由於青少年運動員都是以學校為單位訓練，不能選拔優秀者集中訓練，而且國家投入少，缺乏全國一貫制專業化訓練體制，對青少年運動員的成長也有一定影響。

㈡ 美國青少年排球

　　在2008年北京奧運會上，美國隊奪得了男子排球比賽第一名，女子排球比賽第二名，並包攬了男女沙灘排球比賽的冠軍。能取得這樣的輝煌成績與美國濃厚的排球運動文化底蘊是分不開的，其先進的訓練理念和科學的訓練方法更是幫助奪得冠軍的有力武器，特別是美國青少年排球訓練中的一些新思路、新方法對我國的青少年排球運動訓練工作應該有所啟示。

　　1. 訓練目的

　　「美國運動教育計畫」（American Sport Education Program，簡稱ASEP）強調「運動員第一，勝利第二」的理念。他們認為這句格言雖然承認追求勝利是體育運動的重要部分，但更強調追求勝利不能以損害運動員的健康、身心發展、樂趣為代價。

　　「運動員第一，勝利第二」的青少年訓練理念是人本主義在青少年運動訓練中的具體體現。

　　「美國運動教育計畫」中對青少年排球教練員的職責規定是以「運動員第一」為主線貫穿始終。他們強調教練員應具備處理運動員意外傷害的能力，並要求所有的教練員需在美國國家承認的機構（國家安全委員會、美國心臟協會、美國紅十字會、美國運動教育計畫）接受心肺復蘇（CPR）和急救培訓，在通過實踐考試和筆試後，獲取證

書。

　　「美國運動教育計畫」還要求不以做俯臥撐或圍著操場跑多少圈的方式懲罰運動員。在傳授技、戰術中應表現出創造性的訓練,「以孩子們所感興趣、所享受的方式傳授技、戰術,要求所有的運動員都能成為他們自己力所能及的『最好』」。

　　在比賽指導工作中明確比賽的目的不是不惜任何代價獲勝,而是教授運動員盡自己的力量去比賽,最好地發揮,力爭在規則範圍內贏得勝利。

　　2.訓練理念及方法

　　「美國運動教育計畫」極力推崇比賽訓練法,或稱之為比賽入門法(games approach)。以比賽入門的方法教授排球,首先採用的比賽是變通過的小比賽,以適合運動員的年齡和能力。當青少年進行這種「迷你」型比賽時,教練員就應開始幫助他們理解比賽的本質、辨別場上位置和戰術的簡單概念。而運動員一旦明白了他們在比賽中要做的,就會迫切要求提高技術,從而有了學習技術的動機,教練員便可以在此基礎上先示範比賽的技術,然後在比賽情景中練習技術,並對運動員進行個別輔導及糾正錯誤動作。這種方法教授運動的途徑是:

　　打比賽→學習戰術→學習技術

　　這種訓練方法採用從比賽入手,首先強調的是學什麼,其次是如何做。更重要的是讓孩子們由自己的體驗發現了比賽中要幹什麼,而不是由你的講述。作為一名有效率的教練員要做的工作是幫助孩子們去發現他們已經體驗過的東西。

在這種訓練理念下的排球訓練分為四個步驟：

⑴ 進行變通過的排球比賽

教練員首先需要根據隊員的年齡設計一個適合他們年齡的變通的排球比賽，變通包括變通比賽的場地、比賽的用球、參賽的人數、比賽的規則等，以便有針對性地學習排球的某一部分戰術和技術。

變通的比賽強調排球比賽的某一個場景，它引導運動員去發現排球比賽中的某個戰術。例如，在一個長、寬各6米的場地上進行3對3的比賽。比賽的目的是在組織進攻中練習用前臂送球。進行這樣的比賽是迫使運動員考慮：要組織一個進攻，他們必須做什麼。

⑵ 幫助運動員發現要打好比賽應該幹什麼

在運動員進行比賽時，要善於發現「合適的場景」並立刻「停格」，然後進入場地，進行簡短的提問和講解，與大家一起討論這個比賽的目的。當他們出現錯誤時，你不必在第一時刻就提出問題，但如果他們重複出現同樣的思維和身體問題時，你就要進去，問問關於這個比賽的目的和所必需的技術問題。

中斷比賽的最佳時刻是你發現他們難於實現比賽的目的或目標時。由中斷比賽，「凍結」動作，提出問題。

在教學中提出正確的問題是非常重要的。開始時，提問可能很難，因為你的運動員很少或者根本沒有打過比賽。這裏，你應當盡力控制住自己想告訴隊員他們應該如何做、如何打好球的強烈欲望，尤其是不要在比賽之前就跟他們說。

運動員常常需要更多的時間打比賽，這就需要不斷地

調整或變通比賽，使運動員更容易在比賽中發現他們在幹什麼。這需要耐心，因為這是學習的一個極其重要的途徑。只要有助運動員的「發現」，就需要經常改變比賽的人數和比賽的結構。

⑶ 傳授比賽技術

只有當運動員意識到必須有技術才能打好比賽後，你才能通過專門的練習教授某項專門技術。

⑷ 在另一個比賽情景中練習技術

一旦運動員練技術了，你就可以把他們放在另外的比賽場景中讓他們練習比賽中的連接技術。比賽訓練法將技、戰術訓練置於不同的場景當中，每一次訓練都安排有技術練習的內容，且都是在戰術訓練情景中進行的。

比賽訓練法的魅力在於，它可以使運動員能夠更快、更好地理解如何打比賽。另外，比賽訓練法保證了教學訓練的趣味性，使青少年在比賽中發現了新技術的價值，從而激起他們的學習欲望。

「美國運動教育計畫」創始人 Rainer Martens 認為：「教練工作中最困難的方面是：必須讓運動員學會學習。運動技術的傳授必須讓孩子們覺得有意義，而不僅僅是教練員認為有意義。」

3. 訓練評價

「美國運動教育計畫」中認為，教練員評估隊員時，應該把重點放在隊員努力後是否比上次他的表現有所提高上，而不是跟其他隊員比較。以排球運動員體能訓練為例，把二傳隊員與進攻隊員或把小個子隊員與大個子隊員分開，以便二傳隊員或小個子隊員可以在速度與機敏性方

面和其他位置球員競爭，而進攻隊員或大個子隊員可以在高度方面與他人抗衡。當隊員拿自己與昨天比較時，就會擁有繼續練習和訓練的動力。

運動員在身體能力測試中應盡個人的最大努力，或者力爭比上次的技術、戰術、溝通能力和心智慧力等的評估有更好的成績，就更有繼續練習和訓練的動力。

評價的目的不僅僅是對當下狀況的一種靜態確認，而且應包括對將來狀況的一種動態激勵。也就是說，評價應有一定的目的性。好的評價能有效地促進運動員的發展。「美國運動教育計畫」中強調：「把重點放在個人身心的理念上與團隊理念並不衝突。教練員只需提醒全隊，如果每個隊員每天都能表現得更好，那麼整個團隊每天一定能表現得更好。」

4.成功青少年排球教練員的基本要求和職責

作為一名青少年排球教練員是非常令人激動的，但要做好也絕非易事。有些教練員會被幫助青少年度過他們早期的運動經歷所承擔的責任和義務所壓倒。其實不必驚訝，因為執教青少年並非僅僅意味著把球帶到球場，而任憑孩子們自己玩耍。

教青少年打球還意味著幫助孩子在生理和心理兩方面做好準備，使他們能高效、公平、安全地參與到體育運動和比賽，同時也幫助他們形成積極的角色模式。

「美國運動教育計畫」認為，一個成功的教練員應該具有5種工具，即理解、預期、關愛、品格和幽默。

「理解」是指對具體運動項目的規則、技術、戰術的瞭解。當然，除了具有排球知識外，教練員還需要採用正

確的訓練方法和採取一些安全的措施，這樣才能保證運動員在安全情況下參加訓練，而無須冒受傷的危險。即便如此，受傷或許還可能發生。但不管如何，教練員應當是第一個對運動員的傷勢做出反應的人，所以教練員一定要知曉急救的基本程式。

「預期」指教練員的執教目標──作為一名教練員，到底企圖什麼。通常的執教目標有3個：

①使運動員獲得樂趣；②發展運動員的體力、心智和社會適應能力；③取得勝利。

預期會涉及到教練員的工作側重、工作計畫和對將來的看法。談到三者之間的關係時，他們認為雖然所有的教練員都很看重競賽，但首要是運動員的興趣，其次才是贏得比賽，要正確地追求競賽的勝利。如果你工作的側重點就是上述的順序，那麼，運動員的健康將在隊伍比賽的勝負記錄中處於優先地位。

「關愛」是指教練員要對執教的隊員有發自內心的關懷，這包括愛他們，有熱情，樂意與孩子們分享對運動項目的熱愛，分享知識。教練員要富有耐心，使隊員在運動參與中不斷成長。運動參與能培養人，但「美國運動教育計畫」認為，運動參與是否能培養品格很大程度上取決於教練員本人，而不是運動本身。

「品格」培養包括認真學習、充滿愛心、誠實、有禮貌、勇於承擔責任。「美國運動教育計畫」認為，這些品格養成的重要性絲毫不比教會青少年如何學會體育運動的重要性低，因此，要求教練員由言傳身教和每時每刻的積極強化將這些美德傳授給青少年。好的品格意味著在運動

參與以及在現實生活中都舉止恰當，不僅僅是說正確的話，還意味著言行一致。對於教練員來講，表裏不一是大忌。要挑戰、支持、鼓勵、獎勵每一個青少年，隊員們會越來越包容，甚至慶賀他們之間的差異。

「幽默」這個工具常常被教練員忽視。幽默就是教練員有能力在訓練和比賽中向運動員「嘲解」自己。因此，不要抓住隊員的錯誤不放，也不要過分責備犯錯的運動員，教練員應與運動員一起享受運動帶來的樂趣。

一名成功的教練員是在不斷地學習和提升自我的過程中來獲得這些品質的，這是一個量化的過程，需要教練員在平時的訓練課中一點一點地積累，這就要求教練員在工作中首先要明確自己的職責。作為一名排球教練員，其具體職責包括：

⑴ 確保安全的運動環境。

排球訓練本身就具有內在的危險，作為教練員，有責任經常檢查練習和比賽場地。

⑵ 積極地交流溝通。

教練員不僅僅要與運動員進行交流，還要與家長、裁判員以及行政管理人員進行交流溝通。交流溝通要正向與積極，要展示你的內心對運動員非常感興趣。

⑶ 傳授排球技、戰術。

教師應表現出創造性的「排球訓練」，以孩子們所感興趣、所享受的方式傳授和訓練運動員所必需的排球技、戰術。要求教師使所有的運動員都能成為他們自己力所能及的「最好」。

⑷ 講授排球規則。

(5) 比賽指導。

比賽指導包括決定上場陣容、換人計畫、恰當地對待裁判和處理教練員與運動員的關係，以及比賽中的戰術決定。要記住，比賽的目的不是不惜任何代價獲勝，而是教授你的運動員盡自己的力量去比賽，最好地發揮，力爭在規則範圍內贏得勝利。

(6) 使運動員有良好的終身引以為榮的身體素質。

要使運動員有良好的身體素質，這樣他們就能進行安全、成功的訓練。同時，應該使運動員知道如何以他們自己的方式使獲得良好的身體素質，明白身體素質的價值，並樂於訓練。因此，不應當以讓隊員做仰臥起坐或圍著操場跑多少圈的方式懲罰他們。要使參加身體訓練成為樂趣，要透過排球訓練使終身都具有良好的身體素質。

(7) 培養青少年的品格。

品格培養包括學習、關愛、誠實、尊重和有責任心。這些似乎無形的品質其實比發球技術的教授更重要。在每場比賽結束時都要全隊排個圈，由展示、表達和促進，時時體現這些品質的價值。

第九章　排球運動競賽與裁判工作

第一節　排球運動競賽工作

　　排球競賽是排球教學訓練的重要組成部分，是宣傳普及和提高排球運動最有效的措施。透過比賽推動群眾性體育運動的開展，促進排球運動技術水準的提高，有助於參賽隊間的交流學習；透過比賽能活躍豐富人民的文化生活，促進社會精神文明建設；透過比賽還可開展國際交往，促進我國人民和世界人民的友誼和團結，提高我國的國際威望。

　　由於競賽的目的任務不同，競賽規模有大有小，一般排球比賽的形式有綜合性運動會中的排球比賽項目和排球聯賽、錦標賽、杯賽、邀請賽、選拔賽、表演賽、友誼賽等等。

　　組織排球競賽，在鼓勵參賽隊賽出風格、賽出水準的同時，還必須加強精神文明宣傳與教育，反對不良道德和作風。

一、競賽的組織工作

㈠ 賽前的準備工作

1.成立組織機構

　　根據競賽的組織方案確定組織機構的規模與形式，如

成立組織委員會（競賽委員會）。基層或學校小型競賽活動組織機構，可根據具體情況精簡。

採用主客場制組織競賽時，應成立兩個層次的組織領導機構。聯賽組織委員會可包括競賽部、新聞部、技術監察委員會和紀律委員會。賽區組織委員會可包括辦公室、競賽組、接待組、安保組、新聞組和財務組。

2.制訂競賽規程

競賽規程是競賽組織者和參加者的指導性檔，是競賽工作進行及報名參賽的依據。在競賽前由主辦單位根據競賽的目的任務制訂，並提前發放給有關單位，以便於做好賽前的準備。競賽規程是競賽工作的依據，有關競賽的各項規定、要求、辦法必須明確地寫入規程，主要包括競賽名稱、競賽日期和地點、參加單位及資格、競賽辦法、錄取名次和獎勵辦法、報名和報到日期和地點、裁判員和仲裁委員會選派方法及注意事項等。

競賽規程示例見本節後的附件。

3.制訂工作計畫

各處（組）根據職責範圍，分頭制訂工作計畫，經組織委員會審定後，按期落實，並定期檢查工作進展情況。各處（組）間，既要分工明確，又要協調配合。

4.賽前的一些具體工作

賽前的一些具體工作，主要包括辦公室擬訂大會檔，賽區會議、發獎等安排，以及接待、交通、食宿、票務、醫務等行政工作。競賽處（組）根據規程規定和報名隊的具體情況編排比賽日程、秩序冊，及時發到各有關單位；負責繪製競賽用的表格；安排好參賽隊賽前對比賽場地的

適應性練習；組織調研人員和輔助工作人員的培訓工作等。裁判委員會（組）組織裁判員和輔助裁判員的業務學習和實習，裁委會檢查場地和器材落實情況，進行裁判員分組並確定負責人，在裁委會、教練員聯席會議上通報比賽中有關執行規則的要求等。宣傳處（組）協助組委會召開新聞發佈會的籌備工作，讓更多的宣傳媒體介入賽會進行宣傳報導。保衛處（組）根據賽會的需要組織安排一定的警力，確保賽會安全順利進行。仲裁委員會與組委會共同審查報名隊和隊員的參賽資格，組織仲裁成員學習《仲裁委員會條例》。

採用主客場制競賽時，由組委會下設技術監察委員會向各賽區指派技術代表，他們要對賽區、裁判員、運動員等工作進行全面負責並及時向組委會彙報。

5.召開組委會會議

各處（組）在組委會會議上彙報籌備工作情況。

(二) 競賽期間的工作

競賽處（組）要及時登記和公佈當天的比賽成績，同時應經常檢查和管理場地器材與設備；遇有特殊情況需要更改比賽場地、日期和時間時，要及時通知各隊。辦公室應深入運動隊聽取意見，改進工作，保證運動員、裁判員、工作人員的伙食、洗浴及休息；賽場應有醫生做好處理傷病事故的準備工作，並做好食品衛生監督工作。

裁判委員會（組）要合理安排執哨裁判員，及時組織裁判員小結，改進工作，保證比賽順利進行。保衛處（組）應注意與會人員住地及比賽場的治安工作，特別

在大會臨近結束時更要加強保衛工作。宣傳處（組）組織好宣傳報導和體育道德風尚獎的評定工作。仲裁委員會負責復審比賽期間執行規則和競賽規程中發生的糾紛，對申訴、控告等應及時處理，不影響比賽正常進行。

(三) 競賽結束工作

競賽組核算比賽成績，排出名次，交由裁判長宣佈。

召開組委會聽取工作彙報及意見，決定體育道德風尚獎評選結果，組織閉幕式和發獎儀式，印發成績冊，安排參賽隊及裁判員離會事宜。

二、競賽制度、編排與成績計算方法

競賽制度是參賽的各隊間如何進行比賽的方法。選擇和確定競賽方法，應根據比賽的目的任務、競賽的時間長短、參賽隊的多少及場地設備等情況來決定。排球比賽經常採用的競賽制度有循環制、淘汰制、混合制和佩奇制。

(一) 循環制

循環制是參賽的各隊，在整個競賽或同一小組中彼此都有相遇的機會。這種方法能較合理地確定參賽隊的名次，也使各隊有較多的交流和學習的機會。循環制又分為單循環、雙循環和分組循環三種。

1. 單循環

單循環是各參賽隊在整個競賽中彼此相遇一次，一般是在參賽隊不多、比賽時間充足時採用。

(1) 比賽的輪數和場數的計算

比賽輪數：在循環賽區中，各隊都參加完一場比賽即為一輪。參賽隊數為單數時，比賽輪數等於隊數，如5個隊參加比賽，則比賽輪數為5輪；參賽隊數為雙數時，比賽輪數等於隊數減1，如6個隊參加比賽，則比賽輪數為5輪。

比賽場數：單循環比賽的場數可用下面的公式進行計算：

$$比賽場數 = \frac{隊數（隊數-1）}{2}$$

如6個或7個隊參加比賽，則比賽場數為：

$$\frac{6(6-1)}{2} = 15 場 \qquad \frac{7(7-1)}{2} = 21 場$$

⑵ 編排方法

① 貝格爾編排法

把參賽隊數一分為二編成號數（參賽隊為單數時，最後以「0」表示，以形成雙數），前一半的號數由1號開始，自上而下寫在左邊；後一半的號數，自下而上寫在右邊，然後用橫線把相對應的號數連接起來即為第一輪的比賽。

第二輪將第一輪右上角的編號（「0」或最大的一個號數）移到左上角，第三輪又移到右上角，以此類推，即單數輪次時「0」或最大的一個代號應在右上角，雙數輪次時則在左上角。

根據參賽隊數的不同，「1」朝逆時針方向移動位置時應按規定的間隔數移動。不論多少隊，第一輪後將「1」逆時針移到左下角，其間隔數就是該隊數編排時的移動間

隔數（表9-1）。「0」或最大代號數應先於「1」移動好位置。「1」進行間隔移動時，凡遇到「0」或最大代號數時應越過，不作間隔計數。最後一輪時，必定是「0」或最大代號數在右上角，「1」在右下角。

表9-1

參賽隊數	4隊以下	5～6隊	7～8隊	9～10隊	11～12隊
間隔數	0	1	2	3	4

以8支隊參賽為例，編排方法如表9-2所示。

表9-2

輪次一	二	三	四	五	六	七
1—8(0)	8(0)—5	2—8(0)	8(0)—6	3—8(0)	8(0)—7	4—8(0)
2—7	6—4	3—1	7—5	4—2	1—6	5—5
3—6	7—3	4—7	1—4	5—1	2—5	6—2
4—5	1—2	5—6	2—3	6—7	3—4	7—1

一般國內比賽，多以各隊上屆比賽所取得的名次數作為代號，如第一名為「1」，第二名為「2」，依次類推。世界比賽大都是東道主代號為「1」，上屆第一名為「2」，依次類推。有的比賽採用抽籤方法確定代號。

②固定左上角逆時針循環編排法

此方法是基層比賽的常用編排方法，例如：6支隊或5支隊參加比賽，其循環方法如表9-3所示。

表9-3

	第一輪	第二輪	第三輪	第四輪	第六輪
6支隊	1—6	1—5	1—4	1—3	1—2
	2—5	6—4	5—3	4—2	3—6
	3—4	2—3	6—4	5—6	4—5
5支隊	1—0	1—5	1—4	1—3	1—2
	2—5	0—4	5—3	4—2	3—0
	3—4	2—3	0—2	5—0	4—5

(3) 編排比賽日程

　　將代號換成隊名即可編排比賽日程（表9-4）。編排時必須使各隊在比賽場地的安排、白天和晚上比賽的次數、兩次比賽之間的休息時間等機會均等。在世界大型比賽中，為了吸引觀眾和利於電視轉播，組委會有權挑選適當的場次在所需要的場地和時間進行比賽。一般為4支隊的循環賽中，可挑選其中一輪的一場比賽；5支隊以上的循環賽中，可挑選其中兩輪的兩場比賽。

表9-4

日期	時間	組別	比賽隊
二十六日	10：30	女	遼寧(深)—(淺)浙江
	14：30	女	上海(深)—(淺)天津
	21：30	男	江蘇(深)—(淺)湖北
	14：30	男	山東(深)—(淺)河南
	19：30	男	上海(深)—(淺)遼寧
	21：30	女	北京(深)—(淺)江蘇

(4) 比賽成績記錄表

比賽成績記錄表如表9-5。

表9-5

隊名	巴西	日本	加拿大	江蘇	上海	積分	局			分			名次
							勝A	負B	C值	勝X	負Y	Z值	
巴西		$\frac{2:3}{1}$	$\frac{3:0}{2}$	$\frac{3:2}{2}$	$\frac{3:1}{2}$	7	11	6	1.83	228	171	1.33	2
日本	$\frac{3:2}{2}$		$\frac{3:1}{2}$	$\frac{3:0}{2}$	$\frac{2:3}{1}$	7	11	6	1.83	202	191	1.06	3
加拿大	$\frac{0:3}{1}$	$\frac{1:3}{1}$		$\frac{3:0}{1}$	$\frac{0:3}{1}$	5							4
江蘇	$\frac{2:3}{1}$	$\frac{0:3}{1}$	$\frac{0:3}{1}$		$\frac{0:3}{1}$	4							5
上海	$\frac{1:3}{1}$	$\frac{3:2}{2}$	$\frac{3:0}{2}$	$\frac{3:0}{2}$		7	10	5	2				1

2. 雙循環

雙循環是各參賽隊相遇兩次的比賽方法，多在參賽隊較少、為了增加各隊相互學習和鍛鍊機會時採用。它比單循環比賽的總場數增加一倍。雙循環比賽秩序的編排與單循環相同，比賽成績表的格式也與單循環相同，只是將記錄成績欄一分為二，上部記第一循環成績，下部記第二循環成績。一般是賽完第一循環後，再賽第二循環，最後計算總分。

3. 分組循環

參加比賽的隊較多而競賽時間較短時，為了比較合理地確定各隊名次，可採用分組循環的比賽方法。把參賽的

隊平均分成若干個小組，在各小組內進行單循環比賽。然後根據需要和實際情況，把各組的優勝隊或同名次隊再進行一次單循環比賽，排出名次。

(1) 分組辦法

根據上屆比賽成績，採用蛇形編排法分組。如16支隊，分為四組；8支隊分為兩組。

組別	代		號		組別	代		號	
一	1	8	9	16	一	1	4	5	8
二	2	7	10	15	二	2	3	6	7
三	3	6	11	14					
四	4	5	12	13					

根據過去成績和現在發展情況，經協商確定種子隊，數目一般與組數相同。先用抽籤的方法將種子隊安排在各組內，然後再用抽籤的方法確定各隊在組的位置。

(2) 決賽階段的比賽方法

決賽階段的比賽方法有多種，以16支參賽隊為例：

將預賽各小組同名次的隊編為一組，進行決賽，預賽各小組的第一名決1～4名；預賽各小組的第二名決5～8名；預賽各小組的第三名決9～12名；預賽各小組的第四名決13～16名。

將預賽各小組1、2名劃為一組，決1～8名；將預賽各小組3、4名劃為一組，決9～16名。

只將預賽各小組前一名或前兩名劃為一組參加決賽，決定前四名或前八名，其他隊不再比賽。

在預賽中已經相遇的隊，決賽不再比賽，將兩隊在預賽階段的比賽成績帶入決賽。

4.循環制的成績計算及決定名次方法

⑴ 每隊勝一場得2分，負一場得1分，棄權取消全部比賽成績，積分多者名次前列（見表9-5）。

⑵ 如遇兩隊或兩隊以上積分相等，則採用下列辦法決定名次：

$$\frac{X（總得分數）}{Y（總得分數）}=Z（值），Z值高者名次列前。$$

如果Z值仍然相等，則採用下列辦法決定名次：

$$\frac{A（勝局總數）}{B（負局總數）}=C（值），C值高者名次列前。$$

如兩個隊C值仍相等，應按它之間勝負來決定名次（見表9-5）。

㈡ 淘汰制

淘汰制就是在比賽中失敗一次即退出比賽，獲勝者繼續比賽，直到最後決出冠、亞軍為止。淘汰制一般是在參賽隊數較多、比賽期限較短時採用。

1.單淘汰比賽輪數及場數

⑴比賽輪數

如果參加的隊數是2的乘方數時，則比賽輪數是以2為底的冪的指數。例如8支隊參加比賽為3輪，16支隊參加比賽為4輪。

如果參加的隊數不是2的乘方數，也就是說參加隊數

介入兩個2的乘方數之間，則輪數是較大的一個以2為底的冪的指數。例如14支隊參加比賽，則按16支隊的輪數來計算為4輪。

(2) 比賽場數

單淘汰比賽總場數等於參加隊數減一。如8支隊參加比賽，共賽7場。

2.單淘汰比賽秩序表的編排

(1)如果參賽隊數是2的乘方數，開始比賽的第一天，所有的隊都進行比賽，沒有輪空隊。只要按照參加比賽的隊數，每兩隊編排一組逐步進行淘汰即可。例如8支隊參加比賽，即比賽3輪共7場。抽籤後，將隊名填在秩序冊表中（表9-6）。

表9-6　單淘汰比賽秩序表

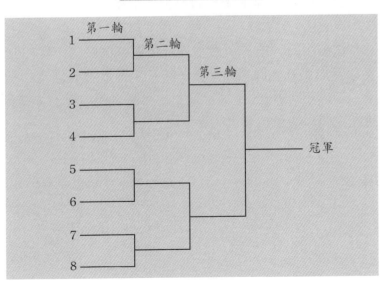

⑵ 如果參賽的隊數不是2的乘方數時，要根據參加隊數，選擇接近的、較大的以2為底的冪的指數為號碼位置數，號碼位置數減去參賽隊數即為輪空數，例如13支隊參加比賽，應選16個號碼位置數，有3支隊輪空，可以2、10、15號為輪空位置號碼。第一輪比賽凡與2、10、15比賽的隊即為輪空隊。輪空隊只能在第一輪比賽中出現，不能在其他比賽輪次中出現。如有輪空，應首先讓強隊輪空。

為了避免技術較好的兩隊首先相遇而被淘汰，可採用設種子隊的方法。編排比賽秩序時，把實力較強、技術較好的「種子隊」合理地分別排入各個不同的區內，使他們最後相遇，這樣在比賽中產生的名次較為合理。確定種子隊的主要依據是其技術水準和最近參加的主要比賽所取得的成績。確定「種子隊」的多少，主要依據參賽隊的多少，一般以4支隊設一名「種子隊」為宜。

單淘汰的「種子」應平均分佈在各個區內。例如16支隊參加比賽，設4支「種子隊」，把最強的兩支「種子」隊排在兩頭1、16號位置上，把3、4號「種子」隊安排在中間8、9號位置上（表9-7）。

表9-7　單淘汰比賽秩序表（設種子隊）

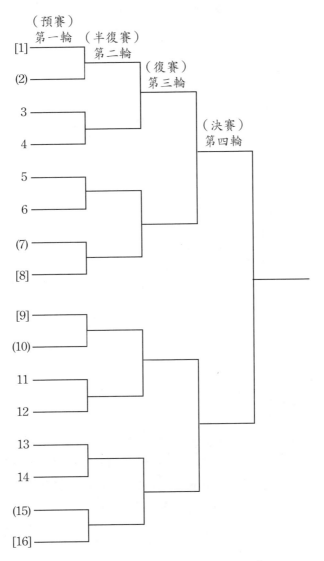

註：（　）為輪空位置號碼；[　]為種子隊位置號碼。

3.單淘汰比賽秩序表格式

經過抽籤排定號碼位置後，可編出全部比賽秩序表。一般可採用下列格式：

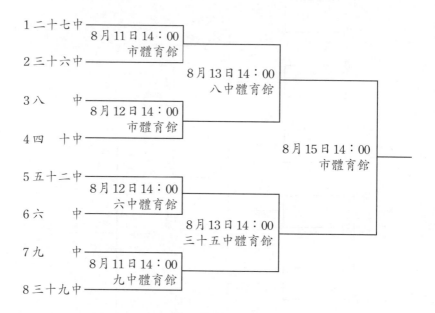

(三) 混合制

一次競賽中同時採用循環制和淘汰制稱為混合制。採用混合制時可將競賽分為兩個階段進行。前一階段採用分組單循環，後一階段採用淘汰制進行決賽；或者相反。

採用先分組循環後淘汰制的混合制比賽時，最好分成2組、4組、8組、16組進行分組循環，以便於以後編排淘汰制的比賽秩序表。

中國全運會排球賽就是按此辦法進行比賽的，按預賽

成績將12支隊分成A、B兩組，採用分組單循環排出各組的1～6名。然後A組的第一名對B組的第2名；B組的第一名對A組的第2名，這兩場比賽的勝隊決1、2名，負隊決3、4名；同樣A、B兩組的3、4名進行交叉比賽，比賽的勝隊決5、6名，負隊決7、8名；依次決出9～12名。

㈣ 佩奇制（PAGE制）

將第一階段循環產生的前4名或分組循環賽產生的各組前2名，按以下順序進行淘汰賽。

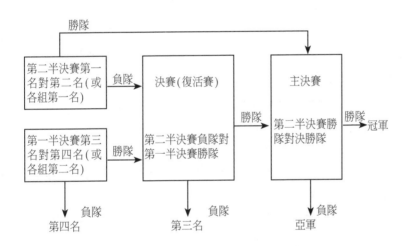

名次決定：主決賽勝隊為冠軍，負隊為亞軍。決賽（復活賽）負隊為第三名，第一半決賽負隊為第四名。

附件：競賽規程示例

2007全國中學生排球錦標賽競賽規程

一、批准單位：中國中學生體育協會

二、主辦單位：中國中學生體育協會排球分會

三、承辦單位：遼寧省鞍山市鞍鋼高級中學（男子組）重慶市第八中學（女子組）

四、比賽日期，地點：

2007年7月14日－7月22日在重慶市第八中學舉行（女子組）。

2007年7月28日－8月7日在遼寧省鞍山市高級中學舉行（男子組）。

五、參賽運動員資格

1. 參賽運動隊為2004年「中遠地產杯」（北京）全國中學生排球錦標賽男子組、女子組前32名，2005年「優勝者杯」（泰安）全國中學生優勝者杯排球賽的男、女前四名的代表隊。

2. 參加比賽的隊必須以一所普通中學為基本單位。各參賽隊均以該隊所在中學為參賽隊名稱，並且該隊所有運動員同屬一所中學在校生，每所學校各報男女各一隊。

3. 參賽運動員必須是1987年1月1日以後出生者。

4. 運動員必須是思想進步，作風正派，文化課平均及格以上。經縣級以上醫院證明身體健康，具有正式學籍且在本學校就讀的學生。

5. 已升入高等院校，正式調入專業隊或職業俱樂部

的學生不得參加比賽（凡是參加全國青年聯賽、甲Ａ、甲Ｂ、城市運動會的學生不得參加比賽）。

6. 參賽隊員必須是在中國中學生體育協會及排球分會註冊過的運動員。

六、註冊辦法

凡是參加2006年全國中學生排球錦標賽的所有隊員中未曾完成中國中學運動員註冊者，必須履行註冊手續。註冊方法如下：（見附表2）（略）

1. 每所會員校限定註冊人數男女隊各16～18人。

2. 各參賽運動員認真填寫《全國中學生運動員申請辦理「首次註冊」登記表》

3. 備齊註冊運動員本人學生證影本、身份證或戶口本影本、近期免冠一寸彩色照片2張。

4. 各會員校應在2006年6月1日之前將上述材料以特快專遞方式分別報寄教育部學生體育協會聯合秘書處競賽部。

5. 註冊費：根據教育部學生體育協會聯合秘書處1999年4月制定的《全國學生運動員註冊條例（試行）》規定，每名註冊運動員需交納成本及手續費總計人民幣50元整。手續費隨同註冊材料一併郵寄。

七、資格審查

為了端正賽風，將嚴格審查運動員資格問題，如查實有弄虛作假情況，組委會將嚴肅處理，取消成績和名次，並對該校領隊和教練員通報批評，停止該隊教練員三年參賽資格。

八、競賽辦法

賽制：比賽分兩個階段進行，第一階段採用小組單循環賽，第二階段進行交叉賽。小組循環賽和交叉賽，一律採用三局兩勝制。

　　分組辦法：將上屆比賽前8名定為種子隊，第一小組為第1名和第8名；第二小組為第2名和第7名；第三小組為第3名和第6名；第四小組為第4名和第5名。其餘各隊抽籤決定其小組位置，東道主隊同樣抽籤定組定位。小組前兩名進入前八名，小組三、四名進入九至十六名，並以此類推（其中東道主隊在抽籤定組後，在小組比賽中如果未能進入前兩名，也將佔據該小組第二名的位置參加交叉賽，以確保進入前8名）。

　　第二階段為兩次交叉賽：第一小組與第三小組進行交叉賽，決出A組名次，第二小組與第四小組進行交叉賽，決出B組名次；A組與B組各隊名次再做第二個交叉賽，決出1～32名的名次。後4名隊將降級。

　　執行中國排球協會最新審定的《排球競賽規則》

　　排列名次方法：勝一場得2分，負一場得1分，棄權得0分，積分高者名次列前；如積分相等則計算C值，如C值仍相等則計算Z值，比值高者名次列前；如Z值仍相等，則依據球隊之間最後一場的勝負決定最終名次。

　　九、比賽服裝、比賽用鞋

　　分會研究決定，推薦香港雅基達牌akita運動服為今年各項比賽的參賽服裝。凡參加比賽的運動隊需自備深（黑、藍、紅、紫）、淺（白、黃、綠、粉）兩色比賽服各一套，每隊比賽服號碼為1～12號。請各校與北京雅基達公司（電話：010－82358432或13020005085）聯繫訂貨

事宜。分會推薦上海回力鞋有限公司生產的WV－104高級排球鞋作為今年各項比賽用鞋（每雙108元）。購買者請各隊直接與分會辦公室聯繫。

十、報名日期和辦法

第一次報名：於2006年5月30日前，將報名單用電子郵件發送到分會辦公室。以確定參賽隊數。郵箱：（略）

第二次報名：於6月30日前，將最後確定的12名正式隊員名單，分別郵寄到北京景山學校分會辦公室和承辦單位（加蓋公章）。同時用電子郵件發到分會郵箱。

十一、報名要求

1. 以會員校組隊參賽，每所會員校限報男女各一個隊，每隊報領隊1名，教練員2名，運動員12名。

2. 按本規程規定填寫報名表一式兩份，報送中國中學生體育協會排球分會和承辦單位。

3. 報名逾期不予受理（以當地郵戳為准）。凡已經正式報名的球隊不得改報名單。

4. 教育部學生體育協會聯合秘書處地址：（略）

郵遞區號：（略）　　　　　聯繫人：（略）

聯繫電話：（略）

5. 中國中學生體育協會排球分會的通訊位址：（略）

6. 承辦單位：遼寧鞍山市鞍鋼高級中學（男子組）

郵遞區號：（略）

傳真電話：（略）　　　　　聯繫電話：（略）

郵箱：（略）　　　　　　聯繫人：（略）

承辦單位：重慶市第八中學（女子組）

郵遞區號：（略）

通訊位址：（略）

傳真電話：（略）　　　聯繫電話：（略）

郵箱：　　（略）　　　聯繫人：（略）

7. 報到日期

比賽前兩天報到。運動員報到時需帶本人學生證原件和身份證原件，交納報名費和保證金。每場比賽前須交驗運動員註冊證，否則不准許參加比賽。

十二、技術代表、裁判長均由分會統一選派

各會員校參加隊必須選派一名國家二級以上裁判員參加大會裁判工作（交通費自理，食宿費由承辦單位承擔），未選派裁判員的會員校，須交納費用800元。不足部分由分會及承辦單位補充。

十三、錄取名次及獎勵辦法

1. 錄取前八名。前三名的運動隊頒發給獎盃，前八名的運動員頒發給成績證書及獎牌。港、澳、台、非會員校代表隊不參加前8名的決賽。

2. 設立體育道德風尚獎，並頒發給集體和個人證書。

十四、經費

1. 報名費：會員校代表隊報名時需交納報名費1000元（一支比賽隊的費用），特邀隊（限港、澳、台學校隊）每隊交納報名費1500元。

2. 參加賽會在規定的15人名額內，每人每天繳納食宿費80元，不足部分由賽會補貼，超編人員交納100元。往返路費和旅遊費自理。

3. 每隊報到時須向組委會交納保證金3000元，比賽後退還。同時交納1000元報名費。

4. 選派的大會仲裁委員、裁判長的差旅費均由承辦單位負擔。

十五、其他

1. 保險：各會員校必須為參加本次比賽的所有成員在當地保險公司辦理《人身意外傷害保險》，各單位報到時，需向組委會交驗保險單據證明，否則不得參加比賽。

2. 未交納會費的學校，應在 2006 年 5 月 31 日前交納。未交納 2005 年和 2006 年會費的會員校不得參加本次比賽。

3. 各會員校每年需交論文一篇以上，在代表隊報到時將論文交組委會。以後每年在下達比賽規程時，將論文評選的結果發至各會員校。

4. 各代表隊需準備若干具有會員校和本地特色的小紀念品，在每場比賽時，可互贈以示友誼和紀念。

5. 各代表隊都要嚴格遵守國家有關法律和大會有關規定，如有違法，按社會治安管理條例和大會有關紀律作出相應處罰，所有款項從該隊保證金中扣除。

十六、本規定未盡事宜，解釋權屬中國中學生體育協會排球協會分會。

附表：

1. 2006 年全國中學生排球錦標賽報名表（略）

2. 全國中學生運動員申請「首次註冊」登記表（表格複印有效）（略）

第二節　排球運動競賽裁判工作

裁判員是排球比賽的組織者，是執行規則的「法官」。他必須正確認識到，規則的目的是使雙方在同等條件下進行比賽，否則將直接影響參賽隊運動員技、戰術水準的發揮，影響排球技、戰術的發展和排球本身具有的觀賞性。因此，裁判員應具有高尚的職業道德，以「嚴肅、認真、公正、準確」八字方針為準則進行工作，並要求做到：

工作中不為名，不為利，不計較個人得失，不徇私情，不突出個人在比賽中的作用，樹立始終為比賽和運動員服務的思想。

認真學習、鑽研規則，正確理解規則精神，準確地執法，只有做到準確，才能主客觀一致，真正做到公正。

經常參加排球活動，觀摩排球比賽，瞭解排球技、戰術發展的趨勢，把握排球規則修改的大方向，適應排球運動發展的需要，促進排球運動的發展，使排球比賽更加精彩。

執行任務時要嚴肅認真，精神飽滿，精力集中，服裝整潔，儀錶大方。

一、場地、器材、設備

㈠比賽場地（圖9-1）

排球比賽場地包括比賽場區和無障礙區，其形狀為對

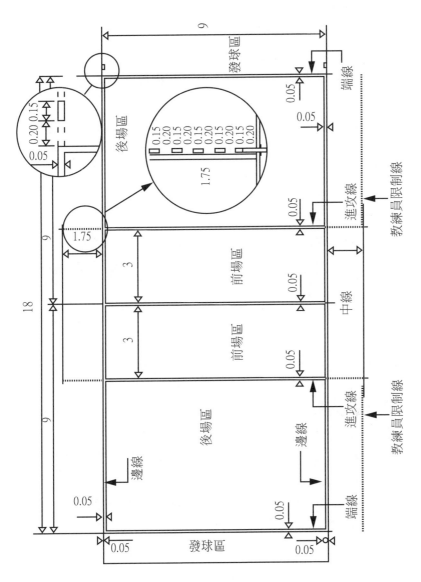

圖9-1　排球比賽場地

稱的長方形。

1. 比賽場地地面的規定

比賽場地的地面必須是平坦、水準，並且劃一。不得有任何可能傷害隊員的隱患。不得在粗糙、濕滑的場地上進行比賽。

國際排聯世界性比賽場地的地面只能是木質或合成物的，場地界線為白色。比賽場區和無障礙區分別為另外不同顏色。

2. 比賽場地上的區和區域（圖9-2）

關於比賽場地的幾點說明：

(1)比賽場區：比賽場區為長18米×9米的長方形。中線把它分為相等的兩個場區。兩條長線是邊線，兩條短線為端線。

所有界限的寬為5公分，線的寬度均包括在場區內。

(2)發球區：寬為9米，兩條邊線後各畫一條長15公分、垂直並離端線20公分的短線，兩條短線之間的區域為發球區，其短線寬度包括在發球區內，發球區的深度延至無障礙區終端。

(3)前場區、後場區：中線與進攻線構成前場區。中線中心線與進攻線距3米。前場區向邊線外的無障礙區無限延長。進攻線與端線構成後場區。

國際排聯世界性比賽時，在每條進攻線邊線兩側各畫5個長15公分、寬5公分、並間隔20公分的虛線，虛線總長1.75米。

(4)無障礙區：比賽場地的四周至少有3米寬的無障礙區，從地面量起至少有7米的無障礙空間。

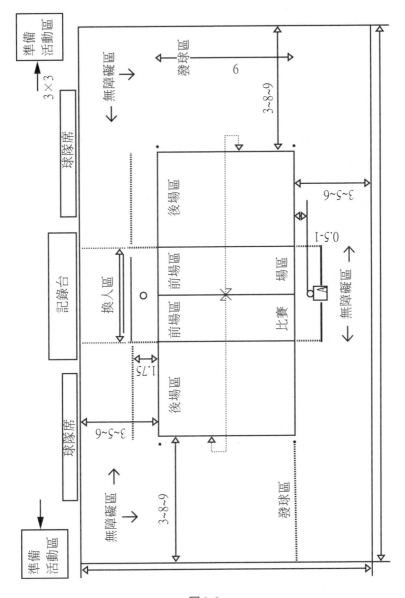

圖 9-2

國際排聯世界性比賽場地邊線外的無障礙區至少寬5米，端線外至少寬8米，比賽場地上空的無障礙區至少12.50米高。

(5)換人區：記錄台一側兩條進攻線的延長線與記錄台之間為換人區。

(6)準備活動區：無障礙區外球隊席的遠端，有3米×3米的區域為準備活動區。

(7)判罰區：無障礙區外，端線延長線後，畫1米見方的區域，內設兩把椅子為判罰席。被判罰出場的隊的成員，應坐在判罰區內。

(8)後排自由防守隊員替換區：替補席一側無障礙區的一部分。在進攻線延長線與底線延長線之間。

3. 場地的畫法

先在場地中央畫一條9米長的中線MN。然後取MN中點O為圓心，以10.06米為半徑，向四個場角畫弧；再分別以M、N為圓心，以9米為半徑，向同側的兩個場角畫弧與前弧相交，成四個交點A、B、C、D。連接這四點便形成了場地的邊線和端線（圖9-3）。

再分別以MN為圓心，以3米為半徑，在各邊線上截取E、F、G、H點，連接EG、FH形成進攻線。

最後畫出發球區短線。在兩條端線後、邊線延長上，各畫一條長15公分、垂直並距離端線20公分的短線，兩條短線之間的區域為發球區。

根據規則的要求，在每條進攻線邊線兩側向無障礙區，各畫5段長15公分、寬5公分、間隔20公分的虛線為進攻線延長線，總長1.75米。再從虛線的末端至端線延長

線處，畫一條平行於邊線的虛線，線的長短間隔同上，為教練員限制線。

排球場地所有線寬為5公分，其寬度包括在各自的場區之內。

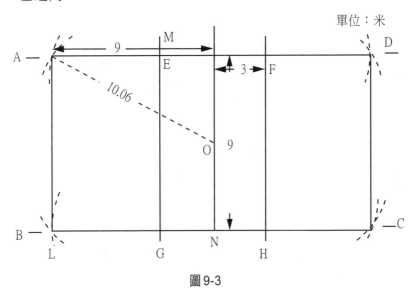

圖9-3

4.排球場地的檢查方法（圖9-4）

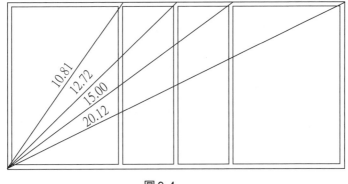

圖9-4

10.81

檢查場地是否符合規定標準，可用鋼尺一端固定在球場的一角，然後依次向各點進行丈量。

5.溫度與照明

　　溫度：最低溫度不得低於10攝氏度（50華氏度）。國際排聯世界性比賽的室內溫度，最高不得高於25攝氏度（77華氏度），最低不得低於16攝氏度（61華氏度）。

　　照明：國際排聯世界性比賽室內照明度在距地面1米高度進行測量，應為1000～1500勒克斯。

㈡ 球網和網柱（圖9-5）

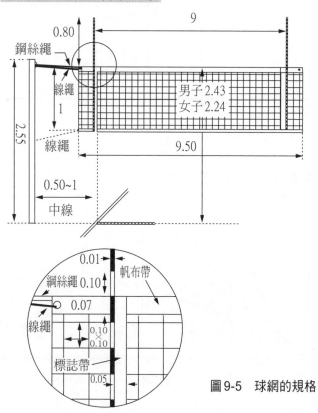

圖9-5　球網的規格

1.球網

球網為黑色，長9.50米，寬1米，架設在中線中心線的垂直面上。球網上沿縫有7公分寬的雙層白色帆布帶。用一根柔韌的鋼絲從中穿過，將球網固定在網柱上。

球網的高度男子為2.43米，女子為2.24米。少年比賽網高男子為2.35米，女子為2.15米。一般基層比賽或兒童比賽的網高可根據情況自行確定。

球網高度應用量尺在場地中間丈量。場地中間的高度必須符合規定網高，兩條邊線上空的球網高度必須相等，並不得超過規定網高2公分。

2.網柱

網柱應為兩根高2.55米的光滑圓柱。最好是能夠調節高度，網柱固定在邊線外0.5～1米處。禁止使用拉鏈固定網柱。一切危險設施或障礙物都必須排除。

3.標誌帶

標誌帶是兩條寬5公分、長1米的白色帶子，分別繫在球網兩端，垂直於邊線。標誌帶被認為是球網的一部分。

4.標誌杆

標誌杆是兩根有韌性的杆子，長1.8米，直徑10毫米，由玻璃纖維或類似材料製成，分別設在標誌帶外沿球網的不同兩側。標誌杆高出球網80公分，高出部分每10公分應塗有明顯對比的顏色，最好為紅白相間。

標誌杆被認為是球網的一部分，並視為過網區（圖9-6）的邊界。

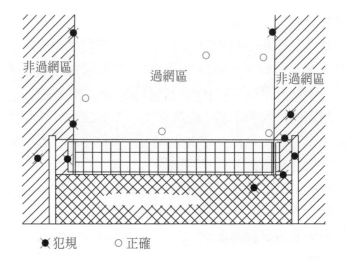

非過網區　　　過網區　　　非過網區

● 犯規　　○ 正確

圖9-6　球從過網區或非過網區通過示意

㆔ 球

　　比賽用球的顏色可是一色的淺色或國際排聯批准的多色球，圓周為65～67公分，重量為260～280克，氣壓為0.30～0.325公斤／平方公分。

　　國際排聯世界性比賽，各大洲和各國錦標賽、聯賽所使用的球必須是國際排聯批准的用球。

　　為縮短比賽時間，正式比賽均採用三球制。為此在一次比賽中所用的球，其特性，包括圓周、重量、氣壓、牌號及顏色等都必須是統一的。

㆕ 裁判台

　　裁判台是一個長約80公分、寬70公分，調節範圍在1.10～1.20米高度之間，可站立、可坐的升降臺。裁判台

的前面應製成弧形，並包有海綿之類的護套，防止運動員受傷。

裁判員執行任務時應根據自身身高調節裁判台的高度，一般使裁判員的水平視線高出球網上沿50公分左右為宜。

二、主要規則及裁判方法

(一) 勝一分、勝一局和勝一場

比賽採用每球得分制，勝一球即勝一分。

比賽的前4局以先得25分，並同時超出對方2分的隊為勝一局。當比分為24：24時，比賽繼續進行至某隊領先2分為勝一局（如26：24、27：25）。決勝局以先得15分，並同時超出對方2分的隊獲勝。當比分為14：14時，比賽繼續進行至某隊領先2分為止（如16：14，17：15）。

正式比賽採用五局三勝制。最多比賽5局，先勝3局的隊為勝一場。

(二) 關於後排自由防守隊員（「自由人」）的規定

1. 各隊登記在積分表上的12名隊員中，可選擇1～2名隊員為「後排自由防守隊員」，名字和號碼填寫在自由人欄中。比賽前教練員確認其中一名為該場首發後排自由防守隊員。後排自由防守隊員不能擔任隊長和場上隊長。

世界大賽中每隊隊員可增至14名，但超出12名的隊員必須是後排自由防守隊員。

2.「自由人」必須穿著與其他隊員不同顏色（或不同

款式）的上衣。

3.「自由人」可以在比賽中斷或裁判員鳴哨發球之前，從進攻線和端線之間的邊線處自由進出，換下任一後排隊員，不需經過換人過程，也不計在正常換人人次數之內，其上下次數不限，但在其上下兩次之間必須經過一次發球比賽過程。

4.「自由人」不得發球、攔網和試圖攔網。

5.「自由人」在任何地區（包括比賽場區和無障礙區）都不得將高過球網上沿的球直接擊入對區。

6.「自由人」在前場區及前場區外無障礙區進行上手傳球，當傳出的球的整體高於球網上沿時，其他隊員不得進行進攻性擊球。當他在後場區及後場區外無障礙區上手傳出的球高於球網上沿的球，其他隊員可以進行進攻性擊球。

7.「自由人」受傷，經裁判員允許可由另一名替代。如果沒有另一名自由人，教練員或隊長可指定任何一名不在場上的隊員替代。該場比賽中受傷的自由人不能再次上場比賽。

非受傷情況下，教練員也可以請求用第二名「自由人」替換開始上場的首發「自由人」。同樣首發「自由人」該場比賽中不得再次上場比賽。

(三) 發球犯規與判罰

1.發球擊球時的犯規

(1)發球次序錯誤

某隊未按照記分表上所登記的發球次序發球為發球次

序錯誤。取得發球權的球隊，其6名場上隊員必須按順時針方向輪轉一個位置，由輪到1號位的隊員發球。

記錄員在比賽中負責對每一發球輪次進行核對，發現發球次序錯誤，立即示意（用鈴或笛），及時報告第二裁判員，再由第二裁判員通知第一裁判員，最後由第一裁判員作出判罰及處理。

發球次序錯誤的處理：

隊員恢復到正確位置。

如果在發球次序錯誤中未造成得分則判失一分。

記錄員必須準確地確定發球次序錯誤從何時發生，從而取消其發球次序錯誤過程中所得的所有分數（對方得分仍然有效），判罰失一分。

如已得分，而又不能確定其發球次序錯誤從何時發生，則僅給予失一分的判罰。

⑵ 發球區外發球

發球隊員在發球時不受位置錯誤的限制，但隊員發球擊球時或跳發球起跳時，踏及場區或發球區外地面為發球區外發球犯規。跳發球隊員擊球前允許在發球區外助跑，但起跳時必須在發球區內。擊球後發球隊員可以踏及場內或發球區外。

發球區外發球犯規由第一裁判或負責端線的司線員判定。判犯規隊失一分。

當發球隊員選擇在發球區左側發球時（特別是跳發球），1和3號司線員應後退讓出位置。

⑶ 發球擊球時球未拋起或持球手未撤離

判斷時主要看清擊球時球是否清楚地離手，由第一裁

判員判定。判犯規隊失一分。

(4) 發球8秒

第一裁判鳴哨發球後8秒內，發球隊員未將球擊出，為發球8秒犯規。第一裁判在鳴哨允許發球後應默數，計算8秒（目前我國的聯賽仍執行原規則發球5秒犯規的規定）。

發球8秒犯規由第一裁判員負責判定，判犯規隊失1分，換由對方發球。

2.發球擊球後的犯規

(1)發出的球觸及發球隊隊員或沒有通過球網垂直面。由第一裁判員判定，判犯規隊失1分。

(2) 界外球

界外球包括：

球的落點完全在場區界線以外的地面上。

球觸及場外物體、天花板或非比賽成員等。

球觸及標誌杆、網繩、網柱或球網標誌杆以外部分。

發球時或進入對方場區時，球的整體或部分從過網區以外過網。

界外球由第一、第二裁判員與司線員共同負責判定。地面上的界外球主要由司線員負責判定。由於邊線和端線的寬度包括在場區內，判斷地面界內外球的依據又是球的落點，在不同的角度會得到不同的視覺反應，因此，司線員必須精力集中，加強預判，搶好角度，看線等球，以便作出正確的判斷。

對「球的整體或部分從過網區以外完全越過球網垂直面」的判斷，要求第一、第二裁判員和司線員密切配合。

球在第一裁判員一側時，第一裁判員要移動、後撤身體位置至來球一方，注意觀察球的過網點。距離球飛行路線最近的司線員也應注意判斷。球在第二裁判員一側時，第二裁判員應跑到球飛向一方場區的進攻線附近，面向標誌杆，注意觀察球的過網點。司線員同樣應協助判斷。

發球出界的隊判失一分。

(3) 發球掩護

任何一名發球隊的隊員，以揮臂、跳躍或左右晃動等動作妨礙對方觀察發球隊員或球的飛行路線，而且發出的球從他的上空飛過，則構成個人掩護。發球隊有兩名或更多隊員密集站立遮擋球的飛行路線，而且發出的球從他們的上空飛過，則構成集體掩護。

判斷發球掩護的要點是發球的隊是否形成屏障，並確實起到了掩護發球的作用（圖9-7）。發球掩護犯規由第一裁判員判定，判犯規隊失一分換由對方發球。

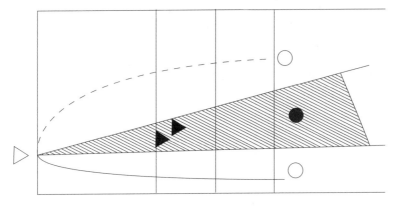

圖9-7　發球掩護示意圖

㈣ 位置錯誤

發球擊球瞬間，雙方任何一名隊員不在規則規定的位置上，則構成位置錯誤犯規。

判斷位置錯誤必須明確以下幾點：

1. 位置錯誤犯規只在發球擊球瞬間才有可能造成，發球擊球前後兩隊隊員可在本場區任意移動或交換位置，不受任何限制。

2. 隊員的場上位置應根據腳的著地部位來確定。

3. 明確「同排」與「同列」的概念及位置關係：1、6、5及2、3、4號位隊員分別為同排隊員。1、2號位，3、6號位，4、5號位隊員分別為同列隊員。

規則規定同排左邊或右邊隊員的一隻腳的某部分必須比同排中間隊員的雙腳距離同側邊線更近。同列隊員中，前排隊員一隻腳的某部分必須比同列後排隊員的雙腳距離中線更近（圖9-8）。

例A：前排與後排隊員的位置關係

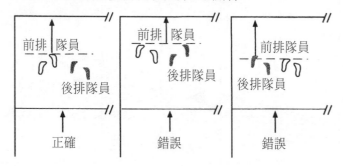

例B：同排隊員位置關係

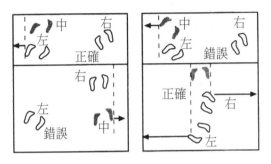

圖9-8　隊員的位置關係

　　判斷位置錯誤由第一、第二裁判員共同負責。第一裁判員分工負責判斷發球一方隊員的位置錯誤，第二裁判員分工負責判斷接發球一方隊員的位置錯誤。位置錯誤的隊被判罰失一分，隊員恢復正確位置。

　　當發球隊員擊球時的犯規與對方位置錯誤同時發生，則發球犯規被認為在先而被判罰。如果發球隊員是擊球後的犯規，則位置錯誤在先，判位置犯規。

㈤ 擊球時的犯規

1.四次擊球

　　一個隊連續觸球四次（攔網一次除外）為四次擊球犯規。判斷時注意：不論隊員主動擊球還是被動觸及，均算作該隊員擊球一次。當同隊的兩名（或三名）隊員同時觸到球時，被計作兩次（或三次）擊球（攔網除外）。如兩人同時去擊球，但只有一名隊員觸球，則只計一次擊球。

2.持球

　　規則規定：球必須擊出，不得接住或拋出，擊出的球可以向任何方向彈出。在判斷時必須注意以下幾點：

　　⑴必須清楚擊球與持球之間的區別，擊球是一個單一的動作，而持球犯規先是使球停滯再將其拋出。

　　⑵進攻性擊球時，吊球是允許的，但觸球必須清晰，沒有推壓動作，並且不得用手改變球的方向。

　　⑶運動員在攔網時有推、扔、攜帶等動作，裁判員必須判其「持球」。

　　⑷比賽中，精彩動作和多回合的比賽是受歡迎的。因此，運動員在困難條件下進行擊球，裁判員應鼓勵。

　　⑸第一裁判一定要注意觀察運動員身體與球接觸時的狀況，不受運動員擊球前或擊球後身體姿勢或位置的影響。因為規則在允許上手傳球的同時也允許身體任何部位擊球。

3.連擊

　　一名隊員連續擊球兩次或球連續觸及身體的不同部位為連擊犯規（攔網一次和第一次擊球時除外）。在判斷連擊犯規時應注意以下幾點：

　　⑴在第一次擊球時，允許身體不同部位在同一擊球動作中連續觸球，不判連擊。第一次擊球指的是：接發球；接所有從對方擊過來的球；接對方攔回的球；接觸本方攔網隊員後的球。

　　⑵在第二、第三次擊球時，仍應注意判斷連擊犯規。

　　⑶在判斷連擊犯規時要排除：在攔網一個動作中，球可以迅速而連續觸及一名或更多的攔網隊員。攔網後，

即使是攔網觸過球的隊員仍可再做第一次擊球。

(4)判斷連擊犯規也應以視覺判斷為主，看清擊球一瞬間是否造成連擊犯規，不考慮擊球前後的動作。

4.借助擊球

隊員在比賽場地以內借助同伴或任何物體的支援進行擊球，為借助擊球犯規。判斷是要注意區分：一名隊員可拉住或擋住另一名即將造成犯規的同隊隊員（如將要觸網或過中線等）；隊員擊球後拉住或觸及網柱、擋板等也不犯規。

上述擊球時的各種犯規均由第一裁判員負責判定。當第一裁判員出現明顯漏判時，第二裁判員可以用手勢示意，但不得鳴哨，也不得堅持自己的判斷，各種擊球犯規的隊均判失一分。

㈥ 隊員在球網附近的犯規

1.過網擊球

過網攔網發生在對方進行進攻性擊球前或擊球時而在對方空間觸及球或對方隊員為過網擊球犯規。判斷進攻性過網擊球犯規的依據是擊球點是否在對方場區空間。如果擊球點尚在本方場區上空，擊球後手隨球過網則不判犯規。

過網擊球犯規由第一裁判員負責判斷，當第一裁判員有明顯漏判時，第二裁判員可以用手勢示意，但不得鳴哨，也不得堅持自己的判斷。過網擊球犯規的隊均判失一分。

2.過中線

比賽進行中，在不影響比賽的情況下，隊員腳以上身

體任何部位越過中線觸及對方場區，都不算犯規。但整只
腳越過中線並觸及對方場區則判為犯規。判斷時必須注意
區分以下情況：如果隊員一隻或兩隻腳越過中線觸及對方
場區的同時，其餘部分還接觸中線或置於中線上空是允許
的，不判為犯規。比賽中斷後隊員可以進入對方場區，因
此必須清楚地判斷先成死球還是先過中線。

　　過中線犯規由第二裁判員主要負責判定，發現犯規後
應立即鳴哨，做出手勢。第一裁判員同樣有權判定。判犯
規隊失一分。

3.網下穿越進入對方空間並妨礙對方比賽

　　判斷的要點是：網下穿越進入對方空間的隊員是否妨
礙了對方比賽。妨礙了則犯規，反之不犯規。該項犯規主
要由第二裁判員判定，發現犯規應立即鳴哨，做出手勢。
第一裁判員同樣有權判定，判犯規隊失一球。

4.觸網

　　比賽進行中，隊員觸及9.50米以內的球網、標誌杆、
標誌帶為觸網犯規。但隊員未試圖進行擊球的情況下偶爾
觸網，不判為犯規。

　　干擾比賽包括以下幾種情況：

　　隊員擊球時觸及球網上沿（7公分的網帶）或球網以
上的80公分標誌杆。「擊球時」也包括有些沒有觸及球的
擊球動作。

　　借助球網的支持同時擊球。

　　造成了對本方的有利。

　　影響了對方的擊球試圖。

　　判斷觸網犯規時應注意區別主動觸網與被動觸網，由

於球被擊入球網而造成球網觸及隊員屬被動觸網，不應判為觸網犯規。判斷時還應注意分清先成死球還是先觸網。

觸網犯規由第一裁判員負責觀察進攻一方及雙方隊員網上沿有無犯規，第二裁判員負責觀察攔網一方及是否干擾比賽。判犯規隊失一分。

5.網上同時擊球

雙方隊員在網上同時擊球，球落在某一方，該隊還可以擊球三次。球被擊出某一方場外，視為對方擊球出界。

雙方隊員在網上同時擊球並造成「持球」則判雙方犯規，該球重新比賽。

6.進入對方無障礙區的球

規則規定，球的整體或部分從過網區以外進入對方無障礙區，隊員在不進入對方場區的情況下，將球從同側過網區以外擊回是允許的。在擊球時，雙方隊員不得阻礙。

由第一、第二裁判員與同側司線員共同負責判斷。

(七) 攔網犯規

1.過網攔網

在對方進攻性擊球前或擊球時，在對方空間攔網觸球為過網攔網犯規。所謂進攻性擊球，是指除發球和攔網以外所有直接向對方的擊球，包括扣球、吊球、第三次擊球以及本隊隊員之間進行的有過網趨勢的傳球，並在球網附近沒有同隊隊員準備擊球或不可能擊球時。判斷過網攔網的依據是進攻隊員與攔網隊員接觸時間的先後。

過網攔網犯規是由第一裁判員負責判定。判犯規隊失一分。

2.後排隊員攔網

後排隊員靠近球網，將手伸向高於球網處阻攔對方來球，並觸及球，為後排隊員攔網犯規。判斷後排隊員攔網犯規必須同時具備三個條件：第一，後排隊員在靠近球網處；第二，手在高於球網上沿處阻攔對方來球；第三，觸及了球。

判斷時應注意以下幾點：

⑴當後排隊員參與集體攔網時，只要具備上述三個條件中的第一、第二兩條，雖本人未觸球，但集體攔網成員中的任何一名隊員觸及了球，即被認為參加集體攔網的隊員都觸及了球，因此也應判後排隊員攔網犯規。

⑵後排隊員在球網附近，低於球網上沿處觸及了對方來球，由於缺少一個條件，不能判為後排隊員攔網犯規，但這次觸球算該隊三次擊球中的第一次，即該隊還可以擊球兩次。還必須注意，既然後排隊員的該次觸球不認為是攔網，因此不允許該隊員連續擊球。

⑶最容易造成後排隊員攔網犯規的是後排插上隊員，因此裁判員對後排插上隊員要特別注意。

後排隊員攔網犯規由第一、第二裁判員共同負責判斷。第二裁判員發現犯規後應立即鳴哨，做出手勢。判犯規隊失一分。

⑷自由人不允許攔網或試圖攔網。

3.攔發球

攔對方發過來的球為攔發球犯規。只要隊員在球網附近，手高於球網上沿阻攔對方發過來的球，不論攔起、攔死，只要觸球即為犯規。

攔發球犯規由第一裁判員負責判定。判犯規隊失一分。

4. 從標誌杆外伸入對方空間攔網並觸球為犯規。由第一裁判員負責判定。判犯規隊失一分。

㈧ 進攻性擊球犯規

1. 後排隊員在前場區內或踏及進攻線（或其延長線），擊整體高於球網上沿的球，並使球的整體由過網區通過球網垂直面或觸及對方攔網隊員，則為後排隊員進攻性擊球犯規。判斷後排隊員進攻性擊球犯規必須同時具備三個條件：第一，後排隊員進入前場區內或踏及進攻線（或其延長線）。第二，擊球時整個球體高於球網上沿。第三，完成進攻性擊球，即擊出的球整體由過網區通過網的垂直面或觸及對方攔網隊員的手。裁判員必須熟悉雙方球隊的陣容，對後排插上隊員及善於後排進攻的隊員要特別注意。

後排隊員進攻性擊球犯規，由第一、第二裁判員共同負責判斷。第二裁判員發現犯規應立即鳴哨，並做出手勢。判犯規隊失一分。

2. 對處於前場區內對方發過來的並且整體高於球網的球，完成進攻性擊球（如扣發球、吊球等）為犯規。

3. 隊員在高於球網處，對同隊自由人在前場區用上手傳的球完成進攻性擊球。

此犯規由第一裁判員負責判定。判犯規隊失一分。

㈨ 不符合規定的請求間斷

1.超過規定次數的請求暫停

規則規定：第1～4局，每局有兩次技術暫停，各為1分鐘，每當領先隊達到8或16分時自動執行。每個比賽隊每局還有兩次機會請求30秒的普通暫停。決勝局（第五局）無技術暫停，每隊在該局可請求兩次30秒的普通暫停。如超過規定次數請求普通暫停屬不符合規定的請求間斷。

一般無電視轉播的比賽可採用每局兩次普通暫停的規定。

2.超過規定次數請求換人

規則規定每局比賽中，每隊最多允許請求6人次換人。一名隊員上場、一名隊員下場為一次換人。某隊超過規定次數請求換人屬不符合規定的請求間斷。

3.同一隊未經比賽過程再次請求替換

規則規定在同一次請求替換時，可以換兩名或更多的隊員，隊員應一上一下，一對對地相繼進行。同一隊未經比賽過程不得連續提出換人請求。如甲隊請求替換後，乙隊請求暫停或替換，隨後甲隊又再次請求替換，即為不符合規定的請求間斷。

4.無權「請求」的成員提出請求

規則規定，只有教練員和場上隊長可以用相應的手勢請求間斷，其他成員無權提出請求。

5.在比賽進行中或裁判鳴哨發球的同時或之後提出請求。

規則規定，只有當比賽成死球時、裁判員鳴哨發球之前可以請求間斷。

對以上各項不符合規定的請求間斷，只要沒有影響和延誤比賽，應予以拒絕，而不進行判罰，但在同一局中不能再次提出不符合規定的請求。

為了避免不符合規定的請求間斷發生，記錄員在各隊第二次普通暫停後，以及各隊第五、第六人次換人後應及時通知裁判員，由第二裁判員通知該隊教練員。不符合規定的請求由第二裁判員拒絕。

㈩ 延誤比賽

1.同一局中再次提出不符合規定的請求。

要給予「延誤警告」的判罰，第一裁判員出示黃牌。

2.換人延誤時間

準備上場的隊員如果沒有在換人區作好準備，則判該隊延誤比賽，給予「延誤警告」，並不准予替換。

3.拖延暫停時間

暫停時間到後，裁判員鳴哨繼續比賽，若某隊拖延時間不迅速恢復比賽，應給予「延誤警告」。

4.場上隊員拖延比賽順利進行

場上隊員請求繫鞋帶，擦地板；場上隊長向裁判員持續詢問；隊員不去發球區發球等均為拖延比賽繼續進行。應給予「延誤警告」。

5.請求不合法的替換

規則規定，每局比賽中，主力隊員可以換下場和再次上場，但再上場時只能換原來替換他的替補隊員；替補隊

員只可以替換主力隊員上場比賽一次，再由該主力隊員替換他下場。凡不符合上述規定的替換為不合法替換。某隊請求不合法替換應判罰，給予「延誤警告」。

「延誤警告」是對全隊的，同一場比賽中同隊隊員再次延誤比賽，則給予「延誤判罰」，第一裁判員出示紅牌，判犯規隊失一分。

㈡ 例外的比賽間斷

1.隊員受傷

比賽中隊員受傷，裁判員應立即鳴哨中斷比賽，待處理完後重新比賽。隊員受傷，首先應進行合法替換，當不能進行合法替換時，允許進行特殊替換，即只要場外有隊員（自由人和由自由人替換下場的隊員除外），便允許該隊員上場替下受傷的隊員。當場外無隊員時，則給予受傷隊員3分鐘恢復時間，3分鐘後如仍不能進行比賽，則宣佈該隊為陣容不完整，該局由對方獲勝，陣容不完整的隊保留已得分數。如18：20時，18分的隊被宣佈為陣容不完整，該局的比分就為18：25，對方獲勝。一場比賽，同一隊員只給予一次供恢復的時間。

2.外因造成的比賽間斷

比賽中出現任何外界干擾（如非比賽球滾入場內等）都應立即中斷比賽，該球重新進行。

3.拖延比賽的間斷

一次或數次間斷，時間累計不超過4小時，並在原場地恢復比賽的處理方法：保留已結束的各局比分。間斷的一局保持中斷時的比分，在原隊員和原場地位置的情況下

繼續比賽。

　　一次或數次間斷時間累計不超過4小時，換場地恢復比賽的處理方法：保留已結束的各局比分。間斷的一局比分取消，保留該局原來開始時的陣容和位置，重新比賽。

　　間斷時間累計超過4小時，不論在原場地或換場地比賽的處理方法：全場比賽重新進行。

㈢ 不良行為

　　球隊成員對裁判員、對方隊員、同隊隊員或觀眾的不良行為，根據冒犯程度可分為三類：

　　1. 粗魯行為：違背道德原則和文明舉止，有任何輕蔑表示。

　　2. 冒犯行為：誹謗、侮辱的言語或形態。

　　3. 侵犯行為：人身侵犯或企圖侵犯，以及威嚇行為。

　　第二裁判員發現不良行為應及時報告第一裁判員。第一裁判員根據不良行為的程度，按判罰等級表（表9-8）的規定，分別給予「警告」「判罰」「判罰出場」「取消比賽資格」等判罰。對不良行為的判罰是品德教育的手段，應嚴格要求。

　　第一次粗魯行為判罰：出示黃牌，判該隊失一分。判罰記錄在記分表上。

　　判罰出場：同一隊員在同一場比賽中重犯粗魯行為，判罰出場；第一次冒犯行為，判罰出場。出示紅牌，被判罰出場的隊員應坐在該隊判罰席上。判罰記錄在記分表上。

　　取消比賽資格：同一隊員在同一場比賽中第三次犯粗

魯行為或第二次冒犯行為，判罰取消比賽資格；隊員一出
現侵犯行為，即判罰取消比賽資格。出示紅黃牌（一手
持）。被判罰取消比賽資格的隊員，在被判罰後的該場比
賽期間，必須離開比賽控制區。該判罰記錄在記分表上。

表9-8　判罰等級表

不良行為等級	次數	處理方法	出示紅黃牌	結果
粗魯行為	第一次 (任一隊員)	判罰	黃牌	失一分
	第二次 (原成員)	判罰出場	紅牌	坐在 判罰席上
	第三次 (原成員)	取消比賽 資格	黃牌＋紅牌	離開比賽 控制區
冒犯行為	第一次 (任一隊員)	判罰出場	紅牌	坐在 判罰席上
	第二次 (原成員)	取消比賽 資格	黃牌＋紅牌	離開比賽 控制區
侵犯行為	第一次 (任一隊員)	取消比賽 資格	黃牌＋紅牌	離開比賽 控制區

不良行為的判罰對個人為累加進行，每重複犯規應加
重一級判罰。所有判罰皆為全場有效（包括延誤判罰）。

對各種不良行為應由第一裁判進行判罰。如果場上隊
員出現不良行為，第一裁判員必須在死球時鳴哨，然後指
示被判罰的運動員走近裁判椅，當運動員來到他面前，第
一裁判員要用語言、手勢、出示相應的紅黃牌表明判罰等
級。第二裁判員在弄清第一裁判員的意圖後要立即指示記
錄員在記分表上進行登記。

三、裁判員的組成與權力和責任

(一) 裁判員的組成和工作位置

正式比賽的裁判員應由第一裁判員、第二裁判員、記錄員、輔助記錄員和2名司線員組成。正式的國際比賽要求有4名司線員。另外，還應配有播音員、司分員、6名撿球員和6名擦地板員（必要時還需增加兩名擦地「遊擊」手）等。

在基層比賽中，有時由於條件限制不可能按規則要求安排如數的裁判人員，可根據條件，由組委會決定每場比賽精簡的裁判人數。但無論如何精簡，都應保證比賽能按照規則規定，公正、順利地進行。必要的記錄是不可缺少的，因為它是比賽情況的唯一依據。

第一裁判員坐或站在球網一端的裁判臺上執行任務。他的視線水準必須在高出球網上沿約50公分的高度上，以保證視野開闊和對網上球的判斷。第二裁判員站在第一裁判員的對面，比賽場區外的網柱附近，他的活動範圍一般在兩條進攻線的延長線之間。採用兩名司線員時，分別站在第一、第二裁判員右側端線及邊線的交界處後工作；採用4名司線員時，2名站在邊線延長線上，2名站在端線延長線上工作。記錄員坐在第一裁判員對面的記錄台處工作（圖9-9）。

(二) 裁判員的權力和責任

1.第一裁判員的權力和責任

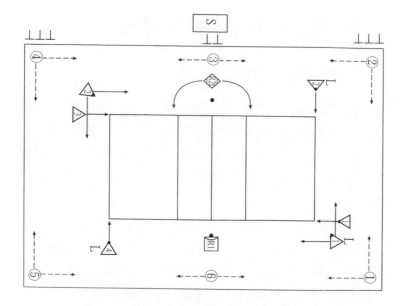

🔴R1 = 第一裁判員　▷ = 司線員

◈R2 = 第二裁判員　④ = 撿球員

S = 記錄員　　　　─┤ = 擦地員

圖9-9　裁判工作人員位置圖

⑴ 權力

　　第一裁判員自始至終是比賽的領導者。他對所有裁判員和比賽隊員行使權力。在比賽中他的判定是最終判定。如果發現其他裁判員的錯誤，他有權改判，甚至他可以撤換一名不稱職的裁判員。他有權決定涉及比賽的一切問題，包括規則中沒有規定的問題，以及決定賽場條件是否符合比賽要求和掌管撿球員和擦地板員的工作。

⑵ 責任

比賽前，第一裁判員應檢查場地、器材和比賽用球，主持抽籤，掌握正式準備活動時間。比賽中對雙方成員的不良行為和延誤比賽進行判罰，對發球犯規和發球次序錯誤，包括發球延誤、比賽擊球的犯規、高於球網和球網上部犯規的判定。

2.第二裁判員的權力和責任

(1) 權力

第二裁判員是第一裁判員的助手，當第一裁判員不能繼續工作時，他可以代替第一裁判員執行職責；他有權允准比賽間斷請求或拒絕不合規定的請求，他負責掌握間斷的時間及各隊暫停、換人的次數，並將某隊暫停次數和第5、6人次換人報告第一裁判員和有關教練員；當發現隊員受傷時，他有權允准替換或給以恢復時間；負責掌握記錄員的工作及準備活動區中的隊員；比賽中他還負責檢查場地地面（主要是前場區）和球是否符合比賽要求；比賽中可以用手勢指出他職權以外的犯規（如球觸手出界、四次擊球等），但不得鳴哨，亦不得堅持自己的判斷。

(2) 責任

第二裁判員在每局比賽開始、決勝局交換場地以及任何必要的時候，檢查場上隊員的實際位置是否與位置表相符。在比賽中發現以下犯規應立即鳴哨並做出手勢：接發球隊的位置錯誤；隊員觸及球網和與他同側的標誌杆並干擾了比賽；網下穿越進入對方場區和空間；後排隊員進攻性擊球和攔網犯規；球從過網區以外過網進入對方場區或觸及與他同側的標誌杆；後排自由防守隊員進攻性擊球犯規；球觸及場外物體或球觸及地面第一裁判員處於難以觀

察的情況時。

第二裁判員對第一裁判員的手勢都要重複，進行配合。

3.記錄員的責任

比賽前和每局前：按照規定程式及有關比賽和兩隊的情況取得兩隊隊長和教練員的簽字；根據位置表登記各隊的上場陣容。比賽前，雙方的上場陣容除裁判員外不得讓任何人得知。

比賽中：記錄得分，並核對記分牌上的比分是否正確；檢查各隊發球次序是否與記分表相符，發現發球次序錯誤應在發球擊球後立即通知裁判員；掌握並記錄暫停和換人次數，並通知第二裁判員；發現不符合規定的間斷請求，要通知裁判員；每局結束和決勝局第8分時通知裁判員。

比賽結束後：登記最終結果；在記分表上簽名；取得雙方隊長及裁判員的簽名；如比賽中某隊曾提出抗議，應允許該隊隊長將有關抗議寫在記分表的附注欄內。

4.輔助記錄員的責任

比賽中記錄有關後排自由防守隊員的替換；掌握技術暫停的時間；操作手動記分牌和監督電子記分牌；協助記錄員的工作，必要時替代記錄員。

5.司線員的責任

⑴負責判斷線附近的球，示以「界內」或「界外」的旗示。

⑵球觸及某隊員身體後出界，主要負責判斷後排隊員的觸手出界。示以「觸手出界」旗示。

(3)距球飛行路線最近的司線員負責判定「球從過網區外過網」和「球觸及標誌杆」等。

　　(4)負責端線的司線員負責判定發球隊員腳的犯規。

　　當第一裁判員詢問時，司線員必須重複旗示。

四、鳴哨和手勢

　　裁判員在比賽中自始至終都是以鳴哨和手勢來進行裁判工作的。裁判員對比賽中出現的各種情況作出判定後，應立即鳴哨，然後必須以法定的手勢展示給運動員、記錄員和觀眾等。

㈠ 哨音

　　1. 鳴哨要堅決、果斷、及時、響亮，鳴哨要有節奏、有輕重、有長短。

　　2.第一、第二裁判員應避免重複鳴哨。

㈡ 手勢

　　1.手勢要準確、及時、規範、清楚、大方。

　　2. 第一裁判鳴哨中止比賽後，應先用手勢指出應發球一方，然後用另一隻手（或雙手）的手勢表明犯規性質，有必要時指出犯規隊員。如用單手手勢時，必須用與犯規隊或提出請求的隊的同側手表示。

　　3. 第二裁判對職責範圍內的判斷應鳴哨中止比賽，先指出犯規性質，然後指出犯規的隊，再隨第一裁判員表示應發球的一方。

　　4. 當雙方犯規時，第一、第二裁判員都應先指出犯

規性質，然後再有必要時指出犯規隊員，再指出應發球一方。

5. 裁判員的手勢要稍有停留，讓其他裁判員、運動員、教練員和觀眾都能看清楚。

6. 當裁判員的判斷不一致時，第一裁判員不論維持原判還是改判，都應再次明確做出最後判定的手勢。

裁判員手勢和司線員旗示參見本節「附件1：裁判員手勢圖」和「附件2：司線員旗示圖」。

五、記分方法

(一) 比賽開始前填寫的內容

1. 表頭有關比賽的信息（見記錄表左上角，如圖9-10）

比賽名稱、地點、時間、類別、階段、性別、場次、比賽隊等。

比賽階段分為決賽、半決賽、預賽、資格賽。

運動隊名填好後，A或B的圓圈先空著，等挑邊後再填寫。

比 賽 名 稱：第×××屆排球錦標賽							
城市：×××		省/區/市：	×××	日期：	090907		21：00
場館：×××體育館	組/階段：預賽	場次：			年 月 日		時　分
性別：男☒　女☐	類別：	成年☒ 青年☐ 少年☐		A or B ○ ×××	比賽隊 對	××× ○	A or B

圖9-10　表頭

2. 表尾有關運動隊的信息（見記錄表右下角，如圖 9-11）

○	A or B	隊名 ×××		×××	A or B	○
號碼	隊員姓名		號碼	隊員姓名		
1	×××		1	×××		
2	×××		2	×××		
6	×××		3	×××		
8	×××		4	×××		
9	×××		⑤	×××		
10	×××		6	×××		
11	×××		9	×××		
13	×××		10	×××		
14	×××		11	×××		
⑮	×××		12	×××		
16	×××		13	×××		
	自由人號碼（「L」）					
17	×××		8	×××		
18	×××		14	×××		
	官　員					
	×××		C	×××		
	×××		AC	×××		
	×××		T	×××		
	×××		M	×××		
	簽　名					
隊長			隊長			
教練			教練			

圖9-11　表尾

比賽隊名、隊員姓名、隊員號碼、官員姓名等。

如果某隊有後排自由防守隊員，其名字和號碼填在自由人格內，無須列在大名單中。

A、B隊需挑邊後填寫。

教練員和隊長要在挑邊後簽名。

3. 底部的裁判員信息（記錄表底部中左「確認比賽結果」欄中，如圖9-12）

確　認　比　賽　結　果			
裁判員	姓　　名	單位	簽　　名
1	×××	×××	
2	×××	×××	
記錄員	×××	×××	
輔記員	×××	×××	
×××	1	司線員	2×××
×××	3		4×××
	Ⓐ　隊　　長　Ⓑ		

圖9-12　裁判員框圖

裁判員、記錄員、司線員的姓名、單位。

本欄中裁判員、記錄員和隊長要在比賽後簽名。

㈡ 挑邊後需要填寫的內容

1. 挑邊確認後填寫表頭和表尾的A、B隊，以及第1～4局A、B隊的隊名。比賽開始時選擇場地左側的隊為A隊，右側為B隊。

2. 勾畫第1～4局的發球隊和接發球隊。

3. 按位置表填寫第一局兩個隊的發球輪次。

4. 在發球隊一側的圈 S 處畫×，在其 1 號位第一輪發球輪次的格內畫／。

5. 在接發球一側的圈 R 處畫×，在其 1 號位第一輪發球輪次的格內畫×。

㈢ 比賽中需要填寫的內容

1. 記錄每局比賽開始的時間。

2. 在比分欄中勾畫各隊的每一次得分「／」。

3. 在發球輪次欄中登記發球隊每一輪發球結束時的得分數，勾畫另一隊下輪的發球輪次「／」。記錄員要核實每一輪的發球次序，發現錯誤要在發球擊球後立即通知裁判員。

4. 在請求暫停隊的暫停欄中，登記暫停時的比分，該隊比分寫在前面。

5. 某隊請求換人時，在開始隊員的號碼下替補隊員一欄中，填寫替補隊員號碼和換人時的比分，該隊比分寫在前面。如果是開始隊員再次替換上場，則將替補隊員的號碼圈掉，填寫換人時的比分，該隊比分寫在前面。

6. 記錄每局比賽結束時間。

7. 用「I」在得分欄中劃去兩隊沒有得分的所有數字。

8. 在各隊的最後一輪的得分數字上畫圈，表示該隊該局的最後得分。

第一局比賽填寫和勾畫示例如圖9-13。

9. 第五局重新挑邊選擇場地和發球權，並依次填寫A、B隊和隊名。

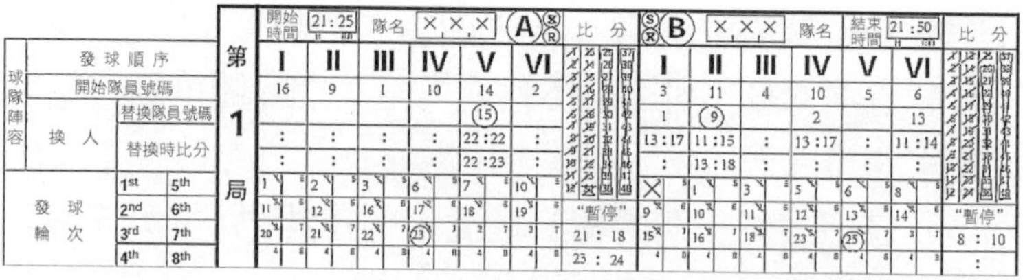

圖9-13　第一局

　　8分時交換場地，在交換場區時得分格中填寫左側隊得分。

　　將左側隊的隊員號碼、換人、暫停等資訊抄至右側欄中。在右側欄中繼續勾畫該隊此後的得分、發球輪次等信息。

　　第五局填寫和勾畫示例如圖9-14。

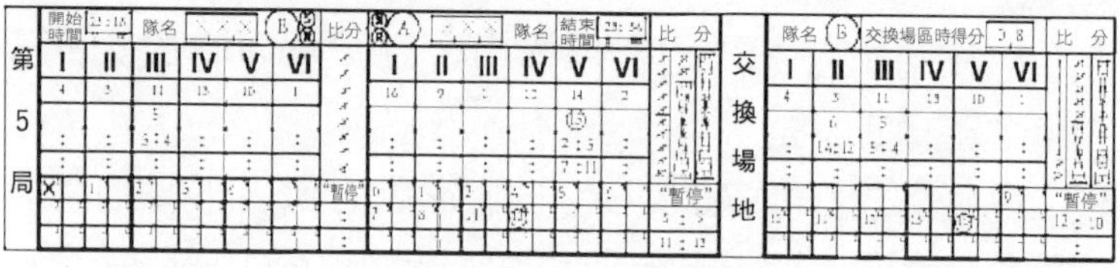

圖9-14　第五局

10.判罰的記錄

(1) 延誤判罰

　　第一次延誤警告不失分，在警告欄記「D」、A或B隊、局數、比分。

　　該場比賽同一隊第二次及以後各次延誤判罰，記黃牌。該隊失一分，對方該分劃分並畫圈，在判罰欄記「D」、A或B隊、局數、比分。

⑵ 不良行為的判罰

黃牌：該隊失一分，對方該分劃分並畫圈，在判罰欄記隊員號碼或隊的成員符號、A或B隊、局數、比分。

紅牌：不失分，在判罰出場欄記隊員號碼或隊的成員符號、A或B隊、局數、比分；該成員本局不能參賽並坐在判罰區。

紅黃牌：不失分，在取消比賽資格欄記隊員號碼或隊的成員符號、A或B隊、局數、比分；該成員本場不能參賽並離開控制區。

⑶ 記錄判罰時

局前或局間的判罰記在下一局中。

看第一裁判出牌後，必須從第二裁判處得到確認後再在判罰欄記錄。

發現判罰等級有誤時立即通知第二裁判，等待第一裁判裁定後記錄。若第一裁判堅持錯誤判罰，記錄員在備註欄記錄該事實。

判罰得分要在劃去的那一分外加圈。

某隊因對方失發球權而得分，並勝該局，最後得分應寫在下一輪次。雙方的最後比分畫圈。雙方得分欄中剩餘得分按規定畫去。

若已得分數需取消和再得分記法：已得分「／」；取消畫「＼」；再得分畫「｜」。

⑷ 不符合規定的請求

某隊不符合規定的請求應記在判罰框右上角中（圖9-15），在A隊或B隊上畫×。

| 判罰 | | | | Ⓐ Ⓑ | 不符合規定的請求 | |
警告	判罰	判罰出場	取消比賽資格		Ⓐ隊 局	Ⓑ隊 比 分
		16		A	2	4：4
D				A	2	4：4
	5			B	3	11：14
D				B	3	15：20
						：
						：
						：
						：
						：
						：

符號說明：C＝主教練　AC＝助理教練　T＝訓練員
　　　　　M＝醫　生　號碼＝隊　員　D＝延誤
　　　　　將接受判罰人員所對應的符號以及判罰的種類填入相
　　　　　應欄中，並指出接受判罰的隊及當時的分數和局數

圖9-15　判罰框圖

㈣ 比賽後填寫的內容

1. 統計比賽結果和暫停、換人次數。統計各局時如果無暫停、換人等，則空著不填，但最後比賽結果統計欄要填滿。記錄比賽總時間，小時前不用補零，分鐘為個位數時要補零，如1h08min。

2. 取得隊長、輔助記錄員、第二裁判員、第一裁判員的簽名。

比　賽　結　果									
隊名		×＿×＿×		Ⓐ	Ⓑ	×＿×＿×			隊名
暫停	換人	勝負 W	得分	局時間		得分	勝負 W	換人	暫停
2	2		23	1（25）		25	W	5	1
	2	W	25	2（27）		20		3	2
1	2	W	25	3（29）		22		4	2
2	2		23	4（20）		25	W	6	1
2	2		12	5（16）		15	W	2	1
7	9	2	108	比賽用時(117分)		107	3	20	7
比賽開始時間 21點25分				比賽結束時間 23點34分			比賽總時間 02點09分		
勝隊				×＿×＿×			3：2		

圖9-16　比賽結果框圖

六、組織一場比賽的工作程式

㈠ 比賽前的準備工作

正式國際比賽，要求裁判員提前45分鐘到達比賽場地；國內正式比賽，裁判員至少要在賽前半小時到達比賽場地。第一裁判員應召集本場比賽的第二裁判員、司線員、記錄員及撿球員、擦地板員、廣播員等輔助裁判員開準備會。

賽前20分鐘，裁判員應做好一切個人準備，穿著整齊的裁判服裝進入比賽場地。第二裁判員協助第一裁判員

對場地、設備及器材進行檢查。一般檢查的內容有：場地、無障礙區、準備活動區、燈光、球網、標誌杆、標誌帶、比賽用球、裁判台、記分表、示分牌、蜂鳴器、司線旗、換人號碼牌、球隊席、丈量尺等。記錄員將記錄表上已經填好的雙方隊員名單，請教練員和隊長核實並簽名。

賽前17分鐘時，裁判員檢查球網的高度、鬆緊度、標誌杆和標誌帶的位置等。

賽前16分鐘時，由第一裁判員會同第二裁判員和記錄員召集雙方隊長在記錄台前抽籤。抽籤獲勝者優先選擇發球、接發球或場區。如甲隊選接發球，乙隊則可選場區，同時當然也獲發球權。記錄員應將選擇結果及時記在記錄表上。

第五局比賽前，第一、第二裁判員要重新召集雙方隊長抽籤。

賽前15分鐘第一裁判員鳴哨，並做出開始正式準備活動的手勢。正式準備活動可每隊練5分鐘或兩隊合練10分鐘。

賽前12分鐘時，第二裁判員應將有教練員簽字的位置表交給記錄員，並由記錄員在記分表上進行登記。

賽前5分鐘，第一裁判員鳴哨終止準備活動後，與第二裁判員一起到仲裁處請示比賽是否開始。

賽前4分鐘時，在兩名裁判員帶領下，每隊12名隊員入場。兩名裁判員分別站在場地中央球網兩側，隊員分別與裁判員成一列橫隊，面向記錄台。廣播員宣佈比賽名稱，奏國歌之後，第一裁判員鳴哨，雙方隊員在球網兩側握手致意。裁判員回到記錄台前。賽前2分半鐘，第一、

第二裁判員入場，分站球網兩側面向記錄台，廣播員介紹裁判員後，第一裁判員登上裁判台，第二裁判員回到記錄台前。接著介紹比賽隊上場隊員，被介紹的隊員揮動手臂上場，然後介紹教練員和助理教練員。

兩隊上場隊員站好位置，第二裁判員按位置表核對雙方上場6名隊員位置是否與位置表相符。第二裁判員核對完畢，並見記錄員已舉起雙手表示核對無誤後，也舉起雙手向第一裁判員報告，並把比賽球給發球隊員。

在規定比賽開始的時間，第一裁判員鳴哨發球。

㈡ 比賽中的工作

第一裁判員鳴哨允許發球為比賽開始。比賽成死球時，第一裁判員也要鳴哨並做出手勢表明死球的原因。

第一裁判員在作出最後判定時，應環視第二裁判員和司線員的手勢和旗示，同時他也應該保證第二裁判員和記錄員有足夠的時間做他們的工作。

第一裁判員或第二裁判員根據規則和職權對確認的犯規要及時鳴哨中止比賽。對同一犯規，第一、二裁判員應避免重複鳴哨。對不同的犯規，鳴哨在先的則認為是犯規在先，同時鳴哨的則認為同時犯規。

第二裁判員的主要責任之一是掌握暫停和換人。在運動隊提出請求時，裁判員要確認其請求是否符合規定，對不符合規定的請求應予拒絕。當某隊請求換人時，第二裁判員應注意記錄員是否舉起單手表示該隊請求的是合法替換，然後允許隊員上下場；如記錄員示意不合法，則第二裁判員應予拒絕，並以手勢通知第一裁判員，由第一裁判

員給予延誤警告。待記錄員舉起雙手表示登記完畢後，第二裁判員也舉雙手向第一裁判員示意換人完畢，可繼續比賽。當某隊請求暫停時，第二裁判員同樣要注意記錄員的手勢，同意暫停後應立即計時，到28秒時立即鳴哨恢復比賽。

第二裁判員發現場上隊員或替補席上成員的不良行為後，要及時報告第一裁判員，由第一裁判員判罰。

裁判員有責任回答場上隊長提出的詢問和請求解釋的要求，但不允許場上隊長對裁判的判定進行討論和爭辯。場上隊長如不滿意裁判員的解釋，應保留其在比賽結束後將意見作為抗議記在記分表上的權利。

記錄員在比賽中要登記好比分，檢查每一輪發球的發球次序是否正確。如果發現發球次序錯誤，在發球擊球後立即通知裁判員。第二裁判員對錯誤核實並處理後，要向第一裁判員報告。

局間的休息時間是3分鐘。決勝局當某隊比分先達到8分時，要交換場區，並由第二裁判員和記錄員核對場上隊員位置是否正確。

㈢ 比賽結束的工作

最後一分結束後，第一裁判員鳴哨宣佈比賽結束，場上比賽的6名隊員回到各自的端線處，第一、第二裁判員在裁判台下的球網兩側站立，第一裁判示意後，運動員到網前相互致意，並離開比賽場區回到本隊的球隊席處。

記錄員填寫比賽結果後，應立即取得雙方隊長簽字，然後交由第二、第一裁判員核查並簽字。如果有一方場上

隊長曾在比賽中提出過申訴，記錄員應允許隊長將其抗議寫在記錄表上。

最後，記錄員填寫本場比賽的成績報告表，交裁判長簽字後，連同記錄表交給競賽部登記保管。

附件1：裁判員手勢圖

裁判員的正式手勢

表示的性質	出示手勢者： F 第一裁判員	S 第二裁判員
允許發球	指出發球方向	F 1
發球隊	平舉與發球隊同側的手臂	F S 2

表示的性質	出示手勢者： F 第一裁判員	S 第二裁判員
交換場區	兩臂屈肘，在身體前後繞旋	F　3
暫停	一臂屈肘抬起，手指向上；另一手掌放在該手指尖上，然後指明提出請求的隊	F S 4
換人	兩臂屈肘難胸前環繞	F S 5

表示的性質	出示手勢者： F第一裁判員	S第二裁判員
不良行為的判罰	一手持黃牌舉起	F **6**
判罰出場	一手持紅牌舉起	F **7**
取消比賽資格	一手持紅、黃牌舉起	F **8**
一局(場)比賽結束	兩臂在胸前交叉，手伸開，掌心向內	F S **9**

表示的性質	出示手勢者： F 第一裁判員	S 第二裁判員
發球時球未拋起	一臂慢慢舉起，掌心向上	F 10
發球延誤	舉起八個手指並分開，掌心向前	F 11
發球掩護或攔網犯規	兩臂上舉，掌心向前	F S 12
位置或輪轉錯誤	一手食指在體前水平環繞	F S 13

表示的性質	出示手勢者： F第一裁判員	S第二裁判員
界內球	手臂和手指向地面	FS14
界外線	兩臂屈肘上舉，手掌向後擺動	FS15
持球	屈肘慢舉前臂，掌心向上	F16
連擊	舉起兩個手指並分開，掌心向前	F17

表示的性質	出示手勢者： F第一裁判員	S第二裁判員
四次擊球	舉起四個手指並分開，掌心向前	F 18
隊員觸網和發球沒有過網	一手觸犯規隊一側的球網	F S 19
過網	手置於球網上空，掌心向下	F 20
進攻性擊球犯規	一臂上舉，前臂向下擺動	F 21

表示的性質	出示手勢者： F 第一裁判員	S 第二裁判員
進入對方場區	指向中線	F S 22
雙方犯規	兩臂屈肘，豎起拇指	F 23
觸手出界	用一手掌摩擦另一屈肘上舉的手指尖	F S 24
延誤警告和判罰	兩臂屈肘舉起，用一手食指遮蓋另一手腕，掌心向身體（警告），或用黃牌指手腕（判罰）	F 25

附件2：司線員旗示圖

表示的性質	出示旗示者： L司線員	
界內球	向下示旗	L 1
界外球	向上示旗	L 2
觸手出界	一手舉旗，另一手置於旗頂	L 3

表示的性質	出示旗示者： L 司線員	
發球時腳的犯規或 球觸及標誌杆	一手舉旗晃動，另 一手指相關線或標 誌杆等	L 4
無法判斷	兩臂胸前交叉	L 5

第十章　排球運動科學研究方法

第一節　科學研究的範圍與內容

　　排球運動科學研究的範圍非常廣泛，具體的研究內容亦十分豐富。依據體育科學研究資料分類的方法，參照體育文獻資料目錄編排的要求，按照排球運動課題的研究方向，根據排球運動課題內容的研究性質等實際情況，排球運動科學研究的主要內容大體如下：

一、排球運動發展趨勢的研究

　　主要是追溯排球運動的發展進程，揭示研究對象的特徵、發展規律及其成因，闡述其今後發展的走勢。

　　如「論競技排球發展的動力機制」「試論排球進攻戰術的發展機制」「排球技術、戰術的演變規律及發展趨勢研究」等。

二、排球技術的研究

　　主要是對優秀運動員動作技術的生物力學分析，揭示其動作特徵及機理。

　　如「對我國優秀女排隊員跳發球助跑起跳的動力學研究」「世界男排優秀隊員扣球技術的運動學分析」「我國部分優秀女排運動員 1 號位後排進攻技術的運動學研究」「優秀男排運動員沙灘排球技術的運動學比較研究」「對

中國女排運動員屈臂扣球與掄臂扣球的機理解析」等。

三、排球戰術的研究

　　主要是對世界排球強隊在重大國際比賽中戰術運用的實踐效果的統計分析，揭示其運用的特點、適用範圍以及據此設計新的戰術形式及其打法。

　　如「排球後排進攻戰術有效性研究」「單腳起跳背飛扣球戰術打法的研究」「論擺動進攻」「『快夾塞』與『假夾塞』的運用與研究」等。

四、排球訓練理論與方法

　　主要是對排球運動訓練的狀態和規律的探索，對排球訓練的主體、訓練方法和組織、影響訓練的因素、訓練效果的評定及競賽等進行的研究。

　　如「排球場上核心隊員培養和訓練方法的研究」「對我國女排隊員成才過程年齡特徵及隊伍銜接的研究」「排球技術特點與絕招形成機制的研究」「排球技術生物力學分析的方法學研究」「排球技、戰術創新的研究」「排球運動員機能、心理、技術、素質評定規範化研究」「高水準排球運動員速度力量及耐力訓練方法研究」「高水準排球隊大賽前實戰模擬訓練的研究」「中國女子排球甲級聯賽主客場制下多週期的小週期安排及競技狀態調控的研究」等。

五、排球教學理論與方法

　　主要是對教學理論在排球教學中的運用，探索排球教

學的特殊規律，藉以對排球教學過程、教學目的、教學原則、教學大綱、教材進度、課程內容、教學方法、練習手段、課的組織及考核等進行研究，

如「排球教學原則重構原理與方法的研究」「排球分段教學進度的研究」「排球普修課教材內容優化的研究」「排球普修課技術、技能考核規範化的研究」「排球專修課理論教學方法的研究」「排球傳球技術多種教法實驗研究」「排球普修最佳教學程式研究」「基於建構主義的排球正面傳球教學設計的實驗研究」「排球正面墊球自主學習模式構建的實驗研究」等。

六、排球運動員選材的研究

主要是遺傳學的理論，借助人體測量與評價，結合排球運動的專項特徵，選取在排球運動方面有傑出才能和發展潛力的「專門人才」的研究。

如「排球運動員選材指標體系的研究」「兒少排球運動員選材標準及評價方法的研究」等。

七、排球運動員心理特徵和心理訓練方法的研究

主要是運動心理學的理論，應用運動心理實驗和測試方法以及心理訓練的具體方法，對排球運動員訓練與競賽過程中的心理過程、心理狀態，以及個性心理特徵等方面進行的研究。

如「我國甲級女排主力隊員與替補隊員角色心理特徵的比較研究」「我國青年女排運動員操作反應時與運動成

績關係的研究」「我國成年女排二傳手性格特徵與其二傳行為的關係研究」「我國青年女排運動員的焦慮特點及影響因素」「高水準排球運動員比賽失常的心理因素及自我調節的研究」「中國甲級男排團隊內聚力的研究」等。

八、排球運動競賽組織和規則裁判法的研究

　　主要是運動競賽學與裁判學的理論與方法，對排球競賽規則發展和完善、規則的修改對排球技、戰術的影響，競賽制度與編排以及裁判員及其工作等進行的研究。

　　如「排球規則的研究與修改」「競賽規則的沿革及亞洲排球技、戰術走向」「世界女排錦標賽混合制編排法探析」「排球裁判系統程式設計與控制研究」「排球裁判員執法視野與視線的研究」等。

　　除了上述排球運動科學研究的內容之外，還有不同年齡、性別和不同職業的群體，從事沙灘排球、軟式排球等運動的理論與方法的研究；中、小學排球教學理論與方法的研究；少年兒童排球運動教學、訓練理論與方法的研究；排球運動教學、訓練、科研、競賽等方面的儀器設備的研究；排球運動員運動創傷的預防和治療方法的研究；排球運動員疲勞診斷和恢復的理論與方法的研究；中國職業排球市場運作機制的研究等。

第二節　科學研究的基本程式與方法學問題

　　從排球運動科學研究所涉及的科學門類上看，大都屬

於自然科學和社會科學兩大門類。這兩大門類研究工作的基本程式和研究方法既有類似之處，又有所區別。

一、自然科學類研究工作的基本程式和研究方法的應用

㈠ 選擇與準備

由理論學習和實踐體驗提出尚未解決的科學問題；選擇並論證課題；將課題具體化；對所研究的問題提出假設；確定研究工作的組織形式；研究設計，即進行觀察指標、實驗操作技術、資料處理方法（數理統計方法）三項內容的設計；制訂研究工作計畫。在這一環節中，選題和研究設計是核心。在此過程中，主要運用文獻資料法和經驗思維、創造性思維、發散思維、收斂思維等思維方法以及數學等方法。

㈡ 資料與事實的搜集

獲取與研究課題有關的文獻情報資料，為論證課題研究的論點提供理論與事實根據；運用觀察與統計、調查和實驗等經驗性科學方法獲取經驗材料或科學事實。

㈢ 資料與事實的整理和分析

對各種搜集到的資料與事實進行整理分類；剔除異常數據；將定量材料繪製成圖表；運用數學方法對材料進行分析，由數學抽象建立科學概念，或運用數理統計方法分析材料，得出統計結論；運用邏輯的方法及邏輯論證的方法，結合專業理論，對研究中的現象和變化規律作出解釋和說明。

㈣ 提出科學假說和建立科學理論

由對資料與事實的整理與分析，就可以得到科學研究的成果——科學假說或科學理論。如果研究任務是驗證一個假設，透過觀察或實驗之後，發現事實與假設相符，那麼，假設可以上升為假說；如果研究任務是驗證一個假說，通過觀察或實驗之後，發現事實與假說相符，那麼，假說就可以上升為理論。這一環節主要使用科學抽象、假說——演繹等理論性方法以及邏輯思維方法。

㈤ 理論概括形成書面檔

科學研究成果應該通過學術論文、研究報告等形式表現出來。這一環節主要使用邏輯論證的方法和理論思維方法。

二、社會科學類研究工作的基本程式和研究方法的應用

㈠ 選擇研究課題，確定寫作題目

這一環節主要使用文獻法和選題法。

㈡ 收集資料與事實

資料與事實是一切科學研究的基礎，是構成學術論文的要素。這一環節主要使用文獻資料法、調查法等。

㈢ 確立論點

論點是研究者對研究的問題所提出的新見解，是整篇論文架構的重心。這一環節主要使用歸納與演繹、分析與綜合、抽象與具體、歷史與邏輯等辯證思維的方法，創造性思維方法以及假說等理論方法。

㈣ 撰寫論文

第三節　科學研究的選題

選題是指在科學研究活動中，選擇排球運動中尚未被認識和解決的或認識和解決得不完善的研究課題的途徑及程式。

一、選題的途徑

選題的途徑大致有以下9個方面：

㈠排球運動領域中的「處女地」，兩門或幾門學科交叉的邊緣區。

㈡解決排球運動已有理論與事實之間的矛盾和衝突。

㈢對排球運動科學研究中已有的科學假說進行實踐檢驗。

㈣對排球運動的已有理論進行協調，消除理論內在的邏輯不完備性。

㈤將其他領域中新的實驗測試技術或新的發明在排球運動中運用、推廣、改進和變革。

㈥在排球運動中，對已取得研究成果的基礎進行跟蹤追擊的研究。

㈦抓住研究中意外出現的新問題和新線索，調整研究課題。

㈧以失敗的探索為借鑒，從反面提出新的研究課題。

㈨從排球運動實踐提出的新問題中選題。

二、選題的程式

科學研究選題的一般程式由確定研究方向、查閱有關文獻資料、課題論證和準確表述題目四個步驟組成（圖10-1）。

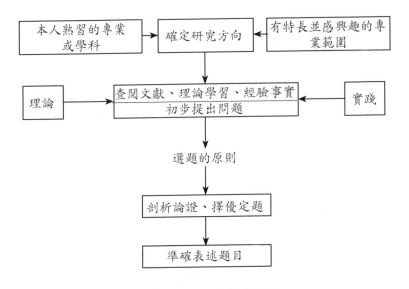

圖10-1　選題步驟示意圖

第四節　科學研究資料與事實的收集和整理分析

一、資料與事實的收集

進行排球運動科學研究，一個很重要的任務就是有目

的、有計劃地收集資料與事實。其方法主要有文獻資料法、調查法、觀察法和實驗法4種。

㈠ 文獻法

文獻法是指由查閱文字、聲像等文獻，收集研究課題所需的有價值的資料，為選擇、確定、論證和解決研究課題提供理論依據的一種研究方法。

1.文獻資料查找、閱讀、累積和引用的方法

⑴ 查找文獻資料

根據是否需要檢索工具，文獻查找方法可分為追溯法和索引法兩種。追溯法是由學術書刊後面所附的參考文獻，逐步追蹤查找其他相關文獻。索引法是利用檢索工具直接查找文獻。索引法又可分為兩種：一種是分段法，即根據課題需要，劃分出一段時間範圍查找文獻。另一種是順查鄉——倒查法，即從課題的原始研究年代起，一直查到現在，稱順查；從近期逆時間查找，稱倒查。

⑵ 閱讀文獻資料

文獻資料閱讀多採用泛讀和精讀。泛讀就是由摘要、引言、小標題、結論等的流覽，先對文獻的梗概有一個大致的瞭解。精讀就是在泛讀的基礎上，熟悉其重點內容，掌握其主要論點、論據和結論等。在精讀過程中，應對文獻資料的核心內容進行摘錄。

⑶ 累積文獻資料

文獻資料累積的方法有很多種，較常用的是摘要式筆記和報導性文獻卡片，其主要內容應包括：文獻資料發表的出處、時間及作者姓名；研究主題；研究對象；實驗

程式與方法；論證論題的事實依據（資料、圖表、公式等）；研究結論；尚未解決的問題等。

(4) 引用文獻資料

引用的文獻資料必須是作者閱讀過的，並與論文主題是密切相關的，其出處必須準確無誤，而且是能夠查到的。引用的文獻資料必須是原文中的原文，其中包括標點符號。

2.文獻綜述

文獻綜述是在全面搜集與課題有關資料的基礎上，由歸納整理、分析鑒別，對一定時期內某一學科或專題的研究成果進行系統的、全面的綜合述和評論。

(1) 文獻綜述的功能

尋找選題切入口。文獻綜述是對大量原始文獻中的大量資料、資料和主要觀點進行了歸納、分析和整理而撰成的研究成果。所以，它能夠全面地、完整地、系統地反映國內外某一個學科、某一個專題，在某一個特定的歷史時期的發展狀況和趨勢，並確切地反映其最新的動態、最新的進展、最新的原理、最新的技術、最新的方法等等。因此，由文獻綜述，可以幫助研究者及時而又準確地捕獲科學研究的前沿課題。

闡述選題依據。所謂的選題依據，就是闡述該課題研究的價值。研究價值的闡述，需要由國內外相關研究的結果加以說明，也就是需要對相關研究結果的分析，闡明這個研究課題前人做了哪些工作，做到了什麼程度，有何缺陷，即理論上的缺失、方法上的失誤；你又怎麼研究，即如何在理論層面上、技術路線上進行匡正謬誤的研究。只

有這樣才能說明你這個課題的研究價值之所在。

支持研究結果論證。由撰寫高品質的文獻綜述，可以使研究者獲取大量可供利用的論證素材。這些論證素材可以幫助研究者在論文的結果與討論部分的撰寫時，作為論據加以使用，從而增強論文研究結果產生原因的說服力。

(2) 文獻綜述的結構

文獻綜述一般由前言、主體部分、小結和參考文獻四個部分組成。

(3) 文獻綜述的撰寫

文獻綜述撰寫的材料的選用，首先是「確鑿」，即所選材料，一要真實，二要準確。其關鍵是對第一手材料要反覆核實，做到可靠無誤。其次是「切題」，即所選材料有明確的目的和定向性，能夠說明綜述的主題。再則是「典型」，即所選用材料的代表性，在同類材料中選擇權威人士撰寫的原始文獻中的觀點、資料等。還有是「新穎」，即綜述材料的時間性，在文獻綜述與評論中別人沒有提過、沒有用過的新的動態、資訊、事物。最後是「充分」，即文獻綜述與評論中所選的原材料要有足夠的量。

前言的寫法有兩種：一是說明綜述的目的意義和綜述的範圍；二是簡要說明所要綜述問題的現狀和爭論的背景。撰寫的基本架構是：說明研究課題起始及其歷史沿革；說明課題研究的可持續性；說明課題研究功能，以導出綜述課題的研究價值；說明綜述的基本範圍。用少量的文字，極其扼要地說明綜述課題的發展歷史、研究進展、研究的目的與意義。

「綜述」之「綜」就是將他人的研究成果合乎邏輯地

羅列出來，即把前人的研究結果或者研究結論，依據其相同與不同、肯定與否定、兩者皆可的類別進行歸納、整理和條理化。「述」就是針對「綜」的不同觀察結果，提出自己的看法、觀點或者是評論。

小結就是言簡意賅地概括經綜述分析後提出的見解。

(二) 調查法

調查法是根據課題研究的需要，由問卷、通信、個別談話、座談會和實地觀察等手段，以獲得事實材料的一種科學研究方法。

1. 調查方法

在排球運動科學研究中最常用的調查方法有問卷法、特爾菲法（專家調查法）、現情調查法和追蹤調查法。

(1) 問卷法

問卷法是指利用問卷這種控制式的測量對所研究的問題進行度量，從而搜集事實材料進行研究分析的方法。

①問卷的構成。一份較完整的問卷大致包括兩部分：一是簡短的說明詞。注明調查機構、研究目的和重要性等。二是問卷正文。一般包括兩類問題，即有關被調查對象的基本資料和有關態度方面的問題（包括意見、情感、動機等）。

②問卷問題的類型。封閉式問題，即在問卷上事先列出若干個可能的答案，由被調查者自己選擇一個或幾個；開放式問題，即不列任何答案，由被調查者用自己的語言作答。

③問卷設計應注意的問題。遣詞造句必須準確，使填

卷人易於理解；問題的排列順序通常是先易後難，先一般
後特殊，並注意時間順序；提出的問題要切合研究主題；
問卷長短應適宜，一般以在30分鐘內答完為宜；在正式
使用前，應在小範圍內預試，並對問卷的效度和信度進行
檢定，以減少誤差。

④問卷的發放與回收。調查規模小，且樣本較集中，
可當面發放與回收；樣本量大，且分散，可採用信函的方
法發放與回收。

⑵ 特爾菲法

特爾菲法是指以信函的方式，徵詢有關專家對某個重
大問題的意見，並根據意見進行直觀預測的方法。

特爾菲法的基本程式是：將要預測的內容寫成明確的
問題，連同有關的資料、信息和情報函寄經過選擇的專
家；專家在互相不通信息的情況下回答問題；集中專家的
意見，總結歸納出一個結果；將歸納的結果再回饋給專
家，專家根據歸納結果再次綜合分析，提出新的論證意見
寄回。這樣反覆多次，使意見趨於集中，最後得出預測結
果。

⑶ 現場調查法

現場調查法是指對現場當時正在發生的情況進行的調
查。這種調查通常在較短的時間內，對某一特定的「時
點」的觀察，如《1996年四國女排邀請賽的技術統計與分
析》一文所採用的現場觀察統計的研究方法就屬於現場調
查。

⑷ 追蹤調查法

追蹤調查法是指對一批調查對象作有間隔的、較長時

間的觀察，有的幾年，有的十幾年，如《從技術統計中看中國女排的特長與不足》一文運用自1981－1992年歷屆世界女子排球大賽的錄影資料以及世界盃、世界錦標賽、奧運會等一系列國際大賽的發——接、扣——攔兩大對抗技術的追蹤資料，揭示中國女排的特長與不足、現狀與面臨要解決的問題，就屬於追蹤調查。

2.調查研究的步驟

調查研究的全過程一般分為準備、實施和總結三個環節。

(1)調查前的準備。明確調查目的；熟悉調查對象；學習有關知識；制訂調查計畫；擬訂調查提綱；做好必要的物質準備。

(2)調查的實施。按調查計畫、提綱收集、記錄材料和事實，並對所收集的材料和事實進行核實與初步整理。

(3)調查工作的總結。對調查材料與事實進行分析和歸納，並撰寫調查報告或學術論文。

(三) 觀察法

觀察法是研究者由感覺器官或借助於科學儀器，有目的、有計劃地感知處於自然狀態下的研究對象，從而獲取科學事實的研究方法。

1.觀察法的類型

觀察法根據不同的分類標準，可以有多種類型，如純感官觀察和儀器觀察、定性觀察和定量觀察、隨機觀察和系統觀察等。在排球運動科學研究中，大多採用高速攝影和影片運動分析系統等儀器進行定量觀察的方法，如對扣

球技術的助跑、起跳、空中擊球三個動作的人體重心、環節位移、速度、角度、擊球高度、球速等運動學參數的測量與分析。

2. 觀察的步驟

(1)制訂觀察計畫。觀察計畫包括觀察的目的和任務、觀察對象的選擇、觀察地點與時間、觀察指標的選擇、觀察儀器設備的選擇及具體要求等方面的內容。

(2)觀察前的準備。同與觀察工作有關的單位取得聯繫與配合（如需進內場觀察時）；瞭解和熟悉觀察對象的一般情況；備齊觀察所使用的儀器設備，掌握儀器設備的操作性能，並對儀器設備進行校準和調試。

(3)觀察（儀器定量觀察）的實施。在觀察實施過程中應注意的基本要求：拍攝操作程式應有具體的規定；觀察時要遵循全面性原則和典型性原則，切忌主觀片面；儘量按原觀察計畫實施觀察；一次觀察的內容不宜過多；觀察人員要保持高度的注意力；多人合作進行觀察時，職責與分工必須明確；要防止人體感官錯覺和儀器誤差；觀察工作結束後，應及時整理已獲得的事實材料。

㈣ 實驗法

實驗法是指研究者根據課題研究的目的任務，由科學儀器和設備，有目的地干預、控制或模擬所研究的事物，以便在最有利的條件下對其進行觀察，從而獲得科學事實的研究方法。

1. 實驗法的類型

實驗方法按照不同的分類標準，可以有許多不同的類

型，如定量實驗、定性實驗、對照實驗、模擬實驗、析因實驗等。在排球運動科學研究中，常用的實驗方法有以下三種：

⑴定量實驗。是指用來深入瞭解事物和現象的性質，揭示各因素之間的數量關係，確定某些因素的數值的實驗方法，如對排球運動員克服重量負荷時動作速度的定量控制，揭示重量負荷與克服這一重量負荷時身體整體或環節運動的平均速度之間存在著的一種特定的關係。

⑵定性實驗。是指判定研究對象具有哪些性質，或鑒別某種因素是否存在、某些因素之間是否有聯繫以及某個因素是否起作用，或者探索研究對象具有何結構等的實驗方法，如對排球彈跳力系統中產生結構性內耗的主要原因及消減結構性內耗的手段與方法的優化研究。

⑶對照實驗。是指對兩個以上有個別變數不同的實驗組獲得的結果進行比較研究的實驗方法，如為了研究排球普修課72學時優化目標教學，則將實驗物件分成兩個以上的相似組群，其中一個組採用優化目標教學，作為實驗組；另一個組則採用傳統的教法，作為比較的對照組。然後，由一定的實驗步驟，在比較中判定優化目標教學的應用效果。

2. 實驗方案

實驗方案是指對所要進行的實驗過程預先做出的理論設計。其內容主要包括題目、目的、方法、實驗時間、受試物件、施加因素、觀察指標、實驗步驟、科學事實記錄、資料處理方法和設備儀器等。

3.試驗設計

試驗設計是指根據試驗對象的特點，合理安排試驗樣本、程式和次數，以提高試驗效率，縮小隨機誤差，獲得最佳試驗結果，並使之能有效地進行統計分析的理論與方法。在排球運動科學研究中常用的試驗設計方法有：

⑴試驗樣本抽取的隨機化方法。最常用的方法是利用「亂數字表」或抽籤的辦法進行。

⑵試驗樣本數量的確定方法。最常用的方法是利用查表法或計演算法估計樣本的含量。

⑶試驗樣本隨機分配的方法。最常用的方法有：

①完全隨機設計。在這種設計中，使用亂數表把條件相似的實驗對象隨機地分為若干個組，若作多組對比，數據分析可用方差分析法；若只有兩組作對比，則可以用 t 檢驗法。

②配對試驗設計。先把條件相似的實驗對象配成對子，然後將同一對中的一個實驗對象隨機地分配到實驗組，將另一個實驗對象直接分配到對照組。其數據分析同完全隨機設計。

③正交設計。正交設計是利用一套規模化的表格，即正交表，合理安排多因素若干種水準的設計。數據分析大多使用方差分析法。在需要建立數學模型時，亦可用回歸分析。

4.實驗步驟

使用實驗方法收集科學事實，一般要經過制定實驗方案、實驗前的準備（儀器、設備等的準備及校正）、實施實驗（按實驗設計法及實驗操作技術逐一完成實驗內容）

和整理分析實驗資料並得出實驗結果四個環節。

二、資料與事實的整理分析

㈠ 邏輯方法

邏輯方法是指研究者根據事實材料，按照邏輯規則進行判斷、推理的一類思維方法。按照推理的特點，排球運動科學研究中常用的邏輯方法有比較法、分類法、分析法、綜合法、歸納法、演繹法、論證法等。

1. 比較法

確定研究對象之間的相同點或相異點，以揭示研究對象之間在本質上的差異和同一的邏輯方法，如由對中國女排運動員正面扣球屈臂與掄臂揮臂動作的比較研究，揭示了兩者在手掌擊球瞬時速度、擊球點高度、擊球暫態手臂與軀幹夾角等諸項運動學的參數上具有相同點，而在性能上則具有屈臂扣球攻擊力較大、掄臂扣球隱蔽性較強的不同點。

排球運動科學研究中，從資料與事實收集到分析經常要用到比較法，因此它是一種應用較廣泛的方法。但是在應用此法時應注意：必須在同一關係下進行；必須有同一標準；必須由現象比較過渡到本質比較；如應用理論性方法得出最終結論，則仍需用經驗性方法加以驗證。

2. 分類法

分類法是把具有共同特點的個體研究對象歸納為一類或把具有共同特徵的子類集合成類的邏輯方法。分類法在排球運動科學研究中具有在比較的基礎上，可將大量龐雜

的事實材料進行系統整理，能揭示研究對象之間的內在聯繫，作出科學預言以及能揭示研究對象的歷史發展規律的作用。

如：根據排球戰術分類，由揭示調整球進攻、後排快兩類進攻打法之間的聯繫，曾預言調整進攻前後排配合的快攻戰術打法的可行性；又如由於排球進攻陣形的分類一直處於穩定狀態，於是，有人將進攻打法的分類作為切點，從排球進攻戰術進步的過程、環境和動力機制三個視角，揭示了排球進攻打法發展的基本規律。

分類法在排球運動科學研究中經常使用。為了保證分類的排他性，一次分類必須遵循一個統一的標準。

3.分析法

分析法就是把複雜的研究事物分解為各個部分（或方面、因素、特徵、關係等）逐一加以考察研究，從而認識研究事物的構成或本質的一種思維方法，如對排球縱跳運動規律的研究，有人以髖、膝、踝、肩等環節的角度變化劃分縱跳的各運動階段，然後分別加以研究；有人則以縱跳時環節角度與質心距離變化的關係的曲線，將縱跳劃分為儲能階段、被動緩衝階段、蹬伸用力階段和騰空階段分別加以研究。

在分析動作時，為了保證分析的合理性和有效性，必須遵循分析要達到最基本的成分、基本成分要相對孤立、尋找各部分間的本質聯繫、用綜合法和實驗法及其他邏輯方法密切結合等原則。

4.綜合法

綜合法是把研究事物的各個部分、各個方面結合和統

一起來加以研究，從而在整體上把握研究事物的本質和規律的一種抽象思維方法，如用分析法將縱跳動作各階段都分別加以研究後，把各階段聯繫起來，考察它們之間的相互關係，以及各階段動作與縱跳整體動作的內在聯繫，藉以把握縱跳動作的本質及規律。

在運用綜合法對資料與事實進行加工整理時，要堅持思維的綜合過程，必須以現實原型為基礎，按其固有的真實聯繫加以綜合；在從部分上升到整體的綜合過程中，要使各部分的特殊本質在被綜合的整體中獲得新質，並完整地提出研究事物的整體規律等原則。

5.歸納法

歸納法是指把大量的經驗材料經過分析和整理，上升為理性認識，再從若干特殊的理性認識推演為一般的理性認識，即由經驗階段跨入理論階段的邏輯方法。

歸納推理的方法有很多種，在排球運動科學研究的資料與事實的加工整理中，常用的是科學歸納法，即根據一類研究事物部分對象與某種屬性之間的因果關係，推出該類研究事物中所有對象都具有這種屬性的推理方法。

如「力量是排球運動員最重要的專項素質」這一結論的形成過程，就是採用科學歸納法建立的，其推理方法是：各種起跳、移動需要腿部的力量耐力；場上的靈活性、重心變換需要腰背的速度力量；扣攔動作不僅需要腰背的速度力量，還需要上肢及手腕的爆發力；排球運動的技術動作無一不需要力量與速度。結論：力量是排球運動員最重要的專項素質。

在具體使用歸納法對資料與事實進行加工整理時，必

須遵循以歸納原理為基礎的更為嚴格的歸納條件。這些條件是:作為歸納基礎的觀察陳述和實驗結果都是可靠的;形成歸納基礎的觀察陳述或實驗次數應足夠多;沒有任何一個可靠的觀察陳述或實驗結果與歸納所得的一般原理相衝突。

6.演繹法

演繹法是指按照一定的邏輯規則從若干命題直接引出一個命題的邏輯推理方法。演繹推理方法有多種,在排球運動科學研究的資料與事實的加工整理中,最常用的是三段論法,如手腕力量的提高能提高扣球動作的速率(大前提),用小啞鈴做快速的腕屈伸能提高手腕的力量(小前提)。結論:用小啞鈴做快速的腕屈伸能提高扣球動作的速率。

演繹法是構造科學理論體系最基本的方法,也是驗證理論所不可缺的手段,還是發現新概念的一種手段。因此,演繹法在排球運動科學研究的資料與事實加工整理的過程中起著十分重要的論證和預見的作用。

7.論證法

論證法是指根據某個或某些判斷的真實性,來證明另一個判斷的真實性的邏輯方法。

論證由論題、論據和論證方式組成。論題是要求證明的判斷或命題;論據是為了論證論題的正確而引用的那些判斷;論證方式是論題和論據之間的邏輯聯繫。論證法按其表達的方式可以分為直接論證和間接論證;按其推理形式可以分為歸納論證和演繹論證。

在運用論證法時,論題必須明確,論據必須真實與充

足，論證要合乎邏輯規則。只有這樣，才能得出正確的結論。

(二) 數理統計方法

在科學研究中，為了要對研究物件的質獲得比較深刻的認識，需要做出量的方面的刻畫，這就需要借助數理統計的方法。

數理統計方法是解決有效的收集、整理和分析帶有隨機性的研究資料，以對所研究的問題作出推斷或預測的方法。常用的數理統計方法包括描述統計方法、推斷統計方法和多元統計分析方法。

1.描述統計方法

在排球運動科學研究中，當研究者實施了實驗，收集到大量的研究結果後，首先應對資料進行初步整理，如統計分類和製作統計圖表等；隨後，就要對資料的特徵進行描述，這就是描述統計。

對資料的特徵進行描述統計的方法主要有：集中量數，如平均數、中位數等；差異量數，如標準差、變異係數等；相關量數，如等級相關係數、積差相關係數等。

2.推斷統計方法

在排球運動科學研究中，當研究者為了判斷觀察實驗的樣本資料對總體的性質，如判定實驗組與對照組兩個樣本統計值出現的差異是否真正存在於兩個總體之間，亦即統計決斷該差異是由於抽樣誤差所致，還是實驗施加因素所致。假設檢驗不僅是推斷統計中最為重要的統計方法，亦是排球運動科學研究資料與事實分析中應用得最廣泛的

統計方法。其主要的方法有：

對兩個獨立無關的大樣本平均數差數進行顯著性檢驗的Z檢驗；對總體正態分佈、總體方差未知或獨立小樣本的平均數進行顯著性檢驗的t檢驗；對幾個組用幾個不同處理方法所得的實驗資料，需同時比較兩個以上的平均數之間是否有顯著性差異的F檢驗（方差分析）。

3.多元統計分析方法

多元統計分析方法是解決實驗資料中多個指標或因素之間關係的一種數理統計方法。在排球運動科學研究中應用過的多元統計分析方法有：對只有相互聯繫的現象，根據其關係形式，選擇一個合適的數學模型，用來近似地反映變數間平均變動關係的回歸分析方法。

如：《發展四川青年男排彈跳力的回歸模式》一文就是應用多元回歸分析，建立了彈跳力回歸方程，並對回歸方程的線性關係進行了檢驗，最後利用該方程制定了彈跳力的回歸模式，為控制彈跳力訓練提供了一個量化標準。將多個相關的實驗指標（或因子）轉換成較少的幾個獨立的、對實驗指標（或因子）的變差有重要影響的綜合性的潛在變數進行分析的主成分分析方法，如：《對中國男排主要身體素質和基礎高度的主成分分析》一文就是應用主成分分析方法，將88名甲級男排攻手的8項身體素質指標轉化為4個互相無關的綜合指標——下肢爆發力、基礎高度、力量耐力和移動速度，來研究優秀運動員的身體素質的類屬及其排序的。

在排球運動科學研究資料與事實的整理分析中，除了涉及上述的一些數理統計方法外，還涉及到一些數學方

法，如預測方法、模糊數學方法，以及灰色關聯分析方法、系統方法、資訊方法、控制論方法等事物屬性方法。

第五節　撰　寫　論　文

論文撰寫的基本格式及內容如下：

一、題名。題名是以最恰當、最簡明的詞語，反映論文中最重要的特定內容的邏輯組合，應體現研究對象、處理手段和實驗效應三因素間的關係。題名一般不要超過20個字。

二、署名。

三、摘要。摘要是論文內容的簡短陳述，一般包括：研究工作的緣由、範圍、目的與意義；研究內容及過程；研究結論等內容。摘要一般不宜超過200～300字。摘要最後應有關鍵字。關鍵字是指從論文的題目、正文和摘要中抽選出來，能表達論文主題內容特徵，具有實質意義和未經規範處理的自然語言辭彙。關鍵字一般選取3～8個。

四、前言。前言是說明寫此論文的理由，一般包括：研究的背景、目的；研究所涉及的問題；分析、研究邊界；前人研究工作的簡要歷史回顧；研究遵循的基本理論及原則；研究方法；預期結果等內容。前言的字數一般為論文字數的5%左右。

五、研究對象與方法。研究對象是事物的現象或具體的人。研究對象部分一般應包括：研究對象的基本資料，如具體的人則有年齡、性別等；研究對象的來源、數量及抽樣方法等內容。研究方法部分一般應包括：觀察、實驗

的技術；觀察、實驗的過程；資料處理方法等內容。

　　六、研究結果與討論。研究結果是觀察實驗過程中獲取的現象或數據。觀察、實驗結果是全篇論文的基石，所有的推理由此導出，所有的討論由此展開，所有的結論由此獲得。鑒於其重要性，在研究結果述時應做到：數據要準確和充足，並具有必要性和代表性；研究結果盡可能用統計圖表加以直觀展示；對研究結果的描述層次清楚，抓住本質。討論是對研究結果從感性到理性的邏輯思維及推理的過程，也是由科學抽象建立科學理論的過程，因此，應準確應用各種理論的方法，客觀、嚴謹、清晰、透徹地對所研究的結果作出解釋和說明。

　　七、結論。結論是以研究結果與討論為前提，經過嚴密的邏輯推理所作出的最後判斷。結論一般包括：作者對研究結果進行分析與討論後所形成的見解；從論文總體觀點中引申出來的推論、預測；作者對今後進一步深化研究的具體意見或設想等內容。

　　八、參考文獻。

第三篇　沙灘排球

第十一章　沙灘排球

第一節　沙灘排球的起源與發展

頭頂藍天，沐浴陽光，光著腳板在金色柔軟的沙灘上，盡情地跳躍、滾翻、流汗，享受著美妙的時光。這是一項獨具魅力、風靡世界的運動項目——沙灘排球以其很強的競技性和獨特的藝術性、觀賞性和趣味性，被譽為「21世紀最傑出的運動」。

運動員和觀眾頭頂藍天，面臨碧海，耳聽濤聲，腳踩細沙，這詩情畫意般的境界，更容易使人投身於大自然的懷抱中，陶冶身心，娛樂健身，鍛鍊體魄，享受人與自然的完美結合。

沙灘排球是一項在世界廣受歡迎的沙灘運動。由於沙灘排球比賽對場地和器材的要求比較少，同時比賽時又能充分享受陽光、沙灘和海水，因此，這項運動從一開始就受到了廣泛的關注。觀眾人數的不斷增多，促進了沙灘排球的商業化的發展；商業化程度的提高，又促進了職業化的發展；職業化又加速了運動水準的提高；運動水準的提高，會使比賽更加精彩，從而又能吸引更多的觀眾。

沙灘排球的發展已形成良性循環。良性的循環將對這一項目的發展與提高，有著積極重要的意義和作用。目前，世界沙灘排球運動開展最普及、競技水準最高的當數巴西和美國。澳洲、義大利和德國等國家近幾年進步也很快。

一、沙灘排球的起源

　　20世紀20年代，沙灘排球運動開始出現在美國加州的海灘邊，隨後開始在世界範圍內傳播。關於沙灘排球的發源地有兩種說法，一些人認為它起源於美國夏威夷海灘；另一些人認為它起源於加州的莫尼卡海灘（Santa Monica），目前人們普遍認為加州的莫尼卡海灘是沙灘排球的發源地，因為那裏曾首先舉辦過六人制的沙灘排球比賽。

　　初始階段的沙灘排球純粹是一種民間娛樂活動。每到夏季，人們為了躲避炎熱，成群結隊地湧向海灘，架起球網，在鬆軟的沙灘上，明媚的陽光下，盡情地跳躍、滾翻、魚躍。人們還把游泳、衝浪、打排球結合起來，享受著大自然賦予人類的樂趣。由於這種形式具有較強的娛樂性、健身性和大眾性，所以受到越來越多的人喜愛。

　　隨後，沙灘排球作為法國「裸體主義者」的活動項目之一傳入歐洲，並於1927年在法國舉行了歐洲歷史上第一次沙灘排球比賽。

　　後來這種海灘娛樂形式被越來越多崇尚戶外運動的人所喜愛，並逐漸風靡巴西、阿根廷等國。20世紀30年代，二人制沙灘排球賽出現；1947年，第一屆正式的二人

制沙灘排球比賽在美國加州的State Beach舉行，冠軍的獎品是一箱百事飲料，這開創了商業性贊助進入沙灘排球比賽的先河，比賽中獎品的出現是沙灘排球由一個娛樂性運動項目向一個職業化運動項目過渡的先決條件。

50年代後，沙灘排球逐漸向地中海沿岸及太平洋沿岸國家傳播開來。這期間，借助那些熱愛沙灘排球運動的民間贊助商的大力支持，各種組織、各種規模、各種水準的沙灘排球比賽不斷。隨著時間的推移，參與沙灘排球的人數呈幾何數字增長。當時雖然是娛樂、健身的項目，但已具有相當的規模。

1965年加利福尼亞沙灘排球協會成立，該協會第一次對沙灘排球的規則作了統一規定，當時的比賽有四人制、三人制、兩人制及男女混合制等多種形式。沙灘排球逐漸演變成一種競技體育運動，並深受人們的喜愛。在美國，許多室內排球國家隊的隊員就是從沙灘排球練起的。

二、沙灘排球的發展

20世紀50—60年代，沙灘排球成為了美國加州海灘上必不可少的娛樂活動。70年代開始，由於廣告、獎金等商業因素介入了沙灘排球比賽，使這一運動項目得以進一步地發展。

70年代至80年代初，是沙灘排球從單純的民間娛樂活動發展成集娛樂、競技於一體的體育活動的關鍵時期。隨著沙灘排球比賽水準不斷提高，沙灘排球的觀賞性越來越強，觀眾人數也越來越多。

1974年首屆商業性贊助（獎金為1500美元）的2人制

沙灘排球比賽在美國聖地牙哥舉辦,表明沙灘排球從此併入了商業運作軌道,拉開了沙灘排球商業化、競技化、職業化的序幕。

1976年,第1屆世界沙灘排球錦標賽在美國紐澤西州的帕利塞得舉行,獎金5000美元,此次比賽被譽為「職業沙灘排球比賽的源頭」。1977年,沙灘排球巡迴賽的前身在美國的聖克魯斯和洛杉磯舉辦。美國沙灘排球比賽逐步規範,錦標賽、巡迴賽的競賽制度日臻完善。1979年出現了一批優秀的職業沙灘排球選手。

1980年商業贊助性(總獎金52000美元)的全美沙灘排球巡迴賽第一次被列入美國官方體育日程計畫,並且官方有了國家的贊助商,Miller Brewing公司加盟,作為主要贊助商向美國沙灘排球賽的每站賽事提供20000美元的獎金。美國于1982年成立職業沙灘排球聯合會(AVP)。這些都成為沙灘排球轉型的標誌。

80年代是國際排聯在世界範圍內開始宣傳、普及這一嶄新排球形式的時間。沙灘排球在巴西的海灘上成為最流行的運動。1986年,美國女子沙灘排球聯合會成立,澳洲職業沙灘排球巡迴賽開始出現。

1987年在巴西里約熱內盧舉辦了國際排聯認可的第1屆世界男子沙灘排球錦標賽,共有巴西、美國、義大利、阿根廷、智利、墨西哥和日本7個國家參加,冠軍是美國的史密斯和斯托克洛斯。

1987—1989年共有3屆世界沙灘排球錦標賽在巴西的里約熱內盧舉行。1988年國際排聯正式成立了世界沙灘排球聯合會。1990年將「世界男子沙灘排球錦標賽」更名為

「世界男子沙灘排球巡迴賽」，由巴西、義大利和日本負責承辦。這種辦法大大增加了現場和電視觀眾的人數，極大地加快了沙灘排球的普及速度。

90年代以後，沙灘排球運動經過70年的發展積累了豐富的經驗，沙灘排球的組織機構不斷健全、競賽制度逐步完善，形成了年度巡迴賽、錦標賽、大滿貫和衛星賽事等不同級別的賽事，從而進入了全新的發展階段。承辦男子世界沙灘排球巡迴賽的國家由3個擴大為包括法國在內的4個，1991年至1992年，又增加了澳洲和西班牙兩國。1992年，沙灘排球成為巴賽隆納奧運會的表演項目，同年，首屆世界女子沙灘排球錦標賽也在西班牙舉行。

經過國際排聯的不懈努力，1993年9月24日，在瑞士蒙特卡洛國際奧會第101次代表大會上，奧林匹克大家庭正式接納了沙灘排球，將沙灘排球列入亞特蘭大奧運會的正式比賽項目。

1996年已有五十多個國家的體育聯合會成立了沙灘排球理事會，指導和組織各自國家沙灘排球運動的開展。1996年亞特蘭大奧運會大約有42個國家的600多名運動員參加了資格選拔賽。決賽于同年7月23日至28日在美國亞特蘭大薩凡納海灘上舉行。1998年，曼谷亞運會正式將沙灘排球列為比賽項目。至此，沙灘排球運動達到一個新的高度。

1996年國際排聯共舉辦了27站賽事，總獎金430萬美元，世界沙灘排球系列賽被國際排聯用新的概念確定為三種不同級別的比賽：大滿貫、世界錦標賽和挑戰賽，使得國際排聯官方賽事進一步健全，同時國際排聯為中等水準

的運動員和主辦者提供參加和舉辦較低水準比賽的機會，除了世界巡迴賽、大滿貫和公開賽以外還舉辦挑戰賽、衛星賽和業餘賽。同時，女子沙灘排球賽事和男子賽事一樣受到國際排聯的重視。

國際排聯舉辦的沙灘排球賽事和許多職業沙灘排球運動員都獲得公司和企業的贊助，SPBBDO服裝成為國際排聯沙灘排球比賽服的贊助商，MIKASA成為國際排聯沙灘比賽專用球提供商，2003年SWATCH冠名世界沙灘排球巡迴賽，2004年NIKB公司為世界沙灘排球巡迴賽提供運動裝備。知名大公司介入世界沙灘排球比賽極大地提高了沙灘排球比賽的知名度。奧運會排球比賽的規模已由最初的10支男隊和6支女隊發展成為男女名12支隊伍。

目前沙灘排球運動競技水準較高的國家都集中在歐美等沿海發達國家。1996年奧運會沙灘排球男子比賽，美國包攬了金銀牌，加拿大獲銅牌；女子比賽巴西選手獲金銀牌，澳洲獲銅牌。美國男女沙灘排球隊獲得第29屆北京奧運會冠軍，巴西兩對男子組合分別獲得男子沙灘排球銀牌和銅牌。就總體水準而言，巴西、美國處於領先地位，澳洲、義大利、德國、捷克緊隨其後。這些國家沙灘排球競技水準高與其普及程度密切相關。

例如，僅巴西就有近1000塊沙灘排球場地，1992年世界沙灘排球系列賽巴西站的現場觀眾達10萬人次，列當年各個比賽站之首。

1996年沙灘排球首次在亞特蘭大奧運會上亮相，沙灘排球門票提前一年銷售一空，24對男選手和18對女選手為爭奪奧運金牌而戰，比賽僅僅6天就超過10.7萬人到

現場觀看，最後男子金銀牌被美國選手獲得，女子金銀牌被巴西選手獲得。澳洲是沙灘排球發展速度較快的國家之一，參與沙灘排球運動的人至1993年已達數十萬。2002年，國際排聯再次修改沙灘排球的競賽編排，將原來的雙淘汰改為先分組循環後單淘汰制，提高了比賽的激烈程度和觀賞性，避免了比賽的偶然性。

2004年雅典奧運會上一個抽樣調查顯示，竟有42%的人將沙排比賽列為觀看比賽的首選，可見沙灘排球已經成為觀眾最愛看的競技體育項目之一。

三、中國的沙灘排球運動

沙灘排球在中國起步較晚。1987年7月中國首次組隊參加了沙灘排球國際邀請賽。同年8月，我國首次在北戴河舉辦了沙灘排球聯誼活動。此次活動由《中國排球》雜誌與中國體育旅遊公司聯合舉辦。以後幾年中陸續在深圳、海南、煙臺和青島等地舉辦了一些不同形式和不同水準的沙灘排球比賽。1993年中國派出男女各一對選手參加了亞排聯舉辦的沙灘排球巡迴賽。這一系列活動使沙灘排球在中國逐步被人們所認識和喜愛，掀起了中國沙灘排球史上的第一個高潮。

1993年國際奧會確認沙灘排球為奧運會正式比賽項目後，中國排協加大了對沙灘排球的推廣和提高工作。1994年的廣島亞運會，沙灘排球被列為表演項目，中國男隊和女隊均獲得第5名。1994年中國還舉辦了首屆全國沙灘排球巡迴賽。

1995年在上海舉行的亞洲沙灘排球系列賽上，中國派

出4支隊伍參賽。同年，在青島和上海舉辦了全國沙灘排球巡迴賽，巡迴賽在組織競賽上與1994年有三點不同：一是依靠社會力量辦競賽，即把上海市體委和山東省體委擬定舉辦的邀請賽併入國家體委競賽計畫，使其成為1995年的全國沙灘排球巡迴賽；二是選手資格不限，僅規定各地限報兩名選手參賽；三是比賽只設兩站，並連續進行，綜合兩站的成績排出各隊名次。

1996年7月在天津市塘沽區舉辦了首屆全國沙灘排球精英對抗賽，這是中國第一次完全由社會出資舉辦的商業性沙灘排球賽事，冠軍的獎金達到5000元人民幣，在當時引起轟動。由於沙灘排球被列為1997年第8屆全運會正式比賽項目，所以各省市發展沙灘排球的積極性很高，共有32支隊伍參賽，上海一隊和四川一隊分別獲男女冠軍。1997年8月5—18日，中國首次派出4支沙灘排球隊參加了世界女子沙灘排球巡迴賽，日本大阪站和韓國釜山站的比賽。

從1998年開始，中國沙灘排球運動進入提高階段。首先在政策上，中國排球協會（CVA）出臺了一系列措施，沙灘排球成為獨立的競技項目與室內排球徹底分開。1998年8月12—16日，中國排球協會第一次作為承辦方在大連金石灘舉辦了世界排聯女子沙灘排球巡迴賽中國大連站的比賽。此項賽事由大連連續承辦了3屆，其中在2000年的大連站中，遲蓉和熊姿取得歷史性突破，獲得第三名；張靜坤和田佳獲得第七名，雙雙取得2000年雪梨奧運會參賽資格。

進入2000年後，中國沙灘排球運動員的世界排名迅

速提高，女子取得了優異的成績。雪梨奧運會熊姿、遲蓉獲得第九名。8月在廣東陽江舉辦的首屆亞洲沙灘排球錦標賽中，中國隊囊括了女子冠亞軍。

2002年8月，第3屆亞洲沙灘排球錦標賽在營口魚圈經濟技術開發區海濱舉辦，中國隊林羨玲／洪麗娜獲得冠軍。10月，韓國釜山亞運會，中國運動員田佳／王菲和尤文慧／王露包攬女子沙灘排球冠亞軍。

2003年8月和9月，田佳／王菲在印尼站和義大利站比賽中，兩次獲得世界女子沙灘排球巡迴賽冠軍，實現了中國沙灘排球運動歷史性突破。值得一提的是，2003年中國沙灘排球項目獲得了獨立的編制，取得了與室內排球同等的待遇和地位，這為沙灘排球的進一步發展創造了條件。獨立編制的設置，奠定了中國沙灘排球發展的物質基礎，緩解了訓練、比賽等方面經費的不足。使中國隊員有更多的機會走出國門，參加比賽，與世界高水準選手進行交流、學習，達到儘快提高的目的。

2008年北京，中國選手田佳／王潔和薛晨／張希，分別取得了奧運會女子沙灘排球亞軍和季軍的輝煌成績。短短的十幾年時間，從無到有，從弱到強，中國沙灘排球運動成績的跨越式進步，說明中國沙灘排球運動在健康成功的路上迅跑。我們期待著更多的人們喜愛這項運動，瞭解這項運動，參與這項運動。讓排球大家庭中的這朵奇葩，在我們國家遍地盛開，碩果累累。

第二節　沙灘排球比賽主要規則與 場地器材

一、沙灘排球比賽主要規則

　　沙灘排球是目前唯一在沙地上進行比賽的奧運會正式項目。它集競技體育、旅遊、娛樂為一體，擁有現代競技體育運動的所有特點：快速、懸念，對身體素質的高要求，易於電視轉播，吸引開發商和贊助商。同時，沙灘排球還有其自身的特點：隊員少，在柔軟的沙地上進行滾翻魚躍、高跳扣攔，運動員無須過多考慮傷害，防守救球也不易出現損傷，並且可以大膽做一些高難動作，給廣大觀眾展示室內排球比賽中無法展現的精彩場面。加上天然的金色沙灘、陽光和海邊的自然風景，沙灘排球已成為一項深受人們喜愛的體育運動。

　　要想深刻理解沙灘排球運動的特點，必須熟習比賽規則，因為規則限定了一項運動的本質特徵，也限定了一項運動的發展方向。

㈠ 比賽方式

　　沙灘排球比賽是一項每隊由2人組成的兩隊在由球網分開的沙地上進行比賽的運動。比賽的目的是將球擊過球網，使其落在對方場區內，並阻止對方達到同一目的。每隊可擊球3次將球擊回對方場區（包括攔網觸球）。

　　比賽是由發球隊員擊球，球越過球網飛向對方場區開始的。比賽應連續進行直至球落地、出界或某一隊不能合

法地將球擊回對方場區為止。

　　沙灘排球比賽採用三局兩勝制，勝兩局的隊贏得比賽的勝利。在沙灘排球比賽中，一個隊勝1球可以得1分（每球得分制）。接發球隊勝1球時得1分，同時獲得發球權。每次換發球時，發球隊員必須輪換。每局比賽（決勝局除外）先得21分並至少領先對方2分的隊為勝。當比分為20：20時，比賽繼續進行至某隊領先2分（22：20、23：21）為止。決勝局先得15分並至少領先對方2分的隊獲勝。

(二) 主要規則

　　沙灘排球規則與室內六人排球規則有許多相似的地方，但也有不同之處，如：

　　1. 每隊只有兩名運動員參賽，不能多也不能少，分別為1號和2號。因此每隊的兩名隊員需要自始至終參加比賽，沒有換人，也不允許更改運動員。國際排聯正式比賽中不允許教練員進行指導。

　　2. 隊員可以站在本場區的任何位置，因此在發球時沒有位置錯誤。但必須依次發球，如發球次序錯誤，判失發球權。

　　3. 隊員張開手用手指「吊球」，將球直接擊到對方場區為犯規，但允許用手指戳或指關節擊球。

　　4. 隊員用上手傳球軌跡不垂直於雙肩連線完成進攻性擊球為犯規。

　　5. 如果雙方隊員同時做網上擊球，允許「持球」，比賽繼續進行。

6. 受傷隊員可以請求獲得5分鐘的受傷暫停時間，但每名隊員在每場比賽中只有一次機會。

7. 每當雙方比分累積達7分（第一、二局）、5分（第三局）或7分、5分的倍數時，雙方將馬上交換比賽場區。

8. 每局每隊最多可請求1次暫停，每次暫停時間為30秒。第一局和第二局比賽，當雙方比分累積為21分時，有1次30秒鐘的技術暫停。

二、沙灘排球場地與器材

㈠場　地

沙灘排球比賽場地包括比賽場區和無障礙區。比賽場區為16米×8米的長方形。場地邊線外和端線外的無障礙區至少寬5米，最多6米，比賽場地上空的無障礙空間至少高12.5米。比賽場地的地面是水平的沙灘，沙灘必須至少40公分深，其中沒有石塊、殼類及其他可能造成運動員損傷的雜物。

比賽場區上所有的界線寬為5～8公分，界線與沙灘的顏色需有明顯的區別，並且由抗拉力材料的帶子構成。

㈡球　網

沙灘排球比賽的球網設在場地中央中心線的垂直上空，高度為男子2.43米，女子2.24米。球網長8.50米，寬1米（±3公分），網眼直徑10公分。球網上有兩條寬5～8公分（與邊線同寬）、長1米的彩色帶子為標誌帶，分別

繫在球網的兩端，垂直於邊線。

標誌杆是有韌性的兩根杆子，長1.80米，直徑10毫米，由玻璃纖維或類似質料製成。兩根標誌杆分別設置在標誌帶的外沿、球網的兩側。

㈢ 比賽用球

沙灘排球比賽所使用的球是由柔軟和不吸水的材料製成外殼（皮革、人造皮革或類似材料），以適合室外條件，即使在下雨時也能進行比賽。球內裝橡膠或類似質料製成的球膽，顏色是黃色、白色、橙色、粉紅色等明亮的淺色。球的圓周為66～68公分，重量為260～280克，氣壓為0.175～0.225千克／平方公分。

㈣ 比賽服裝

隊員的服裝包括短褲或泳裝。可穿上衣或胸衣，可戴帽子。

除裁判員特許外，隊員必須赤腳。

隊員的上衣（如允許不穿上衣則為短褲）號碼必須是1和2。號碼必須在胸前（或短褲前）。

號碼必須與服裝顏色明顯不同，並至少10公分高。號碼筆劃的寬度至少1.5公分。

經第一裁判員允許，可穿鞋和襪子比賽。局間可更換濕衣服。

經第一裁判員允許，可穿內衣和訓練褲比賽。

隊員可戴眼鏡或太陽鏡進行比賽，但引起的一切後果自負。

㈤ 裁判台

為了保證運動員安全，裁判台不宜過寬過長。應可以在1.10～1.30米高度之間升降。

㈥ 其他附加設備

在比賽場地附近應有水源，便於在比賽間隙向場地灑水降溫。記錄台一側、兩邊無障礙區應設置太陽傘、椅子，供運動員暫停、局間休息使用。比賽場內保證有飲水供應。

三、沙灘排球裁判工作

由於沙灘排球規則同六人制排球規則在某些方面存在不同，因此在裁判工作中，沙灘排球賽有其獨特的方法。

㈠ 手　勢

隊員張開手指完成吊球和運用上手傳球完成進攻性擊球時，其出球方向與兩肩的垂直面不一致均為進攻性擊球犯規，其手勢同六人制規則的後排隊員進攻性擊球犯規的手勢。

㈡ 第一裁判員

注意控制比賽的時間，區分正常的比賽間斷和有意延誤比賽。

善於觀察比賽的環境，特別是在高溫場地太乾時，要讓工作人員向場內灑水。

掌握交換場區比分和時間。

㈢ 第二裁判員

掌握暫停次數和時間。

在不干擾對方擊球的情況下，允許隊員從網下穿越而進入對方場區。第二裁判員在判斷時一定要慎重，干擾是指由於身體接觸而使對方失一分或擊球出界。

經常與記錄員取得聯繫，掌握交換場區的比分和應發球的隊員。隊員的號碼可在賽前用彩筆寫在隊員的上臂側面。

㈣ 記錄員

因為每隊只有兩名隊員，所以在記錄時只需記在記分表上第1、2號位欄目內。

賽中要特別注意比分，掌握交換場區時的比分，並通知第二裁判員和翻分員。

準確記錄發球的次序，當運動員提出詢問時，要及時用號碼牌示意運動員發球的次序。

㈤ 司線員

由於沙地具有鬆軟性，因此在判斷界內外球時，應以球是否觸及到界線為依據。不能只以線動否作為判定內外球的依據。在判斷發球隊員踏線犯規時，也應以發球隊員是否踏及到端線為依據。

第三節 沙灘排球基本技術和常用戰術

　　沙灘排球作為排球家族中的成員之一，其技、戰術的形成沿襲了室內排球技、戰術的特點，具有排球運動的共性特徵。同時，由於沙灘排球專案的特殊性，以技、戰術運用的特殊要求和整體攻防的基本特徵為標誌，其發展經歷了由分工單一、攻防失衡到位置靈活、攻防平衡，並在攻防矛盾互為轉換、互為促進的過程中，逐漸出現了技、戰術運用由簡單到複雜、由表面到實質的深入變化，也隨之帶動了沙灘排球運動的高水準發展。

一、沙灘排球基本技術

㈠ 準備姿勢與移動步法

　　人的重心越低，穩定角就越大。在沙地上，啟動時的蹬地角越小，蹬地時越容易滑倒，支撐反作用力也越小，抬腿的高度也受到影響。因此，移動前身體的準備姿勢應稍高，處於半蹲與稍蹲之間。兩腳平行或前後站立均可，膝關節微屈，身體重心落在前腳掌，雙手置於腹前。

　　移動是為了接近球做各種擊球動作，所以移動步法的好壞直接影響其他技術的發揮。在沙灘排球中，移動步法同樣包括並步、交叉步、跨步、跑步和綜合步等，但以並步、跨步和跑步為主。並步是同側腳向側跨出一步，異側腳跟上一步。一般用於來球距身體較近時。跨步一般用於來球位於身體的前方或側面，且球的弧度較低時。

其要點是步伐要大，重心應落在前腿上，要在穩定的狀態下擊球。跑步多用於場外救球，啟動奔跑要快，腿要高抬，使腳高出沙面以減小阻力，擊球前最後一步做好制動，以便在穩定狀態下擊球。

㈡ 發　球

發球是沙灘排球重要的技術之一，主要有正面（側面）下手發球、正面（側面）上手飄球、正面上手發旋轉球、大力勾手發球、高吊發球、跳發球和高拋發球等。由於參賽人數少，隊員接發球負責的區域大，所以增大了接發球組織進攻的難度。同時，每球得分制規則規定發球失誤要失去球權和分數，因此對運動員的發球技術提出了更高的要求。

優秀選手都將發球作為一項重要的進攻技術，力求由加強發球的攻擊性和落點的多變性來爭取主動。下面介紹幾種主要的發球方法。

1. 高吊發球

沙灘排球在室外比賽，適宜高吊發球，即用力向高空擊球，並由擊球使球旋轉，造成對方接發球判斷困難。由於受室外陽光、風向的影響較大，所以具有很大威脅。

【動作方法】肩對球網，右腳在前（右手擊球）左腳在後。上體稍前傾。低拋球。當球落至腰腹前時，右臂從後方向球體向下偏左部位迅速揮擊並伴有屈肘動作，虎口擊球，使球在旋轉中向高空上升。

【技術要領】揮臂速度要快，力量要大，擊球部位要準，擊球瞬間手腕要有向外翻動的提拉動作。

2.跳起大力發球

這是沙灘排球比賽普遍採用的一種發球方法。跳起在空中擊球，可以提高擊球點。同時，在空中擊球可以充分伸展肢體，形成適宜的肌肉初長度，並發揮全身協調用力，增大發球力量，提高發球的攻擊性。實際上，跳發球是扣球動作向場內延伸的同類動作，即在發球區作扣球動作。對於一些高大隊員來講跳發球更能發揮身高優勢。

【動作方法】在發球區距端線3～4米面對球網站立，有單手或雙手將球拋向身體的前上方，高度3～4米，要使拋球點在端線附近的上空，隨拋球離手後即向前助跑2～3步起跳在空中擊球，擊球點保持在右肩前上方手臂伸直的最高點。人體在空中要保持擊球臂屈臂向後抬起，上體後仰，微挺胸腹，使身體呈反弓形。擊球時，身體做相向運動，即利用收腰和轉體發力帶動擊球臂快速揮動，用全手掌擊球的中下部，手腕伴隨有向前推壓的擊球動作。擊完球後，屈膝落地緩衝，迅速進入場地比賽。

【技術要領】拋球高度與落點要精確，起跳點要選好，擊球點要保持在擊球臂前上方，擊球部位要取在中下部，揮臂要快，擊球要有力度。

(三)墊　球

墊球在沙灘排球中也是一項重要技術，用途極廣。在沙灘排球中，墊球一般適用於接對方的發球、扣球、攔回球及各種低弧度來球。一般來說，沙灘排球墊球的弧度應該稍高，墊球技術運用應多樣化，除雙手前臂墊球外，擋球、單手墊、前撲、魚躍、側倒墊球等被廣泛運用。由於

規則對傳球過網的嚴格限制，墊球技術除用於一傳和防守外，還大量用於二傳以及攻擊性擊球。

㈣傳　球

在沙灘排球比賽中，傳球主要用於組織進攻，是防守轉入進攻的主要連接技術。可以認為，沒有傳球就沒有扣球進攻。如果傳球技術不好，也就無法保證進攻的威力。

沙灘排球中常用的傳球技術與普通排球相似，主要有正面雙手上手傳球、雙手上手背傳球等等。鑒於規則對傳球持球尺度的放寬，傳球既用於組織進攻，也廣泛用於一傳和防守。二傳球一般稍遠網，以利於縮短扣球人由一傳轉為扣球時助跑的距離。一傳較好時，可組織快球、短平快、平拉開、圍繞等戰術。傳球過網時，身體必須面對或背對出球方向。

由於沙灘排球在規則上對上手傳球進行二傳的技術有嚴格限制，加大了組織進攻的難度，從而利於攻守平衡，使比賽更加激烈緊張。所以，沙灘排球隊員必須練就爐火純青的上手傳球技術才能完成好二傳。就上手傳球技術而言，沙灘排球具有區別於室內排球的獨特的專項特點，表現為手指緩衝流暢且緩衝時間較長，傳出的球平穩且幾乎沒有旋轉，國內通常稱其為「軟化傳球技術」。

㈤扣　球

扣球是進攻諸要素中最強有力的武器，是得分的主要技術。沙灘排球的扣球技術分為正面扣球、勾手扣球、扣快球等技術。在沙灘排球中，由於從一傳或防守轉入扣球

起跳點的距離一般較長，助跑多採用多步助跑，其目的主要是接近球，選擇起跳點，而不是增加彈跳高度。另外，助跑的最後一步一般不宜過大，以免在起跳時重心過於滯後而滑倒。起跳大多數用並步起跳，以利於穩定重心。

下面介紹一下沙灘排球中幾種特殊的扣球技術。

1.調整扣球

由於沙灘排球比賽場地相對大，上場人數少，所以無論接發球進攻還是防反進攻，多半是由調整扣球來完成的。調整扣球仍是以正面扣球動作來進行。但因扣球時，一般是球從後場向中場或前場傳來，扣球隊員要根據來球的不同方向、角度、高度、弧度與落點，由靈活的助跑步法，選擇好起跳點，使起跳後人與球保持合理位置，便於控制球，做扣球動作。為了擴大對球的控制範圍，增加進攻點，要設法與傳球點保持較大的角度，並在助跑時儘量採用外繞助跑。傳、扣隊員靠得越近，外繞越大。

2.遠網扣球

在距網2米並向後場延伸的空間扣球為遠網扣球。遠網扣球是沙灘排球比賽中廣為採用的一種扣球方法。擊球點保持在右肩前上方最高點，充分利用收腹動作增大扣球力量。擊球時，全掌擊球的後中部，並伴隨有手腕向前的推壓動作，使球呈上旋飛行，以減少失誤。

3.轉腕扣球

是沙灘排球比賽中常用的一種個人扣球技術，往往能起到事半功倍的作用。其方法主要是利用手腕轉動動作，改變原有手臂的揮動方向和扣球路線。運用時，可根據對方攔網的實際情況，向內或向外轉腕。

㈥攔　網

沙灘排球的防守陣形只能是無人攔網2人防守和單人攔網單人防守。沙灘排球的遠網扣球多，攔網的起跳時間大多在對方擊球時或擊球後。攔網時，手儘量接近球，力爭攔死或攔回。無人攔網防守陣形與接發球陣形相似。單人攔網單人防守的攔防配合要事先約定，不能輕易改變，以免出現大的漏洞。

在球網中部攔網時，後防隊員應選擇中場偏後的位置；在球網一端攔網時，攔直防斜。防守墊球應稍高，便於攔網隊員接應。攔網觸球後，應力爭防起的球使同伴能完成進攻，也可以有目的地把球墊到對方場區的空檔。

二、沙灘排球常用戰術

沙灘排球只有兩名隊員上場比賽，並無職責分工，技、戰術的運用主要體現在兩個隊員之間的默契配合和個人的意識行動。根據沙灘排球比賽的規律和特點，戰術指導思想可以為：

一是積極防守。沙灘排球上場的兩名隊員要全面顧及64平方米的防守區域，防守一定要積極主動，這樣才能創造更多進攻機會或為防守反擊創造更多得分條件。

二是巧妙進攻。沙灘排球在進攻上要注重技巧的發揮。用中等力量打點、打線，尋找最佳扣球落點便成為常用手段，採用這種技巧性進攻，一則可以節省體力，二則還可減少失誤。特別是在調整進攻或遠網進攻時，更需要注重進攻的技巧性，以準確的扣球落點取得進攻的最佳效

果。

(一) 發 球

作為沙灘排球中一項重要的進攻技術，運動員都力求由加強發球的攻擊性和落點的多變來爭取主動。攻擊性的發球除了可以直接得分外，還能有效地破壞對方一傳和預定的戰術配合，從而削弱對方一攻的攻擊性，減輕本方防守的壓力，為反攻創造有利條件。

發球的攻擊性加強與其失誤率成正比，所以說發球的攻擊性在很大程度上取決於對手的接發球組織一攻的能力。對方一攻較弱，本方可以靠防守得分時，就沒有必要冒著發球失誤的危險一味增加攻擊性。然而，如果對方的進攻很強，本方依靠防守難以得分時，就要採用攻擊性的發球，即使它的失誤率較高，但從整體效果來看，仍是有利的。

沙灘排球由於是室外項目，所以在發球時應該很好地利用太陽和風向。如果太陽直射對方場地，發球的弧度可以偏高一些，迫使對方接發球時直視太陽，最好形成太陽、球和人在一條線上，造成陽光干擾。根據太陽的方位，可以選擇發不同弧度的球。在太陽很高的時候，採用高拋發球是非常有效的。假如太陽在對手的背後，發長距離飄球較為有利，能使對方傳球者正面對著他的同伴（接發球者）和直視太陽。假如太陽在對手的側方，最明智的是發斜線球，使接發球者接起的球在他的同伴和太陽之間，而當他的同伴傳球時不得不正對著太陽。

同樣，利用風向也是一門學問。尤其是逆風，應該很

好利用。因為逆風時空氣阻力作用在球的飛行過程中會使球體受力不均，使球的飛行路線產生不同的變化。當在逆風中進行跳發球時，風可以阻止球飛得太遠而出界，而且上旋受到逆風影響，比起沒有逆風的時候，球會迅速墜落而增強攻擊性。不同方向的旋轉球在飛行中突然受阻就會變換方向，使接發球者難以判斷。若發飄球，逆風可以提高飄球的飄度甚至改變飛行路線。順風一般是運動員不願遇到的，由於場地的對角線最長，運動員一般採用對角線發球以延長球的落地點。順風時可多發短球，並適當增加球過網的高度以減少失誤。

另外，發球的落點和非發球隊員的站位也是非常重要的。發球時，除了考慮將球發給對方哪一名隊員之外，還要考慮迫使對方的進攻遠離球網，因為球在長距離飛行過程中如快速旋轉產生變化，一傳便很難到位，長距離的墊球和傳球也會使接球的難度增大。

根據實際情況，對方端線附近、場地中間位置、對方球員胸部位置的追身球，沿場地對角線的交叉發球、擦網而過的低弧線發球、貼近球網的短線輕球等都是不錯的選擇。非發球隊員的站位也非常重要，通常是站在網前，並注意對方的直接墊球過網和一些二次球。

如果發球隊員的攔網能力很強，非發球隊員也可以站在後場區域，而發球隊員在發球後應迅速移到網前。

(二) 傳　球

一傳是組織進攻的保證，是進攻得分的基礎。沙灘排球兩名隊員都必須面對接發球的任務，對於接發球隊員的

站位來說，發球者的站位、習慣的發球動作和路線、採用的發球技術、發球方式和本隊哪個球員接發球更有利於組織進攻等都是要考慮的。如果有風，特別對方是逆風發球時，更應當考慮到風向對球飛行的影響。

接發球站位最重要的原則就是要站在後場區，距端線2～3米處，每個隊員負責一半場地，以便隊員向前方移動的可能大於向後移動，降低接發球的難度也更容易移動到位。但站位太靠後，不利於接低弧線的大力跳發球。因此，必須根據發球者的技術特點來隨時調整接發球的站位。為了迷惑或誘導發球者按照自己的意願發球，有時要故意讓出大片的空地，例如移位到場地中間「暗示」對方發底線長球或移位到後場「引誘」對方發短線近網球等等，這都會給發球者造成壓力從而導致發球失誤。

接發球效果好壞直接影響到二傳的品質。一般來說，在左邊的隊員應儘量將球墊向場地中央稍偏左的位置，離球網2～3米的距離，這有利於同伴處於理想的位置來完成二傳。而在右邊的隊員，應儘量向其前方墊球，以便於同伴傳出好球。如果接發球隊員不得不移動到端線的角端墊球，對他來講，將球墊到網前是很困難的，這時就需要二傳隊員主動配合，靠近同伴。這種情況就像用一根繩索將兩名隊員連接在一起，一傳向什麼方向移動，同伴必須相應地跟隨。這也是沙灘排球一傳策略的核心。

對於二傳來講，首先要判斷好一傳的落點。在同伴一傳觸球之前，二傳隊員就應該打破身體平衡，做好向球網方向移動的準備。眼睛要一直盯著球。如果同伴一傳遇到問題，二傳隊員就不要向球網方向移動，而應主動跟進，

「捕捉」球的落點，選擇更簡易的墊球技術完成二傳。對於運用上手二傳來說，由於規則限制，一般是已經移動到球的下方，並且重心穩定時可以採用。如果移動中身體重心遠離球的落點，則一般不宜採用上手傳球。所以技術不熟練的隊員應多採用墊二傳的技術組織進攻，這樣可以減少無謂的傳球犯規。另外，傳球落點、高度和快慢等因素都要求二傳隊員根據實際情況作出科學的判斷。

㈢ 進　攻

運用進攻戰術成敗的關鍵在於「以己之長克彼之短」，要根據對方的防守弱點來選擇最為有效的進攻手段。

1.避開對方防守最好的隊員

如果對方攔網實力很強的隊員頻繁進行攔網，大力扣殺很難奏效時，二傳隊員就應該把球傳到遠網處，進攻隊員應多採用「搓拍」技術，以打落點為主要進攻手段；如果對方後排防守突出，進攻就應該多採用吊網前球。

2.進攻成功率要高

選擇最佳得分的進攻路線和擊球手段，不需要花哨的招式，講求實效就是最好的策略。一個隊的高命中率應該依賴於隊員自身的主動進攻，而不是對手的失誤。應該儘量避免低命中率的進攻，例如扣球路線單一、缺少扣球手法變化等等，因此，學會用腦子打球是關鍵。

3.運用假動作破壞對方的防守

大多數情況下，對方防守隊員都能夠判斷出進攻者的扣球路線，因此，進攻者應該善於分析，根據防守者的動

向及時改變進攻策略，例如可以假裝打斜線的上步起跳動作，最終卻改打直線；將重扣球臨時變成輕吊球等。

4.合理運用二次球進攻

大多數防守隊員適應對方的進攻節奏是一傳、二傳、扣球，面對二次球進攻往往由於不習慣而缺乏準備，因此很難提前站好防守位置。所以，如果一傳球較高且落點靠近網前時，就應該隨機應變利用二次球進攻。然而，如果同伴的進攻比自己更具威力，有時即使是一傳較高並靠近球網，具備二次球進攻的條件，也要選擇給同伴傳球而放棄二次球進攻。但由於這種球距離太遠，太靠近球網，往往需要隊員在移動中完成傳球，因此，要特別注意避免觸網和傳球的「持球」「連擊」。

四 防 守

在沙灘排球比賽中，防守指的不僅僅是基本的防守技術，例如墊球和攔網，還包括防守對方突然的一次擊球過網，二次球進攻，三次球的輕拍、搓扣、吊網前球以及各種隨機的進攻等，這些作為偶然發生的情況，難以形成規律性的認識，所以一定要加強防守戰術的運用。

首先，要清楚進攻隊員攻擊線路分佈的概率情況。由於絕大多數的球員習慣扣斜線球，所以，相對於防守直線進攻，防好斜線顯然更為重要。這既削弱了對手斜線的攻擊力，又削弱了對方全隊的攻擊性。

其次，要善於發現對手進攻的規律並適時調整防守策略。許多攻手在相同的情況下總會採用同樣的進攻方式，例如，當遇到直線攔網時，有些攻手總是打斜線球，而有

些則總是拍吊身後直線球，因此，留意觀察，用心琢磨，將為防守帶來很大便利和幫助。

最後，也是最重要的，就是要堅信所有的球都是能夠防起來的，並且要拿出奮不顧身的精神去拼防守，在思想上給對手的進攻施加壓力。

㈤ 沙灘排球常用戰術舉例

1.接發球進攻戰術

兩人制沙灘排球的戰術進攻，一般由一傳、調整傳球和扣球三個環節組成。進攻打法有強攻、兩次進攻兩種，但要根據對方發球的情況以及一傳起球的落點加以選用。如果對方發球攻擊性強，一傳只能起球，無法到位，只有通過二傳調整打強攻；如對方扣球不重，一傳有保證時，可組織兩次球進攻，即將一傳直接傳給同伴進攻；如對方發網前輕球，可組織近體快、短平快球進攻。

2.接扣球防守反擊戰術

防守反擊戰術由四個環節組成，即攔網、後防、接應二傳、反擊扣球。其中攔網和後防是關鍵。

反擊中攔網的使用主要根據對方二傳的落點。如果對方的一傳落點離網較遠，那麼，對方只能組織調整遠網進攻。此時，如果對方進攻者的攻擊力不太強，可以放棄攔網，嚴防死守。這樣，一則可以增加防守人數，擴大防守範圍；二則可以減少由於攔網觸手球的弧線改變而難以防守。攔網時，要注意兩個問題：

一是攔住無人防守區，使球不落在該區，而迫使對方向有人防守區扣球。

二是如在時間和移動上來得及攔網，應讓高大隊員或攔網技術較好的隊員上前攔網。

攔網隊員落地轉身要快，並做好接應同伴墊起的球組織反擊。反擊時，要組織多種形式的進攻。攔網隊員要加強自我保護。

防守是戰術實施的第二道防線。一旦前沿攔網被對方的進攻突破，就只能由防守來加以彌補了。防守的目的是要將對方（包括球觸本方攔網人的手）的各種來球統統防起來，為組織反擊創造更多的機會。只有防起更多的球，同時減少失誤，才可能爭取更多的得分機會。從這個意義上說，沙灘排球的防守與進攻具有同等重要的價值。那麼防守應注意哪些問題呢？

攔防隊員必須密切配合，相互彌補，這種配合應根據對方進攻的扣球線路而定。一般來說，防守隊員的主要職責是主動防守對方扣球的次要路線，包括防對方輕扣和防觸攔網者手後的球。本方攔網隊員攔住了直線，防守隊員應主動移到右區防守。如攔住中區左移動防守，防守隊員應向兩側防守；防守隊員還應注意防經本方攔網者手飛向場外和落到場內的近網球；防守隊員向前移動防觸攔網者手後落到場內的球。

另外，防守時還包括攔網人的自我保護，即攔網觸手後球掉入自身附近的球由攔網者自己保護。

反擊扣球是處於防守情況下組織的進攻，可以分情況進行：第一，接扣球進攻有兩種情況，一是對方遠網進攻，本方放棄攔網，兩人居中平行防守，接對方扣球組織進攻。這種進攻兩人同時負有墊、調傳、扣球進攻的責

任。第二，另一種情況是本方一名隊員攔網，對方進攻球觸攔網手。後防起球，攔網人應及時接應二傳組織反攻。如對方在中路進攻，本方防守隊員要在中場防守，兼顧兩側來球，然後根據攔網的主攔路線，偏一側取位防守；如對方的進攻點處在標誌杆附近時，可放棄攔直線球，而主攔斜線，後防隊員可向左側取位防守。對方在中間進攻，本方隊員攔網，如果同伴防守起球落點好，或攔網隊員球觸手後，一般還可組織自我掩護、「時間差」和「位置差」進攻；如果一傳隊員為右邊隊員，落點靠網前，左邊隊員接應二傳還可組織前後跑動進攻。

3.接攔回球組織進攻戰術

這種戰術是指本方扣球，對方將球攔回，本方將球保護起後組織再進攻。由於攔回球落點一般在攔網隊員身體附近，所以另一名後防隊員要及時跟進保護，防起的球要高，以便扣球後的隊員接應傳球組織再進攻。除此，後防隊員跟進保護時，要根據本方扣球的力量、方向、路線、離網的距離等選擇接攔回球的位置。如扣斜球時，攔回球的落點一般在扣球隊員的右側稍遠處；反之，近網直線球被攔回的落點則有可能在扣球隊員的兩側。如果遠網扣球，後防隊員應往攔網點移動防攔回球。

防起攔回球後組織的進攻主要有3種情況：

一，攔回球的情況非常複雜，無法控制起球時，主導思想是將球高墊起，兩人配合調整進攻；

二，對方攔回的球反彈弧度較近網時，可組織近網或快球進攻；

三，如攔回球的反彈弧度高時，可直接傳給扣球隊員

兩次球進攻或打快攻。

第四節 沙灘排球與室內六人制排球的主要異同

一、具有排球運動的共性特徵

沙灘排球作為排球家族中的成員之一，具有排球運動所有的共性特徵，主要表現在以下幾個方面：

(一) 擊空中的球

無論是在比賽中還是進行遊戲娛樂，沙灘排球的各種擊球方式都要求必須是擊空中的球，而且不允許借助任何工具。接對方擊過網的球是如此，接同伴的球也是如此，就連自己將球擊過球網的發球技術，也要將球先拋在空中然後才能擊球。因此，對人的時空感覺的鍛鍊和提高具有良好作用。

(二) 擊球時觸球時間短促

與排球競賽規則一樣，沙灘排球也不允許「持球」，即不允許球在擊球部位停留。這既能夠提高運動員在短暫的觸球時間內對來球的力量、速度、方向、角度等因素的準確判斷能力，又能夠提高將來球準確地擊向預定目標的控制能力。

㈢ 允許全身各部位擊球

沙灘排球規則允許全身任何部位觸球（發球只允許用一隻手臂除外）。因此，在擊球過程中，人們能夠充分展現自我才能和高超的擊球技巧。

二、與室內六人制排球的主要區別

沙灘排球與室內六人制排球有許多區別，如嚴格限制傳球技術。在沙灘排球比賽中，對傳球技術的要求非常嚴格。如果是將球傳向對方場區，出球方向必須與運動員兩肩的連線垂直，因此，側傳過網球是不允許的。

如果是傳給同伴的組織進攻的球，則在「持球」和「連擊」的判罰上嚴格掌握，過長距離的緩衝（一般以手是否低於肘關節為標準）要被判罰「持球」；兩手用力不均依次觸球或先後觸球，使球產生較大的旋轉，則要被判罰「連擊」。又如，不允許手指張開吊球。沙灘排球規則規定，不允許運動員手指張開吊球，判罰的主要依據是手指伸直並分開。因此，除傳統的發、墊、傳、扣、攔五項排球基本技術外，沙灘排球擊球技術中還包括拍、撲、托、擋、頂、填等特殊的擊球技巧，這些擊球技巧是沙灘排球特有的專項技術。

沙灘排球與室內六人制排球的主要區別如表11-1所示。

表11-1 沙灘排球與室內六人制排球的主要區別

不同之處	沙灘排球	室內排球
每隊人數	2人	6人
場地大小	16米×8米	18米×9米
邊線、端線寬	5～8公分	5公分
3米進攻線	無	有
場地表面	沙子	木板或塑膠
中心線	無,可以進入對方場區	有,入過線視為犯規
比賽用球	防水表面,圓周66～68公分,內壓171～221毫巴	真皮表面,圓周65～67公分,內壓294～318毫巴
比賽服裝	赤腳,可帶太陽鏡,女選手泳裝,男選手短褲和背心	上衣、短褲、襪子和鞋
賽制	三局兩勝制,前兩局每局21分,第三局15分	五局三勝制,每局25分,第五局為15分
攔網	攔網時觸球,計算為3次擊球中的一次	攔網時觸球,不計算為3次擊球中的一次
運動員站位	沒有固定的站位	比賽中,運動員按賽前位置登記表的順序站位並輪轉,出現錯位時必須立即糾正
進攻性擊球	不允許手指張開的吊球;上手傳球過網時,球傳出的方向必須與雙肩連線垂直	允許運動員網上吊球時手指張開並將球擊向任何方向

不同之處	沙灘排球	室內排球
運動員受傷	由於沒有替補運動員,運動員受傷後允許5分鐘的恢復時間,否則只能是該隊棄權,輸掉該場比賽	運動員受傷後,可以替換受傷的運動員
交換場地	在前兩局,當雙方得分累計為7分和7分的倍數時,雙方交換場地;在第三局,當雙方得分累計為5分及5分的倍數時,雙方交換場地	每局比賽結束後,雙方交換場地;當第五局比賽的比分為8分時,雙方交換場地

第四篇　其他形式的排球運動

第十二章　排球運動的其他形式

　　近一個世紀以來，排球運動由室內走向室外，由地板走向沙灘，由娛樂走向競技，又由競技發展到娛樂，吸引著眾多的男女老幼。排球運動的其他形式是泛指除奧運會排球運動比賽項目以外的其他活動形式。這些排球運動的活動形式簡單易學，方法靈活，競賽規則具有一定的隨意性，便於參與，深受大眾的喜愛。

　　本章介紹的排球運動的其他形式只是其中的一部分，隨著全球經濟的發展，人們物質文化生活水準的不斷改善和提高，排球運動將會有更多的其他形式誕生，將會更加豐富多彩。

第一節　坐式排球

一、簡　介

　　坐式排球是為適應殘疾人鍛鍊身體的需要和滿足其參加排球運動的願望而產生的，是殘疾人排球運動的一種形式。殘疾人排球運動的形式除坐式排球外，還有立式排球

等。

　　坐式排球是專為下肢殘疾人設計的一種坐地而打的排球活動形式，也是殘疾人奧運會的比賽專案之一。參加坐式排球比賽的運動員，身體條件必須符合國際傷殘人運動組織（ISOD）手冊中有關規定的最低傷殘標準，參賽運動員必須持有排球競賽醫務部門頒發的個人傷殘級別合格證。

　　1980年，男子坐式排球第一次作為正式比賽項目進入殘奧會。

　　1994年9月在中國北京舉行的第6屆遠東及南太平洋地區殘疾人運動會上把坐式排球列為了正式比賽項目，中國派男隊和女隊參加了比賽。

　　2004年9月17日至27日，在希臘雅典舉行的第12屆殘奧會上，首次將女子坐式排球列為正式比賽項目。中國坐式排球女隊在雅典發揚自信自強、頑強拼搏的精神，以七戰全勝的成績贏得第12屆殘奧會冠軍，榮獲了殘奧會歷史上第一枚女子坐式排球賽的金牌。

　　2008年北京殘奧會上中國女排成功衛冕，中國男排在首次殘奧之旅上獲得了第五名的好成績。

二、比賽方法

　　坐式排球的比賽方法與室內六人制排球的比賽方法相似。比賽時，雙方各上場6名隊員，分坐在一個長10米、寬6米的場區內，比賽中臀部不能離開地面，必須坐在地上運用發球、墊球、傳球、扣球、攔網等技、戰術進行集體對抗。

正式比賽採用五局三勝制，前四局採用發球權得分制，決勝局採用每球得分制。五局比賽都是以某隊先贏得15分並同時超過對方2分的隊為勝一局。當比分14：14時，比賽繼續進行至某隊領先2分（如16：14、17：15）為止。每局比賽的最高限分為17分（如17：16）。

　　坐式排球的突出特點是參加比賽的運動員坐在場地上比賽。規則圍繞臀部有一些嚴格規定，如：臀部始終不能離開比賽場地；後排隊員高於球網進行擊球時，臀部不得觸及或超越進攻線；防守時，允許臀部暫時離開地面等。

三、主要規則

㈠ 場地、器材

1.比賽場地

比賽場區為長10米、寬6米的長方形，界線寬5公分，界線寬度包括在比賽場區內。中線的中心線將比賽場區分為長5米、寬6米的兩個相等場區。兩條進攻線與中線平行，距中線中心線2米。在端線外，各畫有兩條相距2米、各長15公分、垂直並距離端線20公分的短線，一條在右側邊線延長線上，另一條在其左側，兩條短線之間為發球區（圖12-1）。

2.球網和網柱

球網：網長6.5米，寬0.8米，網孔10公分×10公分。

標誌帶：兩條寬5公分、長80公分的白色標誌帶，分別設定在球網兩端，垂直於邊線。兩條標誌帶均被認為是球網的一部分。

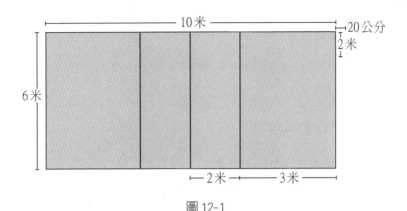

圖 12-1

標誌杆：兩根具有韌性的由玻璃纖維或類似材料製成的杆為標誌杆。標誌杆長1.8米，直徑1公分，每10公分應塗有對比鮮明的顏色。兩根標誌杆分別設置在標誌帶外沿球網的不同兩側，並高出球網上沿1米。

球網高度：男子比賽網高1.15米，女子比賽網高1.05米。

網柱：網柱至少高1.25米，固定在距邊線0.5～1米的比賽場地上。禁止使用一切易引起傷害的設施。

3.球的特性

比賽用球與特性（包括圓周、重量及氣壓等）必須是統一的。國際比賽用球必須是經國際排聯批准的。

㈡ 運動員的服裝

允許運動員穿長、短褲和用繃帶。但對確有危險的堅銳物或對場上其他運動員有危險的繃帶，經裁判員鑒別後，不允許使用；不允許運動員坐在厚度大的材料上或穿特製的厚短褲。

㈢ 比賽位置

運動員場上位置是由其臀部著地部位來判定的。臀部是指「身體的上部」，即從肩到臀部。

㈣ 發球的條件

發球必須在發球區內進行，擊球時運動員的臀部著地部位必須在端線後（不得觸及端線）。

㈤ 侵入對方空間和場區

1. 觸網：比賽中運動員不得觸及 6.5 米球網的任何部分。

2. 觸及對方場區：允許運動員手的一部分越過中線觸及對方場區（但手的另一部分必須在中線上及中線垂直上空）；除手以外不允許身體其他任何部位觸及對方場區；在不干擾對方比賽的情況下，允許運動員在網下進入對方空間。

㈥ 進攻性擊球

1. 前排運動員進攻性擊球：運動員進行任何形式進攻性擊球時，其臀部不得抬離比賽場地；對方發來落入前區並完全高於球網上沿的球，允許前排隊員進行進攻性擊球。

2. 後排運動員進攻性擊球：後排運動員進行任何形式的進攻性擊球時，其臀部不得抬離比賽場地；後排運動員可以從任何高度進行進攻性擊球，但擊球時其臀部不得觸

及或越過進攻線。

㈦ 攔　網

允許前排運動員攔對方的發球。但攔網時運動員的臀部不得抬離比賽場地。

㈧ 其他特殊規則

運動員在比賽過程中，臀部始終不得抬離比賽場地。但在後場區或無障礙區進行防守時，其臀部可以暫時抬離比賽場地，也允許將球直接擊入對區。禁止站立和走步進行防守。

㈨ 裁判員的位置

第一、第二裁判員均站在球網兩端場地上執行裁判工作。司線員和撿球員也都站立執行工作。

第二節　軟式排球

一、簡　介

軟式排球於1988年出現在日本家庭成員的體育活動中，1989年軟式排球的競賽規則在日本正式出版。同年4月，在日本全國各都、道、府、縣分別舉行了軟式排球賽。1990年4月，日本軟式排球協會成立，並由此開始向國外推廣軟式排球。

近幾年，歐美的一些國家，如美國、義大利、加拿大

以及亞洲的韓國、新加坡等相繼開展了軟式排球活動。但是，各國都有各自的競賽形式和比賽用球。

1995年8月，中國北京體育大學利用從日本購回的軟式排球在全校教職工中舉辦了中國首屆軟式排球比賽。1996年5月又舉辦了有32支球隊參加的全校非排球專項學生軟式排球賽。同年6月，國家體委在天津體育學院舉辦了首屆軟式排球學習班。12月又在成都體育學院組織了表演賽。1996年國家體委在制定的《中國排球事業2001年計畫綱要》中規定，要由開展軟式排球激發青少年對排球運動的興趣，並要求把軟式排球發展成為全民健身和文化娛樂的基本構成單元，在全國開展和普及這項運動。1998年1月，國家體委審訂出版了中國第一本《軟式排球競賽規則》。2000年11月，國家教育部為加強素質教育，正式將軟式排球列入21世紀九年義務教育全日制中、小學《體育與健康教學大綱》。

二、比賽方法

每隊由8名隊員組成，其中設隊長一人（應在記分表上注明，並有明顯標誌），可另設領隊、教練員各一人。A賽制上場比賽的為四名隊員；B賽制上場比賽的為六名隊員。

比賽採用每球得分制，即勝一球得一分；比賽為三局兩勝，勝兩局的隊勝一場。如果1：1平局時，進行決勝局。前兩局先得25分並超出對方2分的隊勝一局，當比分為24：24時，比賽繼續進行至某隊領先對方2分為止，沒有最高分限。決勝局先得15分並同時超過對方2分的隊勝

該局，當比分14：14時，比賽繼續進行至某隊領先2分為止，沒有最高分限。比分到8分時交換場區。

名次計算方法為勝一場得2分，負一場得1分，棄權得0分，積分多者名次列前。

裁判員應在比賽開始前15分鐘和決勝局開始前召集雙方隊長抽籤，獲勝隊優先選擇發球、接發球或場區，失利的隊從餘項中選擇。比賽開始前，如另有副場供比賽隊進行活動，則每隊可獨立上網活動5分鐘；如沒有副場，則兩隊共同上網活動10分鐘。

比賽開始前，教練員必須及時將上場陣容登記在位置表上，簽字後交給裁判員或記錄員。A賽制場上隊員位置1號位為後排隊員，2、3、4號位為前排隊員；B賽制場上隊員位置5、6、1號位為後排隊員，2、3、4號位為前排隊員。發球時須按填寫位置順序進行，前、後排隊員的行為規範按室內六人制排球規則要求執行。

三、比賽規則

㈠比賽場地：A賽制為16米×9米，B賽制為18米×9米。

㈡球：球從2米高處自由落體反彈不低於50公分。球周長：成人組，65～67公分；青少年組，63～65公分。球重量：成人組，220～240克；青少年組，200～220克。

㈢網高：男子2.35米，女子2.20米。

㈣發球：發球技術不限，上手發球、勾手發球、跳發球等發球技術均可運用。

㈤球隊的組成：A賽制和B賽制全隊均由8名隊員組

成。

㈥換人：A賽制和B賽制比賽每局有4人次換人。在規定的換人次數內可隨意換人。

㈦站位：A賽制4人比賽站位為1、2、3、4號位，1號位隊員為後排隊員。B賽制6人比賽2、3、4號位為前排隊員，1、6、5號位為後排隊員（與室內6人制排球站位相同）。

其他規則與六人制排球比賽規則相同。

第三節　小排球

一、簡　介

小排球又被稱為「迷你排球」（MINI VOLLEYBALL）。大約在20世紀60年代初，民主德國的教練員在開展兒童排球的活動中創造了「小排球」，並取得了較好效果。此後小排球活動在世界各國普遍得到開展。1975年在瑞典、1979年在義大利、1982年在阿根廷相繼召開了國際小排球討論會。

目前在義大利、德國、日本、墨西哥、匈牙利、美國、加拿大、中國和保加利亞等國都廣泛開展了這項運動。如今，國際排聯已把它和學校排球運動一起列入現代排球的發展規劃之中，並設有專門的小排球委員會分管這項少年兒童喜愛的活動。國際排聯小排球委員會為便於更好地進行國際交流和更廣泛地開展9～12歲少年兒童的排球活動，1971年統一了小排球比賽的規則。

中國一直重視小排球活動，不少中小學校有開展小排球活動的傳統，給少年兒童帶來了歡樂。少年兒童參加小排球活動，既能增強體質，促進生長發育，又能培養對排球運動的興趣，使他們在參與小排球活動的過程中，養成團結、互助的好習慣，培養勇敢和頑強的優良品質，促進身心的健康成長。同時，開展小排球活動，也有利於發現、培養和選拔競技排球運動的人才。

二、比賽方法

　　小排球活動比賽方法多樣，規則也較靈活。國外的小排球活動常以雙方各上場 2 名、3 名或 4 名隊員，在一個長 12 米、寬 4.5 米的場區上進行對抗。比賽採用三局兩勝制，以某隊先得 15 分並超過對方 2 分為勝一局。中國的小排球活動則多為雙方各上場 6 名或 4 名隊員，在一個長 16 米、寬 8 米的場區上進行對抗。比賽採用五局三勝制，以某隊先得 11 分並超過對方 2 分為勝一局（如 11：9、12：10）。

　　小排球比賽大體上可以分成兩大類：一類是單項技術與串聯技術的比賽，如兩人對傳比賽、兩人對墊比賽等；一類是雙方隔網的比賽。小排球隔網比賽運用的技、戰術比較簡單，主要以發球（男子上手、女子下手發球）、傳球和墊球技術的運用為主，水準稍高的隊也出現扣球和攔網技術。在雙方各上場 6 名隊員的比賽中，上場陣容多見「四、二配備」，進攻時常用「中一二」陣形，組織進攻時墊二傳運用較多；防守時一般都以無人攔網或單人攔網下的防守陣形為主。

小排球的突出特點是球體小，重量輕，符合少兒的身心特點，能提高少兒對排球的興趣。小排球比賽的主要規則與六人制排球相似，對培養少兒的技、戰術基本功，發展移動速度、動作速度、反應速度，提高技、戰術的運用意識有積極作用。

三、主要規則

國際排聯「迷你排球」委員會於1971年制定了9～12歲兒童比賽規則。中國於1973年經國家體委審定出版了9～12歲小排球競賽規則。為了便於大家能較為全面地瞭解小排球。現將兩種競賽規則的主要內容分述如下：

㈠ 國際排聯「迷你排球」委員會制定的規則

國際排聯「迷你排球」委員會於1971年制定的9～12歲兒童排球比賽規則主要內容：

1. 比賽場區長12米、寬4.5米，中間架設球網，球網高度男女均為2.10米。在距中線中心線3米處設有扣球限制線，將場區分為前場區和後場區。

2. 球的製作同一般排球，周長62公分。

3. 每隊由3名比賽隊員和2名替補隊員組成。

4. 發球時每隊3名隊員必須站在本方場區內，其中2名在前場區，1名在後場區。比賽進行中後排隊員不得在前場區扣球或試圖扣球（低於球網上沿的球除外）。

5. 獲得發球權後，隊員要按順時針方向輪轉位置，原前排右邊隊員成為後排隊員，原後排隊員成前排左邊隊員。

6. 比賽採用三局兩勝制，先得15分並超過對方2分的隊勝一局，先勝兩局的隊為勝隊。

㈡ 中國的小排球規則

1973年國家體委審定出版的9～12歲小排球規則主要內容：

1. 比賽場區長16米、寬8米。男女網高均為1.9米或2米（少年組男子2.24 ～ 2.30米，女子2.00～2.10米），距中線中心線2.5米處設有扣球限制線，將場地分為前場區和後場區。

2. 正式比賽採用五局三勝制，一般比賽採用三局兩勝制。先得11分並超過對方2分的隊為勝一局。決勝局中任何一隊先得6分時雙方交換場區。

3. 獲得發球權以後，隊員要按順時針方向輪轉位置，輪轉方法同六人制排球。

4. 球的製作同一般排球，球的周長59公分±1公分、重量為210克±10克（少年組周長61～64公分，重量230～250克）。

5. 發球有兩次機會，第一次失誤，可再發一次。

第四節　九人制排球

一、簡　介

排球運動在亞洲經歷過十六人制、十二人制以及九人制。雖然中國從1951年起為適應國際比賽的需要，正式

推廣和採用六人制排球運動，但因九人制排球自1927—1951年在中國流行了二十多年，有著廣泛的群眾基礎，直到今天，中國的一些沿海地區，特別是一些「排球之鄉」，仍然有不少愛好者參加九人制排球活動。中國婦女與日本婦女之間也經常開展九人制排球活動，並以此作為國際交流的一種形式。

二、比賽方法

九人制排球比賽是雙方各上場9名隊員，在一個22米長、11米寬（女子18米長，9米寬）的場地上進行的集體攻防對抗。

場上隊員分3排站立，一般頭排中間的隊員是二傳手，頭排左、右2名隊員為快攻手和攔網手；二排中間的隊員為快攻手、強攻手兼接應二傳手，二排左、右兩名隊員一般為強攻手；後排的3名隊員均為防守隊員。陣容配備和接發球站位分別如圖12-2和圖12-3所示。

比賽中，進攻主要採用快球掩護下的各種戰術。防守一般採用頭排3人集體攔網、二排中的隊員跟進保護、後排3名隊員防守的佈防形式。正式比賽採用五局三勝制，每球得分，以某隊先得21分並領先對方2分（如21 19、24：22）為勝，無最高分限。

九人制排球比賽的突出特點是隊員在比賽中場上的位置不輪轉，因此對參加者技術的全面性要求不高，更多的是要求參加者具有技術特長。

三、主要規則

㈠場上隊員的位置不輪轉，也無固定位置，不分前後排，無位置錯誤，只按事先排定的發球順序依次發球。

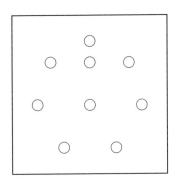

頭排左	頭排中	頭排右
	（二傳）	
二排左	二排中	二排右
後排左	後排中	後排右

圖 12-2　　　　　　　　圖 12-3

任何隊員都可以在任何高度進行進攻性擊球和攔網。

㈡發球隊員只有一次機會，發球失誤，即失分和失發球權。

㈢持球和連擊尺度放寬，但不鼓勵撈、捧、攜帶球等動作。

㈣球網高度男子為2.30～2.43米，女子為2.10～2.24米。比賽場區內無中線和進攻線。

第五節　四人制排球

一、簡　介

四人制排球比賽源於20世紀90年代初期中國男女排

甲級隊的冬訓。當初的出發點是想以此作為提高運動員的
強攻和防守能力的輔助訓練手段，後來曾一度被中國的全
國青年聯賽正式採用，成為青年聯賽雙循環比賽中與六人
制並駕齊驅的形式之一。四人制排球在中國四川省和南方
一些地區中小學開展較為廣泛，並自定規則。

二、比賽方法

　　四人制排球比賽是雙方各上場4名隊員，在一個長18
米、寬9米的場區內進行對抗的一種比賽形式。比賽中，
場上4名隊員不分前後排，都可以參與扣球和攔網，發球
按登記的順序進行，隊員在場上站位不受限制。常用3人
接發球、1人二傳和單人攔網、3人防守的陣形。

　　四人制排球比賽採用三局兩勝制，以某隊先贏得15
分並同時超過對方2分為勝一局（如15：13、16：14），
前兩局最高分限為17分（如17：16），第三局採用每球得
分制，無最高分限。

　　四人制排球的突出特點是參賽人數少，易於基層組隊
開展；由於比賽中特定規則對進攻的限制，使隊員觸球的
次數增多、扣球頻率增高、比賽連續性好，有利於提高初
學者的興趣，有助於提高隊員遠網扣球、接發球和防守等
基本功。

三、主要規則

　　四人制排球由於是排球運動多制式活動形式的一種，
所以目前尚沒有正式出版的競賽規則。參與四人制排球活
動者常常可以根據具體情況和需要，在六人制排球競賽規

則的基礎上自定規則。下面介紹中國某些地區中小學生四人制排球競賽規則，供參考。

㈠場地器材與六人制相同，男子網高2.35～2.43米，女子網高2.15～2.24米，小學生比賽網高男女均為2.00～2.10米。場地也可縮小為16米×8米。

㈡每局比賽前，教練員將上場隊員的發球順序表交記錄台，比賽中必須按發球順序輪換發球。

㈢場上隊員可在場內任意站位，無位置錯誤。

㈣場上四名隊員均可以進攻和攔網。

㈤關於進攻的規定：不允許完全在進攻區內起跳扣球（包括二次球和輕扣球），起跳時至少應有一隻腳踏在進攻線後或進攻線上。傳球、墊球、輕扣球或吊球都不允許球落入對方進攻區內。但發球、防守、攔網以及重扣球球觸網後允許落入對方進攻區內。

㈥每隊每局允許換人4人次。

㈦除防守對方扣球和吊球之外，不允許第一次傳、墊球過網，但可以扣探頭球。

其他規則同六人制排球規則。

第六節　氣排球

一、簡　介

氣排球運動是比較適合於老年人參與的一種排球活動形式，首創於1984年。當時中國呼和浩特濟甯鐵路局分局職工首先利用氣球在室內進行健身遊戲，以後在不斷地

實踐摸索中，逐漸用兒童玩耍的塑膠球取代氣球，並參照六人制排球規則制定了簡單的比賽規則，取名「氣排球」。1992年全國鐵路系統老年體工會在北京召開時，濟寧分局的老年氣排球隊為大會做了彙報表演，受到與會者首肯。大家認為這是一項能充分體現康樂宗旨的運動，中國火車頭體協決定在全路進行推廣，並隨即制定了《氣排球規則》。

二、比賽方法

氣排球比賽是雙方各上場5名隊員，在一個長12米、寬6米的場區，用柔軟的塑膠球進行集體對抗的一種活動形式。比賽採用三局兩勝制，先得21分為勝一局，當比分20：20時，先獲得21分的隊即獲勝該局；決勝局，8分時交換場地，當比分14：14時，先獲得15分的隊即獲得這場比賽的勝利。

氣排球運動的突出特點是比賽的方法簡便易行，它的最大優點是第一次接觸此項運動即可參加比賽，大大地增強了趣味性，而且使用的球體大，不易受傷。

三、主要規則

球網高度男子為2米、女子為1.8米，場區內距離中線中心線2米處有一條進攻線，把場區分為前場區和後場區；比賽中有「一次發球得分輪轉」（即發球得分後隊員不得連續發球，應換下一人發球）的規定。進攻時，隊員必須在距中線2米的進攻線後將高於球網上沿的球擊入對方場區。

第七節　其他排球活動簡介

一、牆排球

牆排球是一種利用牆壁反彈作用的新型室內排球活動，具有壁球、排球、全角度檯球以及室內英式足球的特點。它也是鍛鍊人們思維的一種活動形式。

牆排球是在一個長 12.2 米、寬 6.1 米、頂高 6.1 米的一座長方形的玻璃房間內，雙方各上場 2 名、3 名或 4 名隊員進行對抗的活動形式。牆排球的規則以六人制排球為基礎，網高 2～2.5 米，網長到牆球場的兩側。球重 255～285克，比普通排球質地軟，比籃球略微小一點。比賽中，球過網前雙方有 3 次擊球的機會，常用傳球、墊球和扣球技術。利用牆的反彈，球可以由側面牆壁撞擊進入對手的場地，可以使球上升、下落或旋轉，比賽者可以運用對準牆角擊球給對手製造麻煩。但一次擊球連續撞擊兩面牆為失誤，球撞天花板或底線牆為出界。

牆排球對人的反應靈敏、技術和技巧要求較高，玩起來精彩有趣。適宜在俱樂部、度假村、船上、賓館等處開展。

二、草地排球

草地排球是在沙灘排球的基礎上興起，介於室內排球與沙灘排球之間而在草地上進行的一種排球活動形式。美國開展草地排球已有多年的歷史，世界上有不少國家也開

展了這項運動。草地排球的比賽場地器材和規則與六人制
排球基本相同，但大多採用三人制和二人制的形式，雙方
上場的人數、性別、年齡可以商定。

在草地上打球具有獨特的風味，特別是赤腳踩在草地
上給人一種與大自然融為一體的美好感覺。隨著輕型、堅
固、體積小可攜帶式排球網架的出現，人們可以選擇在校
園、公園、郊外的草坪上架網，使得草地排球的開展更加
方便，更易普及。

三、盲人排球

盲人排球是專門為盲人設計的排球活動，源於日本。

比賽時，雙方各上場6名隊員，前排3名隊員必須是
全失明的盲人，後排3名隊員是高度近視者。球網高1.35
米。比賽時可以不輪轉位置，但後排隊員不能進入前區。
扣球時，球只能通過網下彈到對方場區。可用單、雙手進
行傳球、墊球。

由於盲人是靠聽覺辨別位置和方向，因而規則允許球
落地後反彈擊球。為了更好地辨別球的方位擊到球，盲人
用的排球內裝有響鈴，球飛行時會發出響鈴聲，以幫助盲
人準確地擊到球。

四、立體網排球

立體網排球是一項以立體網為中隔、兩隊分場而爭的
排球活動形式。

立體網排球由兩張現行使用的標準網和一張平張於兩
網頂端的條形網連接而構成的立體網狀。它有兩個垂直面

和一個水平面，水平面網呈中間稍高、兩邊稍低的拱形（斜度以剛好不停球為限）。

　　立體網排球比賽的方法與六人制排球比賽規則基本相同。比賽可採用六人制、四人制或者二人制，立體網的寬度可根據情況商議確定。球在立體網水平面上時，雙方均可以擊球。立體網排球的六人制比賽有前後排之分，也必須輪轉位置。四人制和二人制比賽時隊員沒有前後排限制，但要輪流發球，並且在進攻區內不能吊球到對方進攻區內。

　　六人制和四人制比賽採用五局三勝制，二人制比賽採用三局兩勝制，先贏得15分並領先對方2分的隊勝1局。決勝局採用每球得分制，某隊先得21分並領先對方2分時獲勝。決勝局11分時雙方交換場區。

　　立體網排球由於球網結構和部分規則的限制，從某種程度上削弱了進攻力量，使防起球更容易些，更加偏重於技巧；能較好解決場地大小、網高低和人多少的矛盾，使立體網排球比賽參加人數可多可少，便於組織和推廣；減少了身高的作用而提高了靈巧的作用，從而增加了高矮同場平等競爭的可能性，具有更廣泛的群眾性；由於比賽中來回球次數增多，增加了對抗的持續性和激烈性，使比賽更具有觀賞性和趣味性。

五、羽毛排球

　　羽毛排球起源於德國，現已發展到歐美和日本等國家，尤其深受學生和婦女的歡迎。羽毛排球呈橢圓形，白色球體頂端有紅色的羽毛，總長度為22公分。場地長13.4

米、寬6.1米,網高1.85米。每隊由7名隊員組成,其中上場隊員4名,替補隊員3名。

比賽中可用單手、雙手、手掌、手背、拳頭擊球,把球擊落在對方場地上即可得分。賽前用猜拳的方式決定首局發球權,攻方的右後衛隊員首先發球。發球時必須站在底線外和邊線的延長線以內,從球場右半部的位置發過網。

比賽採用三局兩勝制,先得15分的隊為該局獲勝,先勝兩局的隊為勝隊。每隊每局只允許換3次隊員。

六、雪地排球

雪地排球是在美國滑雪勝地開展的一項排球活動。人們在零下15℃的高山雪地,頭戴滑雪帽,腳穿滑雪鞋,身穿滑雪服,在雪野中競賽,其樂無窮。

雪地排球的比賽方法與六人制排球比賽方法相似,雙方各上場3名隊員,每局先贏得7分的隊為勝隊。

七、泥排球

泥排球是一種人們在泥田裏架起球網用排球進行娛樂消遣的活動形式,沒有嚴格的球網高度和上場人數限制,規則具有較強的隨意性。參加者在泥濘的稻田裏跳起扣殺、摔救險球,別有情趣,深受年輕人的喜愛。

八、水中排球

水中排球是一種在齊胸深的泳池裏架起球網用排球進行閒暇娛樂的活動形式。與泥排球一樣,規則具有較強的

隨意性。參與者在水中發球、傳球、扣球和攔網。

九、反彈排球

反彈排球是一項可以擊反彈起來球的排球運動，用正式的排球場地和球，球網高度為2米，每方上場6人，發球隊員站在距網6米遠的位置上，用下手拋球或下手發球的形式將球發出。接發球的一方要等球落地一次後，擊反彈起來的球，每方最多擊球3次。第二次和第三次擊反彈球時也可以直接將球擊出。

其他與正式排球比賽相同。

十、站式排球

站式排球是為單下肢殘疾的人設計的一種戴假肢站立進行的排球活動，比賽規則和場地要求完全同六人制排球，只是要求參賽者必須有一假下肢。

國家圖書館出版品預行編目資料

排球運動教程／虞重乾主編
——初版，——臺北市，大展，2011〔民100.03〕
面；21公分，——（體育教材；5）
ISBN 978-957-468-798-5（平裝）
1. 排球　2. 體育教學
528.954　　　　　　　　　　　　100000262

【版權所有・翻印必究】

排球運動教程

主　　編／虞　重　乾
審　　定／中國全國體育院校教材委員會
責任編輯／梁　萬　棟
發 行 人／蔡　森　明
出 版 者／大展出版社有限公司
社　　址／台北市北投區（石牌）致遠一路2段12巷1號
電　　話／(02) 28236031・28236033・28233123
傳　　真／(02) 28272069
郵政劃撥／01669551
網　　址／www.dah-jaan.com.tw
E-mail／service@dah-jaan.com.tw
登 記 證／局版臺業字第2171號
承 印 者／傳興印刷有限公司
裝　　訂／建鑫裝訂有限公司
排 版 者／千兵企業有限公司
授 權 者／北京人民體育出版社
初版1刷／2011年（民100年）3月

定　價／450元

●本書若有破損、缺頁請寄回本社更換●

大展好書　好書大展
品嘗好書　冠群可期

大展好書　好書大展
品嘗好書　冠群可期